„Lulu Hopp Niedrig"
Tagebuch einer Diabetikerwarnhündin
aufgeschrieben von Franziska Drewes

„Lulu Hopp Niedrig"

Tagebuch einer Diabetikerwarnhündin

aufgeschrieben
von Franziska Drewes

Für alle diabetischen Kinder und ihre Begleiter

WIEDENVERLAG

WiedenVerlag Crivitz - Schwerin
www.wieden-verlag.de
info@wieden-verlag.de
1. Auflage 2011
Urheber und Herausgeber:
Dr. med. Berit Quaß, Robert Quaß, Franziska Drewes
Copyright by Urheber und Herausgeber
Fotos: B. u. R. Quaß; Autor: Franziska Drewes; Layout: Verlag
Die Fotos von Matthias Steiner stellte uns "Roche" zur Verfügung
ISBN 978-3-942946-04-9
Preis: 12,95 €

**Vorwort von Matthias Steiner,
Olympiasieger im Gewichtheben,
seit über zehn Jahren Diabetiker**

Quelle: Roche Accu check

Liebe Leserinnen,
liebe Leser!

Als einleitende Frage, ob Diabetikerwarnhunde Sinn machen oder nicht, muss ich sagen, diese Frage stellt sich für mich überhaupt nicht. Sie machen Sinn. Ganz klar.

Ich habe mich sehr mit diesem Thema beschäftigt und bin zwar zu dem Schluss gekommen, dass ich so einen speziellen Hund nicht brauche. Allerdings müsste es eher lauten: noch nicht!

Denn ich habe im Laufe der Jahre sehr viel Erfahrung auf dem Gebiet Diabetes gesammelt, immerhin habe ich seit über einem Jahrzehnt Diabetes. Jedoch ist mir auf vielen

 5

Messen und Schulungen aufgefallen, dass obwohl die Stoffwechselstörung Diabetes Typ1 eigentlich bei jedem gleich verlaufen sollte, es dies absolut nicht tut. Zwar produzieren wir kein Insulin mehr und müssen permanent messen, doch jeder hat eine völlig andere Wahrnehmung der Unterzuckerung bzw. Überzuckerung. Auch verändert sich im Laufe der Jahre die Wahrnehmung einer Unterzuckerung, dies kann sogar dazu führen, dass Patienten so abgestumpft sind und eine Unterzuckerung ohne messen kaum noch wahrnehmen können.

Oder, wie dieses Buch sehr deutlich macht, spielt auch das Alter eine große Rolle. Kinder können oder wollen diese Symptome noch gar nicht wahrnehmen. Dies bedeutet Dauerstress und permanente Angst für die Eltern. Ständig messen, dem Kind ununterbrochen erklären, auf was es zu achten hat, Ausflüge in Schulgruppen werden zum Mammutprojekt an Organisation, der natürlich stark ausgeprägte Spieltrieb wird ständig gezügelt usw.

Ich wiederhole mich: Die Frage der Sinnhaftigkeit von Diabetikerwarnhunden stellt sich mir in keinster Weise, wenn man bedenkt, dass diese Hunde die o.g. Einschränkungen fast zur Gänze kompensieren. Noch dazu sind sie eine Art „Blutzuckermessgerät", das nicht als solches erkannt wird - z.B. auf der Straße oder in Restaurants, denn Hunde haben ja viele Leute…

Es mag sein, dass die Ausbildung der Hunde relativ lange dauert und finanziell auch nicht ein Schnäppchen ist. Aber wir wissen auch von den Folgekosten bei Diabetes, wenn dieser nicht gut eingestellt ist.

Dieses Buch beschreibt den Werdegang und vor allem den Alltag eines solch genialen Hundes in einer Art und Weise, wie es für jeden verständlich und vor allem auch unterhaltsam ist. Die Erzählform aus der Sicht des Hundes war für mich anfangs ungewöhnlich und ich habe mich gefragt, wie man dies auch ein ganzes Buch lang „durchziehen" will. Aber die Autorin hat mich eines Besseren belehrt. Es macht Spaß, darüber zu lesen und der Leser versteht eindringlich, wie wichtig eine Hündin wie Lulu, für uns Diabetiker sein kann!

Und es ist wie mit allen Dingen, gibt es mehr Hunde, die ausgebildet werden und auch die Selbstverständlichkeit zur Notwendigkeit, wird die ganze Sache auch kostengünstiger. Denn an der Nachfrage scheitert es bestimmt nicht, dazu gibt es zu viele Diabetiker, die nicht optimal eingestellt sind für ein langes, gesundes Leben.

Ich bin mir sicher, wenn Sie dieses Buch lesen, haben Sie Spaß und kommen vor allem zu der gleichen Überzeugung wie ich, wenn Sie die nicht schon längst haben.

Viel Spaß dabei und alles Gute wünscht Ihnen

Ihr

Seelenhunde hat sie jemand genannt...

...jene Hunde, die es nur einmal gibt im Leben.

Die man begleiten darf und die einen auf andere Wege führen.

Die wie Schatten sind und wie die Luft zum atmen.

(Autor unbekannt)

Alles hat einen Sinn. Geboren werden, zu leben sowieso. Das dachte ich mir, als ich das Licht der Welt erblickte, noch nichts wusste von meiner zukünftigen Rolle als Diabetikerwarnhündin. Lulu ist mein Name. Hier beginnt meine Geschichte.

Mein Jahr 2008

2. September 2008

„Ein Nest ohne Junge wird leicht kalt."
Martin Andersen Nexö, dänischer Schriftsteller

Verregnet ist es, kalt und ungemütlich, an jenem ersten Tag in meinem Leben. Durch die Ritzen der alten Stalltür pfeift der Wind. Sprichwörtliches Sauwetter, bei dem man keinen Hund vor die Tür jagt. Erst recht keinen Welpen. Obwohl meine Vorfahren ja eigentlich Wasserhunde waren. Aber das ist ewig lange her. Ich habe Angst, als sich die Stalltür knarrend öffnet. Ich weiß noch nichts von dieser Welt, keine Ahnung, was hier los ist. Da bleibe ich vorsichtshalber erst einmal in Deckung.

„Willkommen im Leben", ruft mir eine freundliche Stimme zu. Es ist meine Züchterin, eine durch und durch nette Frau, wie ich instinktiv erschnuppere. Schnell ist meine Angst verflogen. Erst recht, als sie mir zärtlich übers Fell streicht. Mir, einem kleinen schwarzen Wollknäuel, einem Labrador, einem Rassehund, einem Urururenkel von Avon. Er war vermutlich 1885 der letzte Vertreter aus unserer traditionsreichen Familie, die ursprünglich in Neufundland lebte und im 19. Jahrhundert nach England kam. Wir haben vor allem Jägern und Fischern bei der Arbeit geholfen. Doch als die Hundesteuer eingeführt wurde, wollte man uns nicht mehr. Opa Avon hat als einziger überlebt und ein gutes Zuhause fernab bei einem anerkannten Züchter gefunden. Der fand unsere Rasse einfach toll, vor allem auch, weil wir so gelehrig sind. Das bisschen Geld für die Hundesteuer war ihm nicht so wichtig. Ein Glück, nur deshalb bin ich heute auf der Welt. Allerdings nicht mehr in England, sondern in Deutschland.

Meine Züchterin heißt Katja Mensink. Sie lebt mit drei Generationen auf einem Bauernhof am Stadtrand von Nordhorn, in der Grafschaft Bentheim, unweit der niederländisch/nordrhein-westfälischen Grenze. Sie wohnt dort zusammen mit ihren Schwiegereltern, den Großeltern ihres Mannes und mit ihrem Sohn. Eine schöne Gegend, wie ich finde. Um uns herum liegen noch weitere Bauernhöfe. Soweit entfernt, dass sie mir trotz meiner erstklassigen Augen wie Miniaturanlagen vorkommen. Zu meiner Tierfamilie gehören noch Mastschweine, Milchkühe, Kälber und Bullen. Ich denke, dass ich mit allen gut auskommen werde. Wir Labradors sind ja sehr verträglich.

Auf die Welt kam ich in einem Kuhstall. Ein ziemlich alter Stall, gemauert aus roten Ziegeln. Darin hatte meine Züchterin extra für die Geburt noch eine Strohhütte gebaut, damit es uns gut geht. Innen flauschig weich, vor allem warm, eben wie eine Höhle sein muss. Von der ersten Minute an habe ich mich pudel- ,pardon, labradorwohl gefühlt.

Wir alle kamen nachts auf die Welt. Insgesamt waren wir am Ende zwölf Geschwister. Das war Schwerstarbeit für unsere Mutter. Und es blieb nicht ohne Folgen. Als es draußen hell wurde, lebten nur sechs von uns. Ich war die Erste, die geboren wurde. Ein richtiger Wonneproppen, sogar kräftiger als meine Brüder, wie ich immer wieder zu hören bekomme. Viele meiner Geschwister hingegen waren einfach zu schwach zu überleben, einige waren gleich tot. Diese vielen Geburten haben unsere Mutter sehr mitgenommen. Aber sie ließ sich kaum etwas anmerken. Doch wenige Tage nach meiner Ankunft sollte mich ein schwerer Schicksalsschlag ereilen.

Ich erinnere mich noch, wie ich im trockenen Stroh liege, liebevoll umsorgt von meiner fürsorglichen Mutter. Wir sind beide pechschwarz. Meine Brüder und Schwestern hingegen sehen gelb oder auch fuchsrot aus, einige sogar schokoladenbraun. Und obwohl es draußen regnet, ich gerade mal ein paar Stunden alt bin, will ich unbedingt vor die Tür, nachsehen, wie es dort aussieht. Mutti lässt mich nur ungern los. Zum Glück ist das Wetter so ungemütlich, dass es mich mit meinem nassen Fell schnell wieder zurück in unsere trockene Strohhütte zieht. Sehr zur Freude meiner Geschwister, denn alle wollen, das wir uns eng aneinanderkuscheln, uns gegenseitig wärmen. Und auf mich wollen sie da nicht verzichten. Ich bin ja ihre „große" Schwester. Und zwischendurch wird auch immer mal wieder getobt. Das macht richtig Spaß.

Doch schon bald will bei uns keine Freude mehr aufkommen. Mama ist von der Geburt noch immer fix und fertig. Wir dachten, wenn wir sie etwas in Ruhe lassen, sie nicht gar zu sehr beanspruchen, dann erholt sie sich schnell wieder. Doch unserer Mom, unserer engsten Vertrauten, geht es von Tag zu Tag schlechter. Selbst der herbeigerufene Arzt kann ihr nicht so recht helfen. Als meine Geschwister einmal frische Luft schnappen gehen, haucht sie mir ein paar Worte ins Ohr, die ich nie vergessen werde: „Lulu, geh deinen Weg. Hör auf dein Herz. Es wird dir den Weg weisen. Ich kann dir wohl bald nicht mehr helfen."

Mama wird schwächer und schwächer. Wie jeden Morgen kommt der Ehemann meiner Züchterin mit seinem Vater zu uns in den Stall. Gleich neben dem Eingang im Büro trinken sie Tee und essen Zwieback mit Zucker. Das ist seit Jahren ihr Morgenritual. Auch Mama ist immer dabei. Doch an diesem Morgen rührt sie ihren Zwieback nicht an. Bei meiner Familie läuten sofort die Alarmglocken. Sie fahren mit Litty – so heißt meine Mama – zum Tierarzt. Irgendetwas, so stellt er schnell fest, stimmt mit ihrem Herzen nicht. Er schickt sie sofort weiter in die Tierklinik. Man stellt bei Mama eine Infektion fest, die bereits die Herzmuskulatur angegriffen hat. Es hat sich dort Wasser angesammelt. Deshalb atmet sie auch zunehmend schwerer, bekommt kaum noch Luft.

Was am Morgen noch keiner ahnt; wir werden Mama nie wieder sehen. Es gibt für sie keine Rettung. Die Ärztin kann ihr nur noch eine Spritze geben, um sie von ihren Qualen zu erlösen. Nur zwei Wochen nach unserer Geburt schließt sie für immer die Augen, ohne uns alle noch einmal in ihre so liebevollen Vorderläufe nehmen zu können. Unsere Trauer ist grenzenlos. Erst jetzt verstehe ich richtig, was sie mir mit ihren Worten wenige Tage zuvor sagen wollte. Jetzt sind wir Sechs ganz auf uns allein gestellt. Und ich als große Schwester trage dabei noch eine besondere Verantwortung; auch für mich selbst.

Heute schaut Mama sicher vom Hundehimmel auf uns herab und verfolgt unseren Weg. Sie sieht, was aus uns und speziell aus mir geworden ist und ist sicherlich stolz. Wir haben für sie ein ruhiges letztes Plätzchen auf unserem Bauernhof gefunden. Immer, wenn es mir möglich ist, schaue ich vorbei.

Nach dem Tod unserer Mutter nahm uns meine Tante auf. Auch sie kümmert sich liebevoll um uns, steht uns bei, versucht den Schmerz zu lindern. Das werden meine Schwester Lotta, meine Brüder Charly und Jeffro und ich ihr nie vergessen. Den Namen meiner zweiten Schwester habe ich vergessen. Ich hoffe, sie verzeiht mir. Ohne die Hilfe unserer Tante hätten wir unseren Weg nicht gehen können. Auch meiner Züchterin verdanke ich viel. Nach Mutters Tod wurden wir mit Welpenfutter und Pulvermilch großgezogen. Sie schmeckte fast wie Mamas. Ich wachse und gedeihe jedenfalls prächtig.

2. September 2008, an einem anderen Ort

„Der Gesunde weiß nicht, wie reich er ist.“
deutsches Sprichwort

Ist es Schicksal, ist es vorbestimmt oder einfach nur Zufall? In Schwerin sitzt eine Familie am Tisch und überlegt, wer ihr helfen kann. Arnold, der kleine Sohn, ist seit langem krank, unheilbar krank. Er leidet an Diabetes mellitus. Täglich leben er und seine Eltern mit der Ungewissheit und der Angst, ob die Blutzuckerwerte ihres Sohnes in Ordnung sind oder nicht. Die Anzeichen dafür spüren Menschen kaum, geschweige, dass sie sichtbar sind. Deshalb muss tags wie nachts ständig der Zucker gemessen werden. Keiner darf etwas vergessen, ansonsten droht Gefahr. Die Familie lebt in ständiger Unruhe. Ihr ganzes Leben dreht sich fast nur noch um Diabetes, Insulin und Messen.

Wir Labradors hingegen haben für diese Krankheit ein ganz besonderes Gespür, können die Gefahr riechen. Das weiß jetzt auch die Familie. Sie hat sich in den letzten Tagen eingehend über Diabetikerwarnhunde informiert. Sie beschließt an diesem Tag, sich einen solchen Hund ins Haus zu holen.

Dass ich es sein werde, ahnt zu dieser Stunde natürlich noch niemand. Aber meine Zukunft ist vorbestimmt. Schwester Lotta, Bruder Charlie und ich – wir alle drei sollen als Diabetikerwarnhunde arbeiten. Lotta und ich in Schwerin, Charly in Wien. „Drei Helden auf einen Streich. Und dazu noch so einzigartig", sagen die Menschen, denen wir begegnen. Lotta und ich sind wohl die ersten beiden Diabetikerwarnhunde in Mecklenburg-Vorpommern. Meine anderen Geschwister leben heute in Nordhorn und in der Lüneburger Heide. Aus ihnen sind keine Diabetikerwarnhunde geworden. Das musste auch nicht sein. In ihrer Familie ist niemand krank.

Mich selbst überrascht es am wenigsten, als ein solcher Seelenhund auserwählt worden zu sein. Meine Mama hat mir dieses Können praktisch mit ihren letzten Atemzügen eingehaucht. „Geh deinen Weg Lulu, folge deinem Herzen", hatte sie mir aufgegeben. Ich weiß seitdem, dass ich anderen unbedingt helfen möchte. Ich will ein Seelenhund sein, ein Begleiter, der ohne Worte Kummer und Sorgen versteht, ein Schatten, der nicht loslässt, der überall hin folgt, auch wenn dunkle Wolken den Himmel bedecken. Ein Wanderer, der neue Pfade erkundet und seine Schutzbefohlenen auf diesem Weg mitnimmt, ohne dass sie es merken. Ich will traurige Seelen trösten. Dass es gleich eine ganze Familie sein würde, die ich begleite, habe ich damals natürlich noch nicht gewusst. So präzise war meine Bestimmung auch nicht formuliert.

Lange vor meiner Geburt hatte Arnolds Mutter eine Hilfe, einen Beistand für die Seele ihres kranken Sohnes erbeten. Sie wollte einen Begleiter für ihr Kind, einen Helfer, der es ohne Worte versteht. Gleich einem Schatten, der ihm überall hin folgt, bei Tag und bei Nacht, selbst, wenn noch so dunkle Wolken das Licht trüben. Einen Beistand, der neue Pfade mit ihrem Sohn erkundet und ihn auf allen Wegen mitnimmt, ohne dass dieser es bewusst wahrnimmt. Einen Seelentröster eben. Sie wusste nicht, wie lange es bis zur Erfüllung dieses Wunsches dauern würde. Dass dieser Begleiter ein Hund sein könnte, hatte sie überhaupt nicht in Erwägung gezogen. Eigentlich vertrat sie die Meinung, dass es genügend Tiere bei Verwandten und Freunden gäbe, sie schon deshalb keine eigenen in ihrer Wohnung halten müsse. Und genau diese Mutter sollte nun mein Frauchen werden.

Die Schwerinerin hat eine Zeitschrift für Diabetiker abonniert. Einige Monate vor meiner Geburt las sie im `Insuliner´ über die Erlebnisse einer Diabetikerin in Nordrhein-Westfalen mit ihrem Hund und von der Möglichkeit, Hunde quasi als Frühwarnsystem für Diabetiker auszubilden. Da mein zukünftiges Frauchen ihr Zuhause aber nicht mit Tieren teilen wollte, legte sie die Zeitschrift wieder beiseite. Doch wie zufällig ergab es sich, dass sie in ihrer Heimatstadt Kontakt mit einer Familie mit drei Kindern und – einem Hund – bekam. Eine wohlerzogene helle Labradorhündin, die mit in der Wohnung lebte. Erstaunt stellte mein zukünftiges Frauchen fest, dass eine solche tierisch-menschliche WG wohl doch nicht so problematisch ist, wie sie es sich gedacht hatte. Die Labradordame war sprichwörtlich pflegeleicht, hatte ein auffallend ruhiges Wesen, haarte kaum, und Bellen war auch eher die Ausnahme. Arnolds Mutter fand regelrecht Gefallen an meiner Artverwandten.

Es kam, wie es kommen musste. Irgendwann nahm sie die Zeitschrift wieder in die Hand und grübelte: Sollte die Antwort auf ihren Wunsch darin verborgen sein?

4. September 2008

„Das Leben ist kein Problem, das es zu lösen,
sondern eine Wirklichkeit, die es zu erfahren gilt."
Siddhartha Gautama, als Buddha
erwachter Weisheitslehrer und Begründer des Buddhismus

Zwei Tage bin ich nun schon auf der Welt. Ich liebe es, die Umgebung zu erkunden. Auch meine Schwestern und Brüder kommen gerne mit. Schon als Welpe bin ich sehr neugierig und lebhaft. Alles versuche ich auseinanderzunehmen. Ich bevorzuge es, an Hosenbeinen zu zwicken. Die Züchterin hat uns ein großes Seil mit Knoten geschenkt. Daran ziehen wir oder wir spielen mit gelben Tennisbällen. Einer steckt sie ins Maul, der andere muss danach greifen.

Nach draußen dürfen wir allerdings nur unter Aufsicht. Das ist vielleicht spannend! Auf unseren Erkundungstouren entdecken wir so einiges. Wir zerwühlen das Gras und freuen uns, wenn ein Regenwurm sich hervorschlängelt. Wir graben mit unseren Pfötchen den Garten um, ärgern Schnecken, pusten Löwenzahnblüten in die Luft oder knabbern Blumen an. Fast hätte mich dabei eine Biene gestochen. Da muss man halt aufpassen. Anfangs war ich ohnehin sehr ängstlich. Schließlich wusste ich nicht, was mich draußen vor der Stalltür erwartet. Doch mit der Zeit wurde ich mutiger. Inzwischen klettere ich sogar unter die Plane auf dem Maissilo. Das Knistern liebe ich. Das trauen sich nicht einmal meine Brüder. Mir entgeht nichts. Selbst vor Hummeln mache ich inzwischen keinen Halt mehr. Sitzen sie auf einer Rose, gehe ich ganz dicht mit meiner Nase heran und beschnuppere sie. Manchmal machen sich die Hummeln über den Lavendel her, der bei uns so herrlich blüht. Dann hängen die dicken Dinger an einem Halm, der sich unter ihrem Gewicht fast bis auf den Boden neigt. Diese Momente liebe ich. Mit der Pfote stupse ich den Blütenstängel an, und die Hummel fliegt im hohen Bogen davon. Manchmal glaube ich den Zweig `Danke´ sagen zu hören, dass ich den schwergewichtigen Gast vertrieben habe. Nichts für ungut, sage ich dann, zu helfen ist meine Bestimmung.

Von unserer Stalltür aus geht es links herum zu einem alten Backsteinschuppen. Der eignet sich besonders gut zum Verstecken spielen. Vor dem Eingang stehen dichte Büsche. Lotta und ich kriechen oft darunter, wenn Charlie uns suchen muss. Er hat uns da noch nie gefunden. Er kann sich das einfach nicht merken. Warum, weiß ich auch nicht. Aber schon bald wird der Ernst des Lebens für uns beginnen.

25. September 2008

„Sobald Du Dir vertraust, sobald weißt Du zu leben."
Johann Wolfgang von Goethe, deutscher Dichter

Eine Frau ist zu Besuch bei uns auf dem Bauernhof, die ich kenne. Sie war schon öfter hier und hat uns immer ganz genau beobachtet. Heute höre ich zum ersten Mal, dass sie Trainerin und ich eine geborene Diabetikerwarnhündin sei. Das habe sie angeblich schon bei unserer ersten Begegnung erkannt. Die Gabe wurde mir und meinen Geschwistern in die Wiege gelegt. Drei Spezialisten aus nur einem Wurf, das kommt äußerst selten vor. Aber wir sind ja auch etwas Besonderes.

Über eine Anzeige im Internet erfuhr die Frau von uns. Dort hatte unsere Züchterin gefragt, wer uns haben möchte. Wir Labradors eignen uns besonders gut als Diabetikerwarnhunde. Deshalb ist die Frau auf uns aufmerksam geworden und besucht uns nun regelmäßig auf unserem Bauernhof. Sie will testen, wie gut wir sind. Sie hat sich einige Spielchen ausgedacht. So öffnet und schließt sie vor uns zum Beispiel permanent einen Regenschirm. Dabei scheint die Sonne. Inzwischen weiß ich, die Trainerin will daran nur erkennen, ob wir Angst haben. Wir und Angst, das wäre doch gelacht! Das können wir uns als künftige Diabetikerwarnhunde gar nicht erlauben. Dann übt sie mit uns das Schnüffeln. Wir sollen Leckerli riechen aber nicht sehen. Die Leckerli wurden vorher versteckt. Unsere Trainerin achtet ganz genau darauf, ob wir schnuppern oder das Leckerli sehen. Als drittes klappert sie mit Löffeln. Viele Hunde nervt dieses Geräusch. Uns stört das nicht. Die Frau ist von uns richtig beeindruckt, weil wir Charakter haben, auf unsere Fähigkeiten zwar stolz sein dürfen, uns aber darauf nichts einbilden. Die Menschen sagen dazu, wir zeigen Stärke, sind aber nicht übertrieben dominant.

Dass die ersten von uns im Lande zu Diabetikerwarnhunden ausgebildet wurden, ist noch gar nicht so lange her. Da hinkt Deutschland international gesehen noch ziemlich hinterher. Andere Staaten, allen voran die USA, sind uns da meilenweit voraus. Neulich, als ich einmal wieder mit in die gute Stube durfte, verfolgte ich eine interessante Geschichte im Fernsehen. Da wurde Finn vorgestellt.

Finn ist Spanier, ein Adoptivhund. Eine deutsche Frau, die wie Arnold an Diabetes Typ 1 leidet, hat ihn zu sich geholt. Sie heißt Luca Barett und wohnt in Nordrhein-Westfalen. Sie hat Finn adoptiert oder besser gesagt gerettet. Denn eigentlich sollte Finn getötet werden. Ein Schicksal, das viele Waisen- oder Straßenhunde in Spanien teilen. Doch bevor sich Luca Barett Finn holte, reiste sie in die USA und ließ sich dort als Trainerin für Assistenzhunde ausbilden. Nun weiß sie, wann und wie man uns beibringt, auf Unter- und Überzuckerung zu reagieren. Finn, so habe ich es durch diesen Film erfahren, ist Deutschlands erster Diabetikerwarnhund. Und sein Frauchen ist die erste, die uns zu den Hunden macht, die wir gern sein wollen: Freund, Vertrauter, Helfer zu jeder Zeit, nicht nur in der Not.

Finn ist mein großes Vorbild. Ich möchte genau wie er sein; zuverlässig und akkurat. Nicht jeder Hund kann ein perfekter Diabetikerwarnhund werden. Kenner sagen: nur einer von Tausend ist dazu fähig. Es kommt ja nicht nur auf das pure Riechen an, sozusagen auf das Erschnüffeln, ob der Blutzucker okay ist oder nicht. Es geht um viel mehr. Wir müssen erahnen, was in allernächster Zeit passieren wird, ohne zu zaubern oder zu tricksen. Wir handeln, weil wir genau wissen, was zu tun ist. Wir tun es instinktiv. Unsere Spezialität ist es, Unterzuckerung zu spüren, ohne dass wir lange trainieren müssen. Wir können es einfach. Den Grund für unsere Befähigung hat noch kein Mensch herausgefunden.

Forscher gehen vor allem der Frage nach, ob wir Hunde eine Unterzuckerung lediglich riechen oder ob dabei noch andere Dinge eine Rolle spielen. Viele Diabetiker, so argumentieren die Wissenschaftler, ändern auch ihr Gemüt, wenn ihre Werte nicht in Ordnung sind. Sie sind dann zum Beispiel gereizter. Sie zeigen auch äußerliche Veränderungen, zittern oder krampfen am Körper, verlieren die Orientierung, werden bewusstlos. Auch das spüren wir, vorher, versteht sich. Die Auffälligkeiten später sind ja meist nicht zu übersehen.

Einig sind sich die Wissenschaftler weltweit bereits heute darüber, dass wir Diabetikerwarnhunde eine Art Frühwarnsystem für alle derartigen Patienten sind. Wir warnen, wir greifen ein, bevor es zu spät ist. Wir agieren, wenn es ernst wird. Und das ausgesprochen patientenfreundlich. Wir tun nicht weh, pieksen nicht und sind viel preiswerter als irgendwelche medizinischen Geräte oder Meßsysteme. Wir sind ein treues Wundermittel zum liebhaben und streicheln, eben Seelenhunde.

„Wenn die Ärzte eine Krankheit nicht heilen können,
geben sie ihr wenigstens einen schönen Namen."
Voltaire, französischer Schriftsteller und Philosoph

Ab heute wird alles anders. Ein eigenartiges Gefühl beschleicht mich. Draußen kräht der Hahn. Die Sonne erwacht und streckt sich gen Himmel. Auch ich recke und strecke mich und starte meinen Rundgang über den Bauernhof, suche mir einen schönen Busch und erledige meine Morgenwäsche. Es ist ziemlich kalt. Die Sonne hat noch einiges zu tun. Ein rotgelb gefärbtes Eichenblatt fällt mir direkt auf die Nase. Das kribbelt richtig, und ich muss dreimal niesen. Vielleicht ist das ja ein gutes Zeichen.

Nach dem Weckruf des Hahns ist es wieder ganz still geworden. Keine Menschenseele ist zu sehen. Nur die Bäume rascheln leicht im Morgenwind. Ich lege mich auf einen Strohhaufen direkt am Fenster meiner Hütte. Von dort aus habe ich den Hof bestens im Blick. So döse ich minutenlang vor mich hin, schließe mal das linke, mal das rechte Auge. Doch plötzlich bin ich hellwach. Was ist das denn? Ein schwarzes Auto nähert sich unserem Hof. Ich habe es hier noch nie gesehen. Ich scanne es. Das Kennzeichen fängt mit SN an. Nur wenige Meter vor mir bleibt es stehen und vier Menschen steigen aus. Ein Mädchen und ein Junge sind dabei. Der Junge ist kleiner und wohl auch jünger als das Mädchen.

Wer ist das? Vorsichtshalber schlage ich erst einmal Alarm. Aber nicht zu laut, das ist nicht meine Art. Die Familie zeigt sich ohnehin unbeeindruckt. Also gehe ich zum freundlichen Begrüßen über. Ich laufe auf den kleinen Jungen zu, schnuppere an seinen Hosenbeinen. Dabei spüre ich, wie aufgeregt er ist. Doch er nimmt allen Mut zusammen. Zaghaft berührt er mein Fell und sagt: „Hallo Lulu. Ich bin Arnold. Das hier sind Papa, Mama und Vanessa. Wir wollen dich abholen. Du ziehst zu uns nach Schwerin."

Wie, ich ziehe um? Hier geht es mir doch gut, hier kenne ich alle. Hier will ich nicht weg. Aufgeregt schlabbere ich Arnolds Hand ab. Sein Herz pocht wie wild. Meins aber auch. Ist das womöglich meine Bestimmung? Arnold und ich, wir beide, für immer zusammen?

In diesem Augenblick kommt meine Ziehmutter aus dem Haus und begrüßt die Besucher. Während sie sich unterhalten, toben meine Geschwister und ich mit Arnold auf dem Hof herum. Wir spielen Eckenflitzen. Wer zuerst um den Stall gerannt ist, hat gewonnen. Wau, ist das anstrengend. Arnold ist verdammt schnell. Aber dann kann er plötzlich nicht mehr und lässt sich auf unsere Holzbank fallen. Wir ruhen ein paar Minuten aus, ich unter und Arnold auf der Bank. Seine Familie ist inzwischen ins Haus gegangen. Wer weiß, was die Menschen da zu besprechen haben. Das mit dem Umziehen habe ich schon wieder vergessen. Bis zu dem Moment, als Arnolds Vater zurückkommt und mit einem kleinen Zauberstab in seiner Hand zu fuchteln beginnt. Damit zeigt er auf das Auto, und wie von Geisterhand geht das Licht an und die Türen klicken. Das habe ich so noch nie beobachtet. Aber lange darüber nachzudenken, wie der Trick funktioniert, bleibt keine Zeit. Irgendwie geht jetzt ein großes Verabschieden los.

Meine Ziehmutter kommt auf mich zu und streichelt mich so heftig, dass ich fast umfalle. „Sei schön brav, Lulu. Dass mir ja keine Klagen kommen. Erfülle deine Aufgabe immer gewissenhaft. Zeige allen, was in dir steckt."

Offenbar haben alle diese Menschen große Erwartungen. Aber heißt das jetzt tatsächlich, dass ich mit in dieses Auto steigen und nach Schwerin fahren soll? Und während ich noch überlege, wird mir schon die Tür aufgehalten und deutlich gemacht, dass ich hineinspringen möge.

Ich werde euch nicht enttäuschen, belle ich noch voller Tatendrang zurück, und Arnolds Vater startet den Motor. Über meinen geliebten Bauernhof zieht ein Gewitter hinweg. Es blitzt und donnert und dicke Regentropfen prasseln aus eben noch heiterem Himmel auf uns hernieder. Der liebe Herrgott hat meine Botschaft empfangen.

Mit meinen acht Kilo hüpfe ich ins Auto direkt auf den Schoß von Arnold. Ich rolle mich ein, schiebe meine Schnute unter meine Vorderpfoten und mein Hinterteil in Arnolds Armbeuge. So ähnlich fühlte es sich auch in Mamas Bauch an – wohlig warm, weich und geborgen.

Ich traue meinen Sinnen nicht. Sind Arnold und ich womöglich seelenverwandt? Er entdeckt sofort meine Vorlieben: Ohrläppchen reiben, meinen noch fast weißen kahlen Bauch schubbern. Nur sehr kleine dunkelbraune Pünktchen habe ich dort. Es gibt Menschen, denen ich auf der Straße begegne und die sagen: „Lulu, dein Vater war bestimmt ein Dalmatiner und kein Labrador." Aber mein Stammbaum beweist, auch mein Vater ist ein Labrador, ein brauner Labrador. Von ihm fehlt allerdings jede Spur. Ich habe ihn nie kennen gelernt. Er ließ sich bei uns nicht mehr blicken. Mama schwärmte aber von ihm, welch besonders schöner Vertreter seiner schokoladenbraunen Rasse er doch sei. Doch Papa hatte nur eine Mission. Er sollte Nachkommen zeugen und das gleich mit mehreren Hundedamen. So habe ich sicher noch viele Geschwister, die durch die Welt springen. Schade, dass ich sie nicht kenne.

Mein neues Herrchen gibt Gas. Nun heißt es tatsächlich Abschied nehmen. Ein letztes freundliches Schwanzwedeln Richtung Tante, ein letzter Nasenstupser mit meiner Schwester und meinen Brüdern bevor die Autotür ins Schloss fällt. Unbeobachtet von allen Umherstehenden lecke ich mir ein paar Hundetränen vom Gesicht, andere rollen übers Fell. Mein stets freundlich wedelnder Schwanz steht plötzlich still. Ich bin noch nicht einmal zwei Monate alt, war gerade dabei mich einzuleben und fahre jetzt von meinem geliebten Bauernhof in eine Stadt, von der ich nicht weiß, was mich dort erwartet. Das einzig Verständliche für mich ist, dass Arnold künftig ständig bei mir sein wird. Und ich bei ihm. Doch meine innere Hundestimme flüstert mir zu: „Kleine Lulu, du bist ein Seelenhund!" Oder hat Frauchen mir das gerade noch zugeflüstert?

Gemeinsam geht es nun Richtung neues Zuhause. Ich liege auf Arnolds Schoß und fühle mich sicher. „Auf Wiedersehen Tante, Charlie und Lotta", belle ich gegen die Autoscheibe. Sie jaulen mir traurig hinterher. Der Bauernhof wird kleiner und kleiner im Rückfenster. Werde ich ihn und die Lieben jemals wiedersehen? Melancholisch lasse ich noch einmal vor meinem inneren Auge die ersten Tage in meinem Leben Revue passieren. Kühe, Hummeln, Blumen, Sträucher und meine Mama schwirren durch meine Gedanken. Dann will ich von all dem nichts mehr sehen und hören, sondern nur noch getröstet und gestreichelt werden.

Meiner neuen Familie dagegen hat es nicht wie mir die Sprache verschlagen. Aufgeregt erzählt Arnold, dass es sein Auto ist, in dem wir sitzen. Wie denn das, frage ich mich. Arnold ist gerade 6 Jahre alt. Natürlich hat jeder kleine Junge Autos. Aber doch nur Matchbox, auch wenn die Originale 100, 200 und noch mehr PS stark sind. Aber richtige Autos? Ungläubig höre ich zu und bekomme erklärt, dass es tatsächlich wahr ist. Arnold besitzt einen Volvo V 40, 115 PS, Turbodiesel. So steht es in der Zulassung. Gefahren wird er natürlich von seinen Eltern. Kennzeichen SN, steht für Schwerin. Dort soll unsere erste Fahrt ja auch enden. Wie es wohl aussehen wird, mein neues Zuhause? Gibt es auch Kühe und Hummeln und Blumen und Büsche?

Arnold reißt mich aus meinen Gedanken. Er erklärt mir, warum dieser Wagen wirklich auf ihn zugelassen ist. Auch Kinder können tatsächlich schon richtige Autos besitzen. Allerdings ist das nur unter ganz bestimmten Voraussetzungen möglich. Arnold ist wegen seines Diabetes zu 50 Prozent behindert. So steht es in seinem Behindertenausweis, zusammen mit einem großen H. Den Ausweis muss er immer bei sich tragen. Der Buchstabe ist ein Merkzeichen. H steht für hilflose Person, die immer eine Begleitperson an der Seite braucht. Oh, dann bin ich die Beleitperson?! Oder passender formuliert: sein Begleithund? Allerdings: Ein Hund ist in Arnolds Ausweis nicht vermerkt. Dass ich später mal einen eigenen Ausweis erhalten werde, weiß ich an diesem Tag noch nicht.

Arnold gilt mit seiner Krankheit aufgrund seines noch jungen Alters als hilflos. So sieht er auf den ersten Blick gar nicht aus, denkt mein weich gebettetes Hundeköpfchen. Er ist, weil sein Stoffwechsel gestört ist, stets und ständig auf fremde Hilfe und dauerhafte Überwachung seines Zustands angewiesen. Das wird bis zu seinem 16. Lebensjahr so sein. Heute ist Arnold noch viel zu klein, um sein Leben selbst hinzubekommen. So ist es im Neunten Buch des Sozialgesetzbuches, welches das Behindertengesetz ausführlich erläutert, festgeschrieben.

Für diese Überwachung soll ich anscheinend künftig zuständig sein. Das habe ich während unseres kurzen Zusammenseins schon verstanden. Wie ich das anstellen soll, weiß ich aber noch nicht. Bislang lag die Verantwortung dafür bei Arnolds Mutter, meinem neuen Frauchen. Natürlich wollen und können wir künftig nicht ganz auf sie verzichten. Schließlich kann kein Hund der Welt und natürlich auch keine Hündin Auto fahren. Und Kinder dürfen das natürlich auch nicht. Also wird vorerst immer Herr oder Frau B, eine Begleitperson, das Auto fahren. Das müssen also nicht unbedingt Arnolds Eltern sein.

Seine Überwachung übernehme ich unterdessen gern allein. Das notwendige Rüstzeug will ich in den nächsten Wochen und Monaten lernen. Das Wachen kann dann kaum ein Mensch so gut wie ich. Deshalb werde ich ja auch die Begleithündin und nicht die Begleitperson. Weil ein Auto für Menschen wie Arnold, auch wenn es Kinder sind, letztlich unverzichtbar ist, gehört es ihm auch. Und da er noch kein Geld verdient, muss er auch keine KFZ-Steuer zahlen. Auch Frauchen oder Herrchen müssen dafür nicht einspringen. Das Geld können sie sparen. Auch durch mich entstehen ihnen keine zusätzlichen Kosten, mal abgesehen vom Futter. Da ich als noch in der Ausbildung befindliche Assistenzhündin, auch Behindertenbegleithündin genannt, geführt werde, verzichtet Schwerin in diesem Fall auf eine Hundesteuer. „Da ist die Stadt sehr kulant", sagt Herrchen, während er gerade um eine Kurve fährt. Die Menschen regeln wohl alles mithilfe von Gesetzen. Bei uns im Tierreich geht es härter zu. Wer krank oder schwach ist, der wird einfach aus dem Rudel gestoßen und in die ewigen Jagdgründe geschickt. Oder er findet sich im Hundehimmel wieder.

Solange wie heute bin ich noch nie Auto gefahren. Von Nordhorn nach Schwerin scheint eine Weltreise zu sein. Ich jaule auf, in der Hoffnung, dass mein Jammern richtig gedeutet wird. „Lulu muss pullern", erklärt Arnold seiner Mutter. Er hat die Situation richtig erkannt. Meine Blase fühlt sich an wie ein aufgepusteter Luftballon. Ich platze gleich. Herrchen reagiert sofort und weist auf ein großes P am Straßenrand, etwa 500 Meter vor uns. Die Erlösung scheint nah. Ich bin tapfer, denke an etwas anderes, damit ich ja nicht das Auto ruiniere. Das wäre kein schöner Einstieg in mein neues Leben. Kaum habe ich den Gedanken zu Ende gebracht, bremst Herrchen auch schon. Arnold reißt die Tür auf, und ich springe mit einem Satz aus dem Auto. Bloß schnell einen Busch finden. Das war knapp. Welch ein erleichterndes Gefühl, als das kleine Rinnsal die Brennnesseln tränkt. Frauchen und Arnold nutzen die kleine Pause, um sich aufzulockern. Ich kann mir meine vier Beine vertreten. Ich tolle viel lieber herum als faul in der Ecke zu liegen. Es sei denn, ich sitze auf Arnolds Schoß.

Dann werde ich zurück zum Auto gerufen. Das lasse ich mir nicht zweimal sagen. Schließlich bin ich auf mein neues Zuhause gespannt. Ich nehme gleich wieder meinen inzwischen liebgewordenen Platz auf Arnolds Schoß hinten auf der Rückbank ein. Frauchen sitzt neben uns. Sie hat einen orangefarbenen Filzmantel an. Der riecht irgendwie noch ein wenig nach meinem Bauernhof. Herrchen sitzt am Steuer und neben ihm sagt Vanessa, wo es langgeht. Wenn sie mal nicht weiter weiß, hilft Frauchen ihr mit Zwischenrufen aus der hinteren Reihe. Ich dachte bislang, man muss alles erschnüffeln. Doch das Auto bewegt sich so rasend schnell, dass sicher meine Nase anfangen würde zu glühen, wenn ich damit über den Boden tasten würde. Aber das Schnüffeln werde ich deshalb noch lange nicht aufgeben. Im Gegenteil. Es wird künftig sogar meine Hauptbeschäftigung sein.

Nur noch wenige Kilometer und wir kreuzen die ehemalige innerdeutsche Grenze, lassen Schleswig-Holstein hinter uns und erreichen Mecklenburg-Vorpommern. Arnold hält mich in seinen Armen fest umschlungen. „Lulu", flüstert er mir ins Ohr, „ich möchte, dass du ganz schnell meine zweite Haut wirst." Was soll das denn nun wieder heißen? Der Junge kriecht dabei fast in mich hinein. Dass Hund und Mensch eins werden, geht ja wohl nicht. Oder doch?

Dass der Junge Diabetiker ist, weiß ich ja inzwischen. Aber dass es konkret Diabetes mellitus Typ 1 ist, noch nicht. „Auch Arnolds bester Freund hat diese Krankheit, aber von dem erzählen wir dir später", sagt Herrchen und beginnt mir die Krankheit zu erklären. In der Fachsprache heißt sie IDDM. Die vier Buchstaben stehen für `insulin dependent diabetes mellitus´. Das heißt: Arnold bildet kein oder viel zu wenig Insulin. Dann wird es richtig schwierig mit dem Erklären.

Wir halten noch einmal kurz an, um uns zu erleichtern. Mein rotes wolliges Geschirr ist mir eigentlich noch viel zu groß. Das merkt auch Frauchen, denn ich wäre fast rausgeschlüpft bei meinen Erkundungsschritten auf dem Rastplatz. Hier riecht es so anders als auf meinem vertrauten Bauernhof. Benzin- und Öldämpfe steigen mir in die Nase, gemischt mit Gerüchen von Menschen, Katzen und etlichen anderen Hunden. Da kommt man ja völlig durcheinander. Ich bin froh, als es wieder zurück ins Auto geht. Hier kann ich schön an Arnold und Frauchen schnuppern. Das ist mir im Moment am liebsten.

Gemeinsam erzählt meine neue Familie mehr über Arnolds Krankheit. „Die wird er sein Leben lang nicht los", klärt mich Herrchen auf. Typ 1 des Diabetes, so erfahre ich, ist eine chronische, eine unheilbare Krankheit.

Bei Arnold wurde die Diabetes-Erkrankung festgestellt, als er gerade anderthalb Jahre alt war. Frauchen und Herrchen werden diesen Tag nie vergessen. Es war der 13. November 2003. Vorausgegangen waren Monate voller Ungewissheit. Herrchen war damals zu Hause geblieben, um sich um seinen Sohn zu kümmern, während Frauchen das Geld verdiente. Ihm war aufgefallen, dass Arnold ziemlich viel weinte. Erst recht, wenn er ihn auf den Arm nahm, um ihn zu trösten. Es war so, als hätte Arnold bei jeder Berührung Schmerzen. Herrchen war froh, wenn Arnold endlich mal schlief, in der Hoffnung, dass sich das Kind so beruhigt. Doch nach dem Schlafen war es oft noch schlimmer als vorher. Arnold war nicht ausgeruht, eher verstört, so wie nach einem Albtraum. Und niemand konnte sich das erklären. Arnold selbst konnte damals ja noch nicht sprechen und sich auch nicht mitteilen.

Und so rätselten alle, was mit Arnold nicht stimmen könnte. Doch lange Zeit wusste niemand eine Antwort. Aufgrund der ständigen Beobachtung fiel auf, dass der kleine Kerl ständig Durst hatte. Er musste häufig pullern, war immer müde, irgendwie unzufrieden mit sich und der Welt. Und es wurde immer schlimmer. Der Gesundheitszustand verschlechterte sich dramatisch.

„Das ist typisch für meine Krankheit", erklärt mir Arnold und schaut mich dabei traurig an. Dieser Blick schmerzt. „Lulu, stell dir mal vor, drei Monate haben die Ärzte gebraucht, bis sie wussten, was mit mir los ist", flüstert Arnold mir zu. Herrchen erinnert sich weiter an die nervenaufreibende Zeit, als noch niemand wusste, warum Arnold so ganz anders reagiert als die meisten Kinder in seinem Alter. Eines Nachmittags hatte seine Tagesmutti ganz aufgeregt angerufen und berichtet, dass der Junge alles ausspuckt. Ganz gleich, was sie ihm zu essen und zu trinken gibt. Daraufhin fuhren Herrchen und Frauchen sofort mit ihm zur Kinderärztin. Sie maß dann den Zucker im Urin. Und dieser Wert war wahnsinnig hoch. So hoch, dass Arnold umgehend ins Krankenhaus eingewiesen wurde. Als sie das erzählen, wirken Herrchen und Frauchen sehr nachdenklich. Denn es hätte noch viel schlimmer kommen können. Die Krankheit ist nämlich außerordentlich heimtückisch. Arnold hätte auch in seinem Bettchen liegen und am ganzen Körper krampfen können und keiner hätte damals weder gewusst, woran es liegt, noch was zu tun ist.

„In der Klinik bekamen wir zum Glück sofort ein Krankenzimmer", sagt Frauchen. Die erste Insulinspritze war schrecklich für beide. Arnold lag blass in den Armen von Frauchen, und sie konnte ihm nur helfen, indem sie ihm immer wieder übers Köpfchen strich.

Schwerin 18 km, so steht es weiß auf blau auf einem Schild geschrieben. Arnold massiert sanft meinen Rücken. 18 Kilometer? Ist das viel oder wenig? Ich habe keine Ahnung. Bislang bin ich von meinem Bauernhof ja kaum weggekommen. Warten wir es ab. Ich lege mich auf Arnolds Schoß und versuche noch etwas zu schlafen. Mal sehen, was der Tag noch so bringt. Vorher blinzele ich aber noch mal kurz zu Frauchen hinüber. Sie hat schon längere Zeit nichts mehr gesagt, scheint nachdenklich zu sein. Was ihr wohl durch den Kopf geht? Ob sie befürchtet, mit mir keinen guten Fang gemacht zu haben? Vielleicht kommen gerade Zweifel in ihr auf? Schließlich kennt sie mich so gut wie gar nicht, weiß nicht, ob ich lieb bin oder womöglich die Nachbarn ärgere. Da hat sie nichts zu befürchten. Ich fühle mich in meiner Haut labradorwohl, sehe meinem neuen Zuhause mit großem Interesse entgegen. Ich spüre eine innere Ruhe wie schon lange nicht mehr. Ich bin mir sicher, die perfekten Mitbewohner für meinen neuen Lebensabschnitt gefunden zu haben. Frauchen wird dies auch bald merken. Mit dieser Gewissheit schlummere ich ein und lasse die Dinge auf mich zukommen.

Als ich wach werde, traue ich meinen Augen kaum. Goldene Türme funkeln in der Sonne. Riesige Pferde stehen vor uns. Sie halten ihre Vorderläufe in die Luft, als wären sie in einen Dornröschenschlaf gefallen, ebenso ihre Reiter, welche die Zügel eher locker halten. Das Bild gleicht einer Szene aus einem Märchen. Ein Schloss erstrahlt in seiner vollen Schönheit, umgeben von Wasser und jahrhundertealten Bäumen.

„Willkommen in Schwerin!" Arnold drückt mich fest an sich. Hier lässt es sich leben, denke ich und höre auf meine innere Stimme, die sagt: Dein erster Eindruck ist der richtige. Zum ersten Mal hatte ich diese Worte von meiner Tante gehört. Für Schwerin scheinen sie einmal mehr zutreffend. Ich recke mich weiter Richtung Fenster und genieße die kleine Stadtrundfahrt. Dabei strecke ich mich so sehr, dass ich fast aus meinem wolligen Hundegeschirr rutsche. Überall stehen alte, bestens herausgeputzte Gebäude. Geschichte pur. Das Bild wirkt fast unrealistisch. Als seien die Prachtvillen aus Pappmaché und für eine Filmkulisse aufgestellt worden.

Wir fahren erst breite, dann aber vornehmlich enge Straßen entlang und biegen schließlich links ab. Herrchen wird langsamer und bringt das Auto vor einem knallroten Haus zum Stehen. Frauchen steigt als erste aus und nimmt mich gleich mit. „Lulu, das ist dein neues Zuhause! Hier wohnen wir und nun auch du."

Ich schaue mich um, renne ums Haus und entdecke einen großen Garten voller Büsche. Die Blütenpracht des Frühlings und des Sommers lässt sich bei diesem Novemberwetter nur erahnen. In meinen Gedanken breitet sich ein Farbenmeer aus. Es duftet regelrecht nach frischer Luft. Ich reiße mich von den Gedanken los. Ich will mehr sehen.

Arnold öffnet die Terrassentür und ruft mich ins Haus. Schon mit den ersten Blicken mache ich ein Paradies für kleine Hundemädchen aus. Am besten gefällt mir eine helle Ledercouch, auf der Kissen und Decken liegen. Das ist mein Reich, speichere ich umgehend in meinem Hundehirn ab. Ein idealer Platz für ein Nickerchen. Arnold und ich laufen weiter an einem langen Esstisch vorbei direkt in den Küchenbereich. Auch der sagt mir zu. Nun gilt es noch, den Keller und das Obergeschoss zu erkunden. Doch das sind, so wird mir erklärt, vorerst Tabuzonen. Weil ich noch sehr jung bin und meine Knochen noch zu weich sind, darf ich keine Treppen steigen. Nun gut, dann hebe ich mir das eben für später auf. Zu gehorchen habe ich ja gelernt, wenngleich Neugierde zu unterdrücken ziemlich schwer fällt. Aber mit Hundekennerblick habe ich, ohne bereits alles gesehen zu haben, sofort erkannt: Welch großes, welch sehr schönes Zuhause! Hier wird es mir bestimmt nicht langweilig werden. Und dann gibt es da noch eine Luxusvariante für mich. Weil Arnolds Zimmer im Obergeschoss liegt und ich nun seine ständige Begleiterin bin, muss ich auch mit hinauf. Aber nicht auf eigenen vier Pfoten, ich werde getragen. Na, mal sehen, wie lange Frauchen oder Herrchen das durchhalten. Ich werde ja mit jedem Tag ein paar Gramm schwerer.

16. November 2008

„Kein Weg ist zu lang
mit einem Freund an Deiner Seite."
japanisches Sprichwort

Meine erste Nacht im neuen Zuhause liegt hinter mir. Arnold und ich haben die Stunden gemeinsam in seinem Bett verbracht. Ich war am Abend so aufgeregt. Auch Arnold fand anfangs keine Ruhe. Kein Wunder, immer wieder kitzelte ich ihn mit meiner Schwanzspitze im Gesicht und schlabberte ihn zwischendurch ab. Ich wollte ihm schließlich zeigen, wie lieb ich ihn habe. Ich sah dabei gar nicht, wie müde Arnold nach diesem für ihn so anstrengenden Tag war. Dass er sich ständig sein Bett über den Kopf zog, deutete ich als Versteckspiel und nicht etwa als Zeichen, dass er endlich Ruhe haben wollte. Bis dahin bildete ich mir ein, auch nachts gut spielen und Spaß miteinander haben zu können. Dass es nicht so ist, hat mir bis dahin niemand gesagt.

Inzwischen habe ich mein eigenes Bett, direkt neben Arnold. Auch mit Laken und Kopfkissen. Ich liebe Kopfkissen. Die eignen sich herrlich zum Einkuscheln. Kopfkissen sind die beste Erfindung der Menschen. Oder die zweitbeste. Wasser ist noch ein Tick besser. Aber dieses Element gibt es ja wohl schon immer. Es musste nicht erst erfunden werden. Doch jetzt schweife ich irgendwie ab. Später zu meinen Leidenschaften mehr. Alles zu seiner Zeit.

Nicht nur Arnold und ich waren nach unserer Ankunft in Schwerin sehr aufgeregt. Auch Frauchen blieb davon nicht verschont. Hinter ihrer Stirn sah ich es arbeiten: Wir haben einen Hund, einen lebendigen Hund. Worauf hast du dich da bloß eingelassen. Jedenfalls bildete ich mir ein, Frauchens Gedanken lesen zu können. Ich sollte noch viel Zeit haben, meine Zweibeinerfamilie genau zu beobachten, ihre Sorgen ohne Worte zu verstehen und ihre Gefühle allein durch ihre Körperhaltung zu erahnen. Wir Hunde sind bekanntlich Meister im Studieren der Körpersprache unserer Begleiter.

In dieser ersten Nacht in Schwerin konnte ich nicht gut schlafen. „Hör auf, Lulu! Lass mich in Ruhe. Leg dich auf deinen Platz. Das ist mein Bett!", rief mir Arnold ständig zu. Aber ich dachte überhaupt nicht daran, aufzuhören. Alles war neu und galt, entdeckt zu werden. Irgendwann ist Arnold dann aber vor Erschöpfung eingeschlafen. Ich dagegen bekam noch immer kein Auge zu. So schlich ich auf Samtpfoten durchs Zimmer und schaute mich um. Überall hängen Poster mit Männchen an den Wänden. Arnold kennt sie alle mit Namen. „Das sind Yoda, Anakin Skywalker und Chewbacca", hatte er mir tagsüber erklärt, auch dass er absoluter Star Wars Fan ist. Was nicht zu übersehen ist. Auf der Fensterbank stapeln sich Hörbücher – alles Geschichten aus dem Universum, Heldensagen und Stories aus dem Star Wars Reich. Ich wusste mit all dem anfangs überhaupt nichts anzufangen. Das war für mich alles völliges Neuland. Und in dieser ersten Nacht war keiner mehr ansprechbar, der mir weiteres erklären konnte. So schlich ich weiter Runde für Runde um Arnolds Bett. Immer wieder musste ich dabei an dem blauen Teppich schnuppern, der mitten im Zimmer lag. Plötzlich kam Frauchen noch einmal herein und meinte, ich müsste noch mal vor die Tür. Das kam mir als Ablenkung gerade recht. Mit einem Satz sprang ich auf ihren Arm und so ging es bis vor die Terrassentür. Dort bekam ich ein neues rotes Halsband angelegt. An der Leine ging es dann schließlich hinaus in die Nacht. Erstmal mitten hinein in den schönen Garten. Den hatten Frauchen und Herrchen noch nicht so gesichert, dass ich hätte darin frei herumlaufen können. Das heißt, er war nach allen vier Himmelsrichtungen hin offen. Ohne Leine hätte ich auf eigene Faust die große weite Welt erkunden können. Das hatte ich früher auf unserem Bauernhof immer mal wieder gern gemacht. Man muss es meiner neuen Familie irgendwie gesteckt haben. Deshalb also jetzt die Vorsicht.

Frauchen besaß allerdings in dieser ersten Nacht noch keinerlei Erfahrung, wie ich mich an der langen Leine anstelle. Sie hat auch nicht an die vielen Büsche gedacht, die entlang der Gartengrenze stehen. Unter die kroch ich immer wieder, und Frauchen musste hinterher. Ansonsten hätte ich meine Runden gedreht und die Leine sich dabei um die Büsche gewickelt. Aber auch so hatte Frauchen alle Hände voll zu tun. Ich machte mir einen richtigen Spaß daraus: Ich vorneweg und Frauchen im Laufschritt immer hinterher. Nur gut, dass es dunkel war. Was für ein Bild böten wir?! Die Nachbarn hätten sich sicherlich köstlich amüsiert.

Doch dann wurde mein Spielchen abrupt beendet. Frauchen rief mich beim Namen und hielt dabei ein Leckerli genau in meine Windrichtung. Die Gute wusste schon, wie sie mich kriegt. Wie die Maus dem Käse folgte ich ihr brav zurück ins Haus, nicht ohne an allen erreichbaren Büschen erneut einen kurzen Zwischenstopp einzulegen. Doch das Ziehen an der Leine wurde immer fordernder. Schließlich landete ich wieder in Arnolds Zimmer. Ich sollte ja über den Jungen wachen. Das war meine eigentliche Bestimmung. Soviel hatte ich während der ellenlangen Autofahrt begriffen. Also ging ich in Habachtstellung und nahm erneut alle Gegenstände im Zimmer ins Visier. Dabei fiel mir eine Schlange ins Auge. Sie lag auf der Lauer, unter Arnolds Bettdecke. Ich konnte es kaum glauben. Ein Feind, durchzuckte es mich. Sofort war ich auf Alarmstufe rot eingestellt. Diesen Feind musst du besiegen, rief ich mir zu, um mir Mut zu machen. Ich biss die Schlange einmal in der Mitte durch und wedelte sie dabei in meinem Maul hin und her. Den Krach, den ich dabei gemacht habe, muss Frauchen mitbekommen haben. Sie stand wieder im Zimmer und sah das Malheur. Überall lagen jetzt Schlangenfetzen herum. Doch statt mich zu loben, brach sie in schallendes Gelächter aus.

„Lulu, du hast Arnolds Katheterschlauch durchbissen", sagte sie und lachte leise vor sich hin, um Arnold nicht zu wecken. „Deine vermeintliche Schlange ist aus Kunststoff und keine echte!" Und ich hatte mich sehr gewundert, warum sich die Schlange gar nicht wehrte.

17. November 2008

„Gott würfelt nicht."
Albert Einstein, Physiker und Philosoph

Seit dem ersten Tag von Arnolds Diabetes sind heute genau 5 Jahre und 4 Tage vergangen. Die Erinnerung ist bei allen noch wach. „Ich konnte Arnold überhaupt nicht beruhigen", vertraut mir Frauchen an. „Selbst die flackernden Bilder im Fernsehen waren Arnold egal. Wenn er aufgehört hatte zu schreien, dann war er völlig erschöpft und fiel zusammen wie ein Kartenhäuschen. Danach schlummerte er ganz friedlich an meiner Brust."

Zehn Tage verbrachten Arnold und Frauchen im Krankenhaus. Danach durften sie wieder nach Hause. „Zum ersten Advent wurden wir entlassen", erinnert sich Frauchen. Doch die Sorgen gingen dann erst richtig los. Was ist mit all den Schokoweihnachtsmännern? Welche Plätzchen darf Arnold essen? Wie viel Süßes ist überhaupt erlaubt? Fragen über Fragen gingen den Eltern durch den Kopf. „Obwohl wir jetzt endlich wussten, wie es um Arnold bestellt ist, dass er ernsthaft und auf Dauer krank ist, war die gesamte Situation für uns einfach nur schrecklich", so Frauchen. „Wir hatten ständig Angst, weil Arnolds Blutzuckerwerte mal ganz hoch, mal extrem niedrig waren. Und wir fürchteten uns davor, dass Arnold bewusstlos werden könnte. Er konnte ja noch nicht sprechen. Wie sollte er denn Bescheid geben?" Eine berechtigte Frage von Frauchen, wie ich finde.

Ich erfahre, dass sich Arnolds Tagesmutter damals bereit erklärte, Arnold trotz seines Diabetes bei sich zu behalten. Sie hatte gelernt, ihm die Spritzen zu geben. Frauchen schrieb auf, was Arnold essen durfte und notierte dazu die entsprechende Insulindosis.

„Nach elf Monaten haben wir uns in Hamburg eine Insulinpumpe erkämpft. Lulu, du kannst dir nicht vorstellen, wie dünn ich geworden war. Ich war nur noch ein Strich in der Landschaft, total k.o.", gesteht mir Frauchen. Schließlich stand sie jede Nacht auf, um bei ihrem Sohn den Blutzucker zu messen. Immer in der Hoffnung, dass er im vorgegebenen Bereich lag. Doch oft war er zu hoch und musste dann mit Insulin korrigiert werden, und zwar während Arnold schlief. Um ihm zu helfen, musste sie ihm wehtun. Das ist bestimmt nicht einfach für eine Mutter.

Grundsätzlich sollen Diabetiker ihr Insulin immer vor dem Essen spritzen. Aber bei Arnold mit seinen knapp zwei Jahren funktionierte diese Regel nicht. Mit viel Ablenkung konnte Frauchen ihm das nötige Insulin erst nach dem Essen verabreichen. „Lulu, als Arnold die erste Insulinspritze erhielt, habe ich mir geschworen, keine Spritze mehr für Arnold ohne Ablenkung! Auch wenn es gegen den Willen der behandelnden Ärzte geschah. Ich habe Arnold das Insulin fortan immer erst nach dem Essen und beim Fernsehen oder Buchvorlesen gespritzt", erzählt Frauchen. Im Krankenhaus hat Arnold an manchen Tagen bis zu einer halben Stunde lang ununterbrochen geschrien, ohne dass ihn jemand davon abbringen konnte. Er selbst kann sich an diese Zeit nicht erinnern. Aber Herrchen und Frauchen haben ihm von dieser für ihn so schweren Zeit in der Klinik berichtet.

Um das Spritzen in der Nacht zu verhindern, musste Arnold möglichst bis 21 Uhr wach bleiben. Andere Kinder in seinem Alter schlafen um diese Uhrzeit längst. Unmittelbar vor dem Einschlafen wurde dann die Insulinspritze gesetzt. Die sollte grundsätzlich die Nacht über reichen. Musste Frauchen dann doch mal zwischenzeitlich korrigieren, wurde Arnold oft wach und weinte dann beim Spritzen ganz laut, weil es ihm sehr weh tat. Das war manchmal schon gegen Mitternacht, mitunter auch erst morgens um 4 Uhr oder noch später. Als sie dann endlich die Pumpe bekamen, ging es allen viel besser. Die Werte pegelten sich mehr und mehr ein. Arnold wurde ruhiger, konnte auch zwischendurch essen. Hatte er Fieber, konnte die Insulindosis ohne Probleme erhöht werden. Die Pumpe hat zudem den Vorteil, dass nicht permanent gespritzt, sondern nur noch alle zwei, drei Tage der Katheter gewechselt werden muss. Arnold fühlte sich fortan besser. Sein Schreien hatte endlich ein Ende.

Was blieb war, dass Frauchen Arnold ständig in den Finger stechen musste, um den Blutzucker zu messen. Das ist nach wie vor unangenehm, wenngleich es Arnold inzwischen selbst macht. Als er vier Jahre alt war, hat er es gelernt. Da war er bereits in der Vorschule seines Kindergartens. Die Erzieherinnen dort waren übrigens total lieb. Schon gut ein Jahr zuvor hatten sie sich spontan bereit erklärt, ein kleines diabetisches Kind aufzunehmen. Sie haben sich dann auch mächtig angestrengt. Es war eine für sie völlig neue Aufgabe. Belinda, Maja, Karina und Beate haben es durch ihre Bereitschaft zum Helfen ermöglicht, dass Arnold überhaupt in einen Kindergarten gehen konnte. Damit haben sie ihm den ersten Schritt in die Selbstständigkeit geebnet und ihn dabei wie ein ganz normales Kind behandelt, ohne ihn auch nur eine Minute aus den Augen zu verlieren. Die Überwachung seines Zustands war natürlich wichtig. Dies alles half Frauchen sehr.

18. November 2008

„Ein Floh auf der Schlafmatte ist schlimmer
als ein Löwe in der Wüste."
chinesisches Sprichwort

Ich habe Flöhe. Sind die vielleicht lästig! Ständig kribbelt es am Körper, am Hals, unterm Bauch oder hinter den Ohren. Da ist wieder so ein Biest. Ich versuche es zu schnappen. Keine Chance. Zeigt mir das kleine Ungeheuer etwa einen Stinkefinger? Das gibt es doch wohl nicht. Wieder versuche ich es mit meiner Schnauze zu fangen. Doch es entwischt mir erneut. Na warte, maule ich ihm hinterher und fletsche die Zähne. Dich kriege ich noch. Wenn nicht heute, dann morgen, übermorgen aber ganz bestimmt. Freiwillig abhauen werden die Plagegeister ohnehin nicht. Dafür sind sie einfach zu sesshaft.

Auch Frauchen hat die Faxen längst dicke. Ihrer Meinung nach hilft nur noch eine Radikalbehandlung. Sie fährt mit mir zu Weißkittel. Nicht schon wieder zu dem, maule ich. Doch Frauchen zeigt kein Mitleid. Erst vor ein paar Tagen waren wir bei ihrem Arzt des Vertrauens. Meines muss er erst noch gewinnen. Bei meinem ersten aufwühlenden Erlebnis mit dem Veterinär, so steht es zumindest an seiner Tür, musste ich eine komische Paste schlucken. Sie soll Würmer aus meinem Körper verschrecken. Dabei habe ich noch keinen einzigen gefressen. Ich mag überhaupt keine Würmer. Das ist rausgeworfenes Geld, habe ich den Doc noch angebellt. Doch der hat sich einfach meinen Kiefer gekrallt und mir die Paste soweit ins Maul geschoben, dass ich nicht umhin kam, sie zu schlucken. Mit dem Ergebnis, dass ich zwar keinen einzigen Wurm habe, dafür um so mehr Flöhe. Fehlt nur noch, dass mir jetzt wieder so eine komische Paste ins Maul gestopft wird.

Weißkittel erwartet uns schon in seiner Praxis, diesmal bewaffnet mit einem besonderen Kamm. So ein Ding habe ich vorher noch nie gesehen, aber es soll ganz praktisch sein, verheißt er Frauchen und beginnt umgehend, mir damit durchs Fell zu ziehen. Das löst bei den Flöhen höchste Alarmstufe aus, alle begeben sich auf die Flucht. Es kribbelt richtig in meinem Fell. Doch dem Kamm entkommt keiner. Eine ganze Kolonie zieht Weißkittel aus ihrem Versteck. Oh weh, denke ich, hoffentlich haben sie nichts geahnt, nicht, dass sich doch noch einige rechtzeitig in Sicherheit bringen konnten. Nur ein einziger Floh kann einem das Hundeleben ja schon zur Hölle machen. Hat sich vielleicht sogar einer in Arnolds Bett zurückgezogen oder gar auf sein Kopffell? Das muss dann Frauchen erledigen. Ich bin endlich erlöst. Weißkittel findet keinen Floh mehr.

Frauchen und ich können endlich wieder allein nach Hause fahren. Und als hätte ich es geahnt, in Arnolds Bett sitzen zwei Flöhe. Sie waren so schlau, noch rechtzeitig abzuhauen. Aber jetzt hat auch ihre letzte Stunde geschlagen. Ihr Leben geht in der Badewanne zu Ende. Frauchen greift nach der Duschbrause und dreht den Wasserhahn auf. Jetzt werden sie geflutet. Tschüühüß, rufe ich ihnen hinterher. Auf Nimmer Wiedersehen, ihr Nichtschwimmer. Sie geraten in einen Strudel, drehen sich immer schneller, bis sie das Abflussloch verschluckt. Lästige Biester, diese Flöhe.

19. November 2008

„ Wenn Du einen guten Lehrer haben willst,
dann suche keinen bequemen. "
ein Leitsatz des Kodokan, älteste Judoschule der Welt

Pünktlich mit den Vögeln stehe ich jeden Morgen auf. Wie heißt es so treffend: Nur der frühe Vogel fängt den Wurm. Auch mein Arbeitstag hat es in sich. Das weiß Herrchen eigentlich und ärgert sich trotzdem. Auch darüber, dass ich ständig an seinen Pantoffeln herumknabbere. Jeden Morgen also das gleiche Spiel. Ich stehe schwanzwedelnd vor seinem Bett, voller Erwartung, was der Tag so mit sich bringt, und er ignoriert mich einfach. Das kann ich überhaupt nicht verstehen. Schließlich haben wir uns die ganze Nacht über nicht gesehen, geschweige denn miteinander Laute ausgetauscht. Da muss ich schon seine Latschen packen, um Aufmerksamkeit zu erhaschen. Nur so wird er wach, ziemlich wach. Er reißt mir die Puschen aus dem Fang. „Lulu Platz", ruft er aber nur, um sich gleich wieder aufs Ohr zu hauen. Er in seinem Bett, ich davor. So verweilen wir dann wieder geraume Zeit, jeder in seiner bevorzugten Lage. Herrchen ist ziemlich schnell wieder hinter den sieben Bergen in seinem Schlafland. Ich döse nur vor mich hin, solange bis Arnold sich reckt und streckt und mich freudestrahlend begrüßt. „Guten Morgen, Lulu!". Das ist Musik in meinen Ohren. Ich gebe ihm ein Küsschen.

Heute ist Tag fünf, an dem Arnold und ich zusammen sind. Es ist sein erster Schultag nach unserem Kennenlernen. Arnold geht auf eine besondere Schule, eben weil er ein besonderes Kind ist. Gestern Abend, während er seinen Ranzen packte, hat er mir das erste Mal von seiner Schule und seinen Lehrern erzählt. „Lulu, pass auf!" Ich gehorchte ihm aufs Wort – wie immer. Neugierig nahm ich vor ihm Platz. „Meine Schule ist das MFZK". Das ist aber ein komischer Name für eine Schule, knurrte es aus mir heraus. Das kann ja spannend werden. Also legte ich mich genüsslich auf den Fußboden, alle Viere weit von mir gestreckt, um zu hören, was sich denn nun hinter diesen 4 Buchstaben verbirgt. „Die stehen für 'Mecklenburgisches Förderzentrum für Körperbehinderte Schwerin`. Wir sagen aber alle nur MFZK. Ist kürzer und klingt nicht so dramatisch. Lulu, magst du mich zur Schule bringen? Dann zeige ich dir meinen Klassenraum". Was für eine Frage. Klar will ich das.

Im selben Augenblick taucht bei mir aber wieder die Frage auf, wieso Arnold behindert ist. Frauchen kommt ins Zimmer und klärt mich auf. „Arnold ist vor dem Gesetz behindert. Das heißt, er hat eine Last zu tragen, die andere Menschen nicht zu tragen brauchen. Um eine Gleichstellung im Leben der Kinder und Erwachsenen zu erreichen, haben sich Experten ein Gesetz ausgedacht, das versucht, die Last oder das Handicap einzuschätzen. Daraus abgeleitet bekommt ein Mensch mit einer Behinderung verschiedene Hilfen. So gibt es für Kinder mit Handicap beispielsweise eine besondere Schule. Dort werden die Mädchen und Jungen auf ihr Leben vorbereitet. Denn leider gehen solche Krankheiten wie Diabetes ja nie wieder weg. Jedenfalls nicht nach dem aktuellen Stand der Forschung. Der Mensch ist und bleibt ein Leben lang behindert. Und darauf muss er sich einstellen". Ich finde das ein bisschen unglücklich formuliert. Besser wäre ja tatsächlich 'gehandicapt' als 'behindert' zu sagen. Das klingt einfach besser, freundlicher. Aber wahrscheinlich ist das zu englisch. Und in deutschen Gesetzen gibt es nun mal keine englischen Abwandlungen.

Die Uhr zeigt halb acht. Endlich geht es los. Arnolds Schule befindet sich im Schweriner Stadtteil Lankow, nur knapp zwei Kilometer von unserem Zuhause entfernt. Trotzdem, wir sind spät dran und nehmen deshalb das Auto. Schon nach 5 Minuten haben wir unser Ziel erreicht. Ich konnte es mir in meinem Kofferraum nicht mal richtig gemütlich machen. Herrchen parkt den Wagen direkt vor der Schule. „Da sind wir", ruft Arnold stolz. Ich schaue auf einen langgezogenen Flachbau und springe im selben Augenblick aus dem Auto. Dass ich einmal in eine Schule gehen würde, habe ich mir vor ein paar Tagen auch noch nicht träumen lassen. Auch Arnold war nicht immer an dieser Schule. Eingeschult wurde er an einer privaten Bildungseinrichtung. Doch dort war es für ihn sehr schwierig, weil seine Lehrerin sich nicht auf seine Krankheit einstellen konnte, vielleicht auch nicht wollte. Seine Eltern sind zu jeder Mahlzeit in die Schule gefahren, um den Zucker zu messen und um das notwendige Insulin für das Essen abzugeben. Das hat keinem so recht gefallen. Schließlich arbeiten Herrchen und Frauchen. Immer wieder zwischendurch von der Arbeit weg, das bekommt man nur schwer auf die Reihe. Jetzt ist das zum Glück vorbei. Arnold hat schon viele Freunde in seiner Klasse gefunden und ist rundum zufrieden. Das sehe ich ihm an.

Rein theoretisch könnte Arnold in jede Schule gehen. Das setzt jedoch voraus, dass die Lehrer fit sein müssen in punkto Diabetes und mit der Krankheit umgehen können. Und da hat Arnold anfangs leider andere Erfahrungen gesammelt. An vielen Schulen gelten auch Verbote. So ist es beispielsweise strikt untersagt, während des Unterrichts zu essen oder auf die Toilette zu gehen. Ohne Ausnahme. Doch ohne Ausnahme geht es bei Arnold einfach nicht. Darf er im entscheidenden Augenblick nicht essen, könnte es lebensgefährlich für ihn werden. Kaum einer von ihnen wollte die Risiken eines diabetischen Kindes mittragen. Obwohl es eigentlich gar nicht so schwer ist. Sie müssen einfach nur Zucker messen und entsprechend der Werte reagieren. Das sollte doch nicht zuviel verlangt sein, erst recht nicht für einen Lehrer. Oder etwa doch? Die Praxis war oft eine andere. Was mag in den Köpfen der Lehrer vorgegangen sein? Ich versuche, sie zu verstehen. Klar, sie müssten sich in Sachen Diabetes fortbilden. War ihnen der Aufwand für nur einen Schüler vielleicht zuviel? Oder haben sie einfach nur Angst vor dieser Krankheit? Unwissenheit und Angst sind schlechte Partner für ein krankes Kind. Aber das kann doch nicht sein?! So einen Grund würde ich überhaupt nicht gelten lassen. Doch an dieser Schule war es halt so. Deswegen musste ein Wechsel einfach sein. Nur gut, dass es auch andere Schulen mit anderen Lehrern gibt. Und es gibt zum Glück viele engagierte Lehrer auf dieser Welt.

Arnold zeigt mir die Mensa, in der er und die anderen Schüler täglich gemeinsam Mittag essen. Groß, hell und freundlich ist der Raum. Weiter geht es Richtung Sporthalle. „Hier können wir alles Mögliche spielen; Fußball, Volleyball, Basketball. Komm Lulu, ich zeige dir mal unseren Snoezelraum." Arnold läuft voran, ich hinter ihm her. Snoezelraum? Das Wort habe ich noch nie gehört. Ich bin begeistert, als wir endlich da sind. Meine Augen erblicken ein riesiges Wasserbett, Kuscheltiere, Schmusekissen. Ich mache mich für einen Sprung in die Glückseligkeit bereit. „Nein Lulu, da darfst du nicht rein!", reißt mich Herrchen aus meiner Vorfreude. Ich muss mir anhören, dass die Spielwiese allein kleinen Zweibeinern vorbehalten bleibt. Dafür gibt es mal wieder eine Erklärung.

„Snoezel, oder wenn man es tut, snoezeln, klärt mich Herrchen auf, ist ein neues Phantasiewort, zusammengesetzt aus zwei bekannten Wörtern. Darauf sind zwei niederländische Zivis gekommen. Und zwar stehen dafür `snuffelen´, was auf gut deutsch schnüffeln heißt und `doezelen´. Das wiederum bedeutet in unserer Sprache dösen. In diesem Raum können die Schüler also entspannen, träumen, leisen Klängen und Melodien lauschen."

Nach zwanzig Minuten ist unser Schulrundgang zu Ende. Die Klingel ruft alle Schüler in ihre Klassen. Mir geht das Geräusch richtig in die Ohren. Deshalb bin ich froh, dass ich mich zurückziehen kann. „Tschüß Lulu!" Arnold winkt mir aus seinem Klassenzimmer zu, während ich mich mit Herrchen über den Schulhof auf den Heimweg mache. Schön, dass ich das heute alles einmal kennen lernen durfte. Irgendwann wird der Tag kommen, da werde ich Arnold regelmäßig zur Schule bringen und neben ihm im Klassenraum sitzen. Das habe ich so beschlossen. Und Herrchen sieht es ähnlich. Also, warten wir es ab!

Während wir nach Hause fahren, erzählt mir Herrchen, dass viele Kinder auch auf dem Heimweg unterzuckern. Damit das Arnold nicht passiert, will Frauchen seine Insulindosis künftig teilen. Eine Hälfte des gesamten errechneten Bolus für die Kaffeemahlzeit bekommt er als Sofort-Bolus, die verbleibende Dosis Insulin ganz langsam über 30 Minuten oder auch eine Stunde mit Hilfe der Pumpe. Der Vorteil: Das Insulin beginnt schon nach 5 Minuten zu wirken und hält dann durch die langsame Abgabe auch lange vor, eben bis zu einer Stunde. So kann auf dem Nachhauseweg eigentlich nichts passieren, sozusagen zusätzliche Sicherheit. Natürlich gibt die Pumpe auch weiterhin regelmäßig Insulin ab. Darauf ist sie schließlich programmiert.

Von der Schule wird Arnold zur Zeit von einem Fahrdienst nach Hause gebracht. Auch das dient seiner Sicherheit, damit ihm ja nichts passiert. Bislang hat ihn immer ein Erwachsener zu Hause in Empfang genommen. Meist Frauchen oder Herrchen. Doch Arnold möchte das nicht mehr, will auch diesbezüglich seine zunehmende Selbstständigkeit unter Beweis stellen. Er findet es einfach nicht gut, wenn seinetwegen immer jemand freinehmen oder eine Arbeitspause einlegen muss.

Da schlägt jetzt meine große Stunde. Diesen Part soll ich künftig übernehmen. Ob ich das schaffe? Jo, das schaffe ich! – raune ich mir selbstbewusst zu und wedele freudig erregt mit meinem Schwanz. Nicht nur der Mensch, auch ein Hund wächst schließlich mit seinen Aufgaben. Und aufpassen ist bekanntlich mein Spezialgebiet.

20. November 2008

„Je weiser man wird,
desto weniger Dinge verstehen sich einem von selbst."
Ludwig Fulda, deutscher Bühnenautor und Poet

Frauchen ist krank. Sie hat seit Wochen Grippe und eine Rippenfellentzündung. Inzwischen ist sie aber wieder auf dem Weg der Besserung. `Des einen Leid, des anderen Freud!´ Für mich bedeutet das jedenfalls Urlaub pur. Mindestens fünf Mal am Tag geht Frauchen mit mir spazieren. So oft bin ich sonst nie draußen. Um wieder auf die Beine zu kommen, ist Bewegung an der frischen Luft genau das Richtige für sie. Und auch für mich. Die kleinen Spaziergänge erweisen sich als optimales Lauftraining für meine noch recht kurzen Hundebeine. Wenn wir gerade nicht unterwegs sind, wache ich an ihrem Krankenbett oder haue mich selbst ein bisschen aufs Ohr. Nervig ist nur, Frauchen nutzt die Spaziergänge nicht nur zum Lauftraining, sondern sie will mir dabei auch noch das ordentliche Gehen an der Leine beibringen. Deshalb baumelt ständig so eine rote Leine vor meinem Gesicht. Dadurch kann ich nicht mehr frei wie ein Wirbelwind durch die Gegend tollen. Stattdessen immer brav an ihrer Seite zu gehen, finde ich verdammt unangenehm und vor allem eintönig. Deshalb denke ich mir ständig neue Strategien aus, wie ich Frauchen davon überzeugen kann, mich auch mal wieder loszumachen. Aber ganz gleich, ob ich überraschend nach vorn presche und dann ruckartig stehenbleibe oder ständig von links nach rechts zerre oder ihr auf die Füße trete, alles hat bislang nichts gebracht. Keine Masche hat wirklich geholfen. Frauchen stellt sich einfach stur und zieht höchstens die Leine noch fester an. „Lulu, bei Fuß!", ruft sie dann immer. Inzwischen habe ich mich weitestgehend geschlagen gegeben und laufe brav neben ihr auf der mir zugewiesenen Seite. Irgendeinen Sinn wird das ganze Spiel schon haben, beruhige ich mich dann selbst und füge mich in mein Schicksal.

Mit zunehmendem Alter erkenne und verstehe ich diese Welt immer besser. Es gibt nicht nur unendlich viel Landschaft mit grünen Wiesen, weiten Feldern und Tümpeln zum Baden, nein, zwischendurch sind da auch immer wieder feste Wege. Die Zweibeiner nennen sie Straßen. Die besonders großen heißen Autobahnen. Überall ist immer etwas los. Und es riecht ständig so komisch. Ich glaube, das kommt von den Fahrzeugen, die dort unterwegs und viel schneller sind als ich. Und nachts sehen sie mit ihren großen Augen auch noch richtig gefährlich aus. Außerdem machen sie auch noch einen Krach, der mich fast taub werden lässt. Meine einzige Chance dagegen zu halten ist, dass ich meine Ohren fest anlege. So ist der Lärm wenigstens halbwegs erträglich. Man muss dazu wissen, wir Hunde haben besonders empfindliche Ohren. Gott sei Dank gehen wir nur selten an solch stark befahrenen Straßen entlang. Da brauche ich dann tatsächlich eine starke Führhand, die mir den Weg weist. Dafür ist die Leine richtig gut, muss ich ja zugeben.

Die Zweibeiner nutzen Autos, um schneller vorwärts zu kommen, als es mit ihren eigenen Beinen möglich ist. Oder doch nur aus Faulheit? Es gibt einen Spruch unter uns Hunden, der lautet: Wenn die Zweibeiner könnten, würden sie mit dem Auto sogar aufs Klo fahren. Aber ich denke, das sagt man nur einfach so. Wenn ich hin und wieder mitfahre, dann legen wir schon größere Strecken zurück und dann ist so ein Ding auch richtig praktisch. Ohne Auto wären wir von meinem Geburtsort bis nach Schwerin vermutlich Wochen und nicht nur ein paar Stunden unterwegs gewesen. Wenn uns unsere Beine überhaupt so weit getragen hätten.

Angst macht mir nur, wenn ich vor lauter Autos kaum noch etwas anderes sehe. Als junger Hund eine solch viel befahrene Straße ohne Leine zu überqueren, ist praktisch unmöglich. Ich würde mich jedenfalls zu Tode fürchten und vor lauter Aufregung wahrscheinlich direkt vor eines dieser rasenden Autos laufen. Das bedeutet dann Endstation Hundehimmel, und ich könnte nicht mehr auf Arnold aufpassen. Das will ja nun keiner von uns. Also füge ich mich Frauchen und lasse mich von ihr in das Laufen an der Leine einweisen, wenn auch widerwillig. Ansonsten wäre mein Job akut gefährdet. Perfektes Leinelaufen gehört nämlich zu den festen Prüfungsaufgaben eines Assistenzhundes. Wer das nicht beherrscht, fällt glatt durch. Und das geht mir voll gegen die Hundeehre.

Als wir nach einem unserer ersten Ausflüge an der Leine wieder zu Hause waren, habe ich noch ein Gespräch zwischen Frauchen und Herrchen mitbekommen. Sie hat ihm von unserer Tour berichtet und dabei auch geäußert, wie schön es doch wäre, wenn sie einen Hund hätte, der aufs Wort hört, der folgsam an der Leine geht, nicht ständig zerrt, der einfach rundum brav ist. Okay, habe ich da zu mir gesagt, sollst du haben.

Seitdem gehe ich schnurstracks an der Leine. Und Frauchen ist sehr zufrieden mit mir, hat überhaupt nichts mehr zu meckern. „Lulu, du bist die bravste Hündin der Welt", lobt sie mich inzwischen fast ständig. Dabei springe ich sie vor Freude an, schlabbere ihr Gesicht ab und bedanke mich so auf meine Art für die positiven Worte. Damit es so bleibt, rede ich mir ständig die Leine schön.

Trotzdem, bei aller Einsicht, eigentlich ist es doch eine hirnrissige Erfindung, fast immer an so einer Schnur hängen zu müssen, so wie eine Perlenkette an Frauchens Hals. Für mich macht das keinen Sinn. Oder etwa doch?! Anfangs habe ich mich das immer wieder gefragt. Seitdem ich aber mit Arnold durch die Stadt gehe und spüre, wie gefährlich dieser Straßenverkehr sein kann, wenn man auch nur eine Sekunde unaufmerksam ist, weiß ich, wie wichtig die Leine ist. Dazu trage ich um meinen Bauch auch noch eine blaue Hundeweste. Die Weste hat links und rechts Taschen. Darin lassen sich gut wichtige Dinge verstauen, beispielsweise ein Zettel mit meinem Namen und meiner Adresse. Es kann ja immer mal etwas Überraschendes passieren. Gesetz den Fall die Leine reißt, keiner bekommt das gleich mit, plötzlich stehe ich allein da und weiß nicht mehr wohin. Sollte ich doch mal die Orientierung verlieren und nicht nach Hause finden, dann hilft mir noch eine Aufschrift auf dem Rückenteil meiner Weste: „Hunde für Diabetiker und andere Servicehunde" steht da schwarz auf weiß gedruckt. Und dann auch noch: „In Training" und in leuchtend gelben Buchstaben, richtig international: „Service dog – Behindertenbegleithund". Darüber ist ein blaues Strichmännchen abgebildet, das einen Rollstuhlfahrer symbolisiert.

Die Weste haben wir von der Hundeschule bekommen. Ich mag das Ding nicht. Immer wenn einer aus meiner Familie es mir anziehen will, haue ich ab. Wenn sie mich dann fragen, warum ich die Weste nicht mag, fällt mir eigentlich gar nichts Passendes ein. Ich kann's mir selbst nicht erklären. Eigentlich ist sie doch mein Aushängeschild. Sie dokumentiert, wie wichtig ich bin. Vielleicht liegt es daran, dass ich nicht ständig alle Welt darauf aufmerksam machen will, was für eine besondere Hündin ich bin. Viele sagen zwar: Tue Gutes und rede darüber. Aber das ist nicht mein Lebensmotto. Ich helfe Arnold gern, ohne dass nun jeder auch noch gleich lesen muss, wie toll ich bin. Auch ein Hund braucht schließlich noch ein Rest Privatsphäre.

Hinzu kommt, dass ich diese Weste ziemlich oft tragen werde. Wo auch immer wir uns in der Öffentlichkeit blicken lassen; im Restaurant, im Einkaufszentrum, im ZOO, immer habe ich diese doofe Weste an, und alle schauen auf mich. Nicht nur die Zweibeiner, sondern vor allem auch meine Artgenossen. Einige glotzen richtig neidisch. So wie letztens dieser blöde Windhund mit seiner langen, welligen Mähne. „Bild dir mal bloß nichts ein auf deinen Status. Ich bin Schönheitskönig von Mallorca", hat er mich angekläfft. Ich habe ihn links liegen gelassen, bin erhobenen Hauptes an ihm vorbei stolziert. Nicht ich, vielmehr er hatte doch ein Problem. Deine Sprüche hast du umsonst, hab ich noch so bei mir gedacht, da kam schon der nächste Neurotiker des Wegs. So ein dreibeiniger Stafford Terrier. Der wollte mir mit gefletschten Zähnen zu verstehen geben: „Ich bin der gefährlichste Hund der Welt. Komm mir ja nicht zu nahe!" Das hatte ich auch gar nicht vor. Ohne ihn auch nur eines Blickes zu würdigen, lief ich lächelnd an ihm vorbei und erklärte ihm dabei, dass er ja nun wahrlich kein Hingucker ist. Ich habe mir noch vorgestellt, wie der wohl mit meiner Weste aussehen würde. Das wäre echt ein Brüller. Also, warum abmühen, warum immer gleich zurückbellen, wenn es auch anders geht! Lass sie doch alle denken, was sie wollen.

Was die Leine betrifft, da haben Frauchen und ich sogar noch einen Deal gemacht. Meinem Wunsch entsprechend hat sie eine äußerst lange Schleppleine gekauft, die meinem Hals sehr schmeichelt und die ich so gut wie gar nicht spüre. Damit kann ich meilenweit laufen, ohne dass es einen Ruck gibt, weil das gute Stück schon wieder am Ende ist. Diese Schleppleine ist also wie ein Geschenk des Himmels. Sie lässt gleich drei Hundeträume auf einmal wahr werden: weit laufen, tief durchatmen, nicht eingesperrt sein. Danke Frauchen. Du bist der Boss. Das habe auch ich endlich kapiert.

„Der Beginn ist der wichtigste Teil der Arbeit."
Plato, griechischer Philosoph und Gelehrter

Es war Schicksal, dass Arnold und ich uns gefunden haben. Heute weiß ich; einen Tag nach meiner Geburt haben Frauchen und Herrchen einen Brief an meine Trainerinnen geschickt. Darin stand, dass sie auf der Suche nach einem Diabetikerwarnhund sind. Sie haben auch gleich mitgeteilt, was er alles können und dass er sich um ihren Sohn kümmern müsse. Männchen oder Weibchen war ihnen egal, Hauptsache nett und freundlich sollte er sein und einem turbulenten Familienleben gegenüber nicht abgeneigt. Da kam also nur eine Hündin in Frage. Genau so eine wie ich.

Schon kurz darauf haben die Trainerinnen lange mit Arnolds Mama, also mit Frauchen, telefoniert. Es wurde ein sehr ausführliches Gespräch. Frauchen hat mir mal erzählt, dass es wohl fast eine ganze Stunde gedauert hat. Wenn Frauen so ins Quatschen kommen. Die finden nie ein Ende. Das ist bei uns Hundedamen aber ähnlich. Wir haben uns auch viel mehr zu erzählen als die Herren Rüden, richtig wichtige Dinge!

Die Trainerinnen wollten alles Mögliche wissen. Wie Arnold so ist? Welchen Charakter er hat? Wie viele Kinder in der Familie leben? Wo sie wohnen, wie sie wohnen, ob auf dem Dorf oder in der Stadt? Ob sie einen Garten am Haus haben? Wie lebhaft die Familienmitglieder oder wie ruhig sie sind? Immer mit dem Gedanken verbunden, den für die Gegebenheiten idealen Diabetikerwarnhund auszuwählen, ihn für genau diese Familie fit zu machen. Der einzige Wunsch meiner Familie war: ein Labrador sollte es sein. Geschlecht, Farbe, Aussehen waren ihnen egal, Hauptsache Labrador. Und so kamen wir aneinander nicht vorbei. Das war halt Schicksal. Inzwischen sind sich alle Beteiligten sicher: Wir passen perfekt zueinander.

Bevor ich in die Familie kam, hat sich Frauchen nachts um Arnold gekümmert. Alle paar Stunden klingelte der Wecker. Sie ist dann rüber zu ihm ins Zimmer, hat seinen Blutzucker kontrolliert und sich wieder hingelegt, wenn alles in Ordnung war. Nur einschlafen konnte sie dann oft nicht mehr. Sie hat sich fortlaufend Sorgen um ihren Sohn gemacht aufgrund der Erfahrung, dass die Werte bereits Minuten später wieder ganz anders aussehen konnten. Das ist bei Kleinkindern zwar normal, beruhigt aber keineswegs. Richtig extrem wurde es, als Arnold seine ersten Zähne bekam. Da erreichte der Blutzucker Spitzenwerte. Und Zähne wachsen viele. Da wollte wochenlang keine Ruhe mehr aufkommen. Auch Träume verändern den Zucker. Je intensiver Arnold träumt, umso stärker schnellen seine Werte nach oben. Das passiert übrigens auch, wenn er mal wieder einen ordentlichen Wachstumsschub durchmacht. „Du siehst Lulu, wir müssen ständig auf der Hut sein. Ich habe manchmal wochenlang nicht richtig geschlafen. Manchmal lagen Arnolds Werte plötzlich bei 19 mmol/l. Liest du solch eine Zahl auf der Anzeige, dann ist der Himmel offen. Der Wert ist mehr als 3 mal so hoch wie der Normalwert. Da bekommst du kein Auge zu", gibt mir Frauchen zu verstehen, wie glücklich sie ist, nun endlich mich als Helferin zu haben.

Es kam schon öfter vor, dass Frauchen den Katheter von der Pumpe neu legen musste. Sie konnte sich einfach nicht erklären, warum Arnolds Blutzucker schon wieder so stark gestiegen war. Das war vor allem auch für sie eine Lernphase. Vielleicht war ja der Katheter kaputt? Vorsichtshalber hat sie den erst einmal gewechselt und mit dem Pen Insulin gespritzt. Nur so konnte sie sicher sein, dass auch etwas unter der Haut ankommt, dort, wohin es gehört. Nach solchen Aktionen war natürlich nicht an Weiterschlafen zu denken. Trotz alledem blieb immer die Ungewissheit, ob sich Arnolds Blutzuckerspiegel tatsächlich wieder normalisiert. Es blieb ihr nichts anderes übrig als ständig aufs Neue den Zucker zu messen, Stunde für Stunde, solange, bis es draußen wieder hell wurde. „Ich habe krampfhaft versucht, wach zu bleiben, vor Angst, eventuell doch einzuschlafen und etwas zu verpassen. Ich hätte es mir nie verziehen, wenn Arnold etwas zugestoßen wäre", erzählt sie mir und bittet mich, genauso wachsam zu sein wie sie. Das geht schon in Ordnung. Ich werde mein Bestes geben. Frauchen soll endlich wieder durchschlafen können.

Bei Extremwerten, wie ganz niedrigem Blutzucker, kann es durchaus passieren, dass der Betroffene bewusstlos wird. Das musste Arnold zum Glück noch nicht durchmachen. In einer solchen Notsituation hilft nur noch Glukagon. Aber es hat auch schon bei Arnold Situationen gegeben, da lag die Glukagonspritze quasi bereits aufgezogen an seinem Bett. In sprichwörtlich letzter Sekunde ist es seinen Eltern dann doch noch gelungen, ihm mit Mühe Traubenzucker einzuflößen. Den gibt es auch hoch dosiert in flüssiger Form. Frauchen zeigt sich noch immer erleichtert darüber, dass die gefürchtete Extremsituation glücklicherweise noch niemals eingetreten ist.

Tagsüber passt Arnold selbst auf seine Werte auf. Allerdings sehr ungern. Erst gestern Abend hat er mir mal wieder gebeichtet, dass er das ständige Blutzuckermessen satt hat. Arnold hebt seine Stimme und spricht so, als sei er Frauchen: „Arnold, vergiss dir nicht in den Finger zu pieksen!" Um mir sogleich zu erklären, dass er schon wisse, wie wichtig das für ihn ist. Aber die Ermahnung kommt stets im unpassenden Moment. „Entweder höre ich gerade ein spannendes Hörspiel oder ich tobe mit meinem Kumpel im Garten. Gerade dann zu messen, das nervt schon. Aber jetzt habe ich zum Glück ja dich. Du wirst mich immer im richtigen Moment warnen, wenn etwas nicht stimmt, nicht wahr Lulu?!" So soll es sein, schniefe ich Arnold beruhigend zu. Ich gebe ihm aber zugleich auch zu verstehen, dass es Frauchen doch nur gut mit ihm gemeint hat, wenn sie ihn an seine Pflicht erinnerte.

Ich führe schon ein turbulentes Leben. Neben Arnold, Herrchen und Frauchen lebt noch ein Mädchen in unserem Haus. Das ist Arnolds Cousine. Sie heißt Vanessa. Ihre Halbschwester Ceylan – also Arnolds zweite Cousine – ist bereits bei uns ausgezogen. Die Familienkonstellation hat mich am Anfang schon etwas verwirrt. Eigentlich würden die beiden am liebsten bei ihrer Mutter wohnen, aber sie ist krank. Deshalb leben sie schon lange bei Arnold. Ceylan, die Ältere von beiden, macht gerade eine Berufsausbildung. Wir zwei verstehen uns prima. Sie mag mich sehr und ich sie auch. Vanessa geht noch zur Schule. Sie ist mächtig in der Pubertät. Da ist ihr Verhalten mitunter etwas gewöhnungsbedürftig, will ich mal sagen. Aber auch sie hat mich lieb. Wenn sie aus der Schule kommt, dann spielt sie meist mit mir Fangen. Das macht uns beiden richtig viel Spaß, und sie sieht dabei glücklich und zufrieden aus. Aber manchmal denke ich schon: Die beiden haben es auch nicht leicht in ihrem Leben. Aber das ist eine andere Geschichte.

Bei uns zu Hause in Schwerin ist immer was los. Mal bin ich Stuntwoman, dann hüpfe ich mit Vorliebe übers Trampolin. Ein anderes Mal relaxe ich ganz entspannt in meinem Himmelbettchen und träume davon, die Prinzessin auf der Erbse zu sein, um wenig später schon wieder als Diabetikerwarnhündin, als Arnolds Lebensretterin, ins wahre Leben zurückgerufen zu werden. Dieser Job erfordert meine ganze Kraft rund um die Uhr. Also nichts da mit Teilzeitkraft und wenig Lohn. Nein, ich bin rundum zufrieden mit meinem Dasein, immer glücklich, immer satt, froh darüber, gebraucht zu werden. Zudem sorgt meine Familie für ausreichend Freizeit. Mein Wohl liegt ihr am Herzen. Sogar in den Urlaub darf ich mit. Was will ein Hund mehr?!

22. November 2008

„Die Zeit kommt aus der Zukunft, die nicht existiert, aus der Gegenwart, die keine Dauer hat und geht in die Vergangenheit, die aufgehört hat zu bestehen."
Aurelius Augustinus, christlicher Kirchenlehrer und Philosoph

„Arnold hat ein hohes Toleranzpotential. Er war von Anfang an gut eingestellt". Mit diesen Worten versucht mir Frauchen gerade das Phänomen zu erklären, warum Arnold bei ziemlich tiefen Werten nicht ohnmächtig wird. „Er hatte immer sehr gute Blutzuckerwerte. Wir haben ständig versucht, einen Blutzucker wie bei einem gesunden Kind hinzubekommen, verstehst du Lulu?!" Ich verstehe und wedele entsprechend mit meinem Schwanz.

In den ersten Tagen nach der Diagnose hat Frauchen regelmäßig Arnolds Zucker gemessen und aufgepasst, dass der Wert stets die 6,5 mmol/l erreicht und zwar innerhalb kürzester Zeit. Für beide bedeutet das vor allem eins: viel Disziplin. Anfangs wurde Arnold mitunter bis zu zwölf Mal am Tag gepiekst. Und nachts sah es, wie bereits gesagt, nicht viel anders aus. „Aber egal, mir war und ist es weiterhin überaus wichtig, dass es Arnold gut geht", macht mir Frauchen noch einmal deutlich. Und ich blinzele ihr, wie immer in solchen Augenblicken, verständnisvoll zu. Wir beide sind Verbündete, irgendwie seelenverwandt. Denn genau wie sie denke ich. Auch mir ist nichts wichtiger als Arnolds Wohl.

Wenn ich mich da nehme. Ich bin ja auch erst knapp 3 Monate alt. Wenn ein Hundejahr 7 Menschenjahren entspricht, bin ich jetzt vergleichsweise so alt wie Arnold damals, knapp 2 Jahre. Also ich hätte das nicht haben mögen. Aber dann sage ich mir wieder: Wenn es keine Alternative gab, was hätten sie anders machen sollen. Und während ich so darüber nachdenke, wird mir plötzlich klar, warum mir Herrchen so viel beibringt. Die ersten Lebensmonate sind die wichtigsten Lehrmonate für einen Hund. Was Luluchen nicht lernt, lernt Lulu nimmermehr, um mal eine menschliche Redewendung leicht abgewandelt zu gebrauchen. Da mache ich also gerade meine Prägungsphase durch, kann nicht genug beigebracht bekommen. Also bitte, sofort mehr davon! Auch wenn es heißt, dass wir Seelenhunde niemals auslernen, besonders wir Seelenhunde für Diabetiker nicht.

„Wir haben ihn einfach vor den Fernseher gesetzt. Eigentlich war er dafür noch viel zu klein. Aber durch die flackernden Bilder war der Junge nicht so bei der Sache", erklärt Frauchen ihren kleinen Trick, um Arnold vom ungeliebten Spritzen abzulenken. „Irgendwann war er so vertieft, dass wir ihm unbemerkt seine Hose ein wenig herunterziehen konnten, um im gleichen Augenblick eine kleine Speckfalte zu greifen. Und schon war es passiert, der Pen gesetzt", scheint Frauchen auch irgendwie etwas stolz darauf zu sein, wie geschickt sie seinerzeit vorgegangen ist. Dieser Pen, so weiß auch ich inzwischen, ist praktisch ein Stift, der mit Insulin gefüllt ist wie ein Füller mit Tinte. Man muss hinten drauf drücken, dann läuft das Insulin heraus. So hat es ein ganzes Jahr lang funktioniert, Tag wie Nacht, immer nach demselben Schema. Dann haben sie endlich die Insulinpumpe bekommen und seitdem ist vieles leichter.

Unmittelbar zuvor hatte sich Frauchen noch ausgiebig mit einem Professor unterhalten. Er gilt weltweit als DER Experte für Kinderdiabetes. Er heißt Thomas Danne und ist Chefarzt der Abteilung Endokrinologie/Diabetologie an der Hannoverschen Kinderheilanstalt. Er war es, der Frauchen letztlich von der Insulinpumpentherapie überzeugt hat. Und sie musste dafür nicht mal zu ihm nach Hannover fahren. Es hat sich in einem Telefongespräch ergeben. Der Professor hat sich richtig Zeit genommen. Er wollte ganz genau wissen, wie das Leben in Arnolds Familie abläuft und erst dann hat er entschieden. Ob der Professor schon mal etwas von einem Diabetikerwarnhund gehört hat? Ich bin mir da nicht sicher. Wenn ich perfekt bin, dann würde ich gern zu ihm fahren und mich vorstellen. Vorher könnte ich ihm mein Tagebuch schicken. Thomas Danne ist bestimmt ein netter Mensch. Ich glaube aber, er hat soviel zu tun, dass er für einen Hund überhaupt keine Zeit hat. Aber andersherum, um meine Familie hat er sich ja auch rührend gekümmert, ohne auf die Uhr zu gucken. Und warum sollte es bei mir anders sein? Hat er wirklich noch nichts von Diabetikerwarnhunden gehört, dann wird der gute Professor kaum aus dem Staunen herauskommen. Und er kann betroffenen Familien wieder gute Tipps geben.

Zeit scheint bei den Menschen überhaupt ein rares Gut zu sein. Manchmal sagt mir das Gefühl, die Menschen haben überhaupt keine Zeit. Das fällt besonders auf, wenn ich mit Arnold in der Stadt unterwegs bin. Da hasten alle aneinander vorbei. Kaum einer würdigt den anderen auch nur eines Blickes. Bei uns Hunden ist das ganz anders. Wir können uns ja schon weit entfernt voneinander riechen und sind dann richtig neugierig, wer uns da wohl entgegenkommt. Allerdings, wenn wir auch allgemein für unsere guten Spürnasen bekannt sind, nicht jeder Hund kann den anderen Hund gleich gut riechen. Wenn also Einer oder Eine einen aggressiven Geruch verströmt, dann mache ich um diesen stinkenden Artverwandten lieber einen großen Bogen. Es geht aber auch anders. Und zwar immer dann, wenn ich den Geruch interessant finde. Dann strecke ich meine Nase in die Luft und folge der Fährte. Wo ist die Quelle? Nichts interessiert mich dann mehr. Nur noch die richtige Spur geht mir durch den Kopf. Ich werde dann ganz närrisch. Vor allem, wenn die Fährte nach Mann riecht. Dann kommt mein Schwanz beim Wedeln so richtig in Fahrt. Die Rute ist ein perfektes Kommunikationsmittel, vor allem auch zwischen uns Hunden. Die lügt nie. Sie ist quasi unsere Antenne, unser Zeichen für gute oder schlechte Laune, für Ruhe oder Aufgeregtheit. Selbst wenn wir aneinander vorbei gehen, ohne uns lauthals zu begrüßen, so nutzen wir doch immer entsprechende Signale, um uns zu verständigen. Diese lautlose Sprache verstehen inzwischen auch die Menschen. Denen bleibt einfach nichts verborgen.

Aber zurück zum Thema. Frauchen war, wie gesagt, eines Tages mit ihren Kräften am Ende. Ihr fehlte einfach der nächtliche Schlaf, die Ruhe, die Erholung von ihrem 8-Stunden Job. Am 10. Oktober 2004 griff sie zum letzten Mal zum Insulin Pen, um ebenfalls ein letztes Mal ihr bewährtes Ablenkungsmanöver zu starten. Arnold saß damals wie gewohnt auf der Couch vor dem Bildschirm und wurde noch einmal mit der Spritze überrascht. Ob dieses auch wirklich zum letzten Mal ablief, wer konnte es mit Bestimmtheit sagen? Kann ja durchaus passieren, dass die Pumpe ihren Dienst versagt. In dem Fall bleibt nichts anderes übrig, als auf den Pen zurückzugreifen. Aber zum Glück gehört das Spritzen nicht mehr zum immer wiederkehrenden Tagesablauf. Das ist schon ein großer Erfolg.

Manche Kinder, die wie Arnold Diabetes haben, verweigern oft das Essen. Ihnen ist längst klar geworden, dass Essen stets ein Spritzen nach sich zieht. Und gespritzt werden wollen sie nicht. Deshalb wollen sie auch nichts essen. Aber so einfach geht das natürlich nicht. Ohne etwas zu essen, wird alles nur noch schlimmer. Deshalb haben Frauchen und Herrchen sich den Trick mit dem Fernsehen einfallen lassen. Denn, immer wenn Arnold etwas isst, und essen muss er nun mal, um groß und stark zu werden, braucht er Insulin, um den Zucker zu verwerten. Dabei ist es völlig egal, ob er einen Apfel kaut, sich ein Stück Kuchen nimmt oder eine ordentliche Portion Kartoffeln auf dem Teller hat. Ohne Insulin geht es bei ihm einfach nicht. Nur mit Hilfe dieses Hormons kann der Zucker, beispielsweise aus dem Apfel oder auch den Kartoffeln, in die Zellen transportiert und dort in Energie umgewandelt werden. Es gibt auch hier, wie so oft im Leben, Ausnahmen. Fleisch oder auch Gemüse enthalten so gut wie gar keinen schnell aufnehmbaren Zucker. Da kann man auf das Spritzen getrost verzichten. Auch das merken sich Kinder schnell. Sie wollen dann nur noch fettige Sachen essen, die keinen Zucker enthalten. Allerdings gibt es dann ein neues Problem: sie werden schnell dick.

Frauchen und Herrchen war es wichtig, dass Arnold in punkto Essen eine gesunde Einstellung entwickelt. Das heißt, immer schön essen, wissen was gut ist und was womöglich schadet und dabei stets Extreme vermeiden. Dieses Motto gilt übrigens auch grundsätzlich für gesunde Menschen. Nur bei denen sind die Reaktionen nach einem Fehlverhalten nicht so extrem, wie beispielsweise bei Arnold, der chronisch krank ist. Dieser Gedanke ist schon irgendwie erschreckend, aber sein Zustand halt Realität. Und nach dem muss er sich richten. Damit es Arnold nicht ganz so schwer fällt, bin ich da. Ich kann viel puffern, auch seelisch. Mit meinem Supergespür bin ich ihm immer einen Augenblick voraus, kann bei Bedarf entsprechend aktiv werden, so wie es sich für einen Seelenhund gehört. Dafür folge ich ihm wie ein Schatten. Er braucht mich und ich brauche ihn, fast so wie die Luft zum Atmen. Ich kann ihm zuhören, ihn trösten, mit ihm schmusen. Zudem bin ich auch noch eine perfekte Spielkameradin.

Frauchen erinnert sich gerade, wie sie mit Arnold nach Hamburg fuhr. Dort haben sie zehn Tage lang im Wilhelmstift, einem katholischen Kinderkrankenhaus im Stadtteil Rahlstedt, gewohnt. Damit waren sie einer Empfehlung von Professor Danne gefolgt. Es wurde das Insulin der Pumpe an Arnolds Biorhythmus angepasst. Dies ist ganz wichtig. Denn es ist von Fall zu Fall höchst unterschiedlich, wie viel Insulin ein Kind über 24 Stunden braucht, auch ohne etwas zu essen. Über die Pumpe kann der natürliche Insulinbedarf sehr genau nachgeahmt werden. Dafür muss sie erst einmal programmiert werden. `Basalrate´ heißt das in der Fachsprache. So kann die Pumpe die Bauchspeicheldrüse nachahmen. Sie gibt immer nur soviel Insulin an Arnold ab, wie sein Körper es tun würde, wenn er gesund wäre. Die Pumpe funktioniert quasi wie das Organ. Eine tolle Erfindung von Wissenschaft und Technik. Mit der Pumpe ist für Arnold und seine Familie vieles leichter geworden.

Da hatten sie richtig Glück. Denn Arnold erzählte mir, dass es diese Pumpe für Kinder noch gar nicht lange gibt. Es waren vor allem auch die Ärzte im Wilhelm-stift, die für ihre kleinen Diabetiker die Pumpe regelrecht erkämpft haben. Re-nommierte Universitätskliniken hingegen haben lange Zeit diese Entwicklung verhindert, eine Zusammenarbeit mit den Rahlstedter Spezialisten verweigert, aus Furcht, den Kindern könnte etwas passieren. Zum Beispiel, dass sie schwer unterzuckern oder gefährlich überzuckern. Aber mit einer entsprechenden Schu-lung von Eltern und Kindern kann so etwas nahezu ausgeschlossen werden. Des-halb dürfen jetzt auch Kinder in Deutschland eine Insulinpumpe benutzen.

Uns Diabetikerwarnhunden geht es da vergleichsweise ähnlich. Auch uns ver-sagt man bislang die Anerkennung als Partner von diabetischen Kindern oder Er-wachsenen. Gerade in Deutschland sind wir von einer Zulassung noch meilenweit entfernt. Ganz anders hingegen die Situation in England, den Niederlanden oder Amerika. Da sind wir längst anerkannt, kann man und will man auf unsere Fä-higkeiten einfach nicht mehr verzichten. Nicht zuletzt können wir dort inzwischen allerbeste Referenzen vorweisen. Nur hier will diese Praxis bislang keiner so recht wahrhaben. „Typisch für Deutschland. In solchen Fällen tun wir uns oft schwer. Da scheinen wir noch hinterm Mond zu leben", meint Frauchen immer, wenn wir auf dieses Thema zu sprechen kommen. „Ich nicht", widerbelle ich ihr dann. Ich lebe auf der Erde und die ist bekanntlich nicht hinter dem Mond – oder doch?

Egal, vielleicht kann ich dieser wichtigen Sache zum Durchbruch verhelfen. Wenn ich an Arnolds Seite beweise, wie gut und unverzichtbar ich für ihn und seine Familie bin, vielleicht bewegt dies die Entscheidungsträger zum Umdenken. Ich lebe auf der Erde und jeder kann sehen, welche Fähigkeiten ich besitze.

23. November 2008

Die Schule sollte stets danach trachten, dass der junge Mensch
sie als harmonische Persönlichkeit verlasse, nicht als Spezialist.
Albert Einstein, deutsch-amerikanischer Physiker

Alle Kinder in Arnolds Schule haben ein Handicap. Bei einigen ist es deutlich sichtbar, andere tragen ihr Problem eher im Inneren. Es gibt Mädchen und Jungen, die im Rollstuhl sitzen, weil ihre Beine sie nicht tragen können. Andere leiden unter Stoffwechselkrankheiten. Es gibt auch Kinder, die sind so krank, dass ihnen nur noch wenige Monate zum Leben verbleiben. Ganz gleich, wie schwer die Krankheit jedes einzelnen ist; alle sind über ihre Situation ganz genau informiert, wissen, wie es um sie steht. Auch die Lehrer wissen Bescheid und nehmen entsprechend Rücksicht. Wenn es einem Kind mal wieder schwer fällt, dem Unterricht zu folgen, kann es mitten in der Stunde zur Entspannung in den Snoezelraum gehen. Das passiert immer wieder. Jeder Schüler kann also seine ganz eigene Geschichte erzählen.

So vertraut mir Arnold an, dass sein Banknachbar an Allergien leidet. Selbst Gräser, die auf der Wiese wachsen, erschweren ihm das Atmen. Hinten im Klassenzimmer sitzt ein Junge, der oft Krampfanfälle hat. Dann schwankt er plötzlich hin und her, bekommt ein eigenartiges Gefühl, das ihn nach unten zieht, bis er auf den Boden fällt. Sein Körper ist in dem Fall deutlich sichtbar mit zuckenden Muskeln überzogen. So unvorhergesehen wie es kommt, ist es nach einigen Minuten wieder vorbei. Ich weiß, dass es auch für diese Kinder speziell ausgebildete Hunde gibt. Solche wie mich. Die können einen epileptischen Anfall erschnüffeln, noch bevor er beginnt. Dem Mädchen, das neben Arnold sitzt, fällt es schwer, eine Körperhälfte richtig zu bewegen. `Partielle Halbseitenlähmung´ nennen das die Ärzte. Ein anderes Mädchen wartet darauf, dass ihr Bein wieder in Ordnung kommt, um wieder laufen zu können. Und ganz hinten sitzt ein Junge, der hin und wieder einfach in eine andere Welt abtaucht. Dann ist es so, als wäre er in einer parallelen Welt, ähnlich wie in einem Computerspiel, und er ist der Hauptdarsteller. Der Junge ist Autist. Wieder ein ganz anderes Problem, mit dem Schüler und Lehrer gleichermaßen zurechtkommen müssen. „Klar, dass wir uns alle untereinander helfen. Streit gibt es so gut wie gar nicht. Schon beim Betreten der Eingangshalle empfängt mich wohltuende Wärme. Jeder achtet auf den anderen, damit keiner noch mehr leiden muss, als es ohnehin schon der Fall ist", erklärt Arnold das Miteinander an seiner Schule.

„Das gefällt mir", raune ich ihm zu. Insgesamt lernen mehr als 200 Mädchen und Jungen an dieser Schule alles Wichtige fürs Leben. Niemand wird aufgrund seines Handicaps ausgegrenzt. Jeder darf tun, was er möchte und er sich zutraut. Das finde ich toll. Überschätzt vielleicht jemand seine Möglichkeiten, dann reagieren die Lehrer. Sie sind stets bedacht, auf jeden Schüler individuell einzugehen. Auch die Eltern können ein Veto einlegen, wenn sie spüren, dass ihr Kind überfordert ist.

Außerdem gibt es an Arnolds Schule eine Krankenschwester, die sich um alle Kinder kümmert. Darüber hinaus arbeitet in jeder Klasse neben der Lehrerin eine Erzieherin, die sich mit den einzelnen Handicaps der Kinder bestens auskennt. „Meine Klassenlehrerin heißt Frau Boldt. Sie ist sehr nett. Ich gehe jedenfalls gern zur Schule." Arnold strahlt. Auch er versteht, mit den Lehrern umzugehen. Er ist ein gewiefter Junge, hat manchen Trick auf Lager. Und er verrät mir auch gleich einen: „Ich löse zum Beispiel ganz rasch meine Matheaufgaben, nur um mit meinen Star Wars-Figuren zu spielen. Die muss ich nur noch unbemerkt aus dem Ranzen holen. Dabei schaue ich immer so, als rechne ich noch. Tolle Idee, oder was sagst du, Lulu?" Na klar, fiepe ich ihn an, obwohl ich längst erfahren habe, dass Arnold meistens erwischt wird und er sich damit herausredet, dass er doch wohl so lange spielen dürfe, bis die anderen auch ihre Aufgaben gelöst haben. So manchem Lehrer sind dabei die Argumente ausgegangen. Auch heute hat Arnold seine Figuren wieder dabei. Nach Mathe folgt Deutsch. Aber da müssen Obi Wan Kenobi, Yoda und Anakin wohl im Ranzen bleiben. Schreiben ist nicht seine Stärke. „Da mache ich immer wieder Flüchtigkeitsfehler. Das habe ich von Mama geerbt", macht Arnold deutlich, dass er eigentlich gar nichts dafür kann.

„Weißt du Lulu, mit mir sind hier noch zwei andere Kinder, die Diabetes haben. Gemeinsam fühlen wir uns sehr sicher in dieser Schule", sagt Arnold und fährt mir sichtlich zufrieden durchs Fell. Ich bin begeistert. Erst recht, als Frauchen das mit Nachdruck bestätigt. Erst gestern hatte sie mir erzählt, dass auch sie zu Arnolds Lehrerteam gehört, sozusagen als Privatdozentin. Sie ist diejenige, die nicht nur ihn immer wieder einfühlsam über die Krankheit aufklärt. Vom ersten Tag der Diagnose an hat Frauchen alle Menschen unterrichtet, die mit Arnold Umgang haben. Zuallererst auch seine Lehrer. Frauchens oberstes Gebot ist: „Arnold soll sich sicher fühlen". Anfangs hat sich Frauchen viele Gedanken gemacht. Sie hatte quasi die gesamte Verantwortung für Arnold übernommen, ohne sie auch nur einen Tag mit Helfern zu teilen. Dazu war Frauchen zu dem Zeitpunkt einfach noch nicht bereit. Ihre Gedanken begleiteten sie bei der Arbeit, am Feierabend, bis hinein ins Bett. Jede noch so kleine Entscheidung traf sie allein. Niemand durfte ihr hineinreden. Wie viel Insulin braucht Arnold? Darf er Fußball spielen? Ist das Stück Kuchen zu viel? Frauchen war ein lebendiger Fragebogen und hat überall ihr Kreuzchen gemacht. Niemand außer ihr durfte über Arnold entscheiden. Jeder musste ihr Rapport geben. Sie hatte Angst, Arnold könnte sonst etwas zustoßen.

Seit Arnold auf der Förderschule ist, sieht die Welt anders aus. Frauchen hat es jetzt leichter, ohne dass sie es sich selbst leicht macht. Sie kann sich auf die Lehrer und die Krankenschwester verlassen. Jene entscheiden inzwischen selbstständig, wie viel Insulin Arnold braucht, kennen sich bestens mit seiner Situation aus. „Sie sind echt prima. Mama mischt sich auch nicht mehr ein, wenn hier an der Schule Entscheidungen getroffen werden müssen, egal ob es um meine Insulindosis geht oder ums Essen. Sie vertraut inzwischen allen Helfern. Und ich sage ihr immer wieder, wie wohl ich mich hier fühle", erzählt Arnold und strahlt dabei übers ganze Gesicht. Ich ebenso. Nichts liegt mir mehr am Herzen, als dass es ihm gut geht.

„In der Schule messe ich übrigens selbst meinen Blutzucker. Das ist überhaupt kein Problem. Ich mache das immer zusammen mit meinem besten Kumpel Josia. Der hat auch Diabetes", macht Arnold deutlich. Josia kenne ich. Er kommt oft zu uns. Meine Schwester Lotta wohnt bei ihm. Aber dass Arnold und Josia zusammen zur Schule gehen, wusste ich noch nicht. Ich erfahre auch, dass seine

Krankenschwester und seine Erzieherin ihn daran erinnern, regelmäßig seinen Zucker zu messen. Sie berechnen auch dementsprechend das Essen und haben ihn stets im Blick, um im Fall des Falles umgehend zu helfen. Dieser Fall heißt immer Unterzuckerung.

„Josia hat die gleiche Pumpe wie ich. Wir haben beide gelernt, sie selbstständig zu bedienen", erklärt Arnold und erzählt weiter, dass er gern zum Schwimmen geht, weil er da toben kann. Er macht sogar beim Leistungsschwimmen mit. Doof findet er nur, dass er seine Pumpe an- und abkoppeln muss. „Das ist lästig, Lulu! Aber sie darf nicht mit ins Wasser." Das leuchtet auch mir ein. Technik versagt, wenn sie untergluckert. Das habe ich erst letztens wieder erfahren müssen. Da ist einer Frau im Kaufhaus das Handy ins Klo gefallen. Schwuppdiwupp war alles aus.

Aber mittlerweile hat sich Arnold damit arrangiert. Er hat sich selbst beigebracht, wie er das Abkoppeln der Pumpe am besten bewerkstelligt. So kommt er Schritt für Schritt auf dem Weg zur Unabhängigkeit voran.

Die Pumpe gibt beispielsweise Alarmzeichen, wenn irgendetwas mit der Technik nicht stimmt. Das muss man auch erst lernen. Über die Profiltasten können wir den Bolus abgeben. Das heißt, wir sagen der Pumpe auf diese Art und Weise, wie viel Insulin wir brauchen.

„Schau, hier, Lulu, sind die Tasten." Arnold zieht seinen Pullover hoch und erklärt mir zum wiederholten Mal die Pumpe. Es ist wirklich erstaunlich, wie fortgeschritten die Technik inzwischen ist. Dennoch habe ich alles begriffen. Wir Hunde tragen übrigens solche Computer auch, wenngleich es sehr selten ist. Es gibt Zweibeiner, die tatsächlich für ihre Vierbeiner eben solche Pumpen besorgen. Kürzlich habe ich Kobold, einen Whiteland Terrier, getroffen. Er ist zuckerkrank. Als Kobold meine Weste sah, wollte er gleich wissen, ob ich auf zuckerkranke Hunde aufpasse. Nein, nein, auf Menschen, auf Arnold, einen kleinen Jungen, habe ich ihm geantwortet und wollte von ihm wissen, ob er selbst erschnuppert, wenn seine Werte nicht stimmen. Man kennt sich inzwischen aus und Erfahrungsaustausch hat noch nie geschadet. Aber leider musste mir Kobold erklären, dass er kein Diabetikerwarnhund ist und es deshalb einfach nicht kann. Aber er hätte gern meine Fähigkeiten. Doch auch ihm kann geholfen werden. Sein Frauchen piekt ihm immer ins Ohr, um seine Werte zu kontrollieren und handelt dann bei Bedarf entsprechend. Weil Kobold ein ganzer Kerl ist, tut ihm das überhaupt nicht weh. Hat er jedenfalls gesagt, und dass sein Frauchen immer ein Notfallpaket bei sich hat für den Fall der Fälle, darin sind Traubenzucker, Honig oder Glukosesirup. Kobold schleckert das richtig gern. Noch lieber wäre er natürlich gesund. Dass seine Werte hin und wieder durchdrehen, darauf würde er liebend gern verzichten. Aber es ist nicht zu ändern.

'Arnold ist ein kleiner Schlauer', denke ich so bei mir. Im Kindergarten ist er ein Jahr eher als vorgesehen in die Vorschulklasse gekommen. So waren alle seine Freunde ein oder zwei Jahre älter als er. Dadurch hat Arnold vieles früher gelernt als allgemein üblich. Das hat ihm richtig geholfen. Wer lesen, rechnen und schreiben kann, dem gelingt es viel besser, sich selbst mit seiner Krankheit auseinanderzusetzen, sie zu begreifen, sie besser zu verstehen. Deshalb war es auch von vornherein gewollt, ihn so früh wie möglich einzuschulen.

Aber zuviel Schule ist natürlich auch nicht gut. Freizeit muss auch sein. Am liebsten hat Arnold immer mit seiner Omi gespielt, und er tut es heute noch. Das muss auch ich einsehen. Wenn Omi anwesend ist, bin ich Nebensache. Manchmal werde ich sogar eifersüchtig. Dann versuche ich mich zwischen die beiden zu drängeln, um zu zeigen, dass ich auch noch da bin. Oder ich nehme Omas Arm sanft ins Maul. Aber das findet sie gar nicht so gut. Vielmehr versucht sie mich zu beruhigen, indem sie mir dann immer einfühlsam übers Fell streichelt. Dann habe ich ein Einsehen und lege mich brav auf meinen Platz und schaue den beiden zu. Man kann schließlich nicht alles haben im Leben.

24. November 2008

„Alles Lebendige bildet eine Atmosphäre um sich her."
Johann Wolfgang von Goethe, deutscher Dichter

Einmal im Quartal, also alle 3 Monate, muss Arnold zum Spezialisten für diabetische Kinder. Dieser Arzt ermittelt seine Größe, sein Gewicht, den Blutzucker, und er kontrolliert auch das Blutzuckermessgerät. Darin sind über 200 Daten gespeichert. Jedem einzelnen dieser Werte ist stets ein kleiner Stich in den Finger vorausgegangen. Arnold meint, nach ein paar Monaten merkt man den kleinen Stich nicht mehr, weil die feinen Nervenenden in den Fingern quasi taub geworden sind. Deshalb nimmt er inzwischen meistens den kleinen oder auch den Ringfinger, um den Blutzucker zu messen.

Komisch, dass der Ringfinger auch beim Mann Ringfinger heißt. Die wenigsten Männer tragen doch Ringe. Mir sind bis jetzt jedenfalls kaum welche begegnet. Einige Weibchen der menschlichen Gattung müsste ich hingegen fragen, welcher Finger denn nun bei ihnen der Ringfinger ist. Die haben an jedem Finger mindestens einen Klunker, mitunter noch mehr. Ich habe bei einigen sogar Ringe in der Nase, im Ohr und im Bauchnabel gesehen. Und man hat mir erzählt, es soll noch ganz andere Möglichkeiten geben. Aber ob da auch überall Blutzucker gemessen wird? Ich glaube nicht. Der Spezialarzt von Arnold trägt jedenfalls keinen Fingerring. Und Arnold auch nicht. Doch beide haben auch einen Ringfinger. Und zwar an beiden Händen. Manche Dinge werden mir wohl ewig ein Rätsel bleiben.

Nun ja, der Weißkittel schaut sich mal wieder sehr genau die Einstellungen der Insulinpumpe an und bespricht dann mit Frauchen die künftigen Dosierungen. Und er will wissen, ob Arnold kürzlich Husten oder Fieber hatte.

In der Tat, die vergangenen Tage hatte der Junge eine saftige Erkältung. Er hat besser gebellt als ich husten kann. Es war richtig quälend für ihn. Nachtsüber sind Frauchen und ich nicht von seiner Seite gewichen. Arnold bekam fast keine Luft mehr. Das hörte sich schlimm an. Aber Frauchen wusste natürlich zu helfen, und zwar mit einem Inhalator. Ein tolles Gerät, das aber ganz schön Krach macht. Es erinnert mich an eine Schlange, ein langer Schlauch, aus dessen Ende kalter Nebel gespuckt wird. Den hat Arnold eingeatmet, und dann wurde es auch weniger mit seinem Bellen. Dem Nebel waren Medikamente beigemischt, die das Luftholen einfacher machen sollten. So konnte Arnold irgendwann einschlafen. Ich hingegen habe die ganze Nacht kein Auge zugemacht. Ich saß kerzengerade am Fußende seines Bettes und hielt Wache. Frauchen ist später auch eingenickt. Ich habe sie morgens geweckt, nachdem ich mitbekommen hatte, dass Arnold ganz komisch riecht. Gemeinsam stellten wir einen extrem hohen Blutzucker fest. Dies war nun mein erster ganz großer Auftritt als Diabetikerwarnhündin, sozusagen meine Premiere. Ich hatte das erste Mal seinen zu hohen Blutzuckerwert erschnüffelt, so wie es von mir verlangt wird. Allein dafür bin ich ja in die Familie gekommen. Ich war echt stolz auf meine Nase.

Von Frauchen weiß ich auch, dass Arnold schon einmal wegen starken Durchfalls und Erbrechens ins Krankenhaus musste. Aber er brauchte zum Glück nicht lange bleiben, denn ein Krankenhaus sieht man ja lieber von außen. Ich mache jedenfalls lieber einen großen Bogen um so ein Gebäude. Aber viel hat nicht gefehlt und ich wäre auch schon mal dort gelandet. Arnold war gerade wieder genesen, und wir tobten draußen herum. Da sichtete ich in einem Busch den Rest von einem Döner und zog ihn mir ohne groß nachzudenken voll rein. Dabei hatte mich meine Familie immer wieder vor solchen Fundsachen gewarnt. Aber wer nicht hören will, muss fühlen. Die Quittung ließ nicht lange auf sich warten. Irgendwie wollte alles wieder heraus. Da dachte ich erschrocken, das überlebst du nicht. Es kam alles nur häppchenweise. Alle paar Minuten musste ich raus. Ich habe es immer gerade so zum nächsten Busch geschafft. Wenn mir das in der guten Stube passiert wäre, ich weiß ja nicht … Am Abend ging es mir immer noch nicht besser. So blieb Frauchen nichts anderes übrig, als sich mit mir im Wohnzimmer zu platzieren und die Terrassentür offen zu lassen. Das hört sich zwar nach idealem Fluchtweg an, war es aber nicht. Das Malheur ist mir nämlich mitten im tiefsten Winter passiert. Überall lag Schnee und Eis, und es war bitterkalt. Nur gut, dass wir einen Kamin haben. Dem hat Frauchen ordentlich Feuer gegeben, aber richtig warm ist es trotzdem nicht geworden. Kein Wunder, wenn die ganze Nacht über die Tür für den Notfall offen bleiben muss. Frauchen ist auf ihrer Couch fast angefroren. Morgens sind wir dann beide total zerknirscht zu Weißkittel getrabt. Ich muss so elend ausgesehen haben, dass er mir gleich vier Spritzen auf einmal verpasst hat. Ich war nur froh, dass er mich nicht auch noch ins Krankenhaus geschickt hat, sondern dass ich anschließend wieder mit nach Hause durfte. Dort habe ich mich völlig entkräftet sofort auf meine Couch gehauen und verfiel in einen Tiefschlaf.

Von Arnolds Blutzuckerwerten habe ich an diesem Tag natürlich nichts mitbekommen. Da musste Frauchen ganz allein aufpassen. Aber gegen Nachmittag ging es mir schon besser. Zuerst habe ich etwas Wasser geschlürft und wenig später auch Zwieback und Reis probiert. Das schmeckt zwar nicht besonders, aber was sollte ich machen? Ich konnte nur froh sein, dass sich meine Familie so rührend um mich gekümmert hat, wo ich doch eigentlich selbst Schuld an der ganzen Misere hatte. Mein Resümee lautet deshalb: Nie wieder Döner! Aber wahrscheinlich habe ich meine guten Vorsätze längst vergessen, wenn ich irgendwann mal wieder einen Döner entdecke. Dafür kenne ich mich selbst zu gut.

25. November 2008

„Wenn du schon einen Brunnen gräbst, dann grab so lang,
bis du Wasser findest".
japanisches Sprichwort

Frauchen kann die Fragen nach dem WARUM nicht mehr hören. Warum ausgerechnet Arnold? Und warum so eine schwierige, so unberechenbare Krankheit? Und warum gleich auf Lebenszeit?

Sie selbst hat die Schuldfrage nie gestellt, Herrchen schon. Er findet bis heute keine Ruhe. Seit dem Tag, an dem die Diagnose gestellt wurde, schwirren ihm ständig die W-Fragen durch den Kopf. Warum unser Sohn? Was haben wir falsch gemacht? Noch hat er keine Antwort gefunden. Er glaubt aber, nahe dran zu sein, wie er mir erst kürzlich wieder erklärte. Ich kann ihn gut verstehen. Doch es ändert nichts an der Situation. Arnold wird bis zu seinem Lebensende Diabetes haben. Die Krankheit ist fest mit seinem Leben verankert. Frauchen hat sich genau dies klar gemacht. Die Vergangenheit liegt hinter uns. Wir leben jetzt und hier. Als Ärztin weiß sie natürlich, welche Mechanismen hinter dieser Krankheit stecken. Welche Ursachen es gibt, welche Folgen. Trotzdem hat sie sich nie die Frage gestellt, ob vielleicht sie es ist, die etwas falsch gemacht hat. Zum Beispiel sich während der Schwangerschaft ungesund ernährt hat und so Arnolds Krankheit mit verursacht haben könnte. Im gleichen Moment ist ihr aber auch klar; selbst wenn es so wäre, so kann sie es im Nachhinein nicht mehr ändern. Niemand kann die Zeit zurückdrehen. Arnold hat Diabetes. Das lässt sich nicht ändern. So traurig es auch ist.

Dafür standen für Frauchen von Anfang an zwei andere Fragen im Vordergrund: Wie können wir zusammen mit dieser und trotz dieser Krankheit ein annähernd normales Leben führen? Wie bekommen wir es hin, dass Arnold keine der möglichen Spätfolgen trifft, wie zum Beispiel eine Nierenschädigung? Das wäre dann wirklich ein großer Einschnitt. In der Folge würde das heißen, dass Arnold alle zwei Tage an die Blutwäschemaschine müsste. Jede Woche, jeden Monat, jedes Jahr bis ans Lebensende – ohne Pause. Nur eine Organtransplantation könnte ihn dann noch retten. Aber genau das wollen alle vermeiden.

Nicht zurück, sondern nach vorn schauen! Frauchen hat sich diese Devise zum Motto gemacht. „Jeder Tag ist ein guter Tag", sagt sie oft zu mir. Rückblickend findet Frauchen, dass sie vom Tag der Diagnose an ihre Lebenseinstellung komplett geändert hat. Nicht auf einmal, nicht mit einem Schlag, sondern Schritt für Schritt. Immer dann, wenn sie neue Erkenntnisse im Umgang mit der Krankheit gewann.

Heute früh hat sie mir von einem Buch erzählt, das sie gerade liest. Darin geht es um besondere Kinder, die besondere Eltern brauchen. Sie glaubt, Arnold hat sich nicht ohne Grund Frauchen und Herrchen als Mutter und Vater ausgesucht. Alle zusammen sollen miteinander wachsen, ein starkes Team bilden; seelisch, moralisch, geistig. Und Frauchen glaubt, dass sie da auf einem guten Weg sind. Ich finde diesen Gedanken sehr schön.

Verbirgt sich hinter jeder scheinbar noch so negativen Sache auch immer etwas Positives? Steckt hinter jeder Krankheit tatsächlich eine Botschaft? Einer Krankheit, zudem einer so nachhaltig wirkenden, kann man nichts Positives abgewinnen. Oder doch? Machen all diese Fragen Sinn, oder ist allein sie zu stellen schon Blödsinn? Die Zeit, so glaube ich, wird Antworten bringen. In einem bin ich mir allerdings heute schon sicher: Arnold hat die besten Eltern der Welt. Sie sorgen für ihn, sind stets liebevoll, immer für ihn da. Bei Tag und bei Nacht, egal wie gut oder schlecht es ihnen selbst geht. Sie reifen an und mit dieser Krankheit.

Herrchen hat sich so viel Wissen angeeignet, sich permanent fortgebildet, keinen Artikel, keine Studie außer Acht gelassen, auch wenn sie sich auf den ersten Blick noch so wirr las. Sein Ziel ist es, auf all seine Fragen auch Antworten zu finden. Antworten, die ihn die Welt ein bisschen besser erkennen lassen. Wer weiß, ob er sich jemals auf diese Suche begeben hätte, wenn Arnold ein ganz normales, rundum gesundes Kind wäre? Ich glaube nicht.

Herrchen tickt anders als Frauchen. Das steht schon mal fest. Er kann sich einfach nicht damit abfinden, dass ihm Mediziner nicht eindeutig sagen können, warum gerade sein Sohn Diabetes hat. Jede Information über diese Krankheit, jede neue Erkenntnis saugt er auf wie die Luft zum Atmen. So will er unbedingt wissen, ob womöglich Elektrosmog Arnold krank gemacht hat. Handystrahlen, Mikrowellen, Stromleitungen – welchen Einfluss hatten sie möglicherweise auf

Arnolds kleinen Körper – schon im Mutterleib, oder gleich unmittelbar nach der Geburt, oder auch gar nicht? Seit den 90er Jahren gibt es Studien dazu. Sie kommen zu den unterschiedlichsten Ergebnissen. Mal heißt es: Elektrosmog schädigt die Gesundheit. Andere argumentieren, dass es dafür keine wissenschaftlich haltbaren Beweise gibt.

Auch Umwelteinflüsse, Nahrung und Stilldauer werden immer wieder als Ursachen für die Krankheit genannt. Dazu liegen entsprechende Ergebnisse von Untersuchungen vor, die in verschiedenen Ländern weltweit vorgenommen wurden. Eine Studie über Migranten fand ich besonders spannend. Darin heißt es: Siedelt eine Familie in ein Land um, in dem es vergleichsweise wesentlich mehr Krankheitsfälle gibt als zuhause, dann kann es durchaus passieren, dass jemand aus der Familie irgendwann Diabetes bekommt. Allerdings muss man dazu auch wissen, dass in den Entwicklungsländern kaum bekannt ist, ob jemand Diabetes Typ1 hat oder nicht. Anders als bei uns in Deutschland gibt es dort keinerlei Statistiken zu diesem Thema. Einige Mediziner ziehen auch Ernährungsgewohnheiten der Mutter als Erklärung für den Ausbruch der Krankheit heran. Sie wollen herausgefunden haben, dass Stillen das Krankheitsrisiko senkt. Aber nur, wenn die Mutter sich gesund ernährt. Aber einfach zu sagen, Obst und Gemüse sind gut, reicht nicht. Wichtig ist vor allem auch, dass es nicht durch Pestizide oder andere chemische Pflanzenschutz- und Düngemittel belastet ist. Und dann soll die Mutter ihrem Baby auch noch mindestens drei Monate lang die Brust geben, um auf der sicheren Seite zu sein. Bei Säuglingen und Kleinkindern, die hingegen Kuhmilch bekommen, besteht von Anfang an ein deutlich höheres Risiko, an Diabetes Typ1 zu erkranken.

Dies sind aber nur Beobachtungen von Fachärzten, keine hinreichend belegten wissenschaftlichen Erkenntnisse. Nicht selten kommen Mediziner zu Einschätzungen, die auf Dauer nicht haltbar sind. Und zwar immer dann, wenn zwei oder mehrere Experten unabhängig voneinander an derselben These forschen und am Ende zu unterschiedlichen Ergebnissen kommen.

Frauchen hat sich ihrer Ansicht nach immer gesund ernährt, viel Obst und Gemüse gegessen, ohne dass es da Hinweise auf irgendwelche belastende Rückstände gab. Sie hat Arnold fünf Monate lang gestillt, deutlich länger als anfangs von den Fachleuten empfohlen. Kuhmilch hat sie Arnold auch gegeben. Doch so schlecht kann die ja nicht sein, bei all der Werbung, die es dafür gibt.

Selbstverständlich hat sie auch zugefüttert. Der Brei war immer hausgemacht, überwiegend aus Kartoffeln und frischen Fenchelknollen, die sie abgekocht und anschließend gequetscht hat. Ich selbst habe Fenchelknollen noch nie probiert. Will ich auch nicht wirklich. Allerdings, momentan könnte ich fast alles fressen, was mir vor die Schnauze kommt. Auf den Touren mit meinen Zweibeinern finde ich immer etwas Leckeres; mal einen Rest Bockwurst, dann wieder ein Stückchen

Pizza, Brötchenteile en masse. Nur um Dönerrückstände mache ich noch immer einen großen Bogen.

Auf die Frage: Ist die Krankheit vererbbar? gibt es keine wissenschaftlich fundierte Antwort. Einige sagen ja, andere nein und eine dritte Gruppe will sich dazu am liebsten gar nicht äußern. Das habe ich auch schon mitbekommen. Die Ja-Sager führen die Jahrhunderte alte Erfahrung an: Hat jemand in der Familie Diabetes, so ist das Risiko, daran selbst zu erkranken, ungleich höher, als in Familien, in denen bis dato kein einziger Krankheitsfall bekannt ist. Interessant finde ich auch folgende Erkenntnis: Hat ein eineiiger Zwilling Diabetes, so hat meist auch der andere die Krankheit. Aber eben auch nicht immer. Bei zweieiigen Zwillingen variiert das wesentlich stärker. Das bedeutet ungefähr so viel wie: alles ist möglich.

Die Experten kommen in einem Artikel über eine Studie zu der Aussage, wenn Arnold Diabetiker ist, muss das noch lange nicht heißen, dass auch sein Nachwuchs einen insulinpflichtigen Diabetes bekommt. Hat dies vielleicht doch etwas mit den Erbanlagen zu tun? Die Wissenschaftler forschen noch. Wie lange es doch dauert, denke ich oft. Aber zum Glück werden sie nicht forschungsmüde. Es ergeben sich dabei ja auch ständig neue Fragestellungen.

Hunde haben auch solche Erbanlagen, Chromosomen also, aber hundetypische. Nur deshalb sehe ich auch aus wie ein Hund. Allerdings gleicht mancher Hund eher einer Katze und umgekehrt. Andere wiederum sehen ihrem menschlichen Begleiter verdammt ähnlich. Und das, so habe ich gehört, von Jahr zu Jahr zunehmend mehr. Bei denen muss etwas mit den Chromosomen durcheinander gekommen sein, würde ich sagen. Als Forschungserkenntnis reicht es wahrscheinlich nicht aus. Mal sehen, vielleicht komme ich noch zu weiterreichenden Ergebnissen. Die Zweibeiner brauchen für solche Dinge mitunter auch eine Ewigkeit.

Arnold besitzt das entscheidende Gen auf den schon beschriebenen Chromosomen nicht. Deshalb gehen manche Ärzte davon aus, dass Arnold keinen vererbten, sondern einen erworbenen Diabetes hat.

„Diabetes ist der Albtraum eines jeden Genetikers!" Diesen Satz hat Herrchen letztens von sich gegeben. Wir beide waren spazieren und haben dabei ein anderes Herrchen mit Hund getroffen. Die beiden Männer kamen über Arnolds Krankheit ins Gespräch. Unsere Bekanntschaft war auffallend interessiert und hat laufend Fragen gestellt. So erfuhr auch ich, was es mit der eingangs erwähnten Aussage auf sich hat. Genetiker haben bis heute nicht herausgefunden, wie sich ein genetischer Defekt auf die Krankheit auswirkt. Sie forschen und forschen und kommen einfach nicht weiter. Das muss ziemlich deprimierend sein. Tausende Menschen warten darauf, dass ihnen geholfen werden kann, und es gibt nach wie vor keine Lösung. Hätte ich so gut wie kein Erfolgserlebnis, ich glaube, ich würde meinen Job aufgeben. Zum Glück ist es nicht so. Egal, ob mit Erbchromosom oder ohne – ich werde einen guten Job erledigen. Ich werde Arnolds schwankende Blutzuckerwerte schon im Voraus erkennen. Darin werde ich von Woche zu Woche immer ein bisschen besser. So bin ich wohl schon bald ein Meister meines Fachs – ähm – eine Meisterin.

Es gibt Vermutungen, dass beispielsweise Virusinfekte eine Rolle bei der Entstehung des Diabetes spielen. Wissenschaftler haben herausgefunden, dass der Typ 1-Diabetes vor allem im Herbst und Winter gehäuft auftritt. Verstärkt erkranken Menschen, die zuvor Röteln hatten. Etwa bei jedem vierten Kind bricht die Krankheit dann irgendwann aus. Das belegen Studien. Die Experten sind sich inzwischen ziemlich sicher, dass weitere Erreger für den Ausbruch der Krankheit verantwortlich sind, zum Beispiel Mumps-, Hepatitis A-, und Grippeviren.

Diese Biester ähneln den Zellen der Bauchspeicheldrüse so sehr, dass der Körper ausgetrickst wird, indem er, um sich zu wehren, nicht nur die Feinde angreift, sondern gleichzeitig auch seine eigenen guten Zellen killt. Der Infekt löst also eine Abwehrreaktion aus. Die Insulin produzierenden Zellen, auch Beta-Zellen genannt, werden zerstört.

Arnold war vor Ausbruch seines Diabetes gegen Masern, Mumps und Röteln geimpft worden. Einige Wochen später hatte er tagelang Fieber, danach spuckte er bei seiner Tagesmutter Tante Geli und hatte großen Durst. Trotz des Spuckens wollte Arnold trinken, trinken und nochmals trinken. Keiner konnte sich das so recht erklären. „Gut, dass Tante Geli ihm so viel gab. Das ersparte Arnold wahrscheinlich die Einweisung auf die Intensivstation für Kinder", erzählte mir Frauchen jüngst. Sein Blutzucker lag bei 40,0 mmol/l. Das ist irre hoch. So hoch, dass der Mensch bei diesen extremen Werten echt sauer wird.

Zweifelsfrei steht inzwischen fest: der insulinpflichtige Diabetes ist eine Autoimmunkrankheit. Mein Hundehirn fängt langsam an zu glühen. So viele Fachbegriffe. Nur gut, dass ich zur Rasse `Labrador superschlau´ gehöre. Arnolds Körper hat demnach die Betazellen selbst zerstört. Die sind aber unersetzlich, weil sie das lebenswichtige Insulin bilden. Oder anders gesagt: Betazellen sind fleißige Bausteine des Körpers. Sie arbeiten wie kleine Buchhalter. Permanent sind sie dabei, die Höhe des Blutzuckers zu registrieren. Ist der Blutzuckerspiegel zu hoch, dann sorgen sie dafür, dass Insulin ins Blut gelangt. Das machen sie so lange, bis sich der Blutzuckerspiegel wieder normalisiert hat. Und genau dieser Kreislauf funktioniert beim insulinpflichtigen Diabetes nicht mehr, also auch bei Arnold nicht.

Ich habe übrigens auch solche Beta-Zellen. Wir Hunde haben schließlich auch eine Bauchspeicheldrüse. Wir fressen aber keine Beta- Zellen, auch wenn Labradors als gefräßig gelten. Ich weiß nicht einmal, ob solche Beta-Zellen mir überhaupt schmecken würden. Ich glaube eher nicht. Und außerdem sind sie viel zu klein für einen großen gierigen Hundemagen.

26. November 2008

„Einer trage des Anderen Last".
Zitat aus dem Galaterbrief, Neues Testament

Heute ist typisches Novemberwetter. Der Wind pustet die letzten Blätter von den Bäumen und das dünne Fell an meinen Beinen durcheinander. Es ist an diesen Stellen viel zu dünn, um mich ordentlich zu wärmen. Weil es auch noch regnet, sind meine Pfoten klitschnass. So fühle ich mich schon nach unserer Frührunde durch die Gartenanlage fix und fertig für den Tag. Ich bin ja immer noch eine Welpin. Und wir Hundekinder dürfen eigentlich nicht so weite Ausflüge machen. Ein Glück, dass der Kamin im Wohnzimmer schon an ist. Davor liege ich am liebsten. Immer schön dicht dran. Frauchen ist dann stets aufs Neue besorgt, dass mein kostbarer Kopf nicht vor Überhitzung anfängt zu qualmen. Das wird durch die Hitze des Kaminfeuers wohl kaum passieren, eher von den Lerneinheiten in Sachen Diabetes.

Tatsächlich geht es damit schon wieder los. Da ich vor ein paar Tagen Arnolds Katheterschlauch mit einer Schlange verwechselte, sieht Frauchen sich veranlasst, mich diesbezüglich noch einmal allumfassend aufzuklären. Das Thema heute: die Geschichte der Insulinpumpe.

Ende der 1970er/Anfang der 80er Jahre gab es erstmals Insulinpumpen, die man am Körper tragen konnte. Das sah ich letztens im Fernsehen. Frauchen liest es mir jetzt noch einmal aus einem medizinischen Fachbuch vor. Ist ja auch nicht verkehrt. Ich muss alles über Arnolds Krankheit wissen, um sie zu verstehen. Schließlich teile ich mit ihm mein Leben, und er seins mit mir. „1922 hat ein Kind erstmals Insulin gespritzt bekommen", liest Frauchen laut vor. Ich höre weiter, dass dazu seinerzeit noch Insulin zum Einsatz kam, das zuvor aus tierischen Bauchspeicheldrüsen gewonnen worden war. Vorrangig wohl Schweine-Insulin. Gott sei Dank nicht von Hunden, denke ich bei mir, und Frauchen schaut mich dabei ganz verdutzt an. Irgendwie muss sie meine Gedanken erraten haben, zumal ich glaube, in ihren Augen ein Fragezeichen zu erkennen. Kann sie mich verstehen? Klar, denn jetzt schaut sie noch verdutzter, fährt dann aber fort, als wäre nichts geschehen.

Die Forscher hatten herausgefunden, dass Schweineinsulin dem menschlichen Insulin sehr ähnelt. Später gelang es ihnen, in Versuchslaboren erstmals künstliches Insulin zu gewinnen. Wau, das ist mal eine tolle Erfindung, stupse ich Frauchen an. Erst recht, weil die Geschichte auch noch ein Happy End hat. Das Kind konnte damit so erfolgreich behandelt werden, dass es nicht, wie anfangs befürchtet, sterben musste.

Allerdings, vor dieser genialen Entdeckung führten die Diabetiker wohl ein ziemlich trostloses Leben. Frauchen liest mir alles vor, lässt keine Zeile aus. Und so erfahre ich, dass die Betroffenen früher mit obskuren Diätplänen traktiert wurden. Immer und immer wieder, ohne dass sich dadurch eine Besserung ihres Zustandes einstellte. Im Gegenteil, alles wurde nur noch schlimmer. Die Diäten waren so eintönig, dass die meisten Betroffenen wenige Zeit später an Unterernährung starben. Weil sie viel zu wenig Eiweiß und Kohlenhydrate zu sich nahmen und damit keine Energie aufbauten.

Ich lerne niemals aus. Arnold trägt so eine Insulinpumpe. Das besonders Gute daran, er muss sich nicht mehrmals am Tag spritzen lassen. Dafür pumpt die Pumpe fast unbemerkt, und ohne dass er weiterhin Angst vor der Spritze haben muss, kontinuierlich über den Katheter stets die erforderliche Menge Insulin in seinen Körper. Darauf ist das Gerät programmiert. Das Insulin fließt sofort ins Fettgewebe unter die Haut. Arnolds Körper hat das Gefühl, bei ihm läuft alles wie bei einem gesunden Kind ab. Als ich darüber noch nachdenke, fällt mir wieder die durchsichtige Schlange ein, die ich neulich niedergekämpft habe. Woher sollte ich denn wissen, dass das Tier keine giftige Viper war, wie sie gewöhnlich lautlos auf der Lauer liegen, um im rechten Moment zuzuschnappen? Sondern einfach nur irgend ein Kabel oder Katheter oder wie die Schläuche heißen.

Die Pumpe wiegt gerade mal so viel wie vergleichsweise eine Tafel Schokolade. Frauchen blättert im Diabetesjournal für Kinder und freut sich über diese Erkenntnis. „Genial, nicht wahr, Lulu"? Ich schlabbere ihr zustimmend über die Hand und sehe dabei die abgebildeten Pumpen. Einige sind pink, andere weiß, auch graue sind dabei. Arnold lüftet wie zur Ergänzung seinen Pullover und zeigt mir, dass seine Pumpe ursprünglich mal blau war. Inzwischen hat er sie mit etlichen Graffiti-Aufklebern dekoriert. Das ganze sieht jetzt fast wie ein knallbuntes Handy aus. „Ich merke die Pumpe kaum noch. Sie ist an meiner Hose befestigt, siehst du Lulu? Selbst nachts spüre ich sie so gut wie gar nicht mehr. Sie ist inzwischen wie ein Körperteil von mir. Nur das Katheter legen ist weiterhin unangenehm", gibt mir Arnold zu verstehen.

Nur gut, dass er die Pumpe hat, denke ich so bei mir. Sie aber macht ja nur das, was ihr vorher einprogrammiert wurde. So kann es durchaus passieren, dass sie einfach weiterläuft, wenn der Junge zwischenzeitlich unterzuckert. „Aber das kannst du ja erschnuppern. Und dann gibst du mir Bescheid, Lulu!" Wie zum Beweis, dass ich das längst kapiert habe, schlappere ich Arnolds Ohr ab. Er scheint mich auch zu verstehen, strahlt mich glücklich an. Eine warme Welle durchläuft meinen Hundekörper, direkt bis zu meinem Welpenherz. Ich bin verzückt und mache mich ganz groß. Arnold und ich verstehen uns ohne Worte. Zwei Seelen haben sich gefunden!

Arnold merkt es einfach nicht, wenn seine Werte aus dem Gleichgewicht geraten. Manchmal hat er Hunger. Das könnte schon mal ein Zeichen dafür sein, dass sein Blutzucker zu niedrig ist. Ansonsten spürt Arnold den niedrigen Zucker nicht. Frauchen fällt in solchen Situationen auf, dass Arnold unkonzentriert ist und seine Fingermotorik nicht so will wie er. Er selbst wird dann mit sich und der Welt böse. Es heißt ja auch: Hunger schlägt auf die Stimmung und macht aggressiv. Dies ist inzwischen sogar wissenschaftlich belegt. Forscher fanden es anhand von Studien heraus. Mit Traubenzucker ist alles schnell behoben.

Auch hohe Zuckerwerte erkennt der Diabetiker nicht. „Er bemerkt seinen hohen Zucker nur am Durst", schaltet sich Frauchen wieder ein. Wenn der Wert über längere Zeit hoch bleibt, kommt die so genannte Ketoazidose. Ich erinnere mich, das heißt so viel wie sauer werden. Und das tut richtig weh. Die Haut brennt. Man bekommt Alpträume. Diese Erkenntnisse stammen übrigens von einer 15-jährigen Diabetikerin, die einfach drei Tage lang kein Insulin gespritzt hatte, wie es aber nötig gewesen wäre. „Sie wollte einfach leben wie all die anderen Kinder. Lulu, dieses Mädchen ist dem Tod in letzter Sekunde gerade noch mal von der Schippe gesprungen", weist Frauchen auf die Gefahren hin. Ich bekomme sofort eine Gänsehaut beim Gedanken, dass Arnold sich womöglich Ähnliches vornehmen könnte. Hoffentlich versucht er das nicht, wenn er beispielsweise in die Pubertät kommt. Da ticken die Menschen mitunter völlig anders. Frauchen scheint diesen Gedanken der Angst auch zu haben. „Genau deshalb haben wir dich, Lulu. Mit dir als Begleiterin wird Arnold seinen Weg finden, mit Selbstvertrauen und viel Wissen. Das ist mein Wunsch!"

Und wenn die Pumpe mal ausfällt?, schaue ich Frauchen fragend an. Als würde ihr einleuchten, was ich frage. „Dann fehlt Insulin", sagt sie. „Das kann für Arnold lebensgefährlich werden. Wie gesagt, sein Körper übersäuert extrem. Der Säure-Basen- Haushalt, der für den Körper wichtig ist, kommt ins Schwanken. Er kann einfach nicht mehr die Balance halten. Menschen, die dann diese Ketoazidose haben, brauchen sehr viel Insulin. Sonst fallen sie ins Koma und wachen unter Umständen nie wieder auf."

Ich denke nur: was ist das denn? Noch so ein System, auf das ich achten muss! Arnolds Mama sieht wohl meine Fragezeichen im Gesicht. Sie beruhigt mich. „Wenn Arnold rechtzeitig neues Insulin erhält, dann passiert so etwas überhaupt nicht. Und du wirst uns ja mit deiner feinen Nase rechtzeitig darauf stoßen." Ich brauche noch ein bisschen Übung. Ihr werdet euch auf mich verlassen können. Es besteht überhaupt kein Grund, sauer zu werden. Versprochen!

Schade nur, dass die Pumpe Arnolds Bauchspeicheldrüse noch nicht vollständig ersetzen kann. Sie muss immer noch entsprechend programmiert werden, ohne auf unvorhergesehene Zustände kurzfristig reagieren zu können. Dafür müsste sie auch den Blutzuckerwert selbstständig messen können. Aber das ist wohl für so ein technisches Gerät zu viel verlangt. Oder doch nicht? Experten versuchen jedenfalls, das bisher Unmögliche möglich zu machen. Und so kann es durchaus sein, dass Arnold eines Tages eine Insulinpumpe benutzt, die alles alleine macht, und er seine Krankheit so gut wie vergessen kann. Dafür drücke ich ganz fest beide Hundedaumenkrallen.

27. November 2008

„Essen und Trinken hält Leib und Seele zusammen."
deutsches Sprichwort

Wie am ersten Abend gehen Arnold und ich gemeinsam schlafen. Nicht ohne vorher noch eine Runde durch unser Viertel gedreht zu haben. Mit punktgenauer Regelmäßigkeit sitze ich aufrecht und erwartungsvoll an der Tür und warte, bis meine Zweibeiner sich all ihre dicken Sachen angezogen haben. Mitunter vergehen für mich gefühlt mehrere Stunden. Endlich öffnet sich die Tür. Jedoch, sofort Lossprinten darf ich nicht, erst geht Arnold, der Chef, nach draußen. Dann bin ich an der Reihe. Manchmal folgt noch ein weiteres Familienmitglied. Nach rund einer halben Stunde Frischluftzufuhr ist wieder Schluss. Es geht zurück nach Hause und wenig später ab ins Bett. Mit dem Kommando: „Lulu, komm!" ruft Arnold mich zu sich.

Kommandos gibt es reichlich in meinem Hundealltag. Am Ende meiner Ausbildung werden es mehr als 32 sein. Jedes Kommando hat eine andere Bedeutung und meist auch etwas Gutes. Vor allem dann, wenn ich für seine prompte Ausführung ein Leckerli bekomme. Aber das gibt es nur, wenn ich das Kommando auch absolut korrekt ausführe. Mal sind es Kaustangen, ein anderes Mal ist es ein Hundebonbon oder auch ein Stück Zwieback. Auf Zwieback stehe ich momentan besonders. Fressen ist sowieso meine Leidenschaft. Ich bin ein „Labrador superschlau". Hunde wie ich brauchen ständig geistiges Nährfutter. Sonst werden wir verhaltensauffällig. Das gebe ich meiner Familie immer wieder zu verstehen. Wir fressen die Möbel an, können nicht allein im Haus bleiben, sondern bellen, was das Zeug hält. Da ich geistig fit gehalten werde, bin ich nicht verhaltensauffällig. Aber eine schöne Stinksocke von Herrchen kaue ich trotzdem schon mal mit Genuss. Das fällt aber nicht unter Verhaltensstörungen. Wenn ich nachts manchmal nicht schlafen kann, knabbere ich schon mal das Kissen von Arnold an. Oder es muss die Bettdecke dran glauben. Ein wenig wie im Märchen von Frau Holle. Ich finde es aber überhaupt nicht schlimm. Scheint auch nicht an dem zu sein, denn Frauchen hat wortlos die Kissen und Bettdecken genommen und so gut es ging den Ausgangszustand wieder hergestellt. Nur haben inzwischen alle Kissen der Familie mindestens eine krumme Ecke.

Heute ging ich ein bisschen traurig ins Bett. Eine kleine, schon etwas ältere Dame beleidigte mich vorhin auf offener Straße. Sie nannte mich „Moppelchen". Das finde ich alles andere als lustig. Dabei hatte sie selbst eine Quetschwurst an der Leine. Ich weiß, dass ich keine Modelmaße und damit auch keine perfekte Figur besitze. Auch mein Hohlkreuz ist nicht zu übersehen. Na und?, knurre ich jenen entgegen, denen das auffällt. Und schicke ihnen gleich noch hinterher, dass auch sie nicht wie Supermodels aussehen und ich selbst ohnehin keins sein will. Dafür gehe ich in meinem Job voll auf. Allein das ist mir wichtig.

Außerdem kommen wir Labradors ursprünglich aus der kanadischen Atlantik-Provinz Neufundland. Dort schätzt man unsere robuste und kräftige Statur. Man benannte sogar eine Halbinsel nach uns – Labrador. Das hat doch etwas! Unser Hobby war und ist bis heute apportieren. Deshalb sind wir auch bei Fischern beliebt. Hüpfen Fische aus dem Netz, fangen wir sie wieder ein. Im Winter sind wir wie kleine Traktoren und ziehen gern die Fischerboote mit dem Seil im Maul übers Eis, unaufhaltsam Richtung Land. Früher ging es gar nicht ohne uns, inzwischen kommt Technik zum Einsatz und mit dem Fischfang überhaupt ist es nicht mehr so toll. Aber ohne meine Vorfahren ging damals so gut wie gar nichts. Sie wurden ständig gebraucht und hatten mit ihrer Arbeit kein Problem, liebten ihre Aufgaben, egal ob es stürmte oder schneite. Doch nicht nur bei Fischern waren wir beliebt, sondern auch bei Seefahrern. Sie nutzten uns vor allem als Jagdhunde. Wenn sie über Monate oder gar Jahre auf Segeltörn waren, ging ihnen oftmals die Nahrung aus. Dann ließen sie uns an Land, und wir zogen auf Beutefang, schleppten Hasenkeulen oder leckere Steaks heran.

Ich bin anscheinend etwas kleiner als meine Vorfahren. Dafür habe ich einen ziemlich kräftigen Vorbau. Den setze ich gern als Brustpanzer ein, wenn mir einer zu nahe kommt. Der prallt voll ab und macht sich umgehend aus dem Staub. Nur auf mein leichtes Übergewicht würde ich gern verzichten. Oder drücken wir es ein wenig charmanter aus: ich neige dazu, immer ein paar Gramm zuviel auf den Rippen zu haben. Diesen Makel haben allerdings die meisten Labradore. Ich bin da längst kein Einzelfall. Aber das tröstet auch nicht richtig. Fakt ist: Unsere Rasse ist von Natur aus stuckig und neigt zur Gewichtsvermehrung. Wir können also gar nichts dafür, wenn wir adipös wirken, ehrlich nicht.

„Lulu, entschuldige bitte, aber ich muss dir sagen: Du bist adipös". Das hat mir der Weißkittel auch schon zu verstehen gegeben. Sehr schmeichelhaft, maule ich dann zurück. Neulich hat er sich sogar zu der Aussage hinreißen lassen: „Oh, da haben wir ja die böse Drei!" Die WAS haben wir da?, wollte ich natürlich sofort wissen und blinzelte schon mal verlegen in die Richtung, wohin auch er schaute: Aufs Ziffernblatt der Waage, auf der Platz zu nehmen er mich gerade eingeladen hatte. Da ahnte ich schon etwas. Und richtig. Der Zeiger war voll nach rechts ausgeschlagen und erst irgendwo nach der Dreißig stehen geblieben. Na und, Pech gehabt, beruhigte ich mich schnell wieder. Es gibt Schlimmeres auf der

Welt, als dreißig Kilo mit sich herumzuschleppen. Außerdem, seinen Patienten könnte man so etwas vielleicht auch freundlicher sagen und nicht so direkt, vor allem seinen weiblichen Patienten. Aber die Frauen oder Herren Weißkittel sehen das offenbar anders.

Wie bereits erwähnt, fressen ist und bleibt meine Leidenschaft. Sogar Schokoladeneier machte ich schon ausfindig. Allerdings habe ich oft nicht lange etwas von meiner Beute. Frauchen scheint da einen 7. Sinn zu haben. Ein kurzes Kommando, und ich bleibe gehorsam stehen. Dann greift sie mir einfach ins Maul und der leckere Happen fliegt im hohen Bogen durch die Terrassentür ins nächste Gebüsch. Es kommt aber auch vor, dass ich schneller bin. Mit einem Schluck ist die Beute verschwunden und Frauchen rätselt, woraus sie bestanden haben mag. Ich lasse im Maul auch nicht das kleinste Indiz zurück. Als Welpe wird immer alles sofort verbuddelt, was man finden kann. Das ist cool. Nur blöd, dass ich mich schon wenig später nicht mehr erinnern kann, wo ich denn nun was versteckt habe. Oder ein anderer Hund war schneller und hatte schon vorher meinen Schatz geraubt. Als Welpe kümmere ich mich wenig um irgendwelche Kommandos. Gehorsamkeit ist für Welpen noch ein Fremdwort. Meistens husche ich einfach ab in die Büsche und verstecke meine Beute. Meine Familie hat dann keine Lust mehr, dorthin zu kriechen, um alles wieder herauszuholen. Ich lasse alles mitgehen, was mir in die Pfoten kommt. Selbst Silberpapier von der Kinderüberraschung ist für mich interessant. Und die Leberwurst verspeise ich samt Plastikpelle. Aber daran ist Herrchen nicht ganz schuldlos. Ich allein habe die tolle Wurst auf dem Küchentisch entdeckt und nicht er. Aber er hat sie mir einfach weggenommen. Als er dabei war, die Pelle abzuziehen, um die Wurst, wie ich dachte, ganz allein zu verspeisen, entriss ich sie ihm kurzerhand wieder und schluckte sie schwuppdiwupp auf einmal hinunter, samt Pelle. Erst später erfuhr ich, dass die Wurst ein Teil des Familienabendbrots war und Herrchen mir freundlicherweise ein Stückchen abschneiden wollte. Aber konnte ich das ahnen?

Herrchen musste sich danach einiges von Frauchen anhören. Anschließend ließen beide mich Tag und Nacht nicht mehr aus den Augen. Erst als die Pelle vollständig aus meinem Allerwertesten heraus erneut das Licht der Welt erblickte, konnte ich wieder in aller Ruhe und ohne Aufsicht mein Geschäft erledigen. Das war mir eine Lehre. Es ist nicht so toll, wenn quasi die Toilettentür offen steht und jeder einem beim Geschäftmachen zuschaut. Ich glaube, den beiden hat das auch nicht gefallen. Aber sie hatten richtig Angst um mich, dass ich ernsthafte Probleme bekomme. Zum Glück ist ja alles gut ausgegangen.

Trotzdem finde ich den Kosenamen ‘Moppelchen’ irgendwie fehl am Platz. Nicht selten bringen die Menschen und Hunde, die mich so nennen, selbst ein paar Kilo zu viel auf die Waage. Auch die besagte Frau von heute. 90/60/90 war bei der gestern, wenn sie die Idealmaße überhaupt jemals besaß. Die Rundungen hatten durchaus ein paar Zentimeter mehr aufzuweisen. Ich will jetzt nicht unbedingt die Lebenserfahrung zitieren, dass Frauchen oder Herrchen ihrem geliebten Vierbeiner mit zunehmendem Alter mitunter immer ähnlicher werden. Aber diese Frau hatte tatsächlich eine Couchrolle als Hund an ihrer Seite, der ihrer Körperform sehr nahe kam. Ich achte schon sehr auf mein Gewicht. Okay, drücken wir es ehrlicher aus: Frauchen rationiert nach strikten Vorgaben meine Mahlzeiten. Da gibt es kein Gramm zuviel, auch sonntags nicht. Ich würde sicherlich alles wegfuttern, was nicht bei drei aus meinem Napf hüpft.

4. Dezember 2008

„Kinder denken nicht weniger als Erwachsene, sie denken anders!"
Jean Piaget, Genfer Psychologe und Philosoph

Meine Ausbildung zur Medizinexpertin auf vier Pfoten ist noch immer nicht abgeschlossen. Ich bin an diesem Vormittag mit Herrchen allein zu Hause. Wir haben uns in sein Arbeitszimmer zurückgezogen. Frauchen ist bei der Arbeit, Arnold und Vanessa sind in der Schule. Und auch ich bin mitten im Unterricht. Geschichte steht auf dem Stundenplan. Ich erfahre, dass es schon um 1500 vor Christus Diabetes gab. „Das geht aus schriftlichen Überlieferungen hervor", erzählt mir Herrchen. Er ist in seinem Element. Fakten reihen sich an Fakten.
Früher nannten die Menschen die Krankheit aber noch nicht so. Erst im 2. Jahrhundert vor Christus gab Aretaeus von Cappadocia der Krankheit ihren Namen „Diabetes". Cappadocia oder auch Kappadozien war eine römische Provinz in Zentralanatolien. Es gehört heute zur Türkei, lerne ich. Doch wer ist dieser Mann mit dem unaussprechlichen Namen? Auf die Antwort muss ich nicht lange warten. Herrchen weiß einfach alles.
Aretaeus war einer der berühmtesten griechischen Ärzte. Er lebte in Alexandria und gilt als ein medizinischer Schriftsteller. Man weiß nicht viel über ihn. Somit können die Forscher von heute nicht genau sagen, wie alt Aretaeus überhaupt wurde. Seine Bücher allerdings haben 2 Jahrtausende überlebt. Offenbar befasste sich Aretaeus vor allem mit chronischen Krankheiten. Über sie hat er ganze Bücher geschrieben. Sie werden als eine der wertvollsten Reliquien des Altertums bezeichnet. Schon damals war Aretaeus klar, dass eine falsche Ernährung an vielen Krankheiten Schuld sein kann. Es kursieren auch einige Bilder in Fachbüchern, die ihn als Büste zeigen.
Herrchen tippt in den Computer den Namen Aretaeus ein und öffnet einige Bilder. Darauf ist ein typischer Grieche aus der damaligen Zeit zu sehen: mit Rauschebart, weißen welligen Haaren, einem Leinengewand, das mit einer goldfar-

benen Schulterbrosche zusammengehalten wird. Da taucht bei mir die Frage auf, ob die alten Griechen eigentlich auch schon Hunde gehalten haben? Aber dafür ist heute keine Zeit. Vielleicht später einmal. Diese virtuelle Welt ist echt super. So viele Informationen innerhalb kürzester Zeit zu finden, einfach nur, wenn man auf einem Brett mit Tasten herumklimpert, das finde ich genial.

„Aretaeus Vorbild war Hippokrates, der berühmteste Arzt des Altertums und der Vater der Medizin", fährt Herrchen mit dem Unterricht fort. Ich versuche mir all das zu merken, was er mir gerade beibringt. Allerdings fängt mein Gehirn gerade an zu dampfen. Doch Herrchen hat kein Erbarmen. Ich glaube, er arbeitet in meinem Beisein Arnolds Krankheit auf. Und da ich ein Seelenhund bin, höre ich ihm geduldig zu. Da gibt es nichts zu bellen. Übrigens hat der englische Philosoph Francis Bacon einst sehr treffend bemerkt: Wissen ist Macht. Jedenfalls wird diesem Herrn der Spruch zugeordnet. Herrchen und Frauchen denken ähnlich. Je mehr der Kranke über seine Krankheit weiß, desto mehr Macht erhält er über diese. Zu guter Letzt bestimmt dann der Kranke über seine Krankheit und nicht umgekehrt. Diesen Gedanken kann ich gut nachvollziehen.

„Und Lulu", fährt Herrchen ohne Pause fort, „erst Ende des 18. Jahrhunderts wurde dem Diabetes noch das Wort `mellitus´ angefügt." Ich erfahre, die Idee dazu hatte der englische Arzt John Rollo, um auf die besondere Form der Krankheit hinzuweisen. Und es vergingen weitere Jahre intensiver Forschung, bis 1909 der Berliner Wissenschaftler Paul Langerhans das lebenswichtige Hormon Insulin entdeckte. Nach ihm sind übrigens die `Langerhansschen Inseln´ der Bauchspeicheldrüse und die Langerhansschen Zellen der Haut benannt. Die Nachricht verbreitete sich wie ein Lauffeuer. Auf dieser Basis wurde dann in den USA, England und vor allem auch in Deutschland weitergeforscht. Dabei fanden die Wissenschaftler heraus, dass alle Körperzellen das Hormon brauchen, um Zucker aus der Blutbahn in die Körperzellen aufnehmen zu können. In der einzelnen Zelle wird die Glukose, also der Zucker, dann verbrannt. Das ist lebenswichtig, weil nur so notwendige Energie zum Erhalt des Lebens freigesetzt werden kann. Und bei Arnold, das wissen wir inzwischen, passiert das eben nicht – warum auch immer.

Nun wird es ziemlich kompliziert. Herrchen ist schon ein richtiger Fachmann auf dem Gebiet des Diabetes. Neben dem Insulin gibt es ein Hormon, das Glukagon. Glukagon ist ein spezielles Hormon. Dessen Aufgabe ist es, den Blutzuckerspiegel zu erhöhen. Wenn nun zu viel Insulin ausgeschüttet wird, dann springen die Gegenspieler an. Das sind das Glukagon, die Katecholamine, das Cortisol und das Wachstumshormon. Die Katecholamine sind körpereigene Stoffe, die auch wie Hormone agieren, den Blutdruck und die Herzfrequenz steigern. Das Cortisol ist das dritte Hormon im Bunde. Es ist für Menschen und für uns Tiere lebensnotwendig. Neben den Katecholaminen ist es ein wichtiges Stresshormon. Mit einer Unterweisung nun auch noch in Biochemie hatte ich ehrlich gesagt nicht gerechnet.

In der Regel liegt der Blutzuckerwert bei 4,0 bis 6,0 mmol/l. Bei Arnold liegt er auch schon mal bei 2,0 mmol/l und tiefer. Zuvor hat er oft viel getobt, gespielt oder sich sehr angestrengt. Das geniale System der Hormone bewahrt den Gesunden davor, bewusstlos zu werden. Für alle anderen ist es hingegen schwierig, dies nachzuempfinden und immer die richtige Insulindosis auszuloten. Das kostet Nerven. In Arnolds Fall sind es meist die Nerven von Frauchen. Sie muss auch noch ständig darauf achten, dass Arnold nicht bewusstlos wird – ob mit zu viel oder zu wenig Insulin. Umso besser, dass ich so ein feines Näschen habe. Da kann ich einiges erschnuppern und rechtzeitig ein Zeichen geben. Egal ob hoher Zucker oder niedriger Zucker, mir soll nichts entgehen. Ich will immer zur Stelle sein. Naja, fast immer. Es ist bekanntlich noch kein Meister vom Himmel gefallen. Wie schon erwähnt, als Welpe habe ich noch keine Ahnung von meiner Berufung, aber bei so vielen verwirrenden Neuigkeiten ahne ich schon, dass eine große Aufgabe auf mich wartet. Nun würde ich gerne für heute mit dem Unterricht Schluss machen. Ist ja auch gleich Mittag. Doch Herrchen lässt nicht locker, will einfach nicht bemerken, dass ich längst hundemüde bin.

Mit einem Ohr höre ich, dass es auch noch den ernährungsbedingten Diabetes gibt. Er wird auch immer mal wieder Typ 2 genannt. Dann schlafe ich endgültig genüsslich auf Herrchens Füßen unterm Schreibtisch ein. Zum Glück duscht er immer, wenn er morgens vom Sport kommt und zieht danach auch frische Socken an.

Herrchen hat von meiner Entschlummerung nichts gemerkt und fährt fort „Viele Menschen bekommen die Krankheit, wenn sie einfach zu viel Gewicht auf den Hüften haben. Das Insulin reicht dann nicht mehr für die vielen Körperzellen oder anders herum, die Körperzellen reagieren nicht darauf. Die Krankheit wird mit den fünf Buchstaben NIDDM abgekürzt. Sie stehen für `non- insulin- dependent- diabetes- mellitus´. Herrchen hört mich schnarchen. Er stupst mich an.

Mein Magen knurrt. Auch mein Lehrer scheint Hunger zu haben, macht endlich eine Pause, und wir genießen unser Mahl; ich mein Hundefutter und Herrchen sein Menschenfutter. Kommt in unserem Fall beides aus der Dose. Fragt sich nur, ob da in beiden auch das gleiche drin ist? Egal, meins schmeckt mir jedenfalls.

Etwas frische Luft würde uns jetzt gut tun. Außerdem spüre ich meine volle Blase. Gut, dass ich noch so klein bin und da noch nicht so viel hineinpasst. Herrchen kennt wohl die Blasenverhältnisse eines Welpen und erbarmt sich. Wir machen eine kleine Runde durch die Gartenanlage. Der viele Regen der vergangenen Tage hat die Wege aufgeweicht. Da ich noch keine Pfützen kenne, mache ich stets einen großen Bogen um diese eigenartigen Spiegelbilder. Wenn ich sie doch mal vorsichtig mit der Pfote antippe, verschwimmt das Bild sofort, wird völlig unklar. Das muss mir auch mal jemand erklären. Vorerst lasse ich davon lieber die Pfoten. Irgendwie erschreckt es mich immer wieder. Zurück zu Hause werden mir vor der nächsten Unterrichtsstunde noch schnell die schmutzigen Pfoten abgewischt. Was für ein Service, Herrchen, ich bin völlig beeindruckt von dir. Oder wolltest du dir nur die lästige Hausarbeit ersparen?

„Du hast Diabetes." – Diesen Satz müssen Ärzte leider immer öfter sagen. Letztens hat mir Frauchen eine Zahl vorgelesen. Sie stand in einem medizinischen Fachbuch: Einer von 400 der bis zu 20-Jährigen, sagte sie, hat inzwischen diesen Diabetes. Und das auch noch völlig unangekündigt. Meist sind die Betroffenen ganz schnell geistig nicht mehr so fit wie zuvor, können sich nur noch schwer konzentrieren. Weil kein oder zuwenig Insulin vorhanden ist, werden die aufgenommenen Nährstoffe nicht in den Zellen des Körpers verbrannt. Die Nährstoffe sind aber verantwortlich für Kraft, Ausdauer und Leistungsfähigkeit.

Herrchen surft weiter im Internet. Ich sitze wieder aufrecht und starre mit ihm auf den Bildschirm. Er liest laut vor, was Diabetes mellitus noch bedeutet. „Lulu, stell dir mal vor", sagt er mit Begeisterung, „diese beiden Wörter kommen aus der griechischen Welt. Sie bedeuten so viel wie honigsüßer Durchfluss". Er liest mir weiter vor. Ich kann zwar vieles allein, aber das noch nicht. „Diabetes mellitus ist eine Stoffwechselkrankheit. Menschen, die darunter leiden, scheiden Zucker im Urin aus. Die alten Griechen haben den Urin probiert und herausgefunden, dass er süß schmeckt. Deswegen: honigsüßer Durchfluss." Ich finde, die alten Griechen drückten es charmant aus. Sie haben eben eine Ader für Poesie und rahmten die Krankheit in ein schönes Sprachbild. Apropos Durchfluss – bei mir kündigt sich auch gerade etwas ein. Jetzt schnell die Terrassentür auf und los. Hätten Frauchen und Herrchen gewusst, dass überall dort, wohin ich pusche, gelbe Stellen im Rasen entstehen, hätten sie wahrscheinlich eine andere Wiese zum Pullertraining benutzt als die eigene. Wie heißt es so schön in einem afrikanischen Sprichwort: „Das Gras wächst nicht schneller, wenn man daran zieht." Das wäre also auch keine Lösung gewesen, um meinen Flecken den Kampf anzusagen.

6. Dezember 2008

„Wenn Du es eilig hast, mach einen Umweg."
japanisches Sprichwort

„Liebste Lulu!" Arnold drückt mich ganz fest an sich. „Du kannst dir gar nicht vorstellen, was für ein Druck auf mir lastet!" Wie meint der Junge das nun wieder? „Ständig muss ich darauf achten, dass ich mich nicht selbst in Lebensgefahr bringe. Manchmal ist mir so, als würde ich vor Angst ersticken." Arnolds Augen schauen mich traurig an. Wie ein Häufchen Elend sitzt er auf seinem Bett. „Immer wieder fragen mich meine Eltern, ob ich mich niedrig fühle. Keine Ahnung wie sich das anfühlt. Ich weiß gar nicht, was sie von mir wollen. Klar, ich bin manchmal unkonzentriert und unwirsch. Das weiß ich selbst. Ob das aber an meinen Werten liegt, ich weiß es nicht, Lulu. Ich spüre meinen Zucker einfach nicht. Alles dreht sich nur darum. Und genau das macht mich manchmal richtig wütend."

Draußen regnet es. Es ist grau und neblig. Ich muss Arnold einfach auf andere Gedanken bringen, ihm Licht und Sonne ins Herz schicken. Wie mache ich das bloß? Meine Augen wandern durchs Zimmer. Womit kann ich ihm eine Freude bereiten? Ich überlege und überlege. Auf einmal weiß ich es. Ich schnappe nach meinem Ball und springe auf sein Bett. Mit meiner Nase kitzele ich ihn am Bauch. Ich fordere ihn heraus, mit mir zu toben, Fangen zu spielen. Arnold kichert. Er springt auf seiner Matratze auf und ab, schnappt mir den Ball aus dem Mund und läuft auf den Flur. „Fang mich doch! Fang mich doch! Du kriegst mich nicht, Lulu!" Arnold hat seine Trauer vergessen. Er ist wie umgewandelt: Schwanzwedelnd laufe ich ihm hinterher. Es ist schön, Arnold mit einem Lächeln im Gesicht zu sehen. Das macht auch mich glücklich. Ich bin doch ein Seelenhund.

Wir rennen nach unten Richtung Küche. Arnold stolpert über einen seiner Stiefel. Nanu, darin liegt ein bärtiger Mann. Dessen roter Mantel leuchtet metallisch. „Ah, stimmt, heute ist ja Nikolaus!" Arnold hebt seinen Schuh in die Luft und dreht ihn um. Jetzt fällt auch noch ein Päckchen Pokemonkarten heraus. Und schon bin ich abgeschrieben. Ich schaue auf meinen Napf. Vielleicht liegt auch eine Überraschung drin. Leider Fehlanzeige.

Frauchen steht in der Küche und begrüßt mich freundlich. „Guten Morgen, Lulu! Na, hast du gut geschlafen?" Ich stupse sie an und gebe ihr eher beiläufig einen Kuss auf ihren Handballen. Prompt plumpst ein Stück Käse in meinen Schlund. Ach, so hat sie sich es vorgestellt, ich bekomme mein Nikolausgeschenk höchstpersönlich überreicht. Schade, dass nicht jeden Tag Nikolaus kommt.

Am Abend konnte ich meine Fähigkeiten eindrucksvoll beweisen. Es war gegen 18 Uhr; Abendbrotzeit. Ich realisierte sofort, dass Arnolds Zucker nicht in Ordnung ist, sondern geradewegs in den Keller marschiert. Ein eindeutiger Geruch. Arnold war gerade dabei, mich anzuhauchen. An seinem Atem soll ich erkennen, ob seine Werte okay sind oder eben nicht. Dafür muss ich an ihm hochspringen, um den Atem richtig aufnehmen zu können. Wir trainieren das beide aber immer noch. Arnold hat mich sofort verstanden, geht zu seinem Diabetikertäschchen, holt sein Messgerät heraus und piekt sich in den Finger. Als es piept und das Ergebnis aufleuchtet, haben wir Gewissheit: 2,4 mmol/l werden angezeigt. Ich hatte also Recht.

Sinkt der Blutzucker rapide, ohne dass Arnold dafür irgendwelche Anzeichen spürt, kann er bewusstlos werden und umfallen, ohne entsprechende Vorsorge getroffen zu haben. Aber weshalb? Warum spüren einige Kinder, was in ihnen vorgeht, und andere nicht? Ich zerbreche mir den Kopf. Und Frauchen merkt es. „Dem Gehirn fehlt dann einfach Energie. Es kann nicht mehr arbeiten, keine entsprechenden Hinweise aussenden. Um Energie zu erzeugen, muss in den Gehirnzellen Zucker verbrannt werden, so wie Holz im Feuer. Nur dann funktioniert das System. Das ist übrigens auch bei dir so, Lulu." Jetzt habe ich verstanden. Weil null Energie vorhanden ist, geht also nichts mehr. Das Bewusstsein schwindet und kehrt erst zurück, wenn ich etwas zum Verbrennen bekomme. Kohlenhydrate, wenn ich mich recht erinnere.

Während ich noch weiter überlege, öffnet Arnold schon die Tür zum Küchenschrank, um sich entsprechend zu versorgen. Stets griffbereit liegt dort Traubenzucker. Arnold nimmt sich so viele Stückchen wie er braucht, um seinen Blutzuckerspiegel wieder entsprechend anzuheben. Je tiefer er ist, umso mehr Stückchen braucht er. Auch ich bekomme meinen Anteil, oder besser gesagt, meine Belohnung. Weil ich Arnold auf seine Situation hingewiesen habe, lobt er mich mit den Worten „Fein niedrig Lulu". Ich bekomme jedoch weder Traubenzucker noch Schokolade, dafür leckere Hundedrops mit Vanillegeschmack.

7. Dezember 2008

„Es geht nicht darum, dem Leben mehr Tage zu geben,
sondern den Tagen mehr Leben."
Cicely Saunders, englische Ärztin und Sozialarbeiterin

Mein Faulenzerleben – mit oder ohne Leine – hält sich zunehmend in Grenzen. Schließlich muss und will ich noch viel lernen. Von nichts kommt nichts. Seit ein paar Tagen habe ich genau wie Arnold Unterricht. Er ist in der Schule, ich bin auf dem Hundeplatz. Was sein muss, muss sein. Ich sträube mich jedenfalls keine Sekunde, sondern bin mir meiner Berufung durchaus bewusst. Ich möchte schließlich Diabetikerwarnhündin werden, mit Auszeichnung! Arnold findet das ziemlich doof. Aber nur deshalb, weil er alle Übungen noch einmal mit mir zu Hause wiederholen muss. Damit ich sie ja nicht vergesse. Die ersten Nachmittage musste er ziemlich oft mit mir üben, vor allem die Kommandos: „Sitz", „Platz", „Steh". Immer und immer wieder musste ich hoch und runter. Am Ende war ich schon fast taub und die Hinterpfoten taten weh. Jetzt reicht es endlich, ging mir durch den Kopf, weil ich erkannte, dass auch Arnold keinen Spaß an all dem mehr hatte. Aber Frauchen ließ nicht locker: „Arnold, du musst mit Lulu noch ein bisschen weiter üben."

„Ach man, ich habe keine Lust mehr", war seine Antwort, und dabei riss er sichtlich genervt die Hände in die Luft. Auch weil ihm auf diese Weise Zeit für seine Hobbies genommen wurde.

Ich dachte bislang, ich sei Arnolds bester Spielkamerad. Doch dann musste ich einsehen, dass er zunehmend seine Freunde vermisst. Sie sah er durch unsere vielen Übungsstunden immer seltener. Dabei sollten wir künftig sogar noch mehr miteinander trainieren.

Frauchen redet stets sanft und geduldig auf Arnold ein und macht ihm klar, wie wichtig ich für ihn bin. Das bestärkt mich dann wieder, brav zu sein und zu gehorchen. Ich strenge mich an, schnuppere ständig an ihm herum, um ja nichts zu verpassen, um immer den aktuellen Blutzuckerwert sozusagen in der Nase zu haben. Und ich muss natürlich sofort Zeichen geben, wenn er typisch riecht und sei es mitten in der Nacht. Ich bin letztlich 24 Stunden für ihn da, jede Minute einsatzbereit. Trotzdem hatte ich zu dieser Zeit nie das Gefühl, als würde er sich darüber freuen. „Lass mich in Ruhe", hat er mich schon angeschnauzt, wenn ich ihn geweckt hatte, um auf seine Notsituation aufmerksam zu machen. Dabei wollte ich ihn doch nur retten.

Doch jede Medaille hat bekanntlich zwei Seiten. Als Arnold merkte, dass ich dann sehr traurig wurde, hat er sich anschließend wieder ordentlich ins Zeug für mich geworfen. Dann war tagsüber mindestens eine halbe Stunde spielen im Garten angesagt, oder im Schnee toben, hin und her wälzen. Das war meine schönste Belohnung. was ich Arnold auch stets zu verstehen gab. Als er es kapiert hatte, ging es uns beiden wieder richtig gut. Ich hatte wieder meinen Freund, der mich abends am Rücken krault und manchmal auch ordentlich durchknetet. Hunde mögen nichts lieber als eine feste Massage am Rücken. Dort kommen wir selber nicht an. Wenn Arnold richtig Hand anlegt, dann drehe ich mich wie in Ekstase hin und her und knurre vor Wonne. Man könnte meinen, ich schnurre fast wie eine Katze. Aber die Betonung liegt auf k wie knurren. Mit einer Katze würde ich nie tauschen wollen.

Zwischendurch gibt es aber auch immer wieder Tage, an denen ich zu nichts Lust habe. Erst recht nicht zum Lernen. Dann machen wir alle Pause, um uns neu zu motivieren, so sagt man dann. Wenngleich, eigentlich möchte ich unsere Übungsstunden gar nicht mehr missen. Für mich sind sie, wenn sie nicht gerade ausufern, wie Spielstunden. Nur eben zwischen Hund und Kind.

Vier Wochen Training liegen nun schon hinter uns. So lange haben Arnold und ich für die Kommandos gebraucht. Jetzt beherrsche ich `Sitz´, `Platz´ und `Steh´ fast schon im Schlaf. Ich lerne ohnehin vergleichsweise schnell. Wenn ich denn will. Aber ich habe ja auch schon mehrmals zu verstehen gegeben, dass ich eine sanftmütige Intelligenzbestie bin. Nur ein paar Mal muss Arnold die Übungen wiederholen, und ich habe gecheckt, was er von mir will.

Ganz anders sieht die Sache unterdessen auf dem Hundeplatz in Hannover aus. Da bin ich zwar auch sehr wissbegierig, aber Etikettetraining auf vier Pfoten, das will ich gern zugeben, kann schon mal dauern. Der Hunde-Knigge offenbart so seine ganz eigenen Probleme. Meistens kommen die auf vier Pfoten daher. Auf dem Hundeplatz bei den Trainerinnen treffe ich natürlich auch Schwesterchen Lotta, Brüderchen Charlie und noch einige andere Bekannte, die ebenfalls Diabetikerwarnhunde werden wollen. Dass es da schwer fällt, sich nach Menschenempfinden „etikettiert", also stets vorbildlich, aufzuführen, kann sich jeder vorstellen. Das Revier erobern gilt bei uns immer noch als oberstes Gesetz, genauso, wie anschließend das Territorium sichern. Intensiver Check up – wer ist der Boss auf dem Platz – kostet aber richtig Nerven. Da steht einem schon mal der Kamm, der Schwanz zeigt steil nach oben. Und dein Gegenüber weiß, was Sache ist. Aber ein Begleithund darf das alles nicht. Er soll seine Kontrahenten ignorieren, sie praktisch gar nicht sehen. So etwas können sich nur Menschen ausdenken. Bis man das drauf hat, ist es ein langer, langer Weg. Aber auch hier heißt es immer wieder: Übung macht den Meister.

Am besten finde ich beim Training zu Hause die Zwischenmahlzeiten. Für jede gute Tat gibt es noch heute einen Hundebonbon. Gern legen Arnold und ich auch eine kleine Pause ein. „Luuuuulu, ich krieg dich schon!", ruft Arnold. Am liebsten spielen wir nämlich Fangen. Dann rennen wir um den Kamin, ich vorneweg und Arnold hinterher. Um die Ecken flitzen ist super. Wohnzimmer, Küche, Flur, Wohnzimmer, Küche, Flur… immer im Kreis. Das ist ein Gaudi. Manchmal stibitze ich Arnolds Schuh. Dann jagt er mich besonders schnell um die Kurven. Oder ich klaue ihm die Mütze vom Kopf. Das ist auch ein Spaß. Später geht es auch durch den Garten, Arnold immer schreiend hinter mir her. „Na warte, Lulu"!

Jeder Hundetrainer würde sich an den Kopf fassen, wenn er das sähe. Doch bei uns Diabetikerwarnhunden gibt es ein paar Dinge im Training, die für die Teambildung äußerst wichtig sind, wie ich meine. Denn wer sich im Wettstreit behauptet, zeigt auch Führungsqualitäten. Und ich soll ja nun einmal Arnolds Führer sein und zwar immer dann, wenn er unterzuckert ist, bzw. seine Werte zu hoch sind. Dann führe ich ihn zum Messgerät oder hole Hilfe. So etwas macht nur der Rudelführer, das ist seine Bestimmung. Das kann nur ich. Im Straßenverkehr wiederum muss Arnold mein Führer sein. Davon verstehe ich dann wieder zu wenig. In diesen Situationen verlässlich und immer füreinander da zu sein, daran arbeiten wir noch. Aber gemeinsam werden wir es schaffen.

Arnold und ich sind unzertrennlich, tags wie nachts. Morgens wecke ich ihn brav und abends gehen wir zusammen schlafen. Arnold ist wie ein Bruder für mich. Ich bin sicher, dass wir durch Dick und Dünn gehen werden, wenn es darauf ankommt. Ich möchte ihn nicht mehr missen. Und er mich wohl auch nicht, denn heute hat er zu mir gesagt: „Lulu, wenn ich mal groß bin und eine eigene Wohnung habe, dann kommst du mit mir." Dieser Satz geht runter wie Öl. Wir können Frauchen und Herrchen dann und wann besuchen, damit sie nicht ganz so traurig sind, wenn sie uns nicht mehr an ihrer Seite haben. Aber daran mag ich jetzt noch gar nicht denken. `Hopp niedrig´ war übrigens mein erstes Kommando, dass ich für meinen Job als Diabetikerwarnhündin gelernt habe. Das schwerste hingegen hieß: `Mach los!´ Wer kann schon sein Pipi auf Kommando loswerden, ohne dass er dringend muss. Ich nicht! Ich sollte aber umgehend kapieren, dass Teppiche kein Klo sind. Kissen, Sitzsäcke und Betten schon gar nicht. Vielmehr sollte ich lernen, mein Geschäft auf Kommando draußen auf dem Rasen zu machen und zwar immer dann, wenn Frauchen oder Herrchen meinten, jetzt wäre der richtige Zeitpunkt dafür. Ich war meistens völlig unvorbereitet. Zweibeiner gehen doch auch im Haus puschen. Warum darf ich das nicht? Sollen sie mir doch ein eigenes Klo geben, ging mir durch den Kopf. Was die von mir wollen macht überhaupt keinen Sinn, schon gar nicht für eine intelligente Labradordame wie mich. Wir sind die Jodie Forsters unter den Hunden, haben einen IQ zum neidisch werden. Wer hat sich überhaupt den Spruch „dummer Hund" ausgedacht? Der muss selbst ein bisschen…, na ja.

Drei Tage hat es gedauert. Dann war ich stubenrein. Es war Frauchens Wille und ihr habe ich es auch zu verdanken, dass es dann doch so schnell geklappt hat. „Warum puscht Lulu schon wieder auf den Teppich, obwohl wir doch gerade erst mit ihr Gassi waren?" Frauchen grübelte und grübelte. Plötzlich hatte sie des Rätsels Lösung. „Lulu, jetzt weiß ich es", kam ihr die Erleuchtung. „In deinem ersten Zuhause hast du im Kuhstall gelebt. Da durftest du in dein Bettchen puschen und auf deinen Strohteppich. Wann und so oft du wolltest." Ich bellte ihr anerkennend zu: Na klar, schließlich haben die Kühe das genauso gemacht, auch die Hühner und Enten. Und da hat keiner gemuht oder gegackert vor Wut. Frauchen gab mir also zu verstehen: „Kuhstall ist Vergangenheit, Wiese Gegenwart." Okay, wenn du das so sagst, dann mache ich es eben so. Klare Worte, ich habe verstanden.

Aber es kam, wie es kommen musste. Anfangs waren alle im Haus genervt, wenn ich Zeichen zum Pullern gab. Mal störte ich sie beim Telefonieren oder wenn sie selbst gerade aufs Klo wollten. Und ich musste oft raus. Ständig ging die Tür zum Garten auf und zu. Der Kamin kam mit dem Heizen gar nicht hinterher. Wir haben gerade Winter und der ist richtig kalt. Inzwischen ist dieser Türstress aber vorbei. „Mach los, Lulu!", das neue Kommando sitzt. Und das andere – Ihr wisst schon – habe ich auch gleich mitgelernt. Für jedes Geschäft werde ich mit „Fein" und, wie könnte es anders sein, mit einem Leckerli belohnt. Dafür pullert man doch eigentlich gern, oder? Für Frauchen haben sich Aufwand und Einsatz auch ausgezahlt. Im Haus hinterlasse ich jedenfalls keine Spuren mehr. Ein großes Erfolgserlebnis für alle Beteiligten. Das Beste kommt noch. Ich darf sogar nachts raus. Die Gefahr tendiert also gegen Null, dass ich auf Arnolds Bett oder seinem Teppich einen See hinterlasse. Meine Familie ist schon sehr aufmerksam zu mir.

„Gib jedem Tag die Chance, der schönste in Deinem Leben zu werden."
Mark Twain alias Samuel Langhorne Clemens,
US- amerikanischer Schriftsteller

Gestern hat mich Herrchen in sein Heimatdorf mitgenommen. Wir sind in den Wald gegangen. Er hat geackert und Holz geschlagen. Ich habe geholfen und Stöckchen gesammelt. Dabei konnte ich unter dem Schnee die Kaninchen riechen. Rehe leben auch dort. Ich habe die graziösen Tiere sogar gesehen. Leider sind sie von Natur aus scheu. Sie sprangen sofort auf, als sie mich witterten. Das hat auch mich erschreckt. Als Herrchen endlich mit seiner Holzarbeit fertig war, hatte ich trotz des vielen Herumrennens quasi Eispfoten. Jetzt fehlt nur noch, dass ich einen Schnupfen bekomme, gab ich Herrchen zu verstehen. Dann kann ich erst mal nix mehr riechen und Arnold auch nicht beschützen. Also beim nächsten Mal vielleicht doch Hundestiefel?

Herrchen erahnte meine Gedanken und reagierte noch kälter als es das Wetter ohnehin schon war. „So ein Schnickschnack kommt mir nicht ins Haus, oder besser gesagt, nicht an deine Pfoten. Vielleicht stricke ich dir am Ende auch noch einen Pullover, wie wir das schon bei anderen Hunden gesehen haben. Da hast du selbst gelacht. Das kannst du voll vergessen." Wie feinfühlig. Schau dich doch mal an. Wie siehst du denn aus! Du läufst doch auch nicht barfuss auf dem kalten Waldboden und hast gleich zwei Pullover an, habe ich zurück gemotzt.

Die Holzstücke des Bahlenhüschener Waldes haben es mir trotzdem angetan. So tolle Zahnbürsten gibt es nirgends zu kaufen. Die trockenen Holzfasern reiben sanft den Belag von meinen Hundezähnen. Und die knorrigen Stücke mittendrin putzen noch mal kräftig nach. Dann blitzen meine Beißerchen wie die weiße Haut von Schneewittchen. Auch mein Haar ist so schwarz wie Ebenholz. Wenn ich es recht überlege: Im Grunde genommen bin ich ein Abbild von Schneewittchen. Da könnte ich eigentlich auch so heißen. Oder vielleicht besser doch nicht? „Lulu von Labrador aus dem Hause Quaß", klingt viel vornehmer. Und Etikette muss sein.

Zu Omi nach Friedrichsthal fahre ich auch gern. Der Ort liegt am Stadtrand von Schwerin. Zum Glück darf ich weiterhin vorbeischauen. Bei meiner ersten Vorstellung lief nämlich einiges schief, oder besser gesagt, da lief es einfach nur so weg. Ich war damals so aufgeregt, dass ich die Küche voll geflutet habe. Und Frauchen durfte alles wegwischen. Das war ihr und zuallererst natürlich mir ganz schön peinlich. Aber was kann ich dafür, wenn da so ein lecker riechendes Baststückchen lag. Ich dachte, endlich mal eine Indoor-Hundewiese. Darauf hat die Hundewelt noch gewartet und ich bin die erste, die sie benutzen darf. Doch an den Reaktionen von Frauchen und Oma musste ich schnell erkennen, dass ich sehr daneben lag, der Bast für etwas ganz anderes bestimmt war.

Mittlerweile ist das kleine Malheur längst vergessen. Ich durfte sogar schon bei Oma übernachten. Arnold war auch dabei. Ich zeigte mich natürlich von meiner besten Seite und habe keine Pflanzen angefressen, keinen Türrahmen angenagt und auch keine Kissenschlacht veranstaltet. Alles blieb heil und – das war besonders wichtig – auch trocken. Ich durfte sogar an Arnolds Fußende schlafen. Das war die Krönung unseres kleinen Ausflugs. Bei Omi riecht es ganz anders als zu Hause, auf eine besondere Art angenehm und beruhigend. Ich mag Omi und ihre Umgebung gern riechen. Auch Arnold fühlt sich bei ihr wohl. Als er klein war, spielte er unersättlich mit dem Lichtschalter. Omi musste ihn unermüdlich an und aus machen. Der Enkel gab mit seinen 1 ½ Lenzen, da konnte er noch gar nicht so gut sprechen, den entsprechenden Kommentar: „An/Aus, An/Aus" – immer und immer wieder. Sehr zur Freude aller Beteiligten. Das war noch vor seinem Diabetes. Nach der Diagnose wurden die Besuche erst einmal weniger. Frauchen traute sich einfach nicht, Arnold auch mal allein bei einem anderen Erwachsenen zu lassen. Sie brauchte sehr lange, bis sie mit der ganzen Situation halbwegs klarkam – obwohl sie selbst ein Weißkittel ist.

Im Wald von Bahlenhüschen sieht es fast so aus wie bei den Indianern in Mexico. Den gleichen Gedanken hatte Herrchen wohl auch und er fängt an, von Indianern zu berichten. Die habe ich mal über den Bildschirm reiten sehen, aber noch nie in der Natur. Aber was nicht ist, kann ja noch werden. So gesund wie früher ernähren sich viele Indianer wohl heute auch nicht mehr. Vielleicht, spinnt Herrchen ein bisschen herum, hören uns ja einige aus den ewigen Jagdgründen zu und denken möglicherweise: Wir Rothäute sind das einzige Volk, das gegen Diabetes immun ist. Da haben sie sich aber getäuscht. Auch hierzu gibt es spannende Forschungsergebnisse. Die Pima- Indianer leiden oft an Diabetes Typ 2. Das liegt vor allem daran, dass sie nicht mehr so leben wie einst, sondern sehr modern und westlich geprägt sind. Die Pima sind ein nordamerikanischer Indianerstamm. Ursprünglich lebten sie in den Wüstengebieten Arizonas und in Regionen von Mexico. Früher ernährten sie sich gesund. Sie sammelten Wildpflanzen, Samen und Wildfrüchte, waren also weitestgehend Vegetarier, fährt mein Privatlehrer fort. Inzwischen haben viele Pima in den USA ihre Zelte aufgeschlagen, einem DER Länder von Übergewichtigen.

Ich erfahre, dass Wissenschaftler dieses Phänomen genauer untersucht haben. Sie glauben, es liegt daran, weil so viele Menschen arbeitslos sind. Sie geben nicht viel Geld für gutes Essen aus, sparen lieber. Wildkräuter, frische Früchte und Samen sind schon lange tabu. Dafür stehen billige, meist fettige Sachen auf dem Speiseplan, leere Kalorien also. Aber die schmecken lecker und riechen gut. Ich bin also auch eine Kandidatin für zu viel Gewicht. Deshalb passt Frauchen auf mich auf. Die mexikanischen Pima hingegen leiden so gut wie gar nicht an Diabetes Variante 2. Sie ernähren sich nachweisbar viel gesünder als ihre Verwandten in den Vereinigten Staaten von Amerika. Vor allem essen sie Mais und Maisprodukte. Auch das lerne ich von Herrchen.

Mit einer speziellen Diät und viel Bewegung würden die Pima in den USA ihr Insulin aber wieder richtig in Fahrt bringen. Sie könnten sich also selbst heilen. Fakt ist, ihr Körper hat einst genug Insulin gebildet. Inzwischen ist zu viel Masse für das Insulin da. Das ganze klappt aber leider nicht bei insulinabhängigen Diabetikern wie Arnold. Hätte Arnold kein Insulin, dann würden sich seine Muskeln und Knochen sehr schnell selbst abbauen. Er würde stark an Gewicht verlieren, auch Marasmus genannt. Diesen Begriff habe ich gestern aufgeschnappt, als ich mit Arnold beim Arzt war. Das ist ja ein komisches Wort, dachte ich. Marasmus hat aber nichts mit Marsmenschen zu tun. Marasmus bedeutet einfach Eiweiß- und Energiemangel.

Arnolds Zukunft hängt also davon ab, wie diszipliniert er selbst ist und wie stark seine Familie und sein Arzt darauf achten, ihn erfolgreich zu behandeln. Bekommt er kontinuierlich und ausreichend Insulin? Ernährt er sich gesund? Beobachtet er regelmäßig seine Zuckerwerte und wie viel Fett schwimmt in seinem Blut? Misst er immer seinen Blutdruck? Vor allem auf diese Dinge kommt es an. Wenn Arnold alles kontrolliert, dann hat er sehr gute Chancen, sich wie andere Kinder ganz normal zu entwickeln, körperlich wie geistig. Deshalb ist es für mich Berufung – eine Lebensaufgabe – für sein Wohl zu sorgen. Arnold muss mit seiner Krankheit leben. Da gibt es keinen Ausweg, nur Linderung. Ich helfe dabei, dass er es so gut wie nur irgend möglich kann.

Arnold ist ein Kind. Er hat also noch viel Zeit, um alles Wichtige über das Insulinsystem des Körpers zu lernen. Damit stets alles tutti paletti läuft, bin ich ja an seiner Seite. Außerdem hat er noch seinen Papa und seine Mama, die Ärztin ist. Sie kennt sich bestens aus mit diesen Dingen. Sie kann auch mir sehr viel erklären. Ich kapiere schnell. Ich merke, dass sie dies glücklich und zufrieden stimmt. Sie kuschelt dann immer mit mir, nimmt meinen Kopf zwischen ihre Hände und zerknautscht meine Lefzen. Ich sehe dann vorübergehend aus wie ein Mops. Aber offenbar ist das ein typisches Liebesbekenntnis von Zweibeinern. Ich jedenfalls lasse an meine Nase nur Erde, Regen und Arnold. Ich weiß gar nicht, ob Arnolds Eltern eine Versicherung für meine Nase abgeschlossen haben. Promis machen das, hörte ich. Pop-Diva Mariah Carey soll sich zum Beispiel ihre Beine für die unglaubliche Summe von einer Milliarde Euro versichert haben. Rolling Stones Gitarrist Keith Richards hat offenbar Angst um seine Finger. Die sind ihm jedenfalls schlappe zwei Millionen Dollar wert, schreiben die Promiblätter. Und Jennifer Lopez hat sich angeblich ihren Allerwertesten für 20 Millionen Euro schützen lassen. Auf meinem ruhe ich mich höchstens aus. Meine

Nase aber ist mindestens genauso viel wert wie der Hintern der Lopez.

In der Regel bekommen Diabetiker im Verlauf ihrer Krankheit zunehmend Probleme mit den Blutgefäßen, der Haut und den Gelenken. Meist ist es so, dass die Komplikationen erst 10 oder 15 Jahre nach Ausbruch der Krankheit auftreten. Nicht wie ein Bumerang rasant schnell, sondern peu á peu. Sie lassen sich Zeit. Allerdings ist es von Mensch zu Mensch unterschiedlich. Einige bekommen alle möglichen Folgen dieser Stoffwechselkrankheit zu spüren. Andere Betroffene hingegen bemerken ihre Krankheit vergleichsweise früh und können so umgehend reagieren, sodass sie später so gut wie gar keine Nebenwirkungen haben. Wieder andere haben von vornherein keinerlei Probleme trotz Diabetes. Die Liste der Komplikationen, die durch diese Krankheit ausgelöst werden, ist überaus lang. So können sich zum Beispiel die Arterien verschließen, Herzinfarkte oder Schlaganfälle auftreten. Jeder vierte Betroffene leidet an Bluthochdruck. Auch der sogenannte ´diabetische Fuß´ kann sich bilden. Dem gehen Durchblutungsstörungen und Nervenschäden voraus.

Wenn ich das alles höre, bekomme ich eine Gänsehaut. Auch wenn Arnolds Mama mir mal geflüstert hat, dass bei guter Imitation des Insulinsystems diese Komplikationen niemals auftreten. Also ran an die Bouletten und das System so gut wie möglich nachmachen. Und die Angst vor der Bewusstlosigkeit ist durch mich winzig klein geworden. Als mir Arnold das versicherte, war ich stolz wie Oskar, obwohl ich Lulu heiße.

„Lulu, hörst du mir noch zu?" Herrchen, mein Lehrer, fordert mehr Aufmerksamkeit. Ich bin jedoch entschlummert.

14. Dezember 2008

„Die Dinge haben nur den Wert, den man ihnen gibt."
Molière alias Jean-Baptiste Poquelin
französischer Schauspieler, Theaterdirektor und Dramatiker

Ich habe Arnolds Leben komplett umgekrempelt – ausschließlich zu seinem Vorteil. Ich bereichere sein Leben. Ich beschütze sein Leben. Ich rette sein Leben. Ich gebe ihm Sicherheit. Sie braucht er, um Selbstvertrauen aufzubauen und an seine Fähigkeiten zu glauben. Wir Hunde sind dafür wie geschaffen. Der Mensch hat uns auserwählt, ihm zu folgen, ein enger Partner zu sein.

Okay, er hat uns nicht gefragt, ob wir das auch wirklich wollen. Aber ich nehme ihm das nicht krumm. Bekanntlich stammen wir Hunde von den Wölfen ab. Leider sind die ja so gut wie ausgerottet. Aber ich hatte schon mal das seltene Vergnügen, einem zu begegnen.

Wir waren in der Lausitz unterwegs. Ich habe gehört, dass der Begriff Lausitz aus dem Sorbischen kommt und für sumpfige, feuchte Wiesen steht. Und genau dort sollen auch die meisten Wölfe leben. Naturschützer haben inzwischen sechs Rudel gezählt. Wir waren mitten in dieser Gegend, auf Anraten von Herrchens Tante Helga und Onkel Jürgen. Dass ich dann auf einen falschen, einen ausgestopften, Wolf hereingefallen bin, ist mir bis heute ziemlich peinlich. Ich will die Geschichte aber trotzdem kurz erzählen.

Im `Ehrlich-Hof´, abseits der großen Fahrstraße, gibt es eine Ausstellung zum Thema Wölfe. Neugierig wie ich bin, folgte ich meiner Familie Richtung Ausstellungsgebäude. Und gleich am Eingang empfing uns ein Wolf. Umgehend standen meine Nackenhaare zu Berge. Wie konnte ich auch ahnen, dass Meister Isegrim nicht mehr lebte. Dann fing er auch noch an zu heulen. Das hat mich komplett verwirrt. Ich klemmte meine Hinterpfoten in die Vorderpfoten und schoss mit einem Satz gleich wieder nach draußen, ohne überhaupt richtig drin gewesen zu sein in der Ausstellung. Hinter Frauchens Rücken brachte ich mich in Sicherheit. Sie beruhigte mich dann und klärte auf: Dass der Wolf nicht echt ist, hätte mir auch mal jemand vorher sagen können. Das ist einfach rücksichtslos. Mein Hundeherz schlug jedenfalls bis zum Hals und meine Nase war vor lauter Schreck verschlossen. Erschnüffeln konnte ich den fernen Verwandten also nicht. Aber das Ganze war nicht umsonst. Seitdem bin ich schlauer, weiß genau: Wir Hunde stammen von den Wölfen ab und die Menschen von den Affen.

Bereits seit Jahrtausenden leben Hund und Mensch zusammen. Beide Seiten ziehen bis heute Vorteile aus dieser Symbiose. Wir haben, wie kein anderes Tier, eine ganz besondere Beziehung zum Menschen aufgebaut. Wir spüren über verschiedene Wahrnehmungen ihre Sorgen und Nöte. Wir erkennen auch Krankheiten, bedrohliche Situationen und Stress. Wir spüren Aggressionen genauso wie Freude bei unseren zweibeinigen Partnern. Manchmal leihen wir ihnen unsere Augen, unseren Spürsinn und unsere Wahrnehmung. So ist es erst recht bei einem Assistenzhund, der ich für Arnold werde.

Es gibt Studien, die besagen, dass vor allem Mischlinge die besten Diabetikerwarnhunde sind. Doch auch wir reinrassigen Labradors eignen uns sehr gut dazu. Das liegt vor allem an unserem Charakter. Wir sind sehr sensibel, tolerant und ehrgeizig, gepaart mit Intelligenz und Schläue. Vor allem aber zählt eins: wir haben einen gesunden Verstand und wollen immer gern helfen. Genau deshalb sind wir ausgesprochen anhängliche und treue Partner.

Ein guter Diabetikerwarnhund weiß sich auch zu benehmen, ist perfekt erzogen und kann jederzeit reagieren, wenn seine Fähigkeiten gefragt sind. Wir können Notruftasten drücken, Hilfe holen oder Traubenzucker bringen. Wir fahren Bus und Straßenbahn, dürfen fliegen und sind dabei brav, ärgern keine Passagiere. Selbst wenn sie uns ärgern, halten wir dies aus. Erfüllen wir nachweislich all diese Kategorien, bekommen wir unser Zeugnis, auf dem die alles entscheidenden Worte stehen: `anerkannter Assistenzhund´.

Allerdings mit dem Wort `anerkannt´ verbinden sich einige Probleme. Der Blindenführhund ist bislang der einzige Servicehund in Deutschland, der von den Krankenkassen finanziert wird. Das heißt, meine Familie muss meine Ausbildung selbst bezahlen. Und die Kosten liegen gut und gern im fünfstelligen Bereich. Arnolds Krankenkasse erstattet davon keinen einzigen Cent. Frauchen kann dies überhaupt nicht nachvollziehen. Schließlich gibt es internationale Studien, die belegen, dass wir genauso verlässlich sind wie Blindenführhunde. In Bristol, Berkeley, Liverpool und Belfast, an vielen Universitäten weltweit, erforschen Wissenschaftler seit Jahren, was uns Diabetikerwarnhunde so einzigartig macht.

Anfang der 1990er Jahre kamen Mitarbeiter eines englischen Gesundheitszentrums, das für die Städte Bristol und Berkeley zuständig war, auf die Idee, einmal genauer hinzuschauen. Sie befragten insulinpflichtige Diabetiker, die Hunde hatten, nach ihren Wahrnehmungen. Es stellte sich heraus, dass meine Verwandten genauso wie ich ihrem Herrchen oder Frauchen Zeichen geben, wenn sie unterzuckert oder in Gefahr sind. Einen ähnlichen Beweis liefert auch eine Studie der Queen´s University in Belfast. Die Wissenschaftler dort gingen von vornherein der Frage nach: Welcher Hund merkt, dass sein Frauchen oder Herrchen unterzuckert ist? 212 Diabetiker mit dem Typ 1 und genauso viele Hunde haben mitgemacht. Unter ihnen waren Mischlinge, Schäferhunde oder auch Labradors. Sie waren jung und alt, männlich und weiblich, moppelig und gertenschlank. Es waren also höchst unterschiedliche Typen vertreten. Heraus kam: mehr als jeder zweite Hund roch bei diesem Experiment eine Unterzuckerung seines Herrchens oder Frauchens. Ganz genau gesagt waren es 138. Viele Zweibeiner hatten zu diesem Zeitpunkt noch gar nicht bemerkt, dass mit ihrem Zucker etwas nicht stimmt. Das zeigt, wie schlau wir sind. Ich natürlich eingeschlossen.

Wenn Arnold sich wohl fühlt, geht's mir auch gut. Genauso spüre ich sofort, wenn sein Körper und seine Seele nicht im Einklang sind. Schon Minuten bevor Arnold bemerkt, dass sein Zucker in die Tiefe rast, erkenne ich die Situation. Er glaubt zu diesem Zeitpunkt noch, mit ihm sei alles in Ordnung, spürt null Symptome – kein Zittern, keine Konzentrationsstörung, keinen Heißhunger, kein Schwitzen. Ich hingegen kann von Arnolds Körper ablesen, wie es ihm geht. Wir Hunde sind Top-Beobachter. Wir nehmen uns einfach auch die Zeit, unsere Zweibeiner zu betrachten. Und ihr Körper spricht mit uns. Das ist bei Arnold nicht anders. Wenn sein Gesicht gespannt ist, spannen sich gleichzeitig alle anderen Muskeln. Ich übersetze das Ganze durch meine Körpersprache. Meine Ohren stehen gerade, mein Kopf ist angehoben, meine Augen sind hellwach.

Wenn sich Arnold über seinen Diabetes ärgert, kullern ihm oft Tränen über die Wangen. Ich schlecke sie ohne viel zu fragen ab. Ganz behutsam, fast ohne

Schleim, wie das sonst so meine Art ist. Das kann ich schon steuern. Manchmal jammert Arnold auch beim Katheterlegen. Das ist diese Plastikschlange, von der ich schon berichtet habe, jene, die sich nicht wehrte, als ich sie killen wollte. Der Katheter ist die direkte Verbindung zur Insulinpumpe und muss mit einer kleinen Metallführung in das Unterhautfettgewebe geschossen werden. Dabei trifft er am Ende manchmal auf einen Hautnerv. Das kann ziemlich zwieben. Arnold schießen dann die Tränen in die Augen. Für mich heißt es, ganz eng an ihn schmiegen, damit er meine Wärme spürt und der Schmerz nachlässt. Er entspannt allmählich, und seine Muskeln werden wieder lockerer. Früher hat Herrchen Arnolds Hand immer dabei gehalten. Heute kann er meine Pfote drücken. Und ich freue mich, wenn ich spüre, dass es ihm hilft.

Wenn Arnold so richtig ausgelassen ist, dann können wir prima toben. Er wirft mir zum Beispiel meine Quietsche -Spielzeugmöhre zu, und ich schnappe sie direkt aus der Luft weg. Dieses Teil gehört eigentlich Herrchen. Er hat es mal von einer Großfamilie namens Dangelat geschenkt bekommen. Die Dangelats sind genauso wie meine Zweibeiner Pflegeeltern in Schwerin. Meine Zweibeiner haben bekanntlich die beiden Cousinen von Arnold in Pflege. So nennt man es mit Menschenworten, wenn Kinder nicht bei ihren leiblichen Eltern leben können, sondern in anderen Familien.

Als Welpe klaue ich Arnold oft die Mütze vom Kopf. Frauchen kramt dann stets eine neue hervor. Auch die greife ich mir prompt. Ich bin immer schneller als alle anderen. Mit zunehmendem Alter lernte ich dann, dass Mützen in die Kategorie nützliche Wärmespender gehören und im Winter am besten auf dem Kopf der Zweibeiner bleiben sollten. Aber damit nicht genug. Nach der Mütze waren zumeist die Handschuhe dran. Gleiches Spiel, gleiches Problem, gleiche späte Erkenntnis: Auch Handschuhe gehören in die Kategorie Nützliches für den Menschen und haben im Winter an der Hand zu verbleiben. Das habe ich nun ebenfalls kapiert. Aber es hat etwas gedauert. Heute kann ich zwischen Spielzeug und Nichtspielzeug sehr gut unterscheiden. Und was fast genauso wichtig ist: Ich halte mich auch daran.

Arnold spielt mit mir viele Spiele, zum Beispiel Leckerlis suchen, sich verstecken oder bestimmte Dinge, wie Blutzuckermessgerät oder Süßes bringen. Was ich dabei gar nicht wahrnehme: Alles ist der Beginn meiner Ausbildung zum Diabetikerwarnhund. Und ich kann sie spielend absolvieren.

„Gib mir einen Punkt wo ich hintreten kann, und ich bewege die Erde."
Archimedes, antiker griechischer Mathematiker, Physiker und Ingenieur

Bereits wenn wir erst sieben Wochen alt sind, können Menschen an unseren Charakterzügen erkennen, ob wir für diese besondere Mission geeignet sind oder nicht. Je jünger wir sind, umso besser für unsere Lehrjahre. Die Menschen sagen, dass wir ungefähr drei Jahre brauchen, bis unser Wesen vollkommen ausgeprägt ist.

Mit etwa acht Wochen geht es das erste Mal in die Schule. Die Zweibeiner müssen erst mit 6 Jahren dahin. Dafür müssen sie viel länger bleiben. Uns genügen in der Regel anderthalb Jahre zum Schlauwerden. Während dieser Zeit heißt es lernen, lernen und nochmals lernen. Betonen möchte ich aber, dass ich freiwillig und gern lerne und Arnold helfe, ohne gezwungen zu werden.

Es gibt nämlich böse Zungen, die behaupten, wir Helfer auf vier Pfoten, egal ob nun Blindenbegleithund oder Diabetikerwarnhund, werden als Dienstleister zum Wohle der Menschen ausgenutzt. Wir würden deshalb eine geringere Lebenserwartung haben als `normal´ lebende Artverwandte. Ich für meinen Teil liebe jedenfalls meinen Job. Meinen Artgenossen geht es ähnlich. Das kann ich nicht oft genug in die Welt bellen. Ich werde keinesfalls gezwungen zu helfen. Meine Familie kümmert sich rührend um mich. Sie gibt mir viele erfüllte Stunden im Wald, auf dem Feld, im Wasser und ganz speziell in den Lankower Bergen. Zweibeiner mit einer guten Seele achten die Würde aller Lebewesen, auch und erst recht die der Hunde. Solche Zweibeiner halten ihren Hund ohne Kette mit viel Freilauf in der Natur. Das ist, wie erwänt, schon seit Jahrtausenden so. Dieses ausgewogene Leben ist die wichtigste Voraussetzung, um ein erfolgreicher Assistenzhund zu werden. Wenn wir an Hunger, Freiheitsentzug, Bewegungsmangel oder Lieblosigkeit leiden, werden wir krank. Dann ist es aus mit unserem Job.

Irgendwann hörte ich auf zu zählen, wie oft unsere Trainer mit uns die Lektionen wiederholen. Immer und immer wieder bekommen wir dieselben Aufgaben gestellt, hunderte, wenn nicht tausende Male. Aber sie machen es nicht, um uns zu ärgern, nein, es steht so im Lehrbuch. Manchmal dauert es halt etwas länger, bis wir die Lösung wie einen Reflex abgespeichert haben. Oder anders gesagt; wir müssen eines Tages nicht mehr nachdenken, sondern die Lösung einer gestellten Aufgabe ist uns sozusagen in Fleisch und Blut übergegangen. Nicht, wie war das noch Mal?, sondern wir handeln umgehend. Das nennt man Konditionierung.

Am Ende müssen wir eine Prüfung ablegen. Erst wenn wir alle Tests mit Bravour bestanden haben, dürfen wir uns Assistenzhund nennen. Das bekommen wir dann auch schriftlich. Mit meinem Hinweisschild um den Bauch darf ich sogar, für jedermann als Diabetikerwarnhund erkennbar, verreisen. Zum Beispiel könnte ich mit Arnold meinen Bruder Charlie in Wien besuchen. Das habe ich mir schon lange gewünscht. Zu gerne würde ich wissen, wie es ihm dort als Diabetikerwarnhund ergeht, wie er mit wienerischem Akzent bellt.

Falls Arnold in Wien Probleme bekäme, wäre ich in Österreich genauso als Diabetikerwarnhündin anerkannt wie in allen anderen Ländern der Welt. Doch noch habe ich meine Ausbildung nicht abgeschlossen. Und so muss ich meine Reiselust vorerst zügeln.

Frauchen hat für sich entschieden, Recht einzufordern, was die Erstattung meiner Ausbildungskosten betrifft. In Deutschland gibt es dafür nur eine Möglichkeit – vor Gericht streiten. Das ist ein langer und zugleich beschwerlicher Weg. Wie heißt es so schön? Gottes Mühlen mahlen langsam. Aber die der Gerichte sind nicht selten noch langsamer.

Eine UN-Konvention aus dem Jahr 2007 besagt, ich zitiere: „Vielfalt, Toleranz, Respekt und Chancengleichheit sind unverzichtbare Prinzipien für das Zusammenleben behinderter und nicht behinderter Menschen." Genau auf diese Forderung bezieht sich Frauchen. Die Kranken- und Pflegekassen übernehmen für blinde Menschen die Kosten der Anschaffung und Haltung von Blindenführhunden, für Diabetikerwarnhunde aber nicht. Und das kann ja wohl nicht sein. Hier wird nach Frauchens Ansicht mit zweierlei Maß gemessen.

Blinde Menschen haben, um sich gefahrlos fortbewegen zu können, ihren Hund an der Seite. Wir sind der Gefahrenmelder für Diabetiker. Wo ist da der Unterschied? Ein Sozialgericht muss jetzt entscheiden, ob wir Diabetikerwarnhunde den Blindenführhunden künftig gleichgestellt sind. Ist es so, müssen die Krankenkassen auch die Kosten für unsere Ausbildung übernehmen. Wir ermöglichen dem Diabetiker die weitestgehend sorglose Teilnahme am täglichen Leben. Mit unserer Hilfe können Kinder draußen ohne Angst vor einer Unterzuckerung spielen, zu Geburtstagsfeten gehen oder ins Ferienlager fahren. Erwachsene können ihren Beruf ausüben, nach Mallorca fliegen oder mit uns an ihrer Seite in die Oper gehen.

Die Klagebegründung von Frauchen umfasst viele Seiten. Tagelang hat sie dafür im Internet recherchiert. Jetzt sind die Richter gefragt. Doch selbst wenn sie sich für uns Diabetikerwarnhunde entscheiden, muss dieses Urteil von den zuständigen Krankenkassen nicht gleich anerkannt werden, sondern könnte bei Antrag auf Widerruf erneut verhandelt werden. Es kann soweit gehen, dass Frauchen bis vor das Bundessozialgericht ziehen muss, um eine endgültige Entscheidung in ihrem Sinne herbeizuführen. Wie soll ein Kranker so einen Hürdenlauf durchstehen, frage ich mich. Immer wieder müssen kranke und behinderte Menschen selbst für die Einhaltung bereits verbriefter Rechte kämpfen. Weil, wie in unserem Fall, Anträge auf Kostenerstattung von den Kranken- und Pflegekassen abgelehnt werden.

Fest steht jedoch, es dauert noch, bis die UN-Konvention gelebt wird. Frauchens Rechtstreit kann möglicherweise sogar vor dem Europäischen Gerichtshof für Menschenrechte landen. Sie ist konsequent, gibt keineswegs schnell auf.

Die Blindenführhunde sind jedenfalls seit Jahren als „Hilfsmittel" anerkannt. Die Kosten der Ausbildung und Anschaffung von rund 15 000 Euro werden von den Krankenkassen anstandslos übernommen.

Ein Diabetiker kann mit einem schlecht geführten Diabetes erblinden. Dann fließt für einen Führ- oder Begleithund womöglich doch noch Geld. Aber eine solche Entwicklung kann doch niemand ernsthaft wollen!? Argumentieren nicht auch die Krankenkassen: Vorsorge ist die beste Medizin! Genau die leben wir doch vor. Ich als Diabetikerwarnhund bin dazu berufen, dass es Arnold nicht schlechter, sondern zunehmend besser geht, er ein ganz normales Leben führen kann. Dennoch sind wir nicht als `Hilfsmittel´ anerkannt. Das verstehe, wer will. Es entbehrt doch jeder Logik, erst recht, wenn man die möglichen Folgekosten auflistet. Mit uns als Hilfsmittel behält der Diabetiker sein Augenlicht. Allein diese Option rechtfertigt unseren Einsatz.

Die Zeit zum Umdenken ist längst reif. Vielleicht widerlegt ja Mecklenburg an dieser Stelle seinen Ruf, der dem Land einst von Bismarck verpasst wurde, als er sagte: „Wenn der Untergang der Welt bevorsteht, dann gehe ich nach Mecklenburg. Dort passiert alles 100 Jahre später". Bislang hat der ehemalige Reichskanzler leider Recht, wenn man sich in der Welt umsieht. Doch hinkt in diesem Fall nicht nur Mecklenburg, sondern ganz Deutschland der Entwicklung meilenweit hinterher.

16. Dezember 2008

„Das Glück Deines Lebens
hängt von der Beschaffenheit Deiner Gedanken ab"
Mark Aurel, römischer Kaiser

„Klick Klack, Klick Klack, Klick Klack". Es ist zum Verrücktwerden. Dieser Schalter bringt mich noch mal um den Verstand.

Frauchen, Herrchen oder auch Arnold tragen ihn bei allen Trainingsstunden ständig bei sich. Aber ein Licht geht nicht an, wenn sie ihn drücken. Dafür soll mir ein Licht aufgehen. Dieser ominöse Lichtschalter soll mir zeigen, wann ich etwas richtig mache oder falsch.

˙ In hundefreundlicher Sprache verklickert mir Frauchen die Gebrauchsanweisung dieses Klickomats. Der Klicker ist ein neutrales Wesen, er sympathisiert nicht, stellt sich nicht auf die eine oder andere Seite, er meckert nicht, lobt nicht, hat keine tiefe oder hohe Stimme, ist weder Herrchen noch Frauchen. Er klickt einfach nur. Und das immer gleich. Einfach monoton; nicht böse, traurig, genervt oder auch überschwänglich freudig erregt.

Kein Klick bedeutet: „Du hast gar nichts kapiert. Bitte noch einmal, Lulu." Klickt es, und das passiert mittlerweile ziemlich oft, gibt es ein Leckerli. Und meine Rute setzt sich in Bewegung. Wir Hunde brauchen einfache Strukturen, nichts Intellektuelles, nichts Aufgebauschtes. Ein Trick, der in meinem Hundehirn auf Gegenliebe stößt. Klicks können ein Hundeleben ja soooo bereichern! Die Menschen scheinen dieses Klickertraining auch zu nutzen. Hin und wieder höre ich, dass sie sagen: Da hat es bei mir `klick´ gemacht! Genauso scheint es mit dem Klick Klack zu sein. Wie ähnlich sind sich doch Hund und Mensch in vielerlei Dingen. Ich bin immer wieder überrascht.

Offenbar waren es Delphine, die das Klickertraining weltweit bekannt gemacht haben. So erzählten mir jedenfalls Mitschüler auf dem Hundeplatz. Auch von Karen Pryor war die Rede, einer leidenschaftlichen Tiertrainerin aus New York. Inzwischen soll sie im Ruhestand sein. Weil für sie ausschließlich eine gewaltfreie Lehrmethode in Frage kam, erfand sie das Training mit dem Klicker. Die Zoologin und Verhaltensbiologin ist Mitbegründerin des Hawaii Sea Life Parks. Dort hat sie Delphinen Kunststücke beigebracht, ganz sanft mit dem Klicker in der Hand. Klickte es, so gab sie den Delphinen zu verstehen: „Super, ihr habt alles richtig gemacht." Und die Meeressäuger fühlten sich motiviert, sprangen erneut durch den Ring. Ähnlich geht es mir. Ich springe zwar nicht durchs Wasser, dafür freue ich mich jedes Mal aufs neue, wenn es `klick´ macht. Ich gehe motiviert in die nächste Übung, fühle mich gestärkt – und das nicht nur vom Leckerli –, sondern zuallererst emotional.

Vielleicht habe ich auch etwas Delphinintelligenz. Immerhin sind wir Labradors als Wasserhunde sehr eng mit dem nassen Element verbunden. Deshalb kann ich fast so gut wie ein Delphin schwimmen. Zudem sind wir beide Säugetiere. Manch einer glaubt ja, Delphine seien Fische. Aber das stimmt nicht. Delphine atmen wie wir über die Lungen und nicht etwa über Kiemen. Nur mit dem Tauchen hapert es bei mir noch ein bisschen. Hunde bevorzugen es, den Kopf oberhalb des Wassers zu tragen. Menschen übrigens auch. Womit wir wieder bei den Mensch-Hund-Ähnlichkeiten wären.

Ich möchte schnell ganz viel lernen, um Arnold beschützt durchs Leben zu begleiten. Frauchen hat auf einer Bank Platz genommen, um mit mir eine kleine Verschnaufpause einzulegen. Das kommt mir gelegen. So kann ich meinen Kopf zielgerichtet in die Wintersonne halten. Dabei beginnt Frauchen zu erzählen und wirkt heute nachdenklicher als sonst. „Arnold ist ein besonderes Kind, Lulu! Das weiß er und darin bestärke ich ihn immer wieder. Es bringt ihn nicht weiter, wenn ich ihm sagen würde, er sei wie die anderen Kinder. Denn das ist er nicht. Er wird immer mehr auf sich achten müssen als andere, mehr als sie leisten müssen, mehr Schwierigkeiten haben. Wenn etwas in seinem Leben nicht klappt, wird er möglicherweise den Diabetes als Ursache vorschieben. Das ist einfach so. Je eher er mit seinem Handicap zu leben lernt und dazu steht, desto besser wird Arnold im realen Leben zurecht kommen". Frauchen holt tief Luft. Sie überlegt, was sie mir noch gern sagen würde. Ich habe das Gefühl, sie schüttet mir heute ihr Herz aus. Deshalb lege ich schon mal eine Pfote auf ihr linkes Bein, als Zeichen, dass ich bei ihr bin und mit ihr fühle.

17. Dezember 2008

„Am Fuße des Leuchtturmes ist es am dunkelsten."
japanisches Sprichwort

Erst heute hatten wir Gelegenheit, unser Gespräch fortzusetzen. Wir spazierten wieder durch die Natur, als mir Frauchen unvermittelt weiter das Herz ausschüttete: „Natürlich fragt Arnold immer mal wieder, warum ausgerechnet er Diabetes hat. Wir versuchen ihm behutsam zu erklären, dass es darauf keine Antwort gibt. Ich gebe ihm zu verstehen, dass eigentlich jeder Mensch ein ganz persönliches Handicap hat. Bei einigen ist es der Diabetes, andere haben geschiedene Eltern, wiederum andere gar keine mehr, einige sind sooo dick, dass sie deshalb gleich von mehreren Krankheiten heimgesucht werden.

Arnold hat inzwischen ganz gut begriffen, dass er eine Behinderung hat, mit der er leben kann. Er weiß, dass seine eigene Pumpe für das Insulin im Bauch kaputt ist und er deshalb eine Ersatzpumpe draußen am Gürtel trägt. Er weiß auch, dass diese Pumpe seinen Befehl zur Insulinabgabe benötigt, während die im Bauch völlig selbstständig arbeiten würde. Er hat verinnerlicht, dass er den Blutzucker messen muss, um die Insulindosis anzupassen. Und inzwischen hat er auch erfahren, dass es mit seinen Blutzuckerwerten besonders rasant bergab geht, wenn er zuvor viel getobt hat. Er kennt das `gute´ und das `schlechte´ Essen, die Gerichte und einzelne Lebensmittel, die den Blutzucker besonders nach oben treiben".

Frauchen hält kurz inne und zieht sich Handschuhe an. Es ist wirklich kalt heute. Schon fährt sie fort. „Jedoch kennt er die Spätfolgen seiner Krankheit nicht. Das würde ich auch nicht wollen. Diese emotionale Erpressung und die Angst, die dadurch entsteht, kann er noch nicht verkraften. Dafür ist Arnold zu jung. Aber der Tag wird kommen, an dem wir ihm alles sagen müssen. Es ist wichtig, dass Arnold nach und nach über seine Krankheit aufgeklärt wird. Je selbstständiger er wird, desto besser kann er mit dem Diabetes umgehen. Als er zwei, später drei und vier Jahre alt war, Lulu, da hat er sich seinem Schicksal einfach ergeben. Er hat das Spritzen regelrecht gehasst. Dass wir fast immer nach einer Ablenkung gesucht und erst dann, wenn er mit den Gedanken ganz woanders war, das Insulin gespritzt haben, machte es leichter, und er konnte sich zunehmend besser abfinden. Heute würde ich sagen: Wir haben das Unangenehme mit dem Angenehmen verbunden. Trotzdem hat Arnold oft rebelliert." Aufmerksam höre ich Frauchen zu, selbst wenn mir langsam kalt am Hintern wird. Es ist nicht wirklich das perfekte Wetter zum draußen plaudern. Aber ich sehe noch keine Anzeichen dafür, dass es zurück nach Hause geht. Stattdessen fährt Frauchen fort: „Als Arnold in die Vorschule des Kindergartens kam, wurde er neugieriger. Er wollte alles über seine Krankheit wissen. Er hat immer wieder neue Fragen gestellt. Das fand ich sehr schön. Ich kaufte ihm ein Buch. Darin wird kindgerecht beschrieben, welche Aufgaben die einzelnen Organe haben. Ich zeige es dir, Lulu, wenn wir wieder zu Hause sind. Aber nun nichts wie los!"

Erst zu Hause sehe ich Frauchen wieder. Den ganzen Weg rannte ich immer ein paar Schritte voraus. Ziehen musste mich heute keiner. Ich wollte nur noch in die warme Bude.

Das Buch, das Frauchen jetzt hervorholt, kenne ich. Arnold und ich haben schon des öfteren darin geblättert. Die Bilder mit den Organen sehen echt lustig aus. Da kann ich richtig in die Menschen hineingucken. Insgeheim muss ich sogar lachen, manchmal sogar laut. Frauchen überhört es. Sie fährt fort, wie sie Arnold erklärt hat, was bei ihm anders funktioniert als bei Kindern ohne Diabetes. Vor allem aber erklärt sie, wie er sich verhalten soll, bevor er ein Eis schleckt und wie er allein in die Stadt kommt. „Lulu, hörst du mir überhaupt noch zu?" Meine Ohren sind gespitzt, die Augen im gleichen Moment auf Frauchen gerichtet. Sie liest daraus wohl ein JA ab und fährt fort. Wenngleich ich gar nicht recht weiß, ob ich die vielen neuen Informationen noch verarbeiten kann. Mir dröhnt der Kopf. Aber warten wir es ab. Viel Zeit zum Nachdenken bleibt ohnehin nicht, denn schon geht es weiter.

Arnold lernt immer besser mit seinem Diabetes zu leben. Das spüre ich. Er hat den Diabetes einfach und damit basta. Und so spricht er auch kaum noch darüber. Wenn er mal reden will, dann meistens abends, wenn Frauchen ihn ins Bett bringt. Dann hat sie auch die meiste Zeit, beziehungsweise, sie nimmt sie sich einfach. Ich bin oft Zeugin dieser Gespräche.

Ich habe mich schön auf meinem Wachplatz vor Arnolds Bett postiert und höre aufmerksam zu. Mich freut, wie vertraut Arnold und Frauchen in diesen Momenten sind. Arnold erzählt ihr, was er tagsüber erlebt hat, wie es in der Schule war und mit wem er sich womöglich gestritten hat. Er berichtet, dass er beim Mittagessen beispielsweise den Nachtisch stehen lassen musste, weil die Schulkrankenschwester die Kohlenhydrateinheiten nicht berechnen konnte. Arnold spürt dann sehr wohl, wie unsicher selbst qualifizierte Erwachsene noch immer im Umgang mit seiner Krankheit sind. Eigentlich ist das gar nicht nötig. Frauchen gibt ihm fürs nächste Mal dann immer entsprechende Tipps: „Wenn ihr nicht wisst, wie viele Kohlenhydrateinheiten es sind, dann schätze sie doch einfach. Und wenn du der Meinung bist, dass es dir nicht schadet, dann isst du es auch und misst nach einer Stunde den Zucker. Dann kannst du immer noch entscheiden, ob du zum Ausgleich womöglich etwas mehr Insulin brauchst, ohne das vorher was passiert. Und mit der Zeit merkst du dir, welche Speise, welches Gericht wie viele Kohlenhydrateinheiten hat. Das sind dann deine Erfahrungswerte. Und du weißt für immer und alle Zeiten: Das ist gut für mich, oder davon lasse ich besser die Finger."

Oft bindet Frauchen auch mich in diese Gespräche ein. „Weißt du Lulu, eigentlich hat jeder Mensch seine Einschränkungen. Das versuche ich Arnold gerade noch einmal zu vermitteln. Kein Mensch kann essen so viel wie er will, auch nicht immer, was er will. Vieles ist einfach ungesund. Die Natur schreibt uns gewisse Grenzen vor. Viele Menschen haben Krankheiten, von denen sie selbst womöglich noch gar nichts gemerkt haben. Nur die wenigsten erkennt man sofort. Arnold sieht man ja auch nicht an, dass er Diabetes hat." Stimmt, denke ich und schaue dabei abwechselnd Arnold und Frauchen ins Gesicht. Ihr Blick geht gerade in die Ferne. „Arnold ist einfach Arnold. Keine Ahnung, ob er anders geworden wäre, wenn er keinen Diabetes bekommen hätte", sagt sie dabei nachdenklich. Und ich spüre, wie stolz Frauchen auf ihren Sohn ist. Ich bin es auch. Arnold ist ein ganz besonderer, liebenswerter kleiner Junge. Er ist, trotz seiner Krankheit, fast immer lustig und aktiv. Dass ich ihn auch noch als besonders clever einschätze, behalte ich aber besser für mich. Ich beobachte diese Eigenschaft, wenn er versucht, seine Eltern auszutricksen und meist Erfolg dabei hat. Aber mehr verrate ich nun wirklich nicht.

Frauchen versucht Arnold immer wieder beizubringen, dass er sich mit seiner Krankheit und all den Einschränkungen arrangieren sollte und nicht mit ihnen auf Kriegsfuß stehen darf. „Ich kann ihm die Handicaps ja nicht wegnehmen", sagt sie oft zum Schluss und verabschiedet sich mit einem Gutenachtkuss Richtung Wohnzimmer. Da hat sie vollkommen Recht. Die Einschränkungen werden ihn sein Leben lang begleiten. „Aber mit der Kraft des Wissens kann ich aus den Einschränkungen eine Lebenseinstellung machen. Dann sind es keine Einschränkungen mehr. Erzwungenes wird einfach in freiwilliges Handeln umgewandelt. Dann ist Arnold frei in seinem Leben. Er braucht nur sein Wissen anwenden." Frauchen klingt sehr philosophisch, aber ich finde, ihre Worte sind wahr. Und sie erzählt mir, wie sie versucht, für Arnold Alternativen zu finden, damit er sich nicht eingeschränkt fühlt. Bei Kindergeburtstagen zum Beispiel hält sie sich im Hintergrund auf, als wäre sie gar nicht anwesend. Nur wenn es Essen gibt, wirft sie ein Auge auf Arnold. Doch gerade an solchen besonderen Tagen versucht sie, ihn essen zu lassen was er möchte. „Dann laufe ich halt dem Zucker hinterher", schmunzelt Frauchen. „Aber für Arnolds Seelenheil ist diese Taktik viel besser als Verbote." Und wieder stimme ich Frauchen zu. Arnold kann glücklich über seine Eltern sein, denke ich.

Wenn Arnold in seiner ersten Schule Schwimmunterricht hatte, waren Frauchen oder Herrchen immer dabei. Auf diesen Kurs sollte er auf keinen Fall verzichten müssen. Es machte ihm Spaß, schwimmen zu lernen. Im Sommer hat Herrchen Arnold damals auch ins Ferienlager begleitet. Wenn ich mit meiner Ausbildung fertig bin, dann soll ich diese Aufgabe übernehmen. Selbstständig, versteht sich. Ins Schwimmbad darf ich schon jetzt mit. Einige Badegäste schauen zwar komisch, aber der Behindertenbeauftragte von Deutschland hat es schriftlich genehmigt. Vorausgegangen war dieser Entscheidung eine entsprechende Anfrage einer Mutter, die ihre diabetische Tochter pflegt. Die Antwort nennt man eine Grundsatzentscheidung. Wo immer Warnhunde für die Betreuung an Diabetes erkrankter Menschen unabdingbar sind, dürfen sie anwesend sein und bleiben. Diesen Status erreichen wir als Assistenzhunde. Und so kann ich Arnold ins Krankenhaus, zum Arzt oder zum Einkaufen begleiten.

Für mich gibt es keinen Ort, an dem es heißt: Hunde müssen draußen bleiben. Nur wollen dies einige Menschen nicht akzeptieren. Dann halten wir ihnen unser Schriftstück vom Behindertenbeauftragten unter die Nase. Und Ruhe ist. Uns Zutritt mit Hilfe der Polizei zu verschaffen, soweit wollen wir es erst gar nicht kommen lassen. Aber möglich wäre es. Auf zwei Zielorte allerdings kann ich gut verzichten – auf Popkonzerte und Kino. Da würden mir doch glatt die Hundeohren abfallen.

Frauchen knuddelt mich mal wieder ausgiebig. So wie ich es richtig gern habe. „Lulu, wir sind stolz auf dich. Du machst tolle Fortschritte und tust uns allen richtig gut! Du bist unser Seelenhund, wenn ich so sagen darf. Komm, lasse uns noch ein paar Dinge trainieren!"

18. Dezember 2008

„Nur Reisen ist Leben, wie umgekehrt das Leben Reisen ist."
Aphorismus von Jean Paul, deutscher Schriftsteller

„Eine Reise, eine Reise", ruft Arnold erfreut durch den Raum. „Omi hat uns ein Wochenende in der Weißen Wieck in Boltenhagen geschenkt, zum 4. Advent". Komisches Wort – Advent. Habe ich noch nie gehört. Von Arnold erfahre ich, dass das christliche Kirchenjahr mit dem 1. Advent beginnt. Dann zünden die Menschen eine Kerze an. Jeden folgenden Sonntag kommt eine weitere hinzu.

 83

Und wenn vier Lichter brennen, dann ist Weihnachten. Was es damit auf sich hat, soll ich später noch erfahren. Am Wochenende des vierten Lichtes werden wir jedenfalls in Boltenhagen gemütlich die Meeresluft genießen. Einen kleinen Weihnachtsmarkt soll es dort auch noch geben. Den Geruch von gebackenen Mutzen, gerösteten Mandeln und kandierten Äpfeln hatte ich schon einmal in der Nase. Es war ein toller Geruch. So ist meine Vorfreude riesengroß.

Es wurde tatsächlich ein richtig schönes Wochenende. Die Weiße Wieck ist eine sehr hundefreundliche Ferienanlage direkt an der Ostsee gelegen und nur gut eine halbe Stunde von zu Hause entfernt. Entlang der Wege sind dort überall Hundetütenhalter aufgebaut. Auch die Entsorgungseimer sind nicht zu übersehen. Und was besonders schön ist aus meiner Sicht: Den Strand dürfen sich Hund und Mensch teilen, beziehungsweise umgekehrt.

Die kleine Wohnung war gemütlich eingerichtet. Ich habe gleich von der großen Eckcouch Besitz ergriffen, auf der hatten wir alle Platz. Für Arnold und Vanessa gab es einen Schwimmpool. Darin konnten sich die beiden so richtig austoben. Abends machten wir es uns dann vor dem Kamin gemütlich. Aber der Kamin selbst war gewöhnungsbedürftig. Anscheinend hatte ihn vorher noch niemand benutzt, sodass sich nach dem ersten Anheizen ein unangenehm stechender Geruch breit machte. Selbst die Housekeeperin, also das Hausmädchen, konnte daran nichts ändern. So blieb uns nur, die Terrassentür weit aufzureißen. Damit war es dann aber auch gleich wieder mit der erhofften Wärme vorbei. Und draußen war es richtig kalt. Ein Wetter, bei dem man sprichwörtlich keinen Hund vor die Tür jagt. Ich hätte mich allein auch gar nicht getraut. Fast überall war es dunkel, und eine Hundewelpin ist nicht gerade ausgesprochen mutig. Ich ziehe da eher den Schwanz ein.

Bei all dem Trubel stieg plötzlich noch ein anderer bedrohlicher Geruch in meine Nase. Arnold!, durchzuckte es mich blitzartig. Er lag in einer Bettdecke dick eingemummelt auf der Couch. An das verabredete Zeichen konnte ich mich daher nicht halten – mein Anspringen hätte er gar nicht bemerkt. Außerdem stand ein großer Tisch mitten im Weg. Also musste ich einen Umweg machen, schoss wie eine Rakete auf der anderen Seite der Couch an Herrchen vorbei, direkt auf Arnolds Gesicht zu. Immer und immer wieder habe ich ihn mit meiner Nase angestupst. Währenddessen schaute Herrchen wie gebannt ins Feuer und würdigte mich keines Blickes. Jetzt konnte nur noch Frauchen helfen. Doch erst einmal schaute sie mich nur ungläubig an. „Lulu, meinst du wirklich, ich sollte mal den Zucker messen?" Was für eine Frage?!, habe ich ihr mit eindeutigen Blicken versucht, zu verstehen zu geben. Nur zögerlich hat sie dann auch gehandelt. Und siehe da, der Blutzucker war total niedrig. Endlich hatten wir Arnold wach. In Nullkommanichts hat er seine Gummibärchen gefuttert und vier Schokobons verdrückt.

Auch ich bekam wenig später als Anerkennung eine Extraportion Vanille-Leckerli. Zuzüglich abwechselnd stundenlanges Kraulen. Erst von Arnold, dann von Vanessa, und als die Racker völlig erschöpft wieder eingeschlafen waren, von Herrchen und Frauchen.

Den folgenden Tag habe ich in nicht so guter Erinnerung. Der geriebene Käse im Kühlschrank roch einfach fantastisch. In einem günstigen Augenblick schnappte ich mir gleich die ganze Tüte. Mit der Beute zog ich mich dann klammheimlich ins Badezimmer der Ferienwohnung zurück und begann sogleich damit, sie zu verdrücken. Leider war mein kleiner Welpenhundemagen auf so viel Fett nicht eingestellt. Nachts bin ich wach geworden, weil mein Magen ordentlich rebelliert hat. Fast im selben Augenblick habe ich meinen erbeuteten Käse dann mehr oder weniger ungewollt wiedergesehen. Von dem Geruch ist Frauchen wach geworden. Aber sie hat überhaupt nicht gemeckert. Im Gegenteil, sie war ausgesprochen fürsorglich zu mir. Ohne groß Alarm zu schlagen, hat sie den Fußboden von meiner nun gar nicht mehr so leckeren Hinterlassenschaft gereinigt. Alle anderen bekamen von all dem überhaupt nichts mit. Sie lagen friedlich in ihren Betten und waren mit ihren Gedanken sicherlich irgendwo im Menschentraumland. Und Arnold vielleicht im Weihnachtswunderland.

Am nächsten Tag war bei mir alles wieder bestens. Da konnte ich auf dem kleinen Weihnachtsmarkt sogar Riesenpralinen vernaschen! Allerdings sagen die Zweibeiner dazu wohl eher Pferdeäpfel. Die haben fast ebenso lecker geduftet, wie tags zuvor der Käse und waren noch ofenwarm. Als ich gerade dabei war, mir den ersten reinzuschieben, waren meine Zweibeiner total geschockt. Damit hatten sie nun überhaupt nicht gerechnet. Seit diesem Tag weiß ich, dass Hunde und Menschen völlig verschiedene Vorstellungen von einer leckeren Riesenpraline haben.

26. Dezember 2008

„Die besinnlichen Tage zwischen Weihnachten und Neujahr
haben schon Manchen um die Besinnung gebracht."
Joachim Ringelnatz, deutscher Schriftsteller, Kabarettist und Maler

Mein erstes Weihnachtsfest liegt fast hinter mir. Waren das vielleicht aufregende Tage! Am meisten freute ich mich über das Geschenkpapier – das schönste Beiwerk dieses Festes. Vor allem am Heilig Abend stapelten sich im Wohnzimmer die Päckchen. Ich verfolgte aufmerksam, wie jeder seine Präsente auspackte und holte sofort meinen Anteil. Geschickt klaute ich allen Anwesenden, so gut es ging, das Papier noch aus den Händen und schob es mit meinen Pfoten zu einem riesigen Berg zusammen. Daraus sollte meine ganz persönliche Hüpfburg entstehen. Mit vollem Anlauf und Schwung bin ich von oben mitten hinein ins Vergnügen, wobei das schöne Geschenkpapier in tausend kleine Fetzen zerriss. Weil es so viel Spaß gemacht hat, wiederholte ich es natürlich mehrfach. Ein richtig schöner Nachmittag! Im Grunde genommen war ich damit bis zum Abend beschäftigt. Am nächsten Tag, als Arnolds Großeltern kamen, gab es Nachschub. Also ging das Spiel von vorn los. Ich habe so in dem Papier gewühlt, dass meine Familie dachte, ich wollte mich selbst verpacken.

Für mich war es nichts anderes als reines Spiel. Zweibeiner sehen das schon wieder wissenschaftlich. Eine sehr erfahrene Hundetrainerin beispielsweise spricht von der letzten Phase des Jagens. Sie lebt seit 30 Jahren mit Hunden zusammen und will dabei herausgefunden haben, dass in dieser finalen Phase das Erlegte zerkleinert und damit mundgerecht gemacht wird. So hatte ich also eine Jagdwonne ohne wirkliche Jagd, und das auch noch am Heilig Abend. Ein Geschenk der ganz besonderen Art.

Mit dem Fest Weihnachten musste ich mich allerdings erst einmal auseinandersetzen. Arnold war schon Tage vorher total aus dem Häuschen. Er steckte mich damit an, weil zeitgleich sein Blutzucker verrückt spielte, der ständig zwischen gut bis maximal hoch tanzte. Frauchen kannte diese Erscheinung. Sie hat die Erfahrung gemacht, dass Arnold in der kalten Jahreszeit fast immer stark schwankende Werte im oberen Bereich hat. Auch viele andere insulinpflichtige Diabetiker beobachten dieses Phänomen.

Nun ist die Winterzeit ja auch eine typische Erkältungszeit. Ständig stürmen Bakterien und Viren auf uns ein. Nicht nur Menschen bekommen Schnupfen, auch wir Hunde bleiben nicht verschont. Aber man ist dem ja nicht schutzlos ausgeliefert. Gegen manche Krankheit gibt es längst einen geeigneten Impfstoff. Vor allem Diabetiker sollten es nutzen, sich vor Viren, die richtig krank machen können, vorsorglich schützen zu lassen. Aber Arnold findet impfen total doof. Kein Wunder, für ihn bedeutet das noch eine Spritze mehr. Ich hätte auch den Kanal voll, nach all den Einstichen, die Arnold sowieso schon ertragen muss.

Jedenfalls kam ich aus dem Schnüffeln der hohen Werte gar nicht mehr heraus. Ein Zeichen für solche hohen Werte hatte ich noch gar nicht gelernt. Nur eins wusste ich, der Geruch ist absolut nicht okay. Ich bin hin und her gerannt, bis endlich jemand auf die Idee kam, Arnolds Zucker zu messen. Nun ist Frauchen ja nicht auf den Kopf gefallen. Sie hatte schon erkannt, was ich wollte. Höchste Alarmstufe, die ich versucht hatte auszulösen. Doch gelobt hat sie mich nicht wirklich. Diese Lektion haben die Trainerinnen erst später auf den Stundenplan gesetzt. Ihre Strategie lautete, dass ich erst einmal den Unterzuckerungsgeruch sicher erkenne und richtig anzeige. Die hohen Werte sollen später auf den Lehrplan kommen. Beides zusammen hätte mich womöglich ganz rammdösig gemacht. Deshalb hatten sie die Übung erst einmal von der Trainingsliste gestrichen.

Gestreichelt hat mich Frauchen. Das ist ja auch eine super Belohnung. Doch zurück zum Weihnachtsfest. Ich habe es an den feinen Gerüchen erkannt. Man braucht schon eine gute Hundenase, um die festlichen Aromen zu sortieren, die gerade zu dieser Zeit durchs Haus strömen. Da duftet es nach Zucker, Schokolade, Schmalzgebäck, gebackenen Äpfeln, gebratener Ente, Rotkohl, Speck und noch tausend anderen verführerischen Dingen. Wenn ich nur daran denke, läuft mir schon der Speichel im Maul zusammen. Dann erschnüffele ich noch würzige Verfeinerungen, die Speisen so schmackhaft machen: Nelken, Wacholderbeeren, Zimt, Gaumenfreuden ohne Ende. Meine Hundeseele ist jedes Mal aufs Neue entzückt. Die Menschen können ihre Beute einfach kaufen. Sie brauchen nicht jagen wie wir. Uns bleiben diese leckeren Sachen normalerweise verwehrt. Es sei denn, wir können sie einem Menschen abjagen. Ich versuche es immer wieder. Allerdings bleibt es meist bei einem ergatterten Hauslatschen oder der Mütze von Arnold. Richtig lecker ist beides nicht. Eine gebratene Entenkeule wäre wesentlich besser. Nur hatte ich damit bislang kein Glück. Ist wohl Schicksal und soll so sein. Ansonsten hätte ich noch einen Grund mehr zum Abspecken.

Ich hatte bislang keine Ahnung, wie ein Weihnachtsfest gefeiert wird. Hunde haben im Winter nichts zu feiern. Egal, ob wir nun vom Wolf abstammen oder nicht, im Winter geht es allen jagenden Tieren nicht wirklich gut. Man nennt diese Zeit auch unterbrochene Nahrungskette. Weil die Pflanzen abgestorben sind, machen sich die Pflanzenfresser rar, und wir Fleischfresser schauen in die Röhre. Da freut man sich im Herbst schon auf den Frühling. Auf den Winter könnten wir gut und gern verzichten.

Bei den Menschen sieht das anders aus. Wenn es kalt wird, heizt meine Menschenfamilie einfach den Kamin an. Ein großes Loch in der Wand, eine Feuerstelle davor, etwas Holz und fertig. Das Holz holt Herrchen aus dem Wald. Damit hat er fast das ganze Jahr über zu tun. Im Frühling wird er mich oft in den Wald mitnehmen. Darauf freue ich mich ganz besonders. Ich rieche etwas anderes als Abgase, Essenreste, Pipi von anderen Hunden oder auch Katzen und was eine Stadt sonst noch so zu bieten hat. Außerdem bekomme ich dann auch keine Eispfoten wie bei unserem letzten Winterausflug.

Vorfreude – schönste Freude. Noch ist Winter, der Frühling weit weg und wir feiern Weihnachten. Am Abend vor dem Geschenketag stand urplötzlich ein unheimlich gut nach Wald duftender Baum im Wohnzimmer. Mit Nadeln und allem drum und dran. Den hatte ich vorher nie bemerkt, geschweige denn wachsen sehen. An dem Tag war er einfach da, als hätte er schon immer mitten im Wohnzimmer gestanden. Es hat eine Weile gedauert, bis ich irgendwann mitbekam, dass meine Familie ihn erst kurz vorher aus dem Wald geholt und dann in einen Ständer gestellt hat, als wäre er mit unserer guten Stube fest verwachsen. Vor meiner Zeit wurde der Baum noch mit Strohsternen, selbstgebastelten Engeln, silbernen Kugeln und Äpfelchen verziert. Dieses Jahr hat meine Familie allerdings darauf weitestgehend verzichtet. Speziell die unteren Zweige blieben leer. „Deinetwegen!", wie Frauchen und Herrchen mir zu verstehen gaben. Sie wollten mir einfach meine Beute nicht gönnen. Gemein! Zugegeben, der Baum ist manchmal ganz schön ins Wanken geraten, wenn ich versuchte, irgendetwas Leckeres von den Zweigen zu ziehen. Aber umgefallen ist er nie! Damit es auch so bleibt, sind sie das Risiko diesmal erst gar nicht eingegangen. Aber vielleicht ist das ganze auch nur eine Ausrede, weil sie vergessen haben, genug Baumbehang einzukaufen.

Am Heiligtag waren wir wieder mal alle zusammen; Omi, Arnold, Frauchen, Herrchen, die beiden Nichten von Frauchen, die mit in der Familie leben und natürlich ich. Jedenfalls verlief der Vormittag noch ziemlich ruhig. Nach dem Frühstück ging es erst einmal hinaus zu einem ausgedehnten Spaziergang an der frischen Luft. Frauchen war nicht mit dabei. Sie musste noch bis mittags arbeiten. Als Weißkittel ist das so, da wird man fast immer gebraucht. Als sie endlich kam, ging es los mit dem etwas anderen Tagesprogramm. Die kleinen Lichter am Baum begannen zu leuchten und verbreiteten eine gemütliche Atmosphäre, unterstützt durch das Feuerchen im Kamin. Den Platz davor habe ich mir gleich reserviert. Von hier kann ich gut beobachten, was Frauchen in der Küche treibt. Heute soll es etwas ganz besonders Leckeres geben. Die herrlichen Düfte, die mir in die Nase steigen, bestätigen das. Bis alles fertig ist, wird wohl noch einige Zeit vergehen. Als ich so vor mich hindöse, poltert es plötzlich an der Tür. So laut, dass ich ruckartig senkrecht vor dem Kamin stehe. Auch alle anderen schauen erschreckt drein, während Frauchen erwartungsvoll die Tür öffnet. Wer mag das wohl sein? Ich sehe nur kurz einen roten Mantel, weißes Haar, das im Flurlicht glänzt und einen riesigen Sack, den der anscheinend schon ziemlich alte Besucher abgestellt hat. Was er sagt, kann ich nicht verstehen. Er brummt eigentlich nur. Dann ist er auch schon wieder durch die Tür hinaus. So schnell, dass ich nicht mal richtig Witterung aufnehmen konnte. Komischer Typ denke ich noch, und will mir das Ganze einmal aus nächster Nähe anschauen. Doch da schnappt sich Frauchen schon den Sack und stellt ihn direkt neben den Tannenbaum. „Der Weihnachtsmann hat für euch etwas abgegeben. Aber noch nicht anfassen",mahnt sie und zieht sich wieder in die Küche zurück.

Wenig später geht es dann endlich ans Auspacken. Für mich ist leider kein Päckchen dabei. Beute mache ich trotzdem. Davon habe ich ja schon berichtet. Übrigens, auch zum Geburtstag bekomme ich nie ein Päckchen. Herrchen sagt immer: „Jeder Tag ist wie ein Geburtstag!" Und wenn ich mir diesen Satz auf der Zunge zergehen lasse, und dabei an die vielen Leckerlis denke, muss ich ihm Recht geben. Ich bekomme tatsächlich jeden Tag etwas zum Vernaschen. „Kleine Dinge erfreuen das Leben", heißt es dann immer. Es stimmt, was die Menschen da sagen.

Die vielen kleinen Aufmerksamkeiten erfreuen mein Hundeherz stets aufs Neue. Das Essen nach der Bescherung war tatsächlich besonders lecker. Meine Familie machte eine Ausnahme und steckte auch mir ein paar Happen zu.

Heute feiern wir nun schon den zweiten Weihnachtstag. Alle sitzen wieder im Wohnzimmer, im Kamin knistert das Holz. Frauchen und Herrchen haben sich ein Stückchen vom Stollen abgeschnitten, während Arnold noch immer mit seinen Geschenken beschäftigt ist. Vorhin gab es sogar noch weitere.

Oh, was ist denn das, denke ich, als ich Arnold das Papier aus den Händen reiße. Aber er wehrt sich gar nicht, ist viel zu sehr mit seinem Buch beschäftigt, das er gerade ausgewickelt hat. Was er gar nicht sah, auf dem Papier klebt eine rotgold glitzernde Kugel. Die muss ich sofort in meinem Mund in Sicherheit bringen. Während ich sie von rechts nach links und wieder von links nach rechts abwechselnd hin und her schiebe, um zu erkennen, was ich mir da geschnappt habe, merke ich, wie die Kugel immer kleiner wird. Es wird doch nicht etwa...? Doch, es ist eine Schokokugel. Ein besonders guter Fang. Dass mich jetzt bloß keiner ertappt. Vorsichtig schleiche ich in den Flur und mache mich ganz klein auf meinem Hundesofa. Ich genieße mein Weihnachtsgeschenk in vollen Zügen, die wohl größte Schokokugel der Welt. Genüsslich schmatze ich, bis der Geschmack von Schokolade Vergangenheit ist. Als alles verdrückt ist, trabe ich ins Wohnzimmer zurück, so, als wäre nichts gewesen. Und tatsächlich, niemand in der Familie hat etwas bemerkt. So kam auch ich zu einem Weihnachtsgeschenk.

27. Dezember 2008

„Die Ware Weihnacht ist nicht die wahre Weihnacht."
Kurt Marti, schweizer Pfarrer und Schriftsteller

Leise rieselt der Schnee. Unser Haus steht da wie in Watte gepackt. Das Dach lässt sich nur erahnen. Auch von Straßen und Wegen ist kaum noch etwas zu sehen. Heute früh war Frauchen dran, mit mir Gassi zu gehen. Ich hatte es mal wieder besonders eilig, denn irgendetwas piekte an meinem Hintern. Ich hatte ständig das Bedürfnis, mich hinsetzen zu müssen und rannte auf der Suche nach einem geeigneten Plätzchen von Busch zu Busch. Es war nicht nur kalt, sondern auch ziemlich windig und daher schwierig, etwas Passendes zu finden. Dann endlich hatte ich ein stilles Örtchen gefunden hinter einer schützenden Hecke, direkt an einer jungen Eiche.

„Was ist das denn?", ruft Frauchen aufgeregt in den Wintermorgen. Da steht sie direkt neben mir und wartet darauf, dass ich endlich fertig werde. Sie ist auch schon vorbereitet und hat eine der schwarzen Tüten um ihre Hand gewickelt, in die sie immer alles einpackt, was ich gerade hingelegt habe. Und während ich mich selbst neugierig umdrehe, was sie denn so aufregt, sehe ich etwas Rotgoldenes in meinem Haufen blitzen. „Du hast doch nicht etwa ....?!" Frauchen spricht den Satz gar nicht zu Ende, weil sie längst erkannt hat, dass es das Papier von der Schokoladenkugel ist, die ich mir gestern Abend schmecken ließ. Jetzt ist mir auch klar, was mich gepiekt hat, dieses komische Silberpapier. Sieht zwar gut aus, ist aber anscheinend unverdaulich.

Während Frauchen damit beschäftigt ist, mich wieder anzuleinen, kommt Ipo, mein Freund von nebenan, um die Ecke gerannt. Ich gebe ihm gleich zu verstehen, dass Frauchen mich erwischt hat. „Du musst die Schokokugel doch auspacken, bevor du sie frisst", gibt Ipo seine langjährigen Erfahrungen zum besten. Hätte mir das vielleicht vorher mal einer sagen können? Jetzt werde ich es mir auf alle Fälle merken. Meinen Kumpel Ipo werdet ihr später noch besser kennen lernen.

Auf unserem Spaziergang kommen wir auch durch die weißen Wiesen von Lankow. Es ist mucksmäuschenstill, kein Laut zu hören. Die Menschen liegen wohl noch erschöpft in ihren Betten. Und von den Tieren traut sich bei dem Frost auch niemand heraus. So kann ich mich ganz auf Frauchen konzentrieren. Sie scheint heute nicht ganz bei der Sache zu sein. Vermutlich plant sie schon die nächste Fahrt zur Hundeschule. Die steht für den 4. Januar an. Ich sah, wie sie den Termin als erstes fürs neue Jahr im Kalender eintrug – Naturfreundehaus Grafhorn in Lehrte. Bei diesen Temperaturen und den glatten Straßen wird es wahrscheinlich eine Rutschpartie werden.

Wir üben also die von den Trainerinnen als Hausaufgabe geforderten Übungen: Sitz und Lauf, Steh und Lauf, Platz und Lauf sowie das Heranrufen mit Komm. Das ist alles sehr langweilig, weil ich die ersten Kommandos beherrsche. Aber ich erhasche dafür Leckerlis. So lässt sich das monotone Üben ertragen. Mit dem Kommando `Komm` habe ich meine Probleme. Vor allem dann, wenn vor mir ein herrlich frisch duftender Maulwurfshaufen liegt. Der ist mir in diesem Moment wichtiger. Frauchen ist dann sehr verzweifelt. Herrchen reagiert anders. Er lässt mich einfach stehen und geht weiter seines Wegs. Sobald er außer Sichtweite ist, höre ich ruckartig auf zu buddeln und suche ihn. In Windeseile verfolge ich seine Spur. Frauchen bleibt dagegen geduldig in ihrer Verärgerung stehen. Sie begreift nicht, dass, wenn sie auf mich wartet, ich in Ruhe weiter buddeln kann. Trotzdem habe ich leider noch nie einen Maulwurf zu Gesicht bekommen.

Besonders cool finde ich folgendes Spiel: „Such Leckerli!" Dabei wirft Arnold ein paar leckere Happen möglichst weit weg und ich muss sie mit meiner Nase finden. Das schult das Gespür ungemein. Meine Nase lernt dabei, noch feiner und intensiver zu riechen. Das Verstecken der Leckerlis, wie beim Topf schlagen, macht auch Riesenspaß: Anfangs schnüffele ich nur wild drauf los. Arnold führt mich dann mit seiner Stimme immer weiter in die richtige Richtung. „Ja, ja, neinnnn, neinnn, jajajajaja, jaaaaaaa. Gefunden!" Das schweißt zusammen. So stimmen wir uns spielend auf größere Herausforderungen ein. Sollte ich mal sein Blutzuckermessgerät nicht gleich finden, wenn es ihm schlecht geht, könnte Arnold mich mit seiner Stimme führen. Das ist der Clou dabei.

Mein Jahr 2009

„Das Jahresende ist kein Ende und auch kein Anfang,
sondern ein Weiterleben mit der Weisheit, die uns die Erfahrung gelehrt hat."
Harold Glen „Hal" Borland, US-amerikanischer Schriftsteller

Die letzte Nacht hat es wieder KLICK gemacht in meinem Ohr. Aber viel lauter als sonst. Ich muss Frauchen dabei ziemlich verwundert angeschaut haben. Sie jedenfalls hatte unseren Klickomaten nicht in der Hand. Es war so, als käme es von draußen und dann direkt aus der Luft. Wie ein Knallfrosch, der nach oben springt und mit viel Lärm wieder landet. Plötzlich waren lauter bunte Lichter am Himmel. Zum ersten Mal habe ich es vor einigen Tagen beobachtet. Inzwischen weiß ich: Es handelt sich um einen weiteren Brauch der Menschen. Einige wollen angeblich böse Geister vertreiben – andere einfach nur das neue Jahr begrüßen. An was Menschen alles glauben! Eigentlich soll alles nur in der Silvesternacht funktionieren. Aber einige lassen die ersten Knallfrösche schon eher los.

Wieder ein Zeichen dafür, dass viele Menschen einfach nicht abwarten können. Ob die sich auch so ihre Gedanken über uns Hunde machen und dabei immer neue Erkenntnisse gewinnen?

Frauchen hat offenbar meine Gedanken gelesen. „Lulu, das sind Silvesterknaller", wiegelte sie ab, während ich mit eingezogenem Schwanz in der Ecke hinterm Kamin Schutz suchte. Verständnisvoll wie sie ist, kam sie zu mir und rieb sanft meine Ohrläppchen. Das wirkt immer sehr beruhigend auf mich. „Heute beginnt ein neues Jahr, dein zweites!" rief sie glücklich: „Happy NEW YEAR, Lulu! Schön, dass du bei uns bist!" Sie knuddelte meine Ohren und kraulte mir die Lefzen. Diese Sprache verstehe ich, den Krach draußen noch immer nicht. Der ist schier unerträglich für meine empfindlichen Ohren.

Dieses Silvester war ein Premierenfest für mich. Wir haben eine lange Autofahrt unternommen. Ich konnte mit Knallfröschen Bekanntschaft machen und habe noch manch anderes kennengelernt, was sich mit diesem Trubel verbindet. Drei Erlebnisse auf einmal, die mich nachhaltig beeindruckten. Fast wie ein Kinderüberraschungsei, bloß ohne Silberpapier. Das ist auch gut so.

Diesen 31. Dezember 2008 werde ich jedenfalls mein Leben lang nicht vergessen. Schon frühmorgens war die Knallerei wieder losgegangen. Nicht bei uns direkt zu Hause, aber in meinem Revier. Der graue Himmel war zeitweise bunt gesprenkelt, und meine Ohren fiepten mir permanent ein Ständchen. Nur gut,

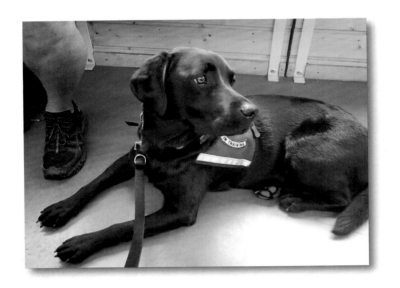

dass Frauchen und Herrchen mich in dieser Situation nicht alleine ließen. Sie wollten noch kurz verreisen und nahmen mich mit. Unsere Reise ging ins Neuruppiner Land nach Frankendorf. Ich für meinen Teil habe es Tobeland getauft. Ein riesiges eingezäuntes Grundstück mit einer Landschaft, fast wie in der Prärie. In so einer Gegend müssen meine Artverwandten, die Präriehunde, gelebt haben. Was für mich besonders wichtig war, keine große Knallerei, kein bunt gesprenkelter Himmel, keine ausgelassenen Zweibeiner, die ständig um Knallfrösche hüpfen wie Indianer ums Feuer. Ein wirklich schönes Fleckchen Erde, bestens geeignet, um ins neue Jahr zu wechseln. Beruhigt durch Schlaftabletten den Jahreswechsel im Tiefschlaf zu vollziehen, kommt für mich ja nicht in Frage. Ich muss stets und ständig Arnold bewachen, und das funktioniert nun mal nicht, wenn ich mich neben ihn lege und wir um die Wette schnarchen. Mindestens ein Ohr und ein Auge sollten wachsam sein, auch wenn es draußen noch so laut knallt. Aber im Tobeland blieb es die ganze Zeit über zum Glück ruhig.

Heute sind wir wieder abgereist, nach zwei Tagen Aufenthalt. Es war wie Urlaub. Ich durfte bei Frauchen und Herrchen im Wohnzimmer schlafen. Ab und zu bin ich auch zu Arnold ins Nebenzimmer getapst, um mich zu vergewissern, dass alles in Ordnung ist. Damals wusste ich noch nicht, wie intensiv mein Geruchssinn ausbaufähig ist. Selbst durch geschlossene Türen sollte ich eine mögliche Gefahrensituation wahrnehmen lernen.

Doreens Couch war absolute Tabuzone. Doreen ist die Freundin von Frauchen und hat eigentlich eine Hundehaarallergie. Aber sie hat uns tapfer ertragen. Meine Haare haben anscheinend nicht so in ihrer Nase gekitzelt. Doreen musste jedenfalls kaum niesen, wie das sonst immer der Fall ist, wenn Hunde in ihrer Nähe sind. Und die Couch scheint sowieso ein ganz besonderes Heiligtum von Doreen zu sein. Die wird jedenfalls mit besonders viel Aufwand gepflegt, wie ich beobachtet habe. Als Welpe hat man ohnehin nichts drauf zu suchen. Das wissen wir Hunde auch, versuchen es trotzdem immer wieder. Da nehme ich mich überhaupt nicht aus.

Im Garten konnte ich dafür tun und lassen was ich wollte. Besonders nachts unterm Sternenhimmel erschien mir das Revier grenzenlos. Balkontür auf, und der nächste Busch war meiner. Danach ströperte ich noch ein bisschen herum, aber dann ging's schnell zurück ins Haus, direkt auf Frauchens Mantel. Den hatte sie mir großzügigerweise zur Verfügung gestellt, damit es auf dem Fußboden für mich nicht ganz so hart ist. So lag ich beide Nächte direkt vor ihrem Bett und kuschelte mich schön ein. Einmal knallte es dann auch in der Prärie. Aber in dem Moment stopfte ich einfach meine Ohren in den Mantel, und alles war halb so schlimm. Es war übrigens der gute alte orangefarbene Filzmantel, den Frauchen schon damals hatte, als sie mich von meinem Bauernhof abholte. Wie lange ist das inzwischen schon her!? Was meine Geschwister wohl gerade machen?

„Der Weg ist das Ziel."
Konfuzius, Begründer des Konfuzianismus

Die Trainingsstunden werden zunehmend anstrengender. Das wird auch an diesem Wochenende nicht anders sein. Überall auf Straßen und Gehwegen ist steinhartes, kaltes, rutschiges weißes Zeug ausgelaufen. Nelly, die Katze von nebenan, feixt sich eins in ihre Schnurrhaare und miaut kurz herüber: „Du kennst wohl auch gar nichts auf dieser Welt? Das ist Eis, du kleiner dummer Hund!" Was die sich wohl einbildet. Typisch Katze, belle ich über den Gartenzaun. Wollen alles besser wissen, sind arrogant und zudem auch noch beratungsresistent. So, das hat gesessen.

Schon seit unserer ersten Begegnung versuche ich dieses kleine eingebildete Biest auf vier Pfoten zu ignorieren. Und lasse mich so schnell auch nicht aus der Ruhe bringen. Aber heute hat sie übertrieben. Schon mal etwas von einer Katze gehört, die an Diabetes erkrankten Menschen wirklich helfen kann? Ich denke wohl nicht, schmettere ich noch zurück, während Frauchen mich behutsam in den Kofferraum hebt. Selbst darf ich nicht hineinspringen, dafür sind meine Knochen noch immer zu weich und instabil. Auch Treppensteigen ist mir weiterhin untersagt. Das koste ich natürlich voll aus, vor allem nachts und früh morgens, wenn die anderen noch schlafen, oder sich halbmüde ins Badezimmer schleppen. In solchen Momenten stelle ich mich jaulend ans Treppengeländer und warte, bis mich endlich jemand wie eine Majestät die Treppen hinunter trägt.

Es braucht niemand wissen, dass ich es selbst gar nicht könnte. Ehrlich gesagt habe ich richtig Schiss, mich die Stufen herunter zu wagen. Ich weiß nicht einmal, in welcher Reihenfolge ich meine Pfoten setzen sollte. Aber auch das wird man mir eines Tages beibringen. Erst wenn ich gut ein Jahr alt bin, darf ich selbstständig Treppen rauf und runter laufen. Das hat Frauchen jüngst in Aussicht gestellt. Fragt sich nur, ob ich dann auch wirklich den Mut habe. Die Treppe ist bei jeder Stufe nach unten hin offen. Bloß nicht nach unten schauen. Hunde sind nicht schwindelfrei. Hoch oder runter fliegen will ich ja nun auch nicht gerade. Es soll allerdings tatsächlich schon mal eine Hündin gegeben haben, die das konnte. Wohlgemerkt eine Hündin. Rüden sind diesbezüglich eher Weicheier. Auch bei Hunden wird Emanzipation längst groß geschrieben. Diese Hündin hieß jedenfalls Laika. Sie kam aus der Sowjetunion und war der erste Hund im All. Sputnik 2 hieß ihre Mission. 1957 wurde sie losgeschickt. Sie überlebte ihren Ausflug leider nicht, sondern starb kurz nach dem Start, vermutlich an Stress, zu hoher Beschleunigung und Überhitzung. Wie schrecklich! Anschließend sind ihr noch zirka 30 weitere Hunde gefolgt, bis 1961 die beiden Polarhunde Stelka und Belka erstmals wieder heil zur

Erde zurückkamen. Die Russen schickten noch im gleichen Jahr den ersten Menschen Richtung Sternenhimmel. Der Kosmonaut Juri Gagarin schrieb mit seiner erfolgreichen Erdumkreisung Menschheitsgeschichte. Allerdings ist auch er ein paar Jahre später bei einem Übungsflug ums Leben gekommen, als er mit seinem Jagdflugzeug abstürzte. Er war gerade dabei, seine Ausbildung zum Kampfpiloten zu beenden. Damit wären wir wieder beim Thema Ausbildung und zurück bei mir und meinem Training.

Treppensteigen ist ja noch nicht drin. Aber auch richtig getragen werden will gelernt sein. Vorab gebe ich ein kostenfreies Jammerkonzert. Bis sich endlich jemand meiner erbarmt und als privater Butler zur Stelle ist. Das ist stets ein Mordsgaudi mit meinem persönlichen zweibeinigen Fahrstuhl. Echte Fahrstühle hingegen sind überhaupt nichts für mich. Schon bevor ich überhaupt in ein solches Gefährt eingestiegen bin, hat sich mein Hundemagen bereits dreimal um die eigene Achse gedreht. Und wenn ich trotzdem hinein muss, bin ich noch Stunden später fix und foxi. Mein Magen spielt dann Karussell und fährt Achterbahn. Exklusiv nur für mich, denn ich bin stets der einzige Fahrgast. Aber mein Unwohlsein soll sich durch wiederholtes Training geben. Ich hege da allerdings meine Zweifel. Auf alle Fälle habe ich mich vorsorglich schon mal festgelegt, in solchen Fällen vorher absolut nichts zu fressen, obwohl ich mir ja gerne etwas reinstopfe. Aber wenn alles Retoure kommt, ist das für alle höchst unangenehm. Dann lieber mit leerem Magen in den Fahrstuhl und schnellstmöglich wieder raus.

Doch zurück zu meinen professionellen Trainingsstunden. Frauchen hat den Wagen gestartet und wir schlittern los „Gute Fahrt! Seid vorsichtig", ruft uns Herrchen noch nach und scheint froh zu sein, nicht selbst hinter dem Lenkrad sitzen zu müssen. Wir haben nämlich eine längere Tour vor uns. Es geht nach Niedersachsen.

„Lulu, wir fahren jetzt in deine neue Schule", lässt Frauchen mich wissen, und ich frage, was mich dort wohl erwarten wird. Fast hätte ich es vergessen: Auch mein Schwesterchen Lotta liegt mit im Wagen. So können wir uns die gesamte Fahrt eng aneinander schmiegen und unsere Gedanken austauschen. Uns fehlt die Vorstellungskraft von dem, was uns erwartet. Auch Frauchen scheint aufgeregt zu sein. Arnold und sein Kumpel, den Lotta bewacht, sind währenddessen mit ihren Gameboys beschäftigt. Arnold hat mir die Dinger schon mal erklärt. Da sind winzige Püppchen in einem kleinen Plastikkasten. Die laufen völlig unkoordiniert hin und her. Das kann man aber steuern. Manchmal treffen sie dann aufeinander und schubsen sich an. Sogar Sprechblasen tauchen in diesem Spiel auf. Kann man mögen, muss man aber nicht. Ich für meinen Teil finde toben im Freien wesentlich besser als völlig angespannt kleinen Männekieken in einem Plastikkasten einen Stoß zu versetzen. Aber Menschen haben da so ihre eigenen Vorstellungen von Freizeitvertreib. Das muss man nicht immer verstehen. Oder?

So geht es nun schon stundenlang. Lotta und ich liegen zwischen Decken, Taschen und Thermoskannen. Zeitweise nur im Schritttempo schleichen wir über die Autobahn. Endlich tickert der Blinker. Frauchen biegt ab. Wenig später scheinen wir endlich unser Ziel erreicht zu haben. Frauchen parkt, die Kofferraumklappe, das Tor zur Freiheit, öffnet sich, und ich denke nur noch – nichts wie nach draußen. Im selben Augenblick falle ich auch schon höchst ungalant auf meine kleine Hundeschnauze. Leises Gelächter dringt an mein Ohr. Zig Hundeaugen starren mich an. Meine Artverwandten kichern sich in die Pfoten. Wie peinlich! Aber damit noch nicht genug. Auch viele Zweibeiner haben meinen Ausrutscher miterlebt. Alles Mitschüler und Lehrer, wie ich mehr und mehr erkenne. Toller Einstieg! Super Vorstellung, Lulu, ärgere ich mich über mich selbst. Mein Herz schlägt bis zum Hals, mein Puls rast, meine Beine zittern. Jetzt brauche ich Schutz. Ich weiche Frauchen und Arnold nicht mehr von der Seite, während wir schnurstracks auf ein Haus zusteuern.

Wenn ich die Buchstaben an der Eingangstür richtig deute, dann sind es zehn: G…a…s…t.s.t.ä.t.t.e. Es riecht auch richtig lecker. Aber ordentlich futtern ist erst mal nicht. Stattdessen ist arbeiten angesagt. Die anderen Vierbeiner und ich sollen sich auf den Boden legen und ganz still sein. Diese Kommandos kenne ich bereits nur zu gut. Derweil ist eine Zweibeinerin aufgestanden und hat begonnen zu erzählen. Sie erzählt, erzählt und erzählt. Ohne Punkt und Komma. Es geht um uns Hunde. Warum gerade wir die besten Diabetikerwarnhunde seien und was wir noch alles lernen müssten, usw. Die Frau redet ohne Pause. Nicht ein Knochen oder wenigstens etwas Wasser verirrt sich zu uns unter den Tisch.

Inzwischen scheinen Stunden vergangen zu sein. Gefühlt beinahe Tage, die ich auf dem Fußboden kauern muss. Als gäbe es mich und die anderen Vierbeiner gar nicht. Es ist mehr als langweilig.

Plötzlich erregt etwas meine Aufmerksamkeit. Eine Zweibeinerin neben uns hat ihr braun-rotes Fellknäuel gerade mit Finn angesprochen. Finn, denke ich, den Namen hast du doch irgendwo schon gehört. Der Rüde lag die ganze Zeit, ohne sich ein einziges Mal zu rühren, bei seinem Frauchen unterm Tisch. Solange hielt ich das noch nie aus. Jetzt kommt er hervor und stupst die Zweibeinerin an der Hand. Einmal, zweimal, noch mal und noch mal, und die kramt sofort etwas aus ihrer Tasche, das ich nur zu gut kenne – ein Blutzuckermessgerät. Sie bringt es auch gleich zum Einsatz. Sie trinkt ein Glas Apfelsaft und lobt ihr braun-rotes Knäuel ausgiebig. Das finde ich umwerfend. Jetzt fällt mir auch ein, wer da so lange Zeit brav unter dem Tisch gelegen hat. Finn, das ist Deutschlands erster Diabetikerwarnhund! Der Rüde ist berühmt, und ich lerne ihn gerade leibhaftig kennen. Auch Frauchen verfolgt das Geschehen. Sie sieht mich an. Ich kann Tränen in ihren Augen erkennen. Ihr Blick ist warm, und es liegt viel Hoffnung darin. Da bekomme selbst ich einen Kloß im Hals.

Trotz der kurzen Abwechslung ist das lange Liegen unterm Tisch für mich mehr als anstrengend. In meinem noch jungen Alter würde ich lieber mit den anderen Artgenossen herumtollen. Während ich so herumliege, läuft schon unser nächster Ausflug nach Niedersachsen wie ein Film vor meinem inneren Auge ab. Ich sehe meine Begeisterung als Frauchen mir zu verstehen gibt, dass es erneut zur Schule nach Niedersachsen geht. Doch Spaß beiseite: Lieber hänge ich zehn Stunden an einer Kette, bevor ich mir dort noch mal das Fell platt liege. Wobei Kette auch keine so tolle Idee ist. Aber es soll später anders kommen als gedacht.

Mittlerweile wird Kuchen und Kaffee serviert. Für die Zweibeiner. Für uns gibt es noch immer nichts. Mir geht der Magen inzwischen auf Grundeis. Es ist kalt und stickig im Raum, und ich habe Hunger. Endlich steht Frauchen auf. „So, Lulu, jetzt geht's auf den Hundeplatz". Ich fühle mich inzwischen wie eingerostet. Völlig erlahmt strecke ich behutsam meine Glieder aus, mache einen Buckel wie eine Katze und versuche den Eindruck zu vermitteln, als sei ich trotz der Strapazen der vergangenen Stunden hoch motiviert.

7. Februar 2009

"Wer im Leben nicht reist, liest im Buch seines Lebens nur eine Seite."
Sprichwort aus Neuseeland

Gleich werde ich zu meiner nächsten großen Reise aufbrechen. Diesmal soll es nach Kröpelin gehen, in eine kleine Stadt mitten in Mecklenburg- Vorpommern, zwischen Rostock und Wismar gelegen. Freunde von Herrchen und Frauchen wohnen dort. Sie haben drei Kinder. Das jüngste ist gerade auf die Welt gekommen.

Schon seit dem frühen Morgen bin ich aufgeregt. Ich kann es kaum erwarten, dass es endlich losgeht. Doch Frauchen ist noch immer damit beschäftigt, Taschen zu packen. Für mich ein deutliches Zeichen dafür, dass wir länger wegbleiben. Auch meine Decke und meine Leine werden eingepackt. „Ja, Lulu, kommende Nacht schläfst du in einem anderen Bett". Dagegen habe ich nichts einzuwenden, im Gegenteil, gebe ich schwanzwedelnd zu verstehen. Unterdessen beginnt Herrchen die ersten Taschen ins Auto zu schleppen. Doch die Abfahrt lässt weiter auf sich warten. Es bleibt spannend.

Frauchen füllt meinen Napf mit Apfelstückchen und etwas Körnerquark. „Lass es dir schmecken!" Danke, denke ich und haue im Nu alles weg. Aber die Eile war umsonst. Auch Arnold, Frauchen und Herrchen wollen erst noch Mittag essen. Es gibt selbst gemachte Kartoffelpuffer. Während sie noch nicht mal angefangen haben, aber mein Teller längst leer ist, nehme ich vorsorglich neben

Herrchen Platz. Vielleicht fällt noch etwas für mich ab. Betteln lohnt sich heute nicht, merke ich schnell und lege mich enttäuscht auf seine Füße unterm Tisch. Warten kann mitunter eine Ewigkeit dauern. Doch endlich greift Herrchen nach dem Autoschlüssel und geht nach draußen. Ich folge ihm schnurstracks, schließlich will ich auf Nummer sicher gehen, dass mich niemand vergisst.

Lulu allein zu Haus, darauf stehe ich überhaupt nicht. Frauchen greift nach den letzten Taschen und stellt sie in den Kofferraum. „Hopp, Lulu", ihr Ruf ist nicht zu überhören, zumal ich schon Stunden darauf gewartet habe. Während sie mir die Tür aufhält, springe ich mit kühnem Schwung auf die Spitze der hoch gestapelten Taschen. Einsteigen darf ich zum Üben mal ganz allein. Und von hier oben habe ich einen guten Ausblick. Wenn ich hingegen flach im Kofferraum liege, schaue ich nur gegen irgendwelche Wände. Heute ist alles besser. Sie haben auch meine flauschige Hundedecke nicht vergessen. Die Tür fällt ins Schloss, alle sitzen auf ihren Plätzen.

Herrchen startet den Motor und los geht's. Erwartungsvoll schaue ich aus dem Fenster. Unser Haus wird immer kleiner und schon nach wenigen Augenblicken haben wir Frauchens Arbeitsstelle erreicht. Die erkenne ich immer an dem großen roten Kreuz auf den Fahnen, die vor dem Haus wehen. Schwerin bereits hinter uns gelassen, fahren wir eine Kastanienallee entlang. Im Stakkatotempo sehe ich die Bäume an mir vorbei ziehen. Ein Rudel Rehe läuft übers Feld. Sich scheu umblickend, bleiben einige Tiere hin und wieder stehen und wühlen nach etwas Fressbarem unterm Schnee. Zum Glück füllt sich mein Napf immer wie von selbst. Die Rehe haben es jetzt ganz schön schwer, denke ich.

„Schau mal Lulu, da läuft ein Fuchs!" Arnold zeigt mit seinem Finger auf einen rotbraunen Punkt direkt neben uns am Straßenrand. Einem Fuchs bin ich mein Lebtag noch nicht begegnet. Ein schönes Tier, finde ich. Als Spielkamerad aber eher ungeeignet. Ein paar Meter weiter kommt noch ein Fuchs geradewegs aus dem Wald. Ob es seine Frau ist? Aber wo sind die Kinder? Vielleicht sind sie schon groß genug und können allein unterwegs sein. Autofahren ist wie Kino. Szene folgt auf Szene. Ständig gibt es Neues zu entdecken. Nach knapp einer Stunde kreuzen wir ein gelbes Schild. „Wir sind da! Siehst du, Lulu, auf dem Schild steht Kröpelin und darunter Landkreis Bad Doberan. Deshalb steht auf den Autos hier DBR, nicht wie bei uns SN", erzählt Arnold gleich weiter. Und Herrchen macht einen Witz: „Wisst ihr denn auch was DBR heißt? Dorf bei Rostock", liefert Herrchen die Antwort gleich mit und lacht darüber selbst am meisten.

Noch im selben Moment parkt er das Auto. Frauchen öffnet mir die Kofferraumklappe, und ich springe ganz vorsichtig heraus. Schließlich werden auch Hunde aus Erfahrung klug. Unsere Gastgeber erwarten uns schon. Ich werde besonders herzlich begrüßt. Ein paar Sekunden genieße ich die leichte Rückenmassage, dann renne ich Richtung Haus. Drinnen angekommen wird mir ganz schwindelig. Überall stoße ich gegen Menschenbeine, kurze und lange, mal mit Hose, mal mit Rock darüber. Ich schlängele mich an den vielen Kindern und Erwachsenen vorbei, und versuche irgendwo ein ruhiges Plätzchen zu finden. Doch das ist schwierig. Also lege ich mich erst einmal unter den Tisch und peile die Lage. Plötzlich fällt mir ein Keks direkt vor die Pfoten. Sofort stelle ich jede weitere Platzsuche ein und bleibe wo ich bin. Genau dieses Fleckchen Wohnung habe ich gesucht. Mal sehen, was da noch so geflogen kommt. Kaum habe ich diesen Gedanken zu Ende gebracht, landet auch schon ein Gummibärchen auf meinem Kopf. So kann es weitergehen. Dass wenig später auch noch Kakao auf meine Nase tropft, wird oben am Tisch heftig diskutiert, und man beginnt die Decke zu wechseln. Kann mir aber egal sein, ich bin hier unten bestens versorgt und harre der Dinge, die da künftig noch auf mich hernieder prasseln. Liegen lasse ich jedenfalls nichts.

Mittlerweile schlägt die Uhr bereits Mitternacht, und die letzen Gäste verabschieden sich. Nur wir dürfen bleiben. Ich bin vollgefressen, völlig erschöpft und möchte nur noch schlafen. Gemeinsam ziehen sich Arnold, Vanessa, Frauchen, Herrchen und ich ins Nachtdomizil zurück. Herrchen öffnet die Tür und erklärt mit Blick in einen kleinen Raum: „Das ist unser Reich für heute Nacht. Dein Nachtlager, Lulu, ist direkt neben Arnolds Bett. Gute Nacht alle zusammen. Schlaft gut, auch du Lulu!" Und schon ist er unter der Bettdecke verschwunden.

Frauchen gibt mir einen Gute-Nacht-Kuss. Dann knipst sie das Licht aus und legt sich neben Herrchen. Ich bin doch noch viel zu aufgedreht, als dass ich zur Ruhe kommen könnte. Ich teste einfach mal und probiere mehrere Möglichkeiten aus. Frauchen findet das gar nicht lustig. „Ruhe Lulu, Platz", ermahnt sie mich im Flüsterton. Frauchen hat gut reden. Sie hat ein gemütliches Kopfkissen, eine weiche Matratze und einen Schlafsack. Und ich? Nichts von all dem. Mir ist kalt, schniefe ich Frauchen an. Offenbar ist ihr das egal. „Lulu, Platz!"

Ich finde einfach kein geeignetes Plätzchen. Vor die Heizung kann ich mich auch nicht legen. Mist! So etwas gibt es hier anscheinend überhaupt nicht. Ganz langsam schleiche ich mich nun doch wieder bei Frauchen an und lege mich auf ihre Füße und klaue mir noch ein bisschen von der Decke, damit es wenigstens mein Kopf etwas weich hat. Ich habe das Gefühl, auch Frauchen findet das richtig gut und genießt es. Ihre Füße sind ganz kalt und ich kann sie ihr wärmen. So haben wir letztlich beide etwas voneinander.

Einige Stunden muss ich geschlafen haben. Draußen ist es zwar noch dunkel, aber wirklich Nacht kann es nicht mehr sein. Das sagt meine innere Uhr. Außerdem kann ich nicht mehr schlafen, was nicht nur an Herrchens lautem Schnarchen liegt. Meine Blase ist total voll. Lange halte ich es nicht mehr aus. Ich muss raus, aber kenne mich hier nicht aus. Was also tun? Irgendetwas muss ich jedenfalls unternehmen, sonst ist es zu spät. Ich ziehe am besten mal an Frauchens Decke. Bei Herrchen brauche ich das gar nicht erst versuchen, er würde sich einfach weiter schlafend stellen. Er nützt mir also nichts. Frauchen zeigt erfahrungsgemäß mehr Herz für mich und meine Bedürfnisse. Wir Mädchen halten einfach zusammen. Siehe da, es funktioniert. Nicht mal eine Minute hat es gedauert und Frauchen ist wach. Wir verstehen uns auch ohne Worte.

„Guten Morgen Lulu, na, musst du raus?" Ja, und das auch noch äußerst dringend, jaule ich sie an. Frauchen zieht ihre warme Hose an und streift eine Jacke über. Ich schnuppere noch mal kurz an Arnold, bevor wir uns aus dem Staub machen. Alles in Ordnung, die Werte stimmen. Aber jetzt wird es endgültig Zeit. Leise schleichen wir aus dem Zimmer, und raus geht's und für mich gleich an die nächste Ecke. Das tut richtig gut! Ich hätte keine Sekunde länger ausgehalten. Anschließend vertreten wir uns gleich noch ein wenig die Beine beziehungsweise Pfoten. Kein Laut ist weit und breit zu hören. In Kröpelin ist es zu früher Stunde absolut still. Die Stadt scheint in einen Dornröschenschlaf gefallen.

Die frische Luft bekommt mir. Ich atme sie bewusst ganz tief ein und dabei durchdringt mich ein wohliges Gefühl. Bis in die letzte Zelle meines Körpers fließt Energie. Auch Frauchen genießt den Morgen. Unser Spaziergang wird länger und länger. Inzwischen sind wir bereits bei der Kirche angelangt und Frauchen lässt ihr Wissen heraus: „Vor vielen Jahrhunderten war Kröpelin ein Kirchdorf. Es gehörte zum Kloster Doberan, dem ersten Kloster Mecklenburgs. Dank großzügiger Spenden besaß dieses Kloster viel Land, auch Kröpelin gehörte dazu. Damals sind die Mönche mit Kutschen nach Kröpelin gefahren, um nach dem Rechten zu schauen. Das ist lange her, und es muss um diese Jahreszeit anstrengend gewesen sein, ungeschützt durch die Gegend zu reisen. Komm Lulu, wir gehen wieder nach Hause. Mir ist inzwischen bitter kalt." Nichts lieber als das, denke ich bei mir, und gehorche ihr ausnahmsweise mal aufs Wort. Wirklich warm ist mir nämlich auch nicht bei den Minusgraden, trotz meines dicken Fells. Wie kalt es tatsächlich ist, zeigt der weiße Dampf, der aus meiner Nase steigt. Frauchen und ich beeilen uns, schnell heimzukommen.

Im Haus ist es, bis auf Herrchens Schnarchgeräusche, noch immer mucksmäuschenstill. Da ist an Aufstehen nicht zu denken. Am liebsten würden Frauchen und ich uns auch noch ein bisschen aufs Ohr hauen. Aber bei dem Geschnarche kann kein Mensch einschlafen, geschweige denn ein Hund. Wir Hunde hören ja alle Geräusche viel lauter als die Zweibeiner. Deshalb ziehen Frauchen und ich ins Wohnzimmer um. Sie belegt die Couch und ich den Platz davor.

Im Halbschlaf döse ich vor mich hin, stelle mir vor, ich sei eine Klosterhündin und würde den Brüdern beim Mäusejagen helfen. Mäuse gab es immer und besonders dort, wo sich Menschen aufhielten. Angesichts der reichhaltigen Vorräte auch in Klöstern. Nur wirklich gläubig waren die grauen Gesellen nie. Den kleinen Plagegeistern war absolut nichts heilig. Sie haben alles in sich hineingefressen, wonach ihnen der Mäusezahn tropfte und tobten zum Dank anschließend die kostbaren Wandteppiche rauf und runter. Doch nur selten wurden sie auf frischer Tat erwischt. So wurden ihre Familien von Jahr zu Jahr immer größer. Einige Mäuse erdreisteten sich sogar, die Bibelseiten anzuknabbern. Dieser Frevel machte die Mönche richtig wütend. Ich stelle mir gerade vor, wie ich als großer Helfer daher komme, mich an die nimmersatten Schädlinge heranschleiche und sie in die Flucht schlage. Soweit weg, dass sie den Weg zurück nicht mehr finden. „Hoch lebe die Mäusefängerin von Doberan", rufen mir die Mönche begeistert zu, und ich wachse riesengroß in meinem Traum.

Völlig unvermittelt werde ich aus dieser wundersamen Traumreise ins Heute zurückgeholt. Frauchen stupst mich an. Sie hat Hunger, und ich soll mitkommen. Da noch immer niemand wach ist, lohnt es sich nicht, den Frühstückstisch zu decken. Also reicht es, wenn wir uns um uns selbst kümmern. Frauchen raspelt mir ein paar Möhren und rührt sie unter einen Klecks Körnerquark. Sie selbst schmiert sich ein Käsebrötchen und beißt gleich voller Genuss hinein, während ich mein Hundemüsli mampfe. Die Düfte von leckerem Essen müssen auch den anderen in die Nase gestiegen sein, denn jetzt kommt Arnold. Er reibt sich die Augen. Wirklich wach scheint er noch immer nicht zu sein. Aber wenigstens seine Werte sind o.k., rieche ich sofort. Aber das rettet ihn nicht vor seinem morgendlichen Pieks in den Finger, den er von Frauchen verabreicht bekommt. Dabei wirft sie gleich einen Blick aufs Messgerät. Ich hatte mal wieder Recht, mein Schnupperergebnis wird voll und ganz bestätigt. Arnolds Blutzucker ist im Normbereich, keine Unterzuckerung, alles bestens.

Nach und nach kommen alle aus ihren Kojen. Ich habe mittlerweile Hummeln im Hintern. Am liebsten würde ich mich sofort ins Auto setzen und zurück nach Hause düsen. Zu Hause ist es bekanntlich am schönsten. Ich freue mich schon auf mein heiß geliebtes Sofa. Vergangene Nacht war ich nicht wirklich gut gebettet. Außerdem fahre ich gern Auto.

Tatsächlich, lange muss ich mich wohl nicht mehr gedulden. Ich beobachte Frauchen gerade, wie sie unsere Sachen zusammenpackt. Das ist ein gutes Zeichen. Herrchen, Vanessa und Arnold sitzen derweil mit unseren Gastgebern am Frühstückstisch. Ich habe gar nicht mitbekommen, wer den inzwischen gedeckt hat. Unauffällig lege ich mich unter diesen, in der Hoffnung, es fällt wieder einiges für mich ab. Und es funktioniert. Man muss nur positiv denken. Wie von Geisterhand landet eine Scheibe Wurst direkt vor meinen Pfoten. Sofort schnappe ich zu und schlinge sie, ohne erst lange zu kauen, hinunter. Das war es aber auch schon, die restliche Zeit warte ich vergebens auf weitere Gaben. Dieser Morgen scheint sich besonders lang hinzuziehen. Herrchen quatscht sich mal wieder fest, redet ohne Punkt und Komma. Vielleicht sollte ich dazwischenbellen, ihm ein

Zeichen geben, dass auch mal Schluss sein muss, wir gern nach Hause wollen. Am besten noch, bevor es wieder dunkel wird! Noch betont vorsichtig kratze ich an seinem Bein. Weil er sich absolut nicht rührt, verstärke ich den Druck mehr und mehr, bis er schließlich ein Erbarmen hat und aufsteht. Aber damit sind wir längst noch nicht am Auto. Erst als Frauchen ihm ein eindeutiges Zeichen gibt, geht es endlich los.

Auf Wiedersehen Kröpelin, danke für die nette Aufnahme, bis zum nächsten Mal. Herrchen gibt Gas und irgendjemand scheint genau in diesem Moment die Kröpeliner Mühle einzuziehen. Je näher wir dem guten alten Bauwerk kommen, umso schneller versinkt es im Erdboden. Plötzlich ist die Mühle ganz verschwunden. Ich zerbreche mir während der gesamten Heimfahrt den Kopf, wer so etwas wohl macht.

23. Februar 2009

„Magen und Blase des Menschen nehmen Alles auf, womit er sich nährt.
Wenn diese beiden zu viel Speisen und Getränke bekommen,
verursachen sie im ganzen Leibe einen Sturm der bösen Säfte,
wie die Elemente nach Art des Menschen."
Hildegard von Bingen, Benediktinerin

Wieder einmal verbringe ich einen Nachmittag in Weißkittels Haus. Eines der entdeckten leckeren Brötchen im Busch kann nicht bekömmlich gewesen sein. Jedenfalls habe ich Magenschmerzen und muss es einfach mal so gerade heraus sagen, starken Durchfall. So stark, dass ich vergangene Nacht kein Auge zubekam und ständig vor die Tür musste. Viel weiter bin ich nicht gekommen, der jeweils nächstgelegene Stein oder Busch waren meiner. Alles wollte raus, und immer wieder ging es von vorne los. Ich kam überhaupt nicht zur Ruhe und Frauchen machte sich richtig Sorgen. Die Sitzungen sind ihr echt zu viel geworden. Einige gingen auch schon im Flur los, also noch bevor ich draußen war. Wir haben dann versucht, den Weg für mich beim nächsten Mal zu verkürzen, indem Frauchen mit mir ins Wohnzimmer zog. Sie heizte den Kamin an und baute unmittelbar davor unser gemeinsames Nachtlager auf. Trotzdem wurde mein Zustand nicht besser, im Gegenteil.

Frauchen wurde zunehmend sauer. Es sah nicht gut für mich aus. Sie war richtig verärgert. Aber warum nur? Das war mir ein Rätsel. Irgendwann fiel es mir wie Schuppen von den Augen. Eigentlich sollte ich ihr das Leben und vor allem die Nächte erleichtern. Nun hatte sie nicht etwa mit Arnold ein Problem, sondern mit mir, besser gesagt mit meinem Durchfall. Meine Gefräßigkeit hatte ihr erneut eine schlaflose Nacht beschert. Und das tat mir echt leid. Mein Verdauungssystem scheint aber auch besonders anfällig zu sein. Wer weiß, woran das liegt?

Am Ende hatte Frauchen genug. Kurz entschlossen packte sie mich ein und fuhr mit mir geradewegs zum Tierarzt. Da kann ich mir auch was Besseres vorstellen. Allerdings, meine letzte Begegnung war ziemlich amüsant. Da konnte ich endlich den Flöhen eins auswischen. Von meinem heutigen Besuch bei Weißkittel bin ich allerdings weniger begeistert. Der macht soeben kurzen Prozess mit mir. Aua, jaule ich auf. Weißkittel hat nach meiner Speckfalte gegriffen und voll zugestochen. Schon hängt die nächste Spritze in meiner Haut. Es folgen Pieks drei und vier. Jetzt ist es aber genug, unmissverständlich gebe ich Laut. „Schon gut, Lulu! Ist ja alles vorbei. Du musst nicht mehr jammern", tröstet Frauchen mich. Welch labende Worte. Aber es kommt noch schlimmer. Weißkittel erklärt uns, dass ich vorerst nicht für Arnold sorgen kann. Meine Fähigkeiten, Arnold zu helfen, sind vorerst außer Kraft gesetzt. Erst wenn ich wieder gesund bin, kann ich spüren, wenn etwas mit Arnolds Blutzucker nicht stimmt. Das habe ich nun wirklich nicht gewollt.

Nur gut, dass die Durchfallspritze gleich geholfen hat. Meine Bauchschmerzen sind wie weggeblasen und damit auch mein Drang, ständig auf Toilette zu müssen. Das wird mir nicht noch einmal passieren. Ich nehme mir fest vor, künftig besser auf mich zu achten, all die leckeren Überbleibsel der Menschen, wie Stullen, Würste und ähnliches einfach liegen zu lassen. So schwer es mir auch fallen wird. Das Neue Jahr hat ja gerade erst angefangen, da kommt ein guter Vorsatz gerade noch rechtzeitig. Ich muss es aber auch schaffen, durchzuhalten. Das kann doch nicht so schwer sein. Der amerikanische Präsident spricht mir voll aus dem Herzen. Sein Wahlslogan soll mein Lebensmotto werden: „Yes, we can!"

Arnold ist gerade von der Schule nach Hause gekommen. „Lulu, ich werde Tierarzt und Zauberer. Habe ich gerade festgelegt." Ich schaue Arnold erstaunt an. Das gefällt mir. Dann muss ich nicht mehr zu Weißkittel, geht es mir nach meinen jüngsten Erfahrungen gleich durch mein Hundeköpfchen. Arnold würde mir bestimmt nicht weh tun. Und abends könnte er mir seine neuesten Zaubertricks zeigen. Einfach genial. Doch bis es soweit ist, werde ich mich wohl noch einige Jahre gedulden müssen. Erst muss der Junge sein Abitur machen und anschließend auch noch studieren. Ich bin mir aber sicher, dass er beides exzellent meistern wird. Schließlich ist er schon heute ein kleines Genie in der Schule. Ob ich dann aber noch lebe? Darüber möchte ich gar nicht erst nachgrübeln, und so schiebe ich den Gedanken umgehend beiseite.

„Sie fühlen mit dem Kopf und denken mit dem Herzen."
Georg Christoph Lichtenberg, deutscher Schriftsteller und Mathematiker

Seitdem ich in Schwerin wohne, bin ich immer an der Seite meiner zweibeinigen Familie. Auch wenn es auf Reisen geht. Egal ob Rostock, Wismar, Kröpelin oder Boltenhagen, ich darf stets mit. Heute ist wieder so ein schöner Lulutag. Ich erfuhr gerade, dass es nach Heringsdorf auf die Insel Usedom geht. Knapp vier Tage werden wir dort verbringen. Wir, das sind Frauchen, Herrchen, Arnold, Vanessa und ich. Der DRK-Landesverband besitzt auf der Ostseeinsel ein Ferienhaus, und Frauchen arbeitet ja als Ärztin beim Deutschen Roten Kreuz. Da geht es ausschließlich um Zweibeiner, deshalb würde ich auch gern hin gehen, weil ich in ihrem Haus nichts befürchten muss. Aber – nix da mit Hunden.

Gleich geht unsere Reise los. Mich überkommt wieder dieses eigenartige Kribbeln im Bauch, so eine Art Reisefieber. Wasser, ich komme! Herrchen hat mir erzählt, dass es am Heringsdorfer Strand besonders schöne Wellen gibt. Deshalb kann ich kaum erwarten, endlich anzukommen und springe schon mal mit kühnem Sprung in den Kofferraum. Oh, was ist das? Offenbar ist mir die Aufregung diesmal zu sehr auf den Magen geschlagen. So schnell, wie ich drin war im Auto, so schnell hüpfte ich auch wieder heraus. Und schaffe es gerade noch bis zum Rasen. Also wieder dieses Malheur. Dabei war ich sicher, meine Magenprobleme längst überstanden zu haben. Aber anscheinend habe ich mich doch nicht auskuriert. Es kann eine anstrengende Fahrt werden. Wenigstens ist meine Familie jetzt gewarnt.

Im Ferientempo steuert Herrchen auf die Autobahn Richtung Nordosten. Weil er heute so betont ruhig fährt, werden wir fortlaufend von anderen Autos überholt. Sollen sie doch, wir haben Urlaub und somit alle Zeit der Welt. Um genau zu sein, nicht alle von uns haben Urlaub. Frauchen hat sich in Heringsdorf für ein Seminar angemeldet. Nun gut, aber ein bisschen Freizeit wird sie sicherlich haben.

Im Kaiserbad angekommen empfängt uns bestes Kaiserwetter. Dabei ist noch Winter. Aber der Frühling lässt schon mal grüßen. Die Sonne scheint, Wind ist kaum spürbar, und die Temperatur kann sich sehen lassen. Kaum, dass Herrchen vor unserem Quartier gebremst hat, bin ich auch schon raus aus dem Auto und renne geradewegs zum Strand, um mich kurz im Seesand zu wälzen und mich in der Sonne zu aalen. Derweil packt Herrchen das Auto aus. Dabei kann ich ihm eh nicht helfen. Also muss ich auch kein schlechtes Gewissen haben.

„Tschüß Lulu", ruft Frauchen. Sie muss jetzt die Schulbank drücken. Ohne lernen geht es nun mal nicht voran, das weiß ich ja längst selbst. Inzwischen ist Arnold zu mir gekommen. Er muss gleich das Wasser testen. „Ist das kalt", ruft er, während Miniwellen seine Hände umkreisen. Mal sehen, ob das wirklich stimmt. Tatsächlich. Ich erstarre fast zu einem Eisblock, als das Wasser meine Pfoten benetzt. Baden können wir voll vergessen. Das ist nur etwas für trainierte Eisbader. Lass uns lieber toben, animiere ich Arnold. Und sofort beginnen wir Fangen zu spielen. Das ist in dem tiefen Seesand ganz schön anstrengend, kein Vergleich zu unserem Rasen hinterm Haus.

Herrchen scheint inzwischen alles ausgeladen zu haben. Er steht oben an der Düne und beobachtet uns. Irgendwie sieht er ganz schön geschafft aus. Da haben wir ihn mit der vielen Arbeit einfach allein gelassen. Wau, wie schön ist doch ein Hundeleben! Eins steht fest: Wenn ich noch einmal geboren werde, will ich wieder Hund werden. Dann brauche ich mich nicht abrackern wie die Zweibeiner, muss nicht mal einkaufen. Mein Teller ist trotzdem immer voll. Und verwöhnt werde ich auch, besonders dann, wenn ich große braune Augen mache. Sofort kommt die Kraulmaschine in Gang. Ich muss mich dann nur noch auf den Rücken legen, die Pfoten nach oben strecken, und schon kümmert sich jemand um meinen Bauch. Was will ich mehr?

„Komm Lulu, wir werfen Steine ins Wasser." Arnold hat sich etwas Neues ausgedacht, und zusammen laufen wir zurück ans Meer. Flache Steine muss ich suchen. Wenn Arnold sie aus der Hüfte mit viel Schwung übers Wasser wirft, springen sie wie ein Känguru. Vier-, fünf- sechsmal hintereinander, dann tauchen sie ab. Manchmal sind sie auch gleich nach dem ersten Aufprall weg. Weil ich keine passenden Steine mehr am Strand finde, versuche ich die bereits ins Wasser geworfenen herauszufischen. Dabei vergaß ich doch glatt, wie kalt es ist. Anstatt der Steine habe ich nur grünes Zeug im Maul. Aber die Fäden schmecken gar nicht schlecht, auch wenn sie nicht gerade appetitlich riechen. Anderswo auf der Welt füllt man sie mit Reis und Fisch, ich mache es mit Muscheln und Sand. Kommt fast aufs Gleiche raus, finde ich. Wenngleich, den Sand könnte man getrost weglassen. Aber jetzt ist sowieso Schluss, so durchgefroren war ich lange nicht mehr.

Völlig durchnässt mache ich mich mit Arnold auf den Weg in unsere Ferienwohnung, wo Herrchen uns schon erwartet. Er rubbelt uns ordentlich ab, und wir hauen uns danach umgehend auf die Couch. Im Nu fallen mir die Augen zu. Herrchen legt sich neben uns, und bald versinken wir erschöpft in ein tiefes Mittagsschläfchen.

„Abendbrot ist fertig!" Oh, ich hatte gar nicht bemerkt, dass Frauchen schon zurück ist. Aber draußen wird es bereits dunkel. Da habe ich doch glatt den halben Tag verpennt.

Es gibt Spaghetti mit Tomatensoße. Aber nicht für mich. In meinem Napf, wie kann es anders sein, liegen Körnerquark, Gurkenscheiben und geraspelte Möhren.

Langsam könnten sie Diät Diät sein lassen, oder? Auch wenn es mir heute Morgen nicht so gut ging. Schließlich haben wir Urlaub, auch ich. Arnold zieht seine Spaghetti durch die Zähne. Er lacht dabei, weil es komische Geräusche macht. Frauchen findet das gar nicht lustig und ermahnt ihn. So hat der Spaß schnell ein Ende.

Mein Napf ist längst leer. Da ich mit einem leckeren Nachtisch nicht rechnen kann, ziehe ich mich zurück in mein Hundekörbchen. Das hat Frauchen extra für mich mitgenommen. Aber schlafen kann ich nicht schon wieder. Mal schauen, was der Abend noch so bringt. Lange muss ich nicht auf eine Antwort warten. Arnold hat meinen roten Ball entdeckt, rennt damit vor die Tür und wirft ihn in hohem Bogen in die Luft. An mir ist es nun, den Ball zu suchen und zurück zu bringen. Nach und nach sind auch Herrchen, Frauchen und Vanessa nach draußen gekommen. Damit ergibt sich eine neue Spielmöglichkeit. Jetzt werfen sich die Vier den Ball zu und ich muss versuchen, ihn wegzuschnappen. So geht es Runde für Runde. Schließlich bin ich erneut fix und fertig. Weil auch Arnold genug hat, gehen wir gemeinsam ins Bett. Das war es mit unserem ersten Urlaubstag in Heringsdorf.

Mein Magen grummelt. Irgendetwas stimmt da nicht. Ich tapse zu Herrchen ans Bett, stupse ihn an und gebe ihm zu verstehen, mit mir vor die Tür zu gehen. Er deutet mein Winseln sofort richtig, zieht sich etwas Warmes an und geht mit mir los. Draußen ist es stockfinster. „Puh, vier Uhr erst", nuschelt Herrchen. Sofort erledige ich das große Geschäft kleiner Hundemädels. Herrchen beseitigt umgehend alle Spuren. Jetzt hat er sogar noch Lust, mit mir an den Strand zu gehen. Übermütig springe ich in die Meeresbadewanne, um im selben Augenblick wieder kehrt zu machen. Erstens ist es saukalt und zweitens werde ich erneut unruhig. Doch diesmal bin ich nicht selbst der Grund. Meine innere Stimme sagt mir, dass etwas zu Hause nicht stimmt. Wie ein Blitz schieße ich zurück zur Unterkunft und dann schnell zu Arnold. Der gefährliche Geruch liegt schon im Flur in der Luft. Und tatsächlich, Arnolds Blutzuckerwerte sind nicht in Ordnung, und ich mache diesen Tatbestand unübersehbar deutlich. Das erste Mal kann ich allen zeigen, wie zuverlässig ich selbst auf etliche Meter Entfernung bin. Genau das macht eine gute Diabetikerwarnhündin aus. Entsprechend ausgiebig werde ich von Herrchen gelobt. Auch Frauchen schaut mich stolz an. Sie hat inzwischen Arnolds Zucker gemessen, um Klarheit zu haben. Selten war er so tief wie an diesem frühen Morgen.

„Manche Hähne glauben, dass die Sonne ihretwegen aufgeht."
Theodor Fontane, deutscher Schriftsteller

„Frühstück", ruft Frauchen aus der Küche. Wir sind wieder in Schwerin. Die Zeiger der Uhr ticken im ewig gleichen Rhythmus und zeigen kurz vor sieben Uhr an. So spät schon? Eigentlich bin ich morgens immer die erste und wecke alle Schläfer zwischen 5 und 6 Uhr, egal ob Montag oder Sonntag ist. Heute früh aber liege ich noch völlig erschöpft im Bett. Die letzte Nacht war ziemlich hart. Gleich mehrmals musste ich zu Frauchen ans Bett eilen. Da war der Erholungseffekt des Kurzurlaubs in Heringsdorf ratzfatz Vergangenheit.

Arnold war gestern bei einem Kindergeburtstag gewesen und hatte mal wieder ordentlich zugelangt. Es gab Pommes Frites, Chicken Nuggets und Pizza bis zum Umfallen. Der Junge kann schlecht nein sagen. Doch gerade Pizza ist schwer berechenbar für ihn, auch all das andere fettige Zeug. So war es praktisch vorprogrammiert, dass sein Blutzucker außer Kontrolle geriet. Genau das ist auch passiert.

Zum Glück rieche ich es inzwischen, lange bevor es für Arnold gefährlich wird. Ich wecke dann Frauchen, und sie kommt umgehend zu uns ins Zimmer und piekt Arnold ins Ohr. Herrchen bekommt von den Aktionen meist nichts mit. Er ist oft tief in seinem Traumreich. Selbst Arnold wird nicht wirklich wach. Wenn der Blutzuckerwert, wie von mir erschnüffelt, zu niedrig ist, legt Frauchen ihm ein Stückchen Traubenzucker auf die Zunge. Später folgt meist noch ein Schokobon oder ein Happen vom Schokoriegel. Traubenzucker allein reicht in solchen Situationen erfahrungsgemäß nicht aus. Der geht zwar schnell ins Blut, aber die Wirkung ist nur von kurzer Dauer. So schnell wie der Zuckerwert in die Höhe schnellt, so schnell fällt er wenig später auch wieder.

Auch ich erhalte anschließend einen Bonbon von meiner Lieblingssorte. Das ist die mit Vanillegeschmack. Vergangene Nacht waren es, glaube ich, insgesamt vier Drops. Kaum hatte ich mich hingelegt, musste ich erneut Alarm schlagen. Dabei habe ich ein so tolles Bett. Alles ist blau bezogen, so, als läge ich auf einem Himmelslager. Einfach herrlich, so fühle ich mich labradorwohl. Noch lieber liege ich allerdings bei Frauchen im Bett am Fußende. Das mache ich aber nur, wenn ich mir 100-prozentig sicher bin, dass es Arnold nebenan gut geht.

Na ja, ich will nicht angeben, aber selbst im Schlafzimmer von Frauchen rieche ich den typischen Geruch von Arnolds Unterzuckerung, selbst wenn er sich eine Etage tiefer im Spielzimmer aufhält. Gewöhnlich wache ich aber direkt an seiner Seite, das steht außer Frage. Schließlich ist das mein Job. Dafür werde ich bezahlt, pardon – mit Leckerlis belohnt. Allerdings, das will ich an dieser Stelle durchaus klar stellen, ich bin keine Maschine und auch kein Blutzuckermessgerät. Zwar hatte ich bislang immer den richtigen Riecher, wenn Arnolds Zucker nicht in Ordnung war, aber eine absolute Garantie dafür gibt es nicht. Fakt ist, ich bin ein Frühwarnsystem auf vier Pfoten, auf das man sich verlassen kann, mit einer kleinen Einschränkung: Vertrauen ist gut, Kontrolle ist besser. Diesbezüglich sei zuallererst auch Frauchen genannt. Sie ist Arnolds persönliche Diabetes- Assistentin.

Von ihr weiß ich auch, dass Kindergeburtstage Ausnahmetage sind. Alarmstufe rot ist dann angesagt. Normalerweise muss Arnold sehr genau darauf achten, was und wie viel er isst. Je nachdem, was er zu sich nimmt, reagiert sein Blutzuckerspiegel entsprechend gut oder schlecht. Frauchen ist inzwischen zu einer richtigen Ernährungsexpertin geworden. Sie kann die Wirkung der einzelnen Lebensmittel mittlerweile genau einschätzen, kann ungefähr vorhersehen, wann die Kohlenhydrate sich ins Blut begeben und wie hoch der Blutzuckerspiegel anschließend steigen wird.

„Pizza braucht zum Beispiel vier bis sechs Stunden", verrät mir Frauchen. Wenn Arnold fast schon nicht mehr daran denkt, was er gegessen hat, erst dann geht der Blutzuckerspiegel in die Höhe. Wenn er also erst abends eine Pizza verdrückt, ist die Nachtruhe von vornherein passé. In der zweiten Nachthälfte geht es mit der Verarbeitung der Kohlenhydrate aus der Pizza richtig los. Solange werden sie von den Fetten festgehalten. Wenn Arnold zwischendurch nicht genügend Insulin bekommt, dann wacht er morgens mit tierisch hohen Blutzuckerwerten auf. Im schlimmsten Fall auch mit einer Übersäuerung. Weil Frauchen das weiß, steht sie nachts auf, misst und gibt bei Bedarf Insulin nach. Und ich gebe ihr vorher rechtzeitig Bescheid.

Eine Wissenschaft für sich ist es, wenn Frauchen für Arnold die Broteinheiten ausrechnet. Als ich sie dabei das erste Mal beobachtete, muss ich ziemlich verdutzt dreingeschaut haben. „Ich muss Arnolds Nahrungsmittel nach deren Kohlenhydratgehalt beurteilen, Lulu", versuchte sie, mir das Zahlenwirrwarr zu erklären. „Heute früh gibt es eine halbe Scheibe Vollkornbrot mit Honig, ein paar Stücke Honigmelone und ein kleines Glas frisch gepressten Orangensaft. Das entspricht etwa 3 Broteinheiten also 3 BE. Weitergerechnet sind eine Broteinheit zwölf Gramm verdauliche Kohlenhydrate. Verstehst du, Lulu?" Ich blinzele mit meinen Augen und schiebe den Kopf nach vorn, mein Zeichen für: Verstanden. Während Frauchen die Melone weiter klein schnippelt, kaue ich an einem Stück herum, das auf den Fußboden gefallen ist, ohne dass sie es bemerkte. Früher haben Diabetiker allein nach diesen Broteinheiten gelebt. Heute geht es zuallererst auch um gesunde Ernährung. Das heißt, viele pflanzliche Eiweiße, einige Kohlenhydrate, die mäßig bis schnell verdaulich sind, dann ganz schwer verdauliche Kohlenhydrate als Ballaststoffe und ein wenig Fleisch und Fett. Für Kinder ist das nicht gerade lecker, deshalb haben viele damit ein Problem, anders als Erwachsene. Kinder lieben vor allem Süßes: Schokolade, Kekse, Bonbons. Viele essen kaum noch Obst. Aber genau das ist gut für sie. Eigentlich sollten alle Kinder darauf achten, sich vergleichsweise wie Diabetiker zu ernähren. Das wäre wesentlich gesünder für sie.

Arnold macht das schon ziemlich gut. Er weiß, welche süßen Sachen den Blutzucker hochtreiben und lässt oft die Finger davon. Doch auch er verfällt, wie jedes Kind, gern mal dem Rausch der Sinne. Überglücklich ist er, wenn der Blutzucker niedrig ist. Dann kann er Gummibärchen und Schokobons naschen, fast soviel er will. Es gibt aber Situationen, da essen alle um ihn herum Süßigkeiten ohne Ende, nur Arnold hat absolutes Verbot. Eben weil sein Blutzucker viel zu hoch ist. Verständlicherweise wird Arnold dann sauer. Und das im wahrsten Sinne des Wortes. Weil sein Körper sauer wird, sofern sein Blutzucker hoch bleibt. Erst nach einer längeren Pause darf er wieder etwas naschen. Hinzu kommt, er muss auch die entsprechende Insulindosis erhalten haben. Das alles tröstet ihn aber nur wenig. Deshalb will ich unbedingt den typischen Geruch für die hohen Zuckerwerte erkennen lernen. Dann kann ich nämlich schon den Anstieg erschnüffeln und Arnold diese sauren Stunden ersparen. Können, das begeistert. Ich bin stolz auf die Möglichkeiten und die Kraft der Natur.

Ich persönlich finde allerdings, dass die Krankheit auch etwas Gutes hat. Arnold sollte nämlich fünf bis sieben Mal am Tag essen. Und das möglichst zu stets gleichen Zeiten. Das ist viel gesünder, als sich nur zwei-, dreimal am Tag den Magen vollzuschlagen. Selbst ich als Hund könnte mich an 7 Mahlzeiten täglich gewöhnen. Wenn mein Napf so oft gefüllt würde, wäre ich die glücklichste Hündin der Welt. Nur mit meinem Gewicht bekäme ich dann wohl noch größere Probleme, als ich sie ohnehin schon habe.

Manchmal kann Arnold richtig wütend werden – und zwar immer dann, wenn seine Krankheit es ihm verbietet, am genussvollen Leben teilzuhaben. Lolli lutschen, Pizza essen, Popcorn im Kino knabbern, aber auch toben, raufen, klettern, baden in der Schwimmhalle, am Strand spielen – all diese Dinge nicht haben beziehungsweise nicht tun dürfen, ständig auf sich achten müssen, können Anlass für Wutausbrüche sein. Selbst wenn der Diabetes gerade eindeutig zu verstehen gegeben hat: „Hallo, ich bin dein ständiger Begleiter. Du musst mich schon beachten, auch wenn es dir nicht passt!" Manchmal weint Arnold. Er weiß, dass er nie gesund sein, immer Diabetiker bleiben wird und mit Einschränkungen leben muss, so schwer es ihm auch fällt.

Mittlerweile ist es kurz nach acht Uhr. Das Haus ist leer. Menschenfreie Zone. Zeit, sich auf´s Ohr zu legen. Tagsüber mache ich es mir im Flur gemütlich. Da habe ich die Eingangstür im Blick. Nicht weit steht auch mein kleines Hundesofa. Es zählt zu meinen favorisierten Schlafplätzen. Frauchen und Herrchen sagen, wenn ich dort liege, schnarche ich sogar. Aber das sollen sie erst einmal beweisen. Ich glaube eher, dass Herrchen mit solchen Behauptungen nur von seinem eigenen Geschnarche ablenken will.

Heute habe ich mir vorgenommen, vom Fressen zu träumen. Das macht wenigstens nicht dick. Aber nicht etwa von Möhren, Diäthundekuchen oder Äpfeln. Auch wenn ich weiß: Vitamine geben Kraft. Nein, ich träume von einem Schlaraffenland für Labradore. Obst und Gemüse muss ich schon genug futtern. Gurken mag ich übrigens nicht. Die erzeugen Blubberblasen in meinem Bauch. Und Radieschen sind mir zu scharf. Was dafür im Schlaraffenland meiner Träume wächst und gedeiht? Schokoriegel, saftige Rindersteaks, riesige Kauknochen, knackigbraune Bratwürstchen und gegrillte Hähnchenkeulen frisch von den Lankower Bergen. Wie ich gerade darauf komme? Kürzlich machte ich das erste Mal in meinem Leben Bekanntschaft mit Hühnern. Die haben mich vielleicht angegackert! Mitten in der schönen Landeshauptstadt Schwerin. Man mag es nicht glauben, aber hinter vorgehaltener Hand wird Schwerin auch gerne Landeshauptdorf genannt. Ich enthalte mich einfach der Stimme. Hundesachverstand zählt an dieser Stelle sowieso nicht. Das spielt sich alles auf einer ganz anderen Ebene ab.

Fest steht: Schwerin ist seit dem 27. Oktober 1990 Landeshauptstadt von Mecklenburg-Vorpommern und kann sich sehen lassen. Ich finde, wir haben das schönste Schloss der Welt. Vielleicht kommt man ja irgendwann auf mich zurück und sucht einen Schlosshund. Gerne würde ich ins Schloss ziehen, allein wegen des Gartens. Aber zurück zu den Hühnern. In den Lankower Bergen, von Gras, Büschen und Maschendrahtzaun umgeben, steht ein Bienenwagen. Auf diesem kleinen Gehöft leben aber nicht nur ein paar Königinnen und tausende Arbeiterinnen, sondern auch etliche Hühner. Die sind eigentlich ganz nett, wenn man sie in Ruhe lässt. Ich wollte aber mit ihnen spielen... Gut, vergessen wir es. Trotzdem sind wir uns nicht böse.

Die Bienen, weiß ich seitdem, produzieren Honig, den kann man beim Imker kaufen. Und ganz nebenbei erfuhr ich, Menschen leben nicht nur mit Hunden zusammen, sondern auch mit Bienen. Das würde uns Vierbeinern im Traum nicht einfallen. Bienen können nämlich schmerzhaft stechen, selbst durch mein dickes Fell. Zudem lernte ich von Herrchen, warum der Mann, dem die Bienen vertrauen, nicht Biener, sondern Imker heißt. Das Wort, so hat er nachgelesen, kommt aus der niederdeutschen Sprache und setzt sich aus zwei Begriffen zusammen, `Imme´ für Biene und `Kar´ für Korb. Aus beiden Worten könnte auch Immkar entstehen. Es ist aber der Imker. „Manchmal wird Imme sogar noch im Kreuzworträtsel gesucht", sagt Herrchen.

Aug´ in Aug´ mit den Hühnern steckte ich meine Schnute durch den Zaun und nahm Tuchfühlung auf. Sind schon witzige Tierchen, diese Hühner. Solche Federn wie sie hat nicht jeder. Besonders gefielen mir die bunten. Ich habe für mich nach diesem Ausflug jedenfalls konstatiert: Menschen sind sonderbare Wesen. Einige umgeben sich nur mit Ihresgleichen, andere, so wie Herrchen und Frauchen, haben noch mich dazu, und wiederum andere haben gleich mehrere Tiere: Bienen, die stechen können, Hühner, die Eier legen und Katzen, die kratzen können. Es soll sogar Zweibeiner geben, die Schlangen halten. Und das auch noch freiwillig. Schlangen können bekanntlich beißen und würgen. Diese Spezies ist mir überhaupt nicht geheuer, zumal ich mit einem ganz besonderen Exemplar schon meine eigene Erfahrung machte.

Auch Krähen zähle ich nicht unbedingt zu meinen Lieblingstieren. Diese schwarzen Vögel sind mir einfach suspekt. Sobald ich eine Krähe sehe, schieße ich los wie ein Pfeil und habe trotzdem immer Pech. Sie sind halt schneller als ich. Und sie können fliegen. Da kann ich nicht folgen. Aber wenigstens sind sie fort und ärgern mich nicht mehr. Ich glaube, Menschen mögen auch keine Krähen. Wir waren mal in der schönen Stadt Rostock. Rund um einen kleinen Teich mitten in der Stadt stehen Wohnhäuser. In einem wohnen Freunde von Herrchen und Frauchen. Als wir sie besuchten, konnten wir in Ihrer Straße einfach keinen Parkplatz finden. Das Lied von Herbert Grönemeyer: „Ich drehe schon seit Stunden, hier so meine Runden. Ich finde keinen Parkplatz...", trifft den Kern. Doch endlich haben wir doch einen entdeckt. Sogar ein schönes schattiges Plätzchen, direkt unter einem hohen Baum. Am nächsten Morgen wussten wir, warum der Platz noch frei gewesen war. Es war der Lieblingsbaum aller Krähen, Standort Weber-Straße Nummer 7. Das Auto war über und über mit ihren Hinterlassenschaften bedeckt. Also war vor der Heimfahrt erst mal putzen angesagt, um freie Sicht zu bekommen. Das Abwaschen gestaltete sich allerdings schwieriger als gedacht. Krähenmist ist überaus hartnäckig. Herrchens Geschimpfe war im ganzen Viertel zu hören. Davon lösten sich die Krähenkleckse aber nicht ab. Seit diesem Tag stellt Herrchen sein Auto unter keinem Baum mehr ab. Das kann ich nur unterstützen, auch wenn ich nicht mitputzen musste.

„Wer hundert Meilen laufen muss, sagt sich am besten, dass neunzig erst die
Hälfte sind."
japanisches Sprichwort

Eisiger Wind braust mir um die Ohren. Trainingsstunde ist angesagt. Dafür geht es gemeinsam mit Lotta und ihrer Familie nach Lehrte. Deren Auto ist riesig. Lotta und ich können nebeneinander liegen und während der Fahrt kuscheln. Unsere Hausaufgaben brauchen wir nicht mehr durchgehen. Wir haben sie in den letzten Wochen brav erledigt. Diesmal hatten wir besonders viel Zeit dafür. Schon seit Januar waren wir nicht mehr auf dem Hundeplatz.

Während der Fahrt muss ich wiederholt an das letzte Training denken. Da hatte ich Langeweile pur. Dieses Mal soll es anders werden. Hoffen wir, dass es auch wirklich so kommt.

Die Fahrt gestaltet sich zu einer wahren Rutschpartie. Seit Hamburg ist die Autobahn spiegelglatt, alle sind hochkonzentriert. Lottas Herrchen fährt ganz vorsichtig. Weil wir so langsam sind, halten wir nicht einmal zum Pipi machen an. Das kann einem bei solchem Wetter auch vergehen. Da friert alles fest beim Geschäft machen.

Endlich haben wir den Waldgasthof erreicht. Ich springe sofort aus dem Auto und verschaffe mir ein bisschen Bewegung. Dabei drehen sich meine Gedanken nur um eins: die Freiheit so lange wie möglich nutzen, bevor ich wieder stundenlang unter den Tisch muss.

In diesem Moment jagt eine Welpenmeute über das nahe Wiesenstück. Wir fallen übereinander, ineinander und untereinander, jeder reißt den anderen mit. Wie ein Wollknäuel, das gerade zum Leben erwacht, sehen wir aus. Super Spielplatz, dieser Hundeplatz. An Schule denke ich überhaupt nicht. Noch nicht.

Ein strenger Pfiff reißt uns aus dem Spiel. Luise, unsere Gruppenälteste, genannt Lui, kehrt gehorsam zu ihrer Familie zurück. Eine sehr ruhige Golden Retriever-Hündin von knapp 2 Jahren. Auch Lotta reagiert sofort auf den Rückruf. Ich habe davon keine Ahnung, mach erst mal gar nichts. Noch im selben Augenblick trifft mich ein strafender Blick der Trainerinnen.

Okay, denke ich entspannt, ich habe ja wohl noch ein bisschen Zeit zum Üben. Aber da werden wir schon in einen kleinen Seminarraum gebeten, einen Raum ohne Tische. Alle Familien hocken im Kreis und wir Hunde dürfen spielen, aber jeder nur für sich. Es gibt sogar Brettspiele für Hunde. Wenn Herrchen das gewusst hätte, vielleicht wäre er mitgekommen. Aber er wollte mit Vanessa lieber zu Hause bleiben. Herrchen ist nämlich leidenschaftlicher Brettspieler, besser gesagt Schachspieler. Bei seinem Eifer würde ich wahrscheinlich nicht nur in Geschichte und Ernährungslehre unterwiesen, sondern auch noch darin, wie man den Gegner schachmatt setzt. Lulu, der erste Schachhund der Welt! Der erste Vierbeiner, der weiß, wie man die Figuren richtig setzt. Das ist schon was anderes als Frau oder Herr Hund. Es gibt laut weltweitem Netz nämlich mehrere leidenschaftliche Schachspieler, die mit Nachnamen Hund heißen.

Bleibt noch zu erwähnen, dass im Schachbrett viele Leckerlis versteckt waren, die wir finden mussten und selbstverständlich auch fanden. Nach der Übung durften wir endlich nach draußen. Wir tobten gleich alle durch die Eiswiese. Da hatten wir unsere Beschäftigung.

Bei unseren Zweibeinern allerdings verschlechterte sich die Laune zunehmend. Die Kinder waren völlig durchgefroren. Abwechslung für sie war nicht in Sicht. Ihnen blieb nichts anderes übrig, als sich mit ihren Gameboys ins Auto zurückzuziehen.

Später ging es mit dem Training weiter. Einige Übungen, wie „Bleib" und „ruhig liegen bleiben", habe ich mir noch gefallen lassen auf diesem Eisboden. Dann war auch bei mir die Batterie leer. Frauchen hatte Mitleid und verabreichte mir im Kofferraum eine Ration Fressen. Danach war ich mit keiner List mehr zum Aussteigen zu bewegen. Lotta ist da härter im Nehmen.

Auf der Rückfahrt waren die Straßen vom Eis befreit. Der Wind hatte nachgelassen und wir konnten etwas entspannter fahren. Ich hatte mich gerade an Lotta gekuschelt, da stieg mir wieder der bestimmte Geruch in die Nase. Ich drängelte mich an Lotta vorbei zu Frauchen und Arnold, die es sich auf den hinteren Sitzen gemütlich gemacht hatten. Kaum begann ich an Arnold zu schnuppern, wusste Frauchen schon Bescheid. Sie zückte das Messgerät und war über den hohen Wert regelrecht erschrocken. Rasch nahm sie die Pumpe und gab eine Korrekturdosis ab. Ich bekam Streicheleinheiten, aber keine Schoko-Leckerlis. Die waren in einer der vielen Taschen im Kofferraum verstaut, und niemand kam heran. Also, wenn das so weitergeht mit der Hundeschule – Brettspielen, Leckerlis suchen und toben, dann fahre ich gern wieder ins Hannoversche Land. Nur wärmer darf es gern sein.

Auch dieses Mal konnte ich nicht ahnen, was beim nächsten Training auf mich zukommen sollte.

„Denn wie man sich bettet, so liegt man.
Es deckt einen da keiner zu.
Und wenn einer tritt, dann bin ich es.
Und wird einer getreten, dann bist's du."
Chanson aus der Dreigroschenoper
von Bertold Brecht und Kurt Weil

Frauchen kaufte mir heute ein neues Schlafsofa für den Flur. Mein erstes Körbchen ist leider nicht mit mir gewachsen. Wie eine Quetschwurst lag ich zuletzt drin. Aber schön war es trotzdem, mein orangefarbiges Bettchen mit den braunen Stoffknochen drauf. Alles hat halt seine Zeit.

„Schau mal was ich für dich habe!" Mit diesen Worten begrüßte mich Frauchen, als sie nach Hause kam. Unter dem Arm hatte sie ein großes Paket. Ich riss das Papier mit einem Ruck ab und zum Vorschein kam jenes neue Hundesofa, ein braun-schwarz kariertes. Und schon probierte ich es. Das Teil ist relativ groß, wirkt fast wie eine Menschencouch, sagen wir, eine Couch für kleine Zweibeiner. Da passt sogar Arnold noch mit hinein. Manchmal machen wir es uns tatsächlich gemeinsam darauf bequem. Wie zwei Welpen liegen wir dann eng aneinander gekuschelt. Arnold strahlt jedes Mal über das ganze Gesicht. Darüber ist Frauchen besonders glücklich.

Worüber sich Frauchen noch freut: sie kann den Bezug meiner neuen Couch waschen. Das nenne ich Komfort. Das alte Körbchen passte nicht in die Waschmaschine. Musste es auch nicht. Jedenfalls solange nicht, bis ich für mich das Suhlen entdeckt hatte. Ja richtig – suhlen. Nein, ich bin keine wilde Sau geworden. Aber aus einem mir unerklärlichen Grund ziehen mich einige Gerüche magisch an; Wasser in verlassenen Schneckenhäusern, verschiedene Hinterlassenschaften von Waldtieren oder auch irgendwelche Tümpel. Es ist jedes Mal ein Genuss, sich darin zu wälzen. Dieser Geruch verfängt sich nach dem Suhlen, wie nicht anders zu erwarten, in meinem Fell. Auch wenn das Fell von Labradoren selbstreinigend ist, so schnell geht es auch nicht, der Geruch haftet noch mehrere Stunden an mir wie Klebstoff. Daher ein waschbarer Bezug sehr praktisch. Ansonsten würde es in unserem Haus ziemlich übel riechen.

Die wohl beste Erfindung am Sofa ist die Umrandung. Sie ist aus Schaumstoff und angenehm weich. Und weil sie etwas höher ist, platziere ich darauf mein schlaues Köpfchen. Kopf hoch, das lieben alle Labradore. Wenn ich oben bei Arnold im Bett schlafe, schiebe ich mir mit Vorliebe seine Decke unter das Kinn. Im Nu falle ich in tiefe Träume, in denen ich mich um alle Kinder kümmere, die wie Arnold krank sind. Rund um den Globus spüre ich jeden Blutzuckerspiegel auf, der nicht in Ordnung ist. In Europa, Afrika, Asien, Amerika – für alle bin ich Lulu, die weltberühmte, stets einsatzbereite Diabetikerwarnhündin.

Ich gebe während dieser Reise Traumtöne von mir, eine Mischung zwischen schluchzen und jauchzen, wie meine Familie erzählt. Selbst bekomme ich davon nichts mit. Meine Pfoten bewegen sich, ich zucke zusammen, strecke mich genüsslich, wälze mich zur Seite. Leider habe ich morgens den Inhalt meiner Träume vergessen.

27. März 2009

"Jedem Arzt geht es schlecht, wenn es niemandem schlecht geht."
Philemon von Syrakus, griechischer Dichter

Wieder so ein Tag, der von Weißkittel bestimmt wird, meine mittlerweile vierte Begegnung mit ihm. Auch diesmal bin ich nicht glücklich, zumal ich überhaupt nicht krank bin. Im Gegenteil, mir geht es glänzend. Frauchen versucht aber, mir einfühlsam zu erklären, dass dieser Besuch, den wir gleich machen, sehr wichtig ist. Sie redet unentwegt von Vorsorge, von Impfung, und dass ich mich schützen müsse vor Krankheiten, ich sonst womöglich sterben könnte. Ich und sterben! Dafür ist es wohl noch etwas früh. Ich bin doch gerade erst auf die Welt gekommen. Warum sollte ich sie denn schon wieder verlassen wollen? Doch Frauchen scheint mich nicht zu verstehen, ignoriert einfach meine schlechte Laune und schließt das Auto auf. Das bedeutet, ich habe keine Chance, mich gegen diesen neuerlichen Arztbesuch erfolgreich zu wehren.

Die Kofferraumklappe ist geöffnet. Doch statt wie gewohnt mit einem Satz auf meinen Platz zu springen, schleiche ich im Schneckentempo. Mir schwant Böses. Meine Laune wird von Sekunde zu Sekunde schlechter. Dann geht es los. Die Ampel ist auf grün geschaltet. Sonst ist die immer rot. Ausgerechnet heute nicht. Als hätte die ganze Welt sich gegen mich verschworen. So schnell wie heute waren wir noch nie beim Doc. Angekommen, geht es genauso rasant weiter. Kaum stehe ich in seinem Behandlungsraum, greift er in eine Schublade, und schwupp die wupp, sticht er mir in den Nacken. Das ist alles andere als lustig. Mit diesem Pieks ist es aber nicht getan. Direkt an der Einstichstelle schwelle ich schlagartig an. Es bilden sich dicke Beulen. Das sieht vielleicht aus! Und weh tut es auch. So kann ich mich nicht mehr entspannt auf dem Fußboden suhlen. Ständig werden mich die Schmerzen an Weißkittel erinnern. Schlafen kann ich wahrscheinlich auch nicht. Das wird eine schöne Horrornacht! Mit hängendem Kopf schleiche ich geknickt und zerknirscht zurück zum Auto. Ich will nur noch nach Hause.

Nach einer Impfung bin ich jedes Mal fix und fertig. Ich liege auf meinem Sofa und habe zu nix Lust. Aber schön ist es, wie sich dann meine Zweibeiner um mich kümmern. Nach solchen Aktionen bin ich die Chefin. Ich kann auch super leidend aussehen. Aber nur so lange es keiner durchschaut. Wenn sie spitz bekommen, dass es mir gar nicht so schlecht geht wie ich den Anschein erwecke, dann ist Schluss mit dem Prinzessin-auf-der-Erbse-Spiel. Diese Erfahrung habe ich schon öfter machen müssen. Dabei bin ich doch Lulu, die Diabetikerwarnhündin von Arnold, die Queen of Labrador. Leider zieht die Masche nicht immer bei meinen Zweibeinern. An meinem schauspielerischen Talent muss ich noch arbeiten.

Wenngleich, ins Fernsehen habe ich es schon geschafft. Ins Nordmagazin. So heißt die Sendung des NDR-Landesfunkhauses in Schwerin. Thema – klar – war ich. Das Dreh-Team war einige Tage vorher bei uns zu Hause. Eine nette Frau mit einer angenehmen Stimme hat uns alles erklärt, was sie mit dem kleinen Film über mich den Zuschauern berichten will.

Wau, ich als Hauptdarstellerin. Ich auf dem Sofa, ich auf meiner Couch, ich in Arnolds Bett, ich... . Ich wurde dann doch nicht so oft in Szene gesetzt, wie ich es mir ausgemalt hatte. Eher war Frauchen die Hauptdarstellerin. Ich durfte mit Arnold im Garten tollen, als er von der Schule kam. Frauchen hat währenddessen über uns Diabetikerwarnhunde und unsere spezielle Ausbildung erzählt. Volle 3 Stunden haben die Fernsehmacher bei uns zugebracht. Heraus gekommen ist aber kein 3 Stunden-, sondern lediglich ein 3 Minuten-Film. Ich schätze, es waren sogar nur knappe 3 Minuten. Aber vielleicht hat es ja gereicht, um berühmt zu werden. Mecklenburg-Vorpommern jedenfalls, ach, was sage ich, die Welt ist auf mich aufmerksam geworden. Preise kann ich mit meiner Arbeit leider nicht gewinnen. Obwohl, einen Oscar in der Rubrik Bester Hund fehlt eigentlich noch bei der alljährlichen Filmpreis-Verleihung in L. A. Dann käme ich auch einmal nach Amerika. Aber im Ernst: Es stimmt mich glücklich, dass man uns Diabetikerwarnhunde zunehmend besser wahrnimmt. Auch ganz ohne Show. Dafür ist unsere Arbeit viel zu wichtig.

"In der schönen Osterzeit,
wenn die frommen Bäckersleut',
viele süße Zuckersachen backen und zurechtemachen,
wünschten Max und Moritz auch,
sich so etwas zum Gebrauch."
Wilhelm Busch, deutscher humoristischer Dichter und Zeichner

In den vergangenen Tagen war Arnold sehr aufgeregt. Es ging um Süßigkeiten. Die letzten Weihnachtskugeln aus Schokolade hat er mit den Worten: „Bis zum Sonntag müssen alle verschwunden sein. Sonst gibt es nichts Neues", regelrecht verschlungen. Dabei schaute ich ihn fragend an: Ist denn schon wieder Weihnachten? Oder was? Sagt mir das vielleicht mal einer?

Herrchen verrät es mir bestimmt. Der ist immer mitteilungsfreudig. Wie gerufen kommt er gerade die Treppe herunter. In der Küche duftet es nach frisch gebackenen Brötchen. „Immer der Nase nach, nicht wahr, Lulu", witzelt er mit mir herum. Er scheint heute gut gelaunt zu sein. Und Arnold deckt den Frühstückstisch. Das passiert nur selten. Heute ist wirklich ein komischer Tag, irgendwie verkehrte Welt. Und dann legt Arnold noch kleine Schokohasen auf jeden Teller. Nur mich vergisst er, mein Napf bleibt undekoriert.

Frauchen kommt mit gekochten Eiern. Mit roten, mit tiefroten sogar. Solche Eier habe ich zuvor nie gesehen. Noch ziemlich verschlafen schaut Vanessa um die Ecke. Sie reibt sich die Augen, reckt und streckt sich in ihrem Pyjama. „Frohe Ostern", ruft Herrchen in die Runde. Aha, da haben wir die Erklärung. Heute gibt es etwas zu feiern. Aber was ist Ostern?

„Lulu, gleich suchen wir Ostereier". Ostereier? Schon wieder verstehe ich nix! Eier kenne ich. Das es auch rote gibt, habe ich zwar erst heute erfahren, aber sie liegen ja längst auf dem Tisch. Sie muss man nicht mehr suchen. Auch ich habe schon ganz normale Hühnereier gefunden, aber rein zufällig, nicht auf Abruf. Was es nur heute mit dem Suchen auf sich hat? Da lasse ich mich überraschen. Wird vielleicht ganz lustig. Herrchen, Frauchen, Arnold und Vanessa wirken jedenfalls sehr erwartungsvoll.

Doch bevor es losgeht, sollte ich mich ordentlich stärken, damit ich beim Suchen nicht auf Dinge hereinfalle, die mir womöglich wieder Magenschmerzen bereiten. Überall liegt jede Menge unbekanntes Zeug herum, denke ich und bewege mich Richtung Napf. Oh, was sehe ich denn da! Meine Augen glänzen. Hühnchenbrust mit Brühe vermengt. Ein herrlicher Duft steigt in meine Nase. Lecker! Nur zwei, drei Schlürfe reichen, und alles ist wie weggeblasen. Davon könnte ich einen Nachschlag vertragen. Ich gehe ins Wohnzimmer und frage bei Frauchen nach.

Sie ignoriert meinen Stups, weil sie gerade vollauf mit ihrem Brötchen beschäftigt ist. Dann eben nicht. Ich gebe mich geschlagen und lege mich auf den Fußboden zum Schlafen.

Es dauert nicht lange, da weckt mich Herrchen. „Los, Lulu, wir beide verstecken jetzt Ostereier." Ich verstehe zwar nicht, was er von mir will, folge ihm trotzdem hinaus in den Garten. Herrchen hat einen Korb in der Hand, gefüllt mit Schokohasen und anderen Dingen, die mich aber nicht so interessieren: Bücher, Kartenspiele, Hörspiel-CDs. Liebevoll eingepackt in Geschenkpapier. Wir verstecken die Geschenke in der Regenrinne, im Strandkorb, hinter Büschen und im Sandkasten, meinem Lieblingsspielplatz. Fragt sich nur, wer das alles wiederfinden soll. So viele verschiedene Verstecke kann sich doch kein Mensch merken. Und ein Hund auch nicht. Mal sehen, wie sich alles weiter entwickelt.

„Ihr könnt kommen!" Unverzüglich stürmen auf Herrchens Ruf alle anderen Familienmitglieder aus dem Haus. Arnold läuft direkt auf mich zu und greift mein Ohr. „Los, Lulu, such! Such mein Geschenk!" Aha, so geht das Spiel. Ich verstehe. An das Versteck im Sandkasten kann ich mich noch bestens erinnern. Ich renne geradewegs drauf los und grabe das versteckte Päckchen aus. Arnold reißt es auf, findet ein Hörbuch und freut sich riesig. „Danke, Lulu! Brav". Zur Belohnung bekomme ich ein Leckerli.

Während alle anderen noch mit dem Suchen beschäftigt sind, will Herrchen lieber spazieren gehen. Das sehe ich, weil er sich meine Leine gegriffen hat. „Lulu, komm ströpern". Das hast du auch bitter nötig nach diesem ausgiebigen Osterfrühstück, denke ich, und gebe ihm zu verstehen, das ist eine tolle Idee. Spazieren gehen könnte ich ständig. Wir machen uns auf den Weg in Richtung Lankower Berge, die direkt hinter unserem Zuhause liegen. Überall in den Gärten sehen wir Kinder, die unter Sträucher kriechen, in Gebüschen wühlen oder Gießkannen umstülpen. Ostern scheint eine Massenhysterie auszulösen. Ätsch, wir haben unsere Geschenke, rufe ich hinüber, als ich auf einem Grundstück Ipo entdecke. Ihr solltet auch mal in der Regenrinne nachschauen, gebe ich ihm einen Tipp, weil mir dieses Versteck von zu Hause gerade wieder einfällt. Ipo wohnt bei Familie Schulz in der Eichenstraße. Er ist mein bester Kumpel. Per Schnute begrüßen wir uns. Ich erzähle ihm aufgeregt von unserer Eiersuche im Garten und dass ich heute ein besonders leckeres Frühstück bekommen habe. Aber das Feiern soll längst noch nicht vorbei sein. Ipo fragt mich, ob ich zum Osterfeuer käme. Osterfeuer? Was ist das denn nun schon wieder? Osterhase, Ostereier, von Osterwasser hörte ich auch, und nun Osterfeuer. Ob man mit Osterwasser womöglich das Osterfeuer löscht? Keine Ahnung. Zumindest kann man es sich ja mal ansehen. Damit ist das Thema für mich vorläufig abgehakt. Ipo und ich rennen weiter zum Lankower See.

Weil gerade ein Frosch ins Wasser springt, tobe ich gleich hinterher. Ipo wagt sich nicht hinein. Bellend erklärt er mir vom Ufer aus, dass es ihm viel zu kalt ist und er mit mir viel lieber rumtoben, am besten Fangen spielen würde. Da lasse ich mich nicht zweimal bitten. Ich sage dem Frosch noch kurz Tschüß! Schon wenige Sekunden später können alle sehen, wie zwei Besengte den Hügel hinauf und herunter rasen. Ich schneide Kurven, werfe mich auf die Erde, drehe Bodenwellen, springe auf und laufe in Ipos Vorderpfoten. Dann ist er dran, mich zu fangen. Das macht einen Hundespaß.

„Lulu, wir müssen los!" Herrchen hat überhaupt kein Taktgefühl. Merkt er nicht, dass er stört und unser schönes Spiel unterbricht? „Lulu, komm jetzt! Das Osterfeuer wartet. Du wolltest doch auch dabei sein". Oh, das hatte ich fast vergessen. Jetzt packt mich Neugierde. Mit Küsschen auf die Nasenspitze verabschiede ich mich von Ipo und presche Herrchen hinterher.

Zu Hause erwarten Frauchen, Vanessa und Arnold uns schon, schön warm verpackt in dicke Jacken. Herrchen schnappt sich den Autoschlüssel und es geht los. Den Weg kenne ich. Herrchen biegt links ab und fährt dann immer geradeaus, an Wohnblöcken vorbei, über eine Brücke, direkt auf ein kleines Wäldchen zu. Hier geht es zu Oma nach Friedrichsthal. Bingo. Oma steht am Straßenrand und winkt uns zu. Siehe, da flackert auch schon ein Feuer. Einige Zweibeiner halten Fackeln in den Händen. Die Flammen hypnotisieren mich. Sie schlängeln sich Richtung Himmel. Holz knistert, Funken sprühen. Ich genieße diesen Anblick, ebenso die ausstrahlende Wärme. Ich lege mich nieder und starre in die Flammen. Passieren kann mir nichts. Die Feuerwehr aus Warnitz sichert die Umgebung. Gut so, denke ich. So ein Feuer kann sicher schnell mal höher lodern als erwartet und gefährlich werden. Wir Hunde haben dafür ein besonderes Gespür, empfinden Feuer grundsätzlich als Bedrohung. So mancher Vierbeiner hat seiner Familie schon das Leben gerettet, wenn es brannte. Ich kann mich nach der ersten Aufregung voll auf Arnold konzentrieren. Der schleicht unterdessen mit Oma ums Feuer und sieht richtig glücklich aus. Arnold mag seine Oma sehr, denke ich. Wenn wir sie besuchen fahren, spielen beide oft stundenlang Pokemon oder Karten und manchmal auch Lego Star Wars. Ich sitze mir derweil mein Hinterteil platt und warte darauf, dass sich endlich jemand auch mit mir beschäftigt. Oma und Arnold sind aber so in ihre Karten vertieft, dass sie mich überhaupt nicht wahrnehmen an ihrer Seite. Ich glaube, am liebsten würden sie mir noch Pokemonkarten in die Pfote drücken, damit sie einen dritten Spieler haben. Ich lehne charmant ab und schlafe stattdessen lieber eine Runde.

Oma und Arnold sind ein Herz und eine Seele. Sie kümmert sich liebevoll um den Jungen. Wenn sie zusammen sind, erzählt Oma von früher, was sie als Kind erlebte, und andere interessante Geschichten. Arnold hat viel von ihr gelernt. Frauchen erzählte einmal, sie wisse nicht, ob das Verhältnis zwischen Oma und Arnold ohne den Diabetes auch so intensiv wäre. Ist eigentlich auch egal. Ich finde es einfach nur gut, wenn sich alle in der Familie so prächtig verstehen.

Jetzt muss ich mich aber erst einmal um Arnold kümmern. Etwas liegt in der Luft. Er hat wohl zu doll getobt. Sein Energievorrat scheint erschöpft zu sein. Ich springe ihn an. Frauchen beobachtet uns und kommt sofort mit dem Messgerät vorbei. Einen Pieks später haben wir Gewissheit. Arnolds Zucker ist im Keller. Mit stolzgeschwellter Brust schaue ich Frauchen an. Der Tag konnte für mich nicht perfekter enden. Ich stellte erneut meine Schnupperqualitäten unter Beweis, trotz der dichter Rauchwolken des Feuers. Wenn jetzt noch ein Bratwürstchen für mich vom Grill fallen würde, könnte es das Ganze noch toppen.

24. April 2009

"Die Wissenschaft fängt eigentlich erst da an interessant zu werden,
wo sie aufhört."
Justus von Liebig, deutscher Chemiker

Herrchen und ich sitzen im Arbeitszimmer. Er am Schreibtisch, ich darunter. Herrchen ist, wie so oft, im Internet unterwegs. Das ist schon ein spannendes Medium.

Heute Vormittag trafen wir auf unserem Spaziergang einen Mann, mit dem wir ins Gespräch kamen. Jener, auch Vater eines an Diabetes erkrankten Kindes, erzählte von einer Studie, die 2004, also schon vor einigen Jahren, veröffentlicht und sehr heftig diskutiert worden war. Ich ließ mein Stöckchen fallen und spitzte die Ohren. Es war richtig spannend, was der Mann berichtete: „Forscher haben herausgefunden, dass nach der Katastrophe von Tschernobyl mehr Menschen als zuvor an Diabetes Typ1 erkrankten." Sofort ging mir ein Gedanke durch den Kopf: Hat die freigesetzte Strahlung im Zuge des Reaktorunglücks womöglich etwas mit Arnolds Erkrankung zu tun?

Diese Frage lässt mich fortan nicht mehr los. Herrchen muss ähnliches durch den Kopf gehen. Bereits seit zwei Stunden surfen wir gemeinsam durch das weltweite Netz. Und siehe da, es gibt viele Seiten zu dieser Untersuchung. „Was haben die Wissenschaftler da nicht alles gemacht?", zeigt sich Herrchen überrascht. Ich schaue ihn an, und als könnte er meine Gedanken lesen, kommentiert er, was er auf dem Bildschirm sieht.

Das internationale Forscherteam hat sich zwei Städte in der Nähe von Tschernobyl herausgepickt, Gomel und Minsk. Gomel war direkt nach dem Unglück besonders stark von radioaktiver Strahlung betroffen, Minsk eher weniger. Die Wissenschaftler stellten sich die Frage, wie viele Menschen in beiden Städten sowohl vor als auch nach der Katastrophe Diabetes Typ1 bekamen. Bei Gomel fanden sie heraus, dass es zwischen 1987 und 2002 doppelt so viele Menschen waren, wie noch in den Jahren 1980 bis 1986, also bevor das Unglück geschah. In Minsk änderten sich die Zahlen innerhalb dieser beiden Zeitetappen hingegen kaum. Die Forscher vermuten, dass die Betroffenen in Gomel radioaktiv verseuchtes Jod einatmeten und es so zu einer verstärkten Krankheitsdichte kam.

„Tja, Lulu, hilft uns diese Erkenntnis weiter? Was hat das Ergebnis mit Arnold zu tun?" Herrchen blickt mich fragend an. Ich erwidere mit meinen großen braunen Augen: Weiß auch nicht. Vielleicht ja gar nichts. Schließlich leben wir in Schwerin und nicht in Gomel. Aber könnte es nicht doch so sein, dass Herrchen und Frauchen damals zu viel radioaktive Strahlung abbekommen haben, die nachweislich weit in den Westen gezogen war? Die Vereinten Nationen hatten damals verfolgt, über welche Länder die Wolke mit den radioaktiven Partikeln hinweg schwebte. Seitdem ist klar, dass Deutschland keinesfalls verschont blieb. Vor allem Süddeutschland war betroffen. Pilze, Gemüse, viele Lebensmittel, auch Fische und andere Tiere wurden verseucht. Und Menschen auch, ohne dass sie es gleich gemerkt hätten.

Seit langem ist bekannt, dass radioaktive Strahlung Krebs auslösen kann. Deshalb finde ich die Studie aus der Ukraine äußerst interessant. Herrchen ist sich inzwischen fast sicher, dass der Reaktorunfall etwas mit Arnolds Krankheit zu tun hat. Aber wie ist der Junge letztlich dazu gekommen? Befiel ihn Diabetes Typ1, weil seine Eltern von der radioaktiven Wolke verstrahlt wurden? Oder kam sie auf anderem Weg in sein Leben? Und wenn ja, auf welchem? Äußerst schwierige und kaum lösbare Fragen. Am Ende müssen es doch nicht unbedingt Nachwirkungen der Katastrophe von Tschernobyl sein, die an Arnolds Erkrankung Schuld sind. Darauf gibt es leider keine abschließende Antwort.

Radioaktive Strahlen bilden sich ständig, auch in Mecklenburg-Vorpommern, wo ich wohne. Eine Ursache dafür ist zum Beispiel das natürliche radioaktive Edelgas Radon. Es kann aus dem Erdreich in Häuser dringen und bei den Menschen Lungenkrebs auslösen. Warum also nicht auch Diabetes? Herrchen ist sich zudem sicher, dass sich durch Kernschmelze oder Atombombentests, wo immer auf der Welt sie stattfinden, sich zunehmend mehr Rückstände im Boden festsetzen. Da frage ich mich doch als Hund, warum tun Menschen sich so etwas an, warum bauen sie Atomkraftwerke? Eigentlich sind die Zweibeiner doch schlaue Wesen. Da macht man sich doch nicht selbst krank oder bringt sich gar um?

Die Sonne scheint, und wenn ich die Strahlen einfange, kann ich Wärme erzeugen. Das spüre ich sogar an meinem eigenen Körper. Legte ich mich mit meiner schwarzen Mähne in die Sonne, gelänge es mir in kürzester Zeit, Spiegeleier darauf zu braten. Ist also schon mein Fell in der Lage, diese Energie zu speichern, dann sollten doch wohl die Zweibeiner ihr Gehirn nutzen können, um Ökostrom und Ökowärme zu erzeugen. Vielleicht gäbe es dann keine neuen Diabetiker-Kinder mehr.

Okay, wäre es so, läge ich noch auf meinem Bauernhof herum, ohne je bei Arnold gelandet zu sein. Aber die Vorstellung, ich könnte mit Arnold leben ohne täglich Zucker zu messen, Broteinheiten zu bestimmen oder Insulindosen auszurechnen, beziehungsweise eine mögliche Unterzuckerung ins Auge zu fassen, wenn er körperlich aktiv wird, – wäre es schon wert, alle Zweibeiner zu bewegen, etwas für eine saubere Welt zu tun, ganz ohne Atomkraftwerke. Dann könnte Arnold einfach größer und erwachsen werden wie ein gesundes Kind.

Die Welt ist schon eine große Rätselstube.

Was die Menschen sich alles antun!

30. April 2009

"Alles neu macht der Mai."
deutsches Sprichwort

Ich bin gerade wieder Feuer und Flamme, umgeben von Fackeln. Wir haben uns auf dem Dorfplatz von Klein Rogahn eingefunden. Das ist eine Eintausendseelengemeinde im Landkreis Ludwigslust, unweit von Schwerin gelegen. Seit ewigen Zeiten ziehen die Klein Rogahner mit Fackeln zur Nachbargemeinde Groß Rogahn. Immer am 30. April. Sie läuten damit den Mai ein. Herrchen hat an Rogahn seine eigenen Erinnerungen. Als er so alt war wie sein Sohn heute, da ist er immer mit dem `Schokoladenbus´ zum Kindergarten in Klein Rogahn gefahren. Der Bus hieß so, weil er braun war wie Schokolade. Er bestand natürlich nicht aus Schokolade. Das klapprige Gefährt war lediglich mit Rostschutzfarbe angestrichen. Anfang der 1970er Jahre gab es in der DDR anscheinend keine lustigere Farbe.

Anderswo in Deutschland steigen in der Nacht vom 30. April Hexen auf ihre Besen und fliegen zu ihrem Treffpunkt und tanzen zur Feier der Walpurgisnacht um ein Feuer. Und in der Walpurgisnacht 1998 fand noch ein ganz besonderes Fest statt. Da haben Frauchen und Herrchen geheiratet. Frauchen sagt, an einem solchen Tag heiraten nur Hexen. Wie meint sie das nur? Ist Frauchen etwa eine echte Hexe? Ich denke, eher nicht. Wenn allerdings doch, dann ist sie aber eine gute Hexe. So etwas soll es ja auch geben.

Ich bin heute zum ersten Mal bei einem solchen Fest und deshalb völlig aufgeregt. Als deutliches Zeichen wedelt meine Rute permanent hin und her. Arnold steht unmittelbar neben mir, streichelt und beruhigt mich. „Gleich geht's los, Lulu", sagt er mit zittriger Stimme. Anscheinend geht es ihm ähnlich wie mir. Auch er scheint es kaum abwarten zu können, dass sich der Fackelzug in Bewegung setzt. Während er von einem Bein aufs andere hüpft, hält er mit gestrecktem

Arm seine goldgelb lodernde Fackel in den dunklen Abendhimmel. Ein kleiner Junge, der schon die ganze Zeit neben uns steht, stößt ihn an und fragt: „Wie heißt denn dein Hund?" Prompt antwortet Arnoldt: „Das ist Lulu. Sie passt auf mich auf". Dabei krault er liebevoll meine Ohren. Am liebsten würde ich vor Wollust anfangen zu schnurren. Tut das gut. Weitermachen, bitte! Doch Arnold wird abgelenkt. Der Junge will noch mehr wissen. „Wieso passt Lulu auf dich auf? Machst du sonst Unfug?" „Nein, ich habe Diabetes. Und Lulu passt auf, dass mir nichts Schlimmes passiert". Nachdenklich kratzt sich der kleine Junge am Hinterkopf. Dort glühen jetzt seine Gehirnwindungen. Ich spüre regelrecht, dass er nicht genau verstanden hat, was Arnold gerade zu ihm gesagt hat. So ist es auch, denn die Fragerei geht weiter. „Was kann dir denn Schlimmes passieren?", löchert er meinen Schutzbefohlenen. „Ich könnte zum Beispiel ohnmächtig werden. Weißt du, bei mir ist das so. Weil meine Insulinpumpe im Bauch kaputt ist, habe ich draußen am Gürtel praktisch eine Ersatzpumpe. Das Insulin ist lebenswichtig. Es ist der Stoff, der den gegessenen Zucker in die Körperzellen transportiert. Daraus macht dann jeder Körper Energie – auch deiner. Bloß bei mir geht das nicht automatisch. Die Sache mit dem Bewusstloswerden ist das Gefährliche an der Ersatzpumpe. Sie gibt das Insulin ständig in meinen Körper ab, weiß aber nicht, wann ich mich zum Beispiel viel bewege. Dann braucht nämlich der Mensch weniger Insulin, auch ich. Es läuft aber über die Ersatzpumpe die vorher programmierte Dosis in meinen Körper. Deshalb gibt sie manchmal mehr Insulin als ich brauche, wenn ich in Bewegung bin. Ist der gegessene Zucker dann komplett aufgebracht, schaltet mein Gehirn im Kopf ab. Ich werde bewusstlos."

Dies reicht dem Jungen noch immer nicht. „Und was macht Lulu?", fragt er weiter.

„Lulu ist eine Diabetikerwarnhündin. Wenn beim Auto der Tank fast leer ist, leuchtet am Armaturenbrett eine rote Lampe. Bei mir ist Lulu meine ganz persönliche Alarmlampe, gewissermaßen eine auf vier Pfoten. Sie spürt, besser noch, sie kann riechen, wenn mein Tank fast leer ist, mein Körper nicht richtig funktioniert. Sie springt mich an als Zeichen, dass ich tanken, das heißt, Traubenzucker essen muss."

Der kleine Blondschopf starrt uns beide mit seinen großen blauen Augen an. So eine Geschichte hat er noch nie gehört. Ob er wirklich alles verstanden hat? Aber einmal in Fahrt, redet Arnold schon weiter. „Damit Lulu das alles kann, gehe ich mit ihr in eine spezielle Hundeschule. Dort wird sie entsprechend ausgebildet. Das ist für einen Hund gar nicht so einfach. Sie ist ja nicht als Diabetikerwarnhündin auf die Welt gekommen. Sie muss, genau wie wir, alles erst lernen. Und es gibt viel zu lernen. Zu Hause machen wir dann Hausaufgaben. Da übe ich mit ihr beispielsweise bestimmte Kommandos." Arnold wendet sich dem Jungen zu: „Wenn mein Blutzucker in Ordnung ist, dann läuft Lulu, so wie jetzt, ganz ruhig neben mir her, oder setzt sich ganz gelassen nieder wie vorhin. Ansonsten hätte sie längst Alarm geschlagen.

Der Junge scheint so begeistert zu sein, dass er bei uns bleibt und mit uns zusammen nach Groß Rogahn wandert. Denn endlich geht es los. Die beiden quatschen fortlaufend weiter. Aber sie haben ein neues Thema. Gut so, denke ich, jetzt hat er seinen Diabetes vorübergehend vergessen. Das Gespräch dreht sich um Darth Vader und Luke Skywalker und die Episode VI von Star Wars. Arnold bedauert, dass er sein leuchtendes Laserschwert nicht mitgenommen hat.

In der Ferne brennt ein riesiges Feuer. Im Lichtkegel sind ringsherum Häuser zu erkennen. Das muss Groß Rogahn sein. Je näher wir kommen, desto höher steigen die Flammen schlangenförmig in den Nachthimmel. Es zischt, knackt und prasselt. Viele Menschen wärmen sich, andere winken uns zu. Nur noch ein paar Schritte, und wir haben unser Ziel erreicht. Frauchen wird von zahlreichen Zweibeinern begrüßt. Herrchen habe ich zwischendurch aus den Augen verloren. Deswegen bleibe ich besser dicht an Arnolds Seite, denn außer ihm, Frauchen und Herrchen kenne ich niemanden. Doch dies soll sich schlagartig ändern.

Ein kleiner Kläfferpuffi kommt um die Ecke geflitzt. Den habe ich schon einmal gesehen, überlege ich gerade, da rast er auch schon direkt auf mich zu. Woher kenne ich diesen Wadenbeißer bloß? Als Frauchen eine weitere Zweibeinerin fest umarmt, kommt mir die Erleuchtung. Dieser kleine kurzbeinige Struwwelpeter heißt Kira und ist eine Mischlingshündin. Meine Familie ist mit ihrer befreundet. Anfangs konnten wir beide uns gar nicht riechen. Inzwischen hat es sich zwar etwas gelegt, trotzdem: Heute habe ich auf Kira überhaupt keinen Bock. Entsprechend konsterniert schaue ich drein. Doch ihr scheint das völlig egal zu sein. „Na Kleine, alles klar bei dir?" bellt sie mich an. Nicht in diesem Ton, bitte, knurre ich unmissverständlich zurück.

Wie kann ich Kira bloß schnell wieder loswerden? Ich überlege und überlege und komme auf eine tolle Idee. Schnurstracks laufe ich zu Frauchen, setze mich winselnd vor ihre Füße, schaue sie flehend an und gebe Laut. Doch Frauchen ist so in ihr Gespräch vertieft, dass sie mich nicht wahrnimmt. Sollte mein Plan etwa scheitern? So schnell gebe ich nicht auf. Ich lege einfach noch ein paar Oktaven drauf und winsele mir die Seele aus dem Leib. Es muss bis nach Schwerin zu hören sein. Endlich klappt es. „Lulu, was ist los, ist es hier zu aufregend für dich? Möchtest du im Auto schlafen?" Tolle Idee gebe ich Frauchen umgehend zu verstehen. Prompt geht sie mit mir zum Auto, öffnet die Kofferraumklappe, und mit einem Satz springe ich zielsicher auf meine kuschelige Decke. Endlich in Sicherheit. Hier findet mich Kira nie. Am besten schlägt die Klappe gleich wieder zu. Dann kann ich mich in aller Ruhe aufs Ohr hauen und eine Runde pennen. Vom Feuer hatte ich eh genug. Hauptsache es passiert nichts mit Arnold. Aber der wird auch bald nach Hause wollen.

8. Mai 2009

„Ein Schüler, von dem nie verlangt wird, was er nicht kann,
wird auch nie alles leisten, wozu er fähig ist "
John Stuart Mill, englischer Philosoph und Ökonom

Frauchen rast mit uns über die Autobahn. Mir ist ein wenig mulmig hinten im Kofferraum. Ich fühle mich wie die Hündin von Michael Schumacher. Aber der hat ja eine Schäferhündin und ich bin eine Labradorin. Und Frauchen ist Ärztin und keine Rennfahrerin, auch wenn es gerade so aussieht. Heute geht es quer durch Norddeutschland nach Osnabrück in die Hundeschule. Ich muss einigen Unterrichtsstoff nachholen. Beim letzten Mal lief es nicht so gut mit den Kommandos. Dafür hatte ich die Brett- und Tobespiele voll drauf. Das ist ja auch nicht schlecht, oder?

Zwei Stunden sind wir bereits unterwegs. Die heimatlichen Gefilde haben wir längst verlassen. Auch Hamburg liegt schon hinter uns. Dieses Mal soll unser Training zwei Tage dauern. Lotta mit ihrer Familie ist wieder dabei. Zusammen wollen wir das Notwendige mit dem Angenehmen verbinden und haben deshalb ein langes Wochenende gebucht. An der Raststätte Westerkappeln werden wir Quartier beziehen, mitten im Teutoburger Wald. Eine geschichtsträchtige Gegend, wie Herrchen berichtet.

Frauchen schaut aus dem Fenster. Ihr Blick geht in die Ferne, sie denkt nach. Ich beobachte sie von hinten aus dem Kofferraum. Wir beide sind quasi auf gleicher Wellenlänge. Die beiden Männer sind mit sich beschäftigt.

Ich höre jetzt, worüber Frauchen gerade nachdenkt: „Eine chronische Krankheit ist ein endgültiger Abschied vom bisherigen Leben. Nichts ist mehr wie es war, Lulu. Alles haben wir in Frage gestellt. Als Ärztin weiß ich, dass man mit Diabetes leben kann. Man braucht ja nur Insulin spritzen und hin und wieder den Zucker messen. Bislang war dies alles für mich weit weg. Aber nun hat es meinen Sohn getroffen, unseren kleinen Arnold. Damit hat die Krankheit ein Gesicht bekommen. Jetzt bin ich, sind wir mittendrin. Als Ärztin weiß ich so viel über Diabetes, es ist fast zuviel – und gerade das macht mir Angst. Mitunter fühle ich mich regelrecht ohnmächtig. Die Situation ist so bedrohlich, dass ich sie kaum ertragen kann. Sie erdrückt mich quasi. Nur ein Befreiungsschlag würde helfen, wieder klar zu denken. Am besten hier und heute."

Ich schniefe Frauchen zu, will ihr damit zu verstehen geben, dass ich gern mit ihr zusammen bin, gerade in diesem Moment.

„Ein Jahr habe ich gebraucht, Lulu, um entspannter zu werden. Nicht immer gelingt es mir. Manchmal verfluche ich die Krankheit. Bei vielen stößt mein Verhalten auf Unverständnis. Allerdings macht diese Einstellung mich zu einem

Menschen, den so schnell nichts vom Hocker reißt. Außerdem bin ich hart geworden in meinen Forderungen an mich selbst. Wahrscheinlich auch hart an meine Umwelt. Aber sie ist vielfach sogar noch härter, nimmt keinerlei Rücksicht auf unsere Situation. Deswegen ist nichts mehr wie es einmal war. Es ist einfach nichts mehr NORMAL. Aber was ist eigentlich NORMAL? Wie ist NORMAL zu definieren? Ich glaube, es kommt zuallererst auf die ganz persönliche Sichtweise an, und wie man mit dem jeweiligen Problem umgeht."

Wau, in Frauchen steckt eine kleine Philosophin. Und sie ist dabei so sensibel. Das schätze ich an ihr. Heute werde ich es meinen Trainerinnen richtig zeigen, nehme ich mir nach unserem Gedankenaustausch fest vor. Das habe ich voll drauf. Ich bin keine Versagerin, im Gegenteil, bin mindestens genauso gut wie die anderen Diabetikerwarnhunde in meinem Kurs. Das muss ich mit aller Deutlichkeit zum Ausdruck bringen. Nur so kann ich Frauchen entlasten. Es gibt ihr und mir gleichermaßen Kraft.

Endlich! Nach einer weiteren Stunde sind wir auf dem Rasthof angekommen und können unsere Zimmer beziehen. Wir haben zwei miteinander verbundene Räume plus Bad. Na, das Bad ist für mich nicht so wichtig. Wir wohnen direkt am Wald, da mache ich am besten mit Herrchen gleich eine größere Erkundungstour. Heute haben wir noch Zeit, das Training geht erst morgen los. Es ist, wie ich finde, eine ganz nette Gegend hier. Aber nach einer Stunde reicht sie mir. Inzwischen sollten auch Lotta und ihre Familie angekommen sein. Wir beiden Vierbeiner haben uns sicherlich viel zu erzählen. Wenn wir uns sehen, findet oft ein Mordsgaudi statt, weil wir nicht einfach herumsitzen und quatschen, sondern gleich nach Herzenslust herumtollen. Zudem eignet sich die Gegend hervorragend zum Versteckspielen. Nur die Steintreppe wird mir in meinem Übermut zum Verhängnis. Ich bin sie einfach viel zu schnell hoch und 'runter gejagt. Was Frauchen natürlich nicht entgangen ist. Ich denke, von nun an wird auch zu Hause das Treppenlaufen von mir selbst vollzogen werden müssen. Keine Sänfte mehr zu Arnolds Gemächern. Keine persönlichen Housekeeper zum Hinunterbegleiten. Dabei habe ich das immer intensiv genossen.

Der Abend verging wie im Fluge. Über Nacht habe ich nicht so gut geschlafen. Es lag wohl an der Ungewissheit, was am nächsten Tag beim Training auf mich zukommt.

Treffpunkt ist der Bahnhof von Osnabrück und was jetzt kommt, nennen die Zweibeiner Sozialisationstraining. Eine Tortour! Unvorstellbar viele Gerüche ziehen mir in die Nase, angenehme und weniger angenehme. Darunter sind auch solche von entsorgten Brötchenresten. So etwas zählt bei mir zu den Delikatessen. Da mache ich am liebsten auf dem Hacken kehrt und steuere geradewegs auf die Lagerstelle zu. Aber genau davon soll mich ja dieses Training zurückhalten. Eine äußerst schwierige Situation.

Widerwillig lasse ich mich von Arnold und Frauchen mitten in die Menschenmassen auf dem Bahnhof führen. Dutzende, ach, was sage ich, Hunderte, wenn nicht Tausende Beine, Taschen und Koffer zappeln um mich.. Mir ist ganz schwindelig. Vor einem Bäckerstand muss ich mich mit Arnold und Frauchen in eine lange Schlange einreihen und warten, bis wir endlich an die Reihe kommen. Dabei will ich eigentlich nur noch hinaus. Doch längst ist die Tortour nicht zu Ende. Wenig später heißt es Treppensteigen. Bei den Bahnsteigen angekommen, glaube ich meinen Ohren und Augen nicht zu trauen. Da bewegt sich doch laut quietschend ein riesiges Monster direkt auf uns zu. Bei genauerer Betrachtung fährt es allerdings unmittelbar neben uns auf endlos langen Eisenkufen heran.

„Lulu, ein Zug, keine Angst", gibt mir Arnold zu verstehen. Doch bin ich schon fast taub. Diese Geräusche sind nichts für mich, sind einfach zu laut. Aber irgendwie kommt das quietschende Monstrum zum Stehen, und endlich wird es ruhiger. Trotzdem spielt mein Trommelfell verrückt und ich glaube, nie wieder richtig hören zu können. Und schon wieder Krach. Eine laute Stimme verkündet über einen voll aufgedrehten Lautsprecher, dass auf Bahnsteig sowieso Zug Nummer sowieso aus, ich glaube, Hamburg eingefahren sei und es von anderen Bahnsteigen zu anderen Städten weitergehe. Das nimmt überhaupt kein Ende.

Inzwischen hat sich das Monster an verschiedenen Stellen geöffnet und spuckt Zweibeiner aus. Alle haben es furchtbar eilig. Mit ihren rollenden Taschen und Koffern im Schlepptau wird es erneut laut. Auf einem Bahnhof hört dieses Treiben wohl nie auf. Eng ist es auch noch. Gerade konnte ich noch meine Rute in Sicherheit bringen, ansonsten wäre sie wohl zwischen zwei Koffern eingequetscht worden. Bei all dem soll man sich auch noch aufs Training konzentrieren.

Auf einer Bank sitzen zwei Frauen in langen grauen Kleidern. Auf dem Kopf tragen sie Hauben. Nonnen, wie ich aus dem Gespräch zwischen Herrchen und den Damen erfahre. Meine Aufgabe besteht jetzt darin, in gebührendem Abstand `Platz´ zu machen. Was ich auch gehörig tue. Pluspunkt gesammelt! Die Trainerinnen beobachten das Geschehen sehr genau.

Endlich, nach 2 Stunden und vollem Programm, kann ich diesen Ort der hastenden Menschen und quietschenden Monster völlig erschöpft verlassen. Von den Gesichtern meiner Familie ist Zufriedenheit abzulesen. Ich habe mein Bestes gegeben, aber so schnell muss ich das nicht wiederhaben. Ich weiß nun zwar, was ein Bahnhof ist, dass das Monster eigentlich `Zug´ und worauf es fährt `Schiene´ heißt, aber mir ist alles viel zu laut und hektisch.

Auch die folgende Nacht verläuft nicht gerade ruhig. Zum Abendbrot gab es Spaghetti. Für Arnold wohl nicht das Richtige am Abend. Ich kann jedenfalls kaum ein Auge zumachen. Fast ständig ist sein Blutzucker zu hoch. Mehrmals muss Frauchen nachdosieren. Sie hat es vorher schon geahnt, wenn nicht gar gewusst. Nach einem Spaghettiessen wird der Kohlenhydratanteil erst nach 3 bis 5

Stunden vom Fett freigegeben. Bevor wir ins Bett gingen, wusste also Frauchen schon, was die Nacht über passieren würde. Aber sie wollte Arnold das Wochenende nicht verderben. Einschränkungen, gerade in solchen Situationen, bewirken viel Stress und Druck bei ihm. Dann endet jegliche Kooperation. Ich leiste wenigstens seelischen Beistand, indem ich Frauchens Füße wärme und mich an sie kuschele. Immer, wenn sie zum Messen aufsteht, begleite ich sie auf Samtpfoten an Arnolds Bett im Nebenzimmer. Ich spüre, wie dankbar Frauchen mir dafür ist. Auch ich muss ja permanent auf der Hut sein, gleich Zeichen geben, wenn wieder etwas nicht stimmt. Herrchen hingegen verschläft wie immer alles.

Nächster Tag. Meine Trainerinnen fordern meine Fähigkeiten heraus. Wir sind auf dem Hundeplatz. Lotta ist auch dabei. Wir zeigen uns von der besten Seite. Auch wenn das Programm überaus vielfältig ist, alles klappt wie am Schnürchen; Unterzuckerungsgeruch an den Klamotten erkennen, durch einen Tunnel laufen, über kleine Hindernisse springen, wie immer alles auf Kommando. Selbst das Maulkorbtraining lasse ich ohne mit den Lefzen zu zucken über mich ergehen. Dabei ist so ein Gitter vorm Maul total nervig. Meines ist zwar aus weicher Plastik, aber es ist trotzdem ziemlich eng und damit höchst unbequem. Und wem haben wir das Ganze zu verdanken – den so genannten „Schwarzen Schafen". Die gibt es selbstverständlich auch unter Hunden.

Weil diese Artgenossen jegliche Erziehung vermissen lassen, müssen alle anderen Hunde darunter leiden. So ein Korb ist letztlich zum Schutz der Zweibeiner erfunden worden, falls mal wieder jemand von uns durchdreht und zuschnappen will. Diabetikerwarnhunde machen so etwas zwar grundsätzlich nicht, aber Vorschrift ist halt Vorschrift. Gut, dass Arnold noch nicht allein in Schwerin Straßenbahn fährt. Da bleibt mir das Maulkorbtragen noch erspart.

15. Mai 2009

"Das Vertrauen erhebt die Seele."
Jean-Jacques Rousseau
französisch-schweizerischer Schriftsteller und Philosoph

Frauchen ist entspannter denn je. Sie vertraut mir inzwischen voll und ganz. So muss sie nicht mehr selbständig auf Habachtstellung sein. Die neue Situation nimmt ihr letztlich auch die Anspannung.

Ich habe gerade nachgerechnet; ich lebe jetzt seit einem halben Jahr bei Arnold und seiner Familie und habe, was seine Betreuung betrifft, inzwischen eine Treffsicherheit von 97 Prozent. Das heißt, ich erkenne so gut wie immer, wenn Arnold unterzuckert ist. Und das bringt mir viel Lob ein. Frauchen schläft nachts wieder durch, sieht frisch und glücklich aus. Als wäre aus ihr ein neuer Mensch geworden. Fast vermisse ich da schon ihre Augenringe, mit denen ich sie kennen gelernt habe. Aber das ist natürlich nicht ernst gemeint.

Auch das ewige Weckergeklingel ist aus unserem Nachtleben verschwunden. Frauchen muss nicht mehr ständig hoch. Ich bin es jetzt, die sie weckt, wenn etwas nicht stimmt. Darauf ist Verlass. Sollte ich dennoch einmal eine entscheidende Situation quasi verschlafen, weil ich einen schweren Tag hatte und völlig k.o. in meinem Bettchen liege, auch das ist schon vorgekommen, dann wacht Frauchen intuitiv auf. Oder sie hat es vorausgeahnt und sich vorsorglich den Wecker gestellt, um rechtzeitig bei Arnold den Zucker messen zu können. Schiefgelaufen ist in den vergangenen Monaten jedenfalls nie etwas, allein deshalb, weil wir uns super ergänzen.

Ich kann behaupten, ich bin fast einhundertprozentig zuverlässig. Manchmal merkt meine Familie einfach nicht, dass ich versuche, ihnen ein Zeichen zu geben. Aber das wird sie noch lernen.

Mir ist nämlich aufgefallen, dass die Menschen nur selten auf die vergleichsweise kleinen Signale achten, die man ihnen sendet. Sie sind einfach zu oft abgelenkt, ständig auf Achse, immer mit den Gedanken woanders. Beispielsweise stehen sie mit einem Bein schon in der Tür, haben aber noch den Telefonhörer vom Festanschluss im Haus in der Hand. Später stehen sie im Stau, haben Stress bei der Arbeit, Ärger mit dem Finanzamt, den ganzen Tag über Stress pur. Dabei lassen sie sich auch noch viel zu schnell ablenken, sodass sie für die kleinen Zeichen im Leben zunehmend blind beziehungsweise taub geworden sind. So geht es auch Frauchen und Herrchen oft. Es gibt Momente, da erkennen sie erst im Nachhinein, dass ich sie rechtzeitig gewarnt, auf eine Gefahrensituation hingewiesen habe. Ich bin ihnen deshalb zwar nicht böse, aber brenzlige Momente müssen ja nicht sein. Es kann auch mal, wie man so schön sagt, ins Auge gehen. Frauchen umarmt mich dann und versucht mich zu trösten: „Lulu, entschuldige, dass wir dich überhört, deine Zeichen nicht gleich wahrgenommen haben". Aber ehrgeizig wie ich bin, will ich Mrs. 100 Prozent sein.

Unser trainiertes Zeichen für die Unterzuckerung ist Anspringen. Daher kommt das Kommando `Hopp niedrig!´ Also immer, wenn ich den typischen Geruch in der Nase habe, springe ich an Arnold hoch und versuche sein Gesicht zu erreichen, um ihn dort mit meiner rechten Vorderpfote anzustupsen. Das macht sich allerdings schlecht, wenn Arnold liegt oder im Sessel sitzt. Dann kann ich ihn nicht anspringen. Also stupse ich ihn gleich mitten ins Gesicht. Doch wenn er sehr beschäftigt ist, nimmt er das kaum wahr. Wenn er Fernsehen schaut, bin ich einfach Luft für ihn, da kann ich machen, was ich will. Manchmal beobachtet mich Vanessa dabei. Sie versteht meine Zeichen sofort und gibt dann den anderen Bescheid, die sich dann pflichtgemäß bei mir bedanken. Aber manchmal ist es schwer, ihnen klar zu machen, dass wir es einfacher haben könnten. Soweit zu den drei Prozentpünktchen, die Frauchen und Co. sozusagen verschlafen, wenn ich Alarm schlage.

Mittlerweile bin ich so gut, dass ich Arnolds Unterzuckerung im Voraus spüre. Ich besitze also die Fähigkeit zu erschnüffeln, dass der Blutzucker in absehbarer Zeit spürbar sinken wird – selbst über mehrere Etagen in unserem Haus hinweg. Das ist für die gesamte Familie praktisch und bequem. Ich kann auf meinem Lieblingsplatz im Bett von Frauchen liegen, und Arnold spielt in seinem Zimmer. Oder ich döse auf meiner Couch im Flur vor mich hin, und Arnold amüsiert sich im Keller im Spielzimmer. Das ist übrigens ein Raum, in dem die Spielsachen nicht aufgeräumt werden müssen. Wenn er mit Bauklötzern ein Haus baut, kann es im Rohbau stehen bleiben und erst am nächsten Tag oder noch später fertig gestellt werden. Ein tolles Angebot, wie ich finde. Manchmal gehe ich auch hinunter und versuche mitzuspielen. Aber viel gelingt mir nicht dabei. Umso besser bin ich eben im Erschnüffeln des aktuellen Zustands vom Baumeister. Selbst, wenn ich mich zwischendurch in die höher gelegenen Gemächer zurückziehe. Egal, wo ich gerade bin, ob uns Treppen, Zimmer oder Wände trennen, ich bin immer auf dem Laufenden. Das können nur die allerwenigsten Diabetikerwarnhunde. Wenn man so will, bin ich Deutschlands Supernase!

20. Mai 2009

„Bedenke stets, dass alles vergänglich ist.
Dann wirst Du im Glück nicht zu fröhlich und im Leid nicht zu traurig."
Sokrates, griechischer Philosoph

Höhepunkte hatte ich in meinem kurzen Leben bereits reichlich. Aber dieser heute war das Maß aller Dinge! Natürlich in Anführungsstrichen.

Mittlerweile bin ich neun Monate alt. „Zeit zur Kastration, Lulu", klingt der Doc noch immer in meinen Ohren nach. Kastration?! Welch ein Wort. Auf jeden Fall kein schönes, und es war auch keine schöne Erfahrung. Aber dem Doc offenbar sehr wichtig. Behindertenbegleithunde sollten immer kastriert sein. Wir Hündinnen zum Beispiel würden immer dann, wenn wir läufig sind, nicht so gewissenhaft wie sonst unsere Arbeit verrichten. Sagt man. Ständig würden wir von Rüden abgelenkt, die meist außer Rand und Band sind. Hündinnen würden während dieser Zeit ihr Verhalten total verändern, sagt die Erfahrung. Die Liste der Vorwürfe ist lang: Hündinnen hören dann über die Kommandos hinweg, sind aufmüpfig statt gehorsam, somit für einen Diabetikereinsatz praktisch nicht zu gebrauchen. Selbst auf mich wäre kein hundertprozentiger Verlass mehr, so die geäußerte Befürchtung. Soll heißen, es wäre mir völlig egal, ob Arnolds Blutzucker gefährlich niedrig ist oder nicht. Und das alles wegen der Pubertät. Ja, richtig gehört. Auch Hunde kommen in die Pubertät. Und wenn die Hormone verrückt spielen, dann geht es Vierbeinern wie Zweibeinern, sie drehen durch. Ich habe solche Erscheinung an mir bislang nicht feststellen können. Deshalb sollten sie die Kastration am besten auch lassen. Doch weit gefehlt.

Frauchen ist sehr liebenswürdig zu mir, während wir in die Praxis fahren. Aber das hilft mir nicht viel. Ich habe richtig Angst, allein schon, weil ich befürchte, dass es nicht ohne Spritzen abgehen wird. Und tatsächlich, gleich zur Begrüßung bekomme ich einen Pieks. Danach kann ich mir gut vorstellen, was Arnold bei den vielen Einstichen fühlt, die er jeden Tag über sich ergehen lassen muss.

Frauchen hält mir die Pfote und krault mich sanft am Kopf. Oh, mir wird auf einmal ganz mulmig, irgendwie beginne ich zu taumeln und werde dabei auch noch zunehmend müde. Dabei habe ich heute Nacht sehr gut geschlafen. Liegt es vielleicht an der Spritze? Kaum, dass ich darüber nachdenken kann, schwinden mir die Sinne und ich falle in einen Tiefschlaf. Ab diesem Augenblick bekomme ich nichts mehr mit. In meinen Träumen sehe ich meine Geburtshütte, den Kuhstall, und ich tobe mit meinen Geschwistern. Schon wenig später renne ich mit Ipo, meinem besten Kumpel, die Lankower Berge auf und ab. In einem Traum überschlagen sich die Geschehnisse mitunter regelrecht. Und ich habe viel Zeit zum Träumen.

Vier Stunden sind inzwischen vergangen. Ich erkenne es an den Zeigern der Uhr, die in Weißkittels Zimmer hängt. Eben war es noch kurz nach 9 Uhr und jetzt ist die Mittagszeit schon fast herum. Aber an Fressen mag ich ausnahmsweise überhaupt nicht denken. Ich kann kaum einen klaren Gedanken fassen. Mein Kopf fühlt sich ganz benebelt an. Und laufen kann ich auch nicht richtig. Ständig knicken meine Pfoten ein, und ich taumele von einer auf die andere Seite. Es sieht aus, als sei ich betrunken. Da lege ich mich am besten gleich wieder hin.

Dieses Taumeln habe ich bislang nur an Zweibeinern beobachtet. Zumeist dann, wenn ich spät abends mit Herrchen eine Runde Gassi gehe. Da kommen uns mitunter auch solche wankenden Gestalten entgegen. Es sieht aus, als stünden sie bei stürmischer See auf einem Schiff. Inzwischen weiß ich, dass die Ursache Alkohol heißt. Aber so etwas würde ich selbstverständlich nie im Leben anrühren. Also, woran liegt es bei mir?

Jetzt fängt auch noch mein Bauch an zu schmerzen. Es wird immer schlimmer. Ich habe ein wirklich böses Erwachen. Behutsam drehe mich auf den Rücken und sehe, dass ich am Bauch ganz glatt rasiert bin. Mein schönes schwarzes Fell ist weg. Stattdessen sehe ich dort eine lange Narbe. Damit kann ich mich ja nirgends blicken lassen. Ich bin völlig nackt. Dabei war ich immer so stolz auf mein Aussehen. Was haben sie nur mit mir gemacht?

Voller Scham schaue ich zu Frauchen hinüber. Wenigstens ein Lichtblick in diesem trostlosen Arztzimmer. Sie ist gerade gekommen, um mich abzuholen. Das hatte sie mir zuvor fest versprochen. Ich muss sagen, sie hat noch nie ein Versprechen gebrochen. Jetzt will ich nur noch fort, endlich weg von diesem unsicheren Territorium, wo mir noch immer der Boden unter den Pfoten davon zu gleiten scheint. So stupse ich Frauchen mit der Schnute an und bitte sie inständig, mich hier so schnell wie möglich heraus zu tragen. Sie hat sofort ein Einsehen mit mir.

Vorsichtig hebt sie mich in den Kofferraum, schwingt sich anschließend hinters Lenkrad und dreht den Zündschlüssel um. Der Motor springt an. Ich kann endlich die Flucht ergreifen. Allein hätte ich es nicht hinbekommen. Weißkittels Revier wird im Rückspiegel zunehmend kleiner. Endlich kann ich aufatmen. Keine fünf Minuten später sind wir zu Hause. Frauchen trägt mich vorsichtig in den Flur und legt mich behutsam auf mein Sofa. Ich drehe mich sofort auf die Seite und versuche zu schlafen. Der Tag war viel zu anstrengend für mich.

Im Halbschlaf höre ich, wie sie sich über den Verlauf meiner Operation unterhalten, dass eigentlich alles gut verlaufen sei. Also operiert worden bin ich. Was das ist, davon hatte ich bislang überhaupt keine Ahnung. Eigentlich hätten sie mir auch vorher sagen können, wie schlimm so etwas ist. Und dass man sich danach im wahrsten Sinne des Wortes hundeelend fühlt.

Jetzt scheinen sie es wieder gut machen zu wollen. Ich werde vorbildlich umsorgt, stehe im Rampenlicht wie schon lange nicht mehr. Auch wenn der Anlass kein schöner ist. Frauchen holt sogar eine Decke aus dem Schrank, die einst Arnold gehörte, als er noch ein Baby war. „Ist die nicht schön flauschig. Gleich wird es dir besser gehen", tröstet sie mich, während sie mich darin einwickelt. Ich lasse heute alles mit mir geschehen.

Das Telefon klingelt. Frauchen nimmt den Hörer ab und ich spitze wie gewohnt die Ohren. Doch weil ich noch immer ziemlich weggetreten bin, bekomme ich nicht viel mit. Am anderen Ende der Leitung scheint eine Kollegin von Frauchen zu sein, die sich nach mir erkundigt. Also sie müssen auch anderen von meiner OP erzählt haben.

„Es geht ihr gut", sagt Frauchen. Also, unter gut verstehe ich etwas völlig anderes. Ich fühle mich eher schlecht, bin schlapp und sehe aus wie ein abgelutschter Kauknochen. Das alles habe ich allein Weißkittel zu verdanken. Wenngleich, eins muss man ihm lassen: Er hat klasse operiert. Meine Narbe sieht super aus. Er hat sogar resorbierbares Nähzeug benutzt. Es hat den Vorteil, dass sich die Fäden bald von selbst auflösen, ich also nicht zum Fäden ziehen muss. Noch ein Termin bei Weißkittel würde mich glatt um den Verstand bringen. Keine zehn Pferde schaffen mich mehr zu ihm. Auch wenn er ein noch so guter Fachmann ist, wie alle sagen.

Frauchen hat das Gespräch beendet, ist in die Küche gegangen und kommt jetzt auf mich zu. Ich tue so, als würde ich weiterschlafen. Ich will nicht, dass sie denkt, ich würde sie belauschen. Vorsichtig legt sie mir etwas wunderbar Warmes auf den Bauch, eingewickelt in ein Tuch. Das könnte eine Wunderlampe, oder richtiger wohl eine Wunderflasche sein, wenn ich die Form betrachte. Auf alle Fälle gluckert es darin, so als wolle jemand herausgelassen werden. Wenn es so sein sollte, dann hilft er mir gerade. Jedenfalls geht es mir besser.

Ich bekomme Appetit. Sogar auf Gassi gehen hätte ich Lust. Frauchen scheint es zu ahnen und stellt mir den Wassernapf direkt vor die Schnute. Während ich darin schlappere, holt sie die Leine. Juchu! jaule ich auf und spüre sofort, dass es heute wohl kein langer Spaziergang wird. Ich bin einfach noch zu schwach. Deshalb laufen wir ganz langsam. Nach nicht einmal fünf Minuten ist Schluss. Ich will nur noch zurück auf meine Couch.

Frauchen wickelt mich wieder in meine Decke und heizt die Wärmflasche erneut auf. Das war es quasi mit meinem ersten Krankenurlaubstag. Doch jetzt will sich Arnold um mich kümmern. Wenn er sich so einrollt wie ich, haben wir beide auf meinem Sofa Platz. Arnold an meinem Rücken und die Wärmflasche auf meinem Bauch, das ist ein wahrhaft himmlisches Gefühl. In den Augen meiner Zweibeiner entdecke ich glänzende Punkte oder sind es gar Tränen? Lange drüber nachdenken kann ich nicht mehr. Erschöpft schlafe ich ein.

4. Juni 2009

"Man muss in Reinheit und mit Liebe
seiner Berufung zu dienen gerecht werden."
Leo Tolstoi, russischer Schriftsteller

Frauchen und Herrchen wussten, worauf sie sich einlassen, dass eine Kastration auch bei einem Hund nicht ohne kurzzeitige Folgen bleibt. Warum ich das weiß? Ich war Zeugin eines Gespräches zwischen ihnen und meinen Trainerinnen, die zu erzählen wussten, dass es drei Monate dauern kann, bis ich wieder voll einsatzbereit bin, das heißt, auf eine Unterzuckerung reagiere. Frauchen, Herrchen und auch Arnold hatten auf einmal Angst. Sie war ihnen anzusehen. Sie hatten mich für geraume Zeit sozusagen außer Gefecht gesetzt. Das tat mir in dem Moment richtig leid. Ich will ihnen diese Sorge nehmen, mich zusammenreißen, alles dafür tun, das ich so schnell wie möglich wieder meinem Job nachgehen kann.

Seit heute – also nach nicht einmal 24 Stunden – bin ich wieder ganz die Alte: voll einsatzbereit. Dass es so schnell gehen würde, hat wirklich niemand voraussehen können. Das Schlimmste wäre für mich, arbeitslos zu werden. Dafür liebe ich meinen Job viel zu sehr, auch wenn ich mitunter einen schlechten Tag habe, an dem es nicht so gut läuft. Frauchen hat dann für mich tröstende Worte parat: „Hündinnen haben halt auch, liebe Lulu, ihre Tage". Ich weiß zwar nicht so richtig, was sie mir damit sagen will, aber sie wird schon Recht haben. Auf jeden Fall widerbelle ich nicht.

Mitunter habe ich einfach auch nur Schnupfen oder einen Infekt und kann deswegen nicht so gut die Unterzuckerung riechen. Also im wahrsten Sinne des Wortes die Nase voll. Wenn sie nach ein paar Tagen wieder frei ist, läuft es auch sofort wie am Schnürchen. So einfach ist es. Schließlich bin ich eine sehr fleißige Diabetikerwarnhündin. Fleiß wird uns Labradors übrigens grundsätzlich nachgesagt. In allen Fachbüchern steht, dass wir eine sehr aufmerksame und wissbegierige Rasse sind. Obendrein bin ich im Sternzeichen der Jungfrau geboren. Die stehen explizit für hohe Aufmerksamkeit und Wissbegierde. Womit ich sagen will, dass ich – ohne zu übertreiben – doppelt gut, ein doppelter Joker bin. Und wenn ich ausnahmsweise nicht gut drauf bin, aus welchem Grund auch immer, dann bin ich einfach „nur" der Seelenhund für alle.

6. Juni 2009

„Nichts bringt uns auf unserem Weg besser voran
als eine Pause."
Elizabeth Barrett Browning, englische Dichterin

Im Radio dudelt Musik. Jemand singt „Pack die Badehose ein". Das passt. Arnold ist gerade dabei, es zu tun. Und er verstaut gleich noch ein paar Sachen mehr in seine große Reisetasche. Es geht anscheinend nicht nur zum Strand, sondern etwas weiter weg. Die Hinweise für meine Vermutung mehren sich; Herrchen putzt die Scheiben vom Auto. Frauchen räumt den Kühlschrank aus und mein Schlafsofa steht auch nicht mehr im Flur. Ein Familienmitglied hat es schon im Kofferraum verstaut. Wohin es geht hat mir bislang niemand verraten. Bis vor ein paar Minuten wusste ich nicht einmal, dass wir überhaupt verreisen. Ich weiß, ich soll mich in Geduld üben. Doch liegt mir diese Übung absolut nicht. Wenigstens eine Tugend scheint an mir vorbeigerauscht zu sein.

„Arnold hast du dein Messgerät eingepackt?", ruft Frauchen aus der Küche. „Ja", kommt es aus dem Kinderzimmer zurück. „Wir wollen gleich los. Bist du soweit?" Diesmal folgt ein genervtes „Jaaaa". Dann: „Gleich, ich beeile mich ja ."

Endlich werde auch ich informiert. Frauchen beendet meine Ungewissheit. „Lulu, wir wollen Ostseeluft schnuppern, es geht in den Urlaub! Wie findest du das"? Klasse! Urlaub ist eine Vokabel, die ich mir als eine der ersten gemerkt habe. Für mich verbindet sich damit ausnahmslos Schönes. Nach Niendorf, an die Wohlenberger Wiek, soll es über die Pfingstferien gehen. Es ist nicht gar so weit weg, da wird wenigstens die Fahrt nicht zur Geduldsprobe.

Frauchen hat in Niendorf eine Ferienwohnung gemietet. Sogar Oma kommt mit. Nur Herrchen bleibt zuhause. Der ist im BUGA- Fieber. Bei uns in Schwerin findet gerade die Bundesgartenschau statt. Und Herrchen ist voll engagiert. Er führt als einer von 50 Gästeführern gleich mehrmals am Tag Touristen durch die Stadt und als Höhepunkt durch die blühenden Landschaften der sieben Gärten rund um das Schloss.

Dann müssen wir es uns notgedrungen ohne ihn gemütlich machen. Die Wohlenberger Wiek ist eine Bucht zwischen Wismar und dem Ostseebad Boltenhagen. Benannt wurde sie einst nach der kleinen Ansiedlung Wohlenberg und der Bucht genau vor deren Haustür. Die Nordgermanen sagen auch gern Wiek zu so einer Einkerbung im Land. Oder noch schöner: Meerbusen. Das habe ich, wie soll es anders sein, von Herrchen gelernt, dem wandelnden Lexikon auf zwei Beinen.

Die gepackten Taschen stapeln sich im Flur vor der Küche. Frauchen macht ein nachdenkliches Gesicht. `Nur nichts vergessen` lese ich darin. Sie geht noch einmal ihre Checkliste durch: Insulin, Katheter, Pen, Glukagon-Spritze, einfache Teststreifen, Aceton-Teststreifen, Messgerät, Traubenzucker, Schokobons und Knoppers. Nanu, stehe ich etwa nicht drauf? Nicht, dass ich vergessen werde! Vorsorglich lege ich mich genau neben die gepackten Sachen. Frauchen blickt von ihrem Blatt auf, schaut mich an und muss schallend lachen. Sie kann wohl tatsächlich Gedanken lesen.

Schon wenige Minuten später sitze ich auf meiner Decke im Kofferraum. Arnold, Oma und Vanessa spielen auf der Rückbank Karten. Frauchen kutschiert uns in Richtung Urlaub. Nach nicht mal einer Stunde haben wir unser Ziel erreicht. „Wir sind daahaa!" Frauchen dreht sich zu uns nach hinten, während sie die frohe Botschaft verkündet. Ich kann regelrecht schnuppern, wie entspannt sie ist. Ein langgestrecktes Haus mit mehreren Türen steht unmittelbar vor uns. Vor jedem Eingang lädt eine große Terrasse mit Strandkorb zum Verweilen ein. Die Luft riecht leicht salzig. Der Strand kann nicht weit sein.

Doch erst muss das Haus besichtigt werden. Frauchen teilt die Schlafplätze zu. Vanessa und Arnold testen gleich die Sprungkraft der Matratzen. Sie schlafen gemeinsam in einem Zimmer. Oma hingegen bekommt den Luxus eines Einzelzimmers zugesprochen, während Frauchen selbst eher die Economy Class erwischt hat. Sie wird auf der ausgeklappten Couch im Wohnzimmer schlafen. Ich habe, so bekomme ich gerade zu hören, freie Platzwahl. Da weiß ich doch schon wie das endet. Nachts bei Arnold im Bett, morgens ab zu Frauchen ans Fußende.

Ein richtig schöner erster Urlaubstag ist Vergangenheit. Das Wasser war zwar noch ziemlich kalt, aber ich stürzte mich trotzdem gleich in die Wellen. Die zweibeinigen Badegäste waren hingegen nur mit den Füßen im Wasser. Kunststück, an der Wohlenberger Wiek kann man weit hinaus laufen, bis es endlich etwas tiefer wird. Das Wasser ist hier sehr seicht und deshalb eigentlich gar nicht mehr so kalt wie an anderen Stränden entlang der Ostseeküste. Es kann sich hier schneller erwärmen, wenngleich wir von angenehmen Badetemperaturen um diese Jahreszeit noch weit entfernt sind.

Nach dem vielen Toben am Strand bin ich total müde. Die Kinder schlafen bereits. Arnold hat vorsorglich noch ein Plätzchen für mich freigelassen. Ich springe zu ihm ins Bett, kuschele mich an seinen Bauch und döse vor mich hin. Tief und fest schlafen darf ich ja nicht. Ich bin auch im Urlaub ständig im Dienst. Erfahrungsgemäß werden gegen Morgen Arnolds Werte spürbar sinken. Zu einer Zeit, da er noch tief schläft, weit fort ist in seinen Träumen. Er würde gar nicht merken, dass er in Gefahr schwebt. Aber dafür hat er ja mich, und so kann er ganz beruhigt sein.

Während ich meinen Halbschlaf pflege, kommen mir wieder die Enten in den Sinn, die ich heute am Strand kennen gelernt habe. Sie teilen sich mit mir die große Leidenschaft für das Wasser. Ganz herangekommen an sie bin ich nicht. Es war ähnlich wie kürzlich bei den Krähen. Ich habe wieder richtig Gas gegeben, schoss auf sie zu, um ihnen die Pfote zu reichen, oder ehrlicher gesagt, sie zu fangen, aber es will mir einfach nicht gelingen. Jedes Mal komme ich zu spät, bin sozusagen die letzte am Ziel und schaue dabei ziemlich dumm aus dem Fell. Solche riesigen Vögel hatte ich bis heute noch nicht gesehen. Das Wasser steigerte ihre wahre Größe ins Unermessliche. Das muss etwas mit Spiegelung zu tun haben. Für mich blieben sie dennoch oder gerade deswegen unerreichbar.

Ein gelbroter Ball fällt geradewegs ins Zimmer. Die Sonne geht auf. Selbst durch die geschlossenen Fenster ist das gleichmäßige, rhythmische Rauschen der Wellen zu hören. Möwen kreischen, sie scheinen, wie alle Vögel, Frühaufsteher zu sein.

Noch verschlafen drehe ich mich zu Arnold um und schnuppere an seinem Körper. Der typische Duft von Unterzuckerung steigt mir in die Nase. Sofort bin ich hellwach und mache mich schnurstracks auf den Weg zu Frauchen ins Wohnzimmer. Ein kräftiges Ziehen an ihrer Decke und es dauert nicht lange, bis sie ihre Augen öffnet. Sie ist längst routiniert, weiß, was jetzt zu tun ist. Sie misst den Zucker. Der Wert ist deutlich zu niedrig. Deshalb legt sie Arnold zwei Traubenzuckerplättchen auf die Zunge. Mit Blick auf die Uhr dreht Frauchen sich noch mal um.

„Lulu!" Mit der rechten Hand klopft sie auf ihr Bett und gibt mir so zu verstehen, dass wir beide darin Platz haben. So eine Einladung kann ich nicht ausschlagen. Meine Nachtschicht ist ohnehin beendet, Arnold versorgt, für ein paar Minuten habe ich Feierabend. Und den genieße ich. Ruhepausen sind äußerst wichtig für mich. Überhaupt: Wir sind doch im Urlaub. Auch ich muss mich von meinem Job erholen. So drehe ich mich gemütlich auf Frauchens Decke ein, atme tief durch und fast zeitgleich schließen wir beide die Augen. Während Frauchen noch einmal einschläft, bleibe ich zumindest mit einem Auge und einem Ohr wach.

Wau, fast zwei Stunden sind so vergangen. Frauchen ist gerade dabei, ihren Jogginganzug überzustreifen. Jetzt werde auch ich aus dem Bett geschubst. „Los, lass uns spazieren gehen, Lulu", flüstert mir Frauchen zu. Wir beide schleichen uns, während die anderen noch immer schlafen, aus dem Haus und laufen geradewegs zum Strand.

Ist das herrlich hier. Ein Paradies für Hunde. Ich jage erneut die Enten zum Himmel, springe Steinchen hinterher und suhle mich im Sand. Außer Frauchen und mir ist keine Menschenseele zu sehen, geschweige denn ein anderer Hund. Der Strand gehört uns nahezu allein. Außer den Enten kreisen noch ein paar Möwen über uns, schießen zwischendurch immer mal wieder pfeilschnell ins Meer, um sich ein paar Frühstücksbissen herauszufischen.

Frühstück ist ein gutes Stichwort. Auch mir knurrt der Magen. Wie gerufen türmt sich direkt vor mir ein Haufen Seetang auf. Riecht gar nicht so übel, und gesund sieht er auch aus, Natur pur. Ich kann mich sogar erinnern, dass ich schon einmal davon fraß und danach richtig fit war. Und so schaufle ich mir ordentlich etwas von den grünen, rein pflanzlichen Bandnudeln hinein. Frauchen bekommt davon gar nichts mit. Sie blickt gedankenverloren in die Ferne und beobachtet die Schiffe, die wie Schatten am Horizont vorüber ziehen. Es scheint, als würden sie in der aufgehenden knallroten Sonne verglühen. Heute wird wieder ein herrlicher Tag! Doch es hilft nichts, ich muss Frauchen aus ihrer Traumkulisse zerren, es ist an der Zeit, Arnolds Werte zu checken.

Wir schlendern am Strand entlang zurück zu unserem Aufgang. Arnold, Oma und Vanessa sind bereits aufgestanden. Sie haben sogar den Frühstückstisch gedeckt. Frisch aufgebackene Brötchen gibt es, Schokomüsli, Wurst, Käse, Marmelade, Honig und Tee, alles was ein Zweibeiner sich so wünscht. In meinem Napf liegt lediglich ein Déjà-vu. Gab es das nicht schon gestern? Körnerquark mit geriebenem Apfel. Mein Leib- und Magengericht sieht anders aus. Egal, ich habe Knast. So sagen wir im Norden, wenn uns der Hunger plagt.

Während ich meinen Napf blitzblank putze, wird am Tisch darüber diskutiert, was wir heute machen. Ich erfahre, dass wir ein Dorf aus der Steinzeit besuchen wollen, genauer gesagt, ein Dorf der Jungsteinzeit. Was voraus setzt, dass es eine Altsteinzeit gab. Ja, sie gab es. In jener Phase waren die Menschen den lieben langen Tag mit Jagen und Sammeln beschäftigt, so wie wir Hunde heute noch. Sie durften alles essen, was sie erbeuteten. Fisch und Wild beispielsweise, aber auch Beeren, Pilze und Wurzeln. Ich darf längst nicht alles fressen, was ich finde. So ändern sich die Zeiten, denke ich für mich und höre Frauchens Bericht: „In der Jungsteinzeit wurden die Menschen sesshaft. Sie fingen Tiere ein, sperrten sie in Gehege, um sich von ihren Nachkommen zu ernähren, um nicht mehr täglich jagen zu müssen. Zudem entdeckten sie für sich den Ackerbau. Erstmals in der Menschheitsgeschichte wurde Getreide angebaut, eine völlig neue Nahrungsgrundlage. Eine Art Dorfkultur war geboren und mit ihr die Jungsteinzeitmenschen." Was Frauchen alles weiß. Ich bin überwältigt. Nur auf eine Frage hat sie keine Antwort. Die kommt von Arnold:. „Warum wurden die Menschen eigentlich sesshaft?"Da muss nicht nur Frauchen passen. Auch die Wissenschaftler haben noch keine Erklärung gefunden. Wieder bin ich um eine Erfahrung reicher. Ich weiß aber aus unserer eigenen Geschichte, dass mit Sesshaftwerden der Zweibeiner wir Hunde die ersten waren, die sie fortan begleiteten. Wir haben beispielsweise auch aufgepasst, dass die Haustiere nicht wegliefen oder halfen beim Hüten. Und wir bellten schon damals laut, wenn ungebetene Gäste anrückten. Was ich nicht weiß: Es gibt Zeitmaschinen. Denn Frauchen erzählt gerade, dass wir gleich in die Vergangenheit reisen werden, rund 6000 Jahre zurück. Ich bin gespannt, wie diese Reise enden wird.

Mir juckt es unter der Weste. Ihr wisst schon, jene Hülle, die ich nicht mag. Die blaue mit der gelben Schrift. Es beginnt überall zu krabbeln, ich muss mich kratzen. Frauchen zeigt Mitgefühl und nimmt mir für die Zeit der Autofahrt die Weste ab. So kann ich es mir im Kofferraum bequem machen, während die Bäume entlang einer der berühmten Alleenstraßen Mecklenburg-Vorpommerns an mir vorbei sausen.

Wir sind angekommen, in Kussow, dem Steinzeitdorf. Es wurde nicht ausgegraben wie viele andere, erzählt uns ein Bewohner. Vielmehr baute man es originalgetreu nach. Die Menschen seinerzeit lebten in Lehmflechthütten. Deren Wände wurden nicht gemauert, sondern geflochten und anschließend mit Lehm verputzt und mit Stroh umwickelt. Eine ideale Wärmedämmung. So lebten die Menschen in ihren Hütten geschützt vor Wind und Wetter. Und die riesigen Bäume rund um das Dorf wurden als zusätzliches Schutzschild benutzt.

Das Wohnzimmer ist recht klein, denke ich, als ich in einer der Hütten stehe. Zu Hause haben wir jedenfalls wesentlich mehr Platz. Und auch mehr Komfort. Aber ich bin ja auch stolze 6000 Jahre später auf die Welt gekommen. Den Jagdinstinkt von damals habe ich immer noch im Blut. Den spüre ich regelrecht, als ich Einzelheiten über die Kunst der Nahrungssuche seinerzeit erfahre. Die Steinzeitmenschen nutzten Harpunen aus Geweih, Angelhaken aus Knochen und angespitzte Holzpfeile. Arnold darf in die Rolle eines kleinen Jungsteinzeitmenschen schlüpfen, bekommt Pfeil und Bogen in die Hand. Jetzt muss er das Gerät nur noch richtig spannen und auch treffen. Ich gebe ihm ein Zeichen, dass ich die Beute apportieren werde. Doch leider machen wir nur Luftübungen, schießen lediglich ins Leere. Vanessa übt sich im Speerschleudern. Auch damit haben die Steinzeitmenschen gejagt. Wie das vor sich ging, erklärt uns eine neuzeitliche Bewohnerin:

Der Speer bestand aus einem langen Holzstück mit einer Aushöhlung am Ende, die wie ein Haken aussieht. Darin wurde der Speer gespannt. Dies weiß man, weil Archäologen überall auf der Welt solche Sperrschleudern ausgegraben haben. Auch heute noch gibt es Menschen, die dieses traditionelle Brauchtum pflegen. Es war sehr interessant in dem Steinzeitdorf. Auch deshalb, weil ich erfuhr, wie es einst meinen Vorfahren erging. Am Ende der Exkursion machte ich noch fette Beute. Da war mir doch glatt eine Minimaus direkt vor die Schnauze gelaufen. Ein rundum super Urlaub. Zum Abschluss waren wir noch im Vergnügungspark. Arnold ist wie ein alter Rocker Moped auf der Kinderautobahn gefahren, und ich wurde von Besuchern wegen meiner blauen Weste mit der Aufschrift „In Training Diabetikerhund" bewundert. Auch Herrchen weilte bei uns, denn er hatte eine Pause bei der BUGA eingelegt. Das fiel ihm gar nicht leicht, weil er große Freude an seinem Job hat und sich kaum vor Besuchern retten kann. Bei den Führungen lernt er interessante Menschen kennen, die wiederum ihn toll finden, weil er mit wahrer Begeisterung die besten Geschichten rund um die BUGA und die Stadt Schwerin erzählen kann.

Dahin will ich auch unbedingt. Mit meiner Weste und Arnolds Ausweis komme ich nämlich überall hinein, wo Hunden ansonsten der Zutritt verwehrt bleibt. Einfach toll, die verschiedensten Düfte auf der BUGA zu beschnuppern. Leider darf ich meine Lieblingsblumen nicht markieren. Wenn Frauchen und Herrchen das auch nur ansatzweise erkennen, werde ich sofort zur Ordnung gerufen. Aber auch auf der BUGA gibt es einige Ecken, wohin noch kein Gärtner gekommen ist. Da duftet es sogar noch besser als mitten im schönsten Rosenbeet, nämlich nach Gras und Moor und faulem Holz und solchen Sachen, inklusive Pipi meiner Artgenossen. Auch im dichtesten Zaun findet sich irgendwo ein Loch, durch das man schlüpfen kann. Das alles habe ich von meiner Schwester Lotta erfahren. Sie war schon auf der BUGA. Übrigens Katzen haben dort auch ihre Spuren hinterlassen. Das ist auch so eine Ungerechtigkeit. Katzen können überall hin pinkeln und ihr großes Geschäft erledigen. Das muss keiner wegmachen. Bei uns Hunden sind alle hinterher, selbst wenn wir uns hinterm Busch verkriechen wird gemeckert. Da müsste sich was ändern!

„Man muss das Unmögliche versuchen, um das Mögliche zu erreichen."
Hermann Hesse,
deutsch-schweizerischer Dichter und Schriftsteller

Hundeschulsonntag in Hannover – ohne mich. Dieses Mal trifft mich keine Schuld. Weder habe ich etwas Falsches gefressen, mich verletzt, noch fehlt es mir an der nötigen Disziplin. Ich bin schlicht und ergreifend der Sommergrippe zum Opfer gefallen. Schon am Freitag ging es hüstelnd los. Doch da konnte ich noch toben und mit Arnold im Garten Fangen spielen.

Die folgende Nacht werde ich allerdings mein Leben lang nicht vergessen, Frauchen und Arnold auch nicht. Um Mitternacht wurde ich von einem solchen Hustenanfall geschüttelt, der selbst Arnold aus dem Schlaf riss. Frauchen brachte mich schnell nach unten ins Wohnzimmer und öffnete die Terrassentür weit. Kühle Nachtluft durchflutete umgehend den Raum und meine Hundelungen. Trotzdem ließ der nächste Anfall nicht lange auf sich warten. Ich konnte kaum noch auf den Pfoten stehen, versuchte aber trotzdem, nach draußen zu kommen. Beim Husten kam auch weißer Schleim mit heraus, den wollte ich nicht unbedingt im Wohnzimmer verteilen.

Für den Rest der Nacht war an schlafen nicht zu denken. Arnold wollte unbedingt bei mir bleiben. Deshalb baute Frauchen uns ein Lager auf der Couch. Die Nachtfrische beruhigte dann allmählich meinen geschundenen Rachen. Irgendwann schliefen wir alle vor Erschöpfung ein. Arnold hatte immer wieder meine Vorderpfoten gestreichelt, um mich zu beruhigen.

Am nächsten Morgen fühlte ich mich noch immer hundeelend. Frauchen versuchte dennoch mit mir einen Morgenspaziergang. Schon an der nächsten Hecke schüttelte mich erneut ein so kräftiger Hustenanfall, dass sie auf dem Hacken kehrt machte, um mich gleich wieder auf die Couch zu legen. Sie rannte in die Küche, um etwas zu holen, das sie auf meinen Bettbezug träufelte. Dieser angenehme Geruch legte sich wie ein Zauberbalsam um meinen Hals. Ätherisches Öl, so nennt Frauchen das Mittel. Mir fiel sofort ein: Als sie eine Rippenfellentzündung hatte, musste sie auch oft husten und behandelte sich entsprechend. Daher kannte ich diesen Geruch, ein wahrhaft magischer Duft. Wie von Zauberhand geleitet verringerten sich meine Anfälle. Allerdings war an körperliche Belastung noch lange nicht zu denken.

Kurz entschlossen entschied Frauchen, mich bei Vanessa und Herrchen zu Hause zu lassen und nur Arnold zum Training mitzunehmen. Ursprünglich waren wir mit Lotta und deren Familie verabredet. Wir bilden seit längerem eine Fahrgemeinschaft. Dann ist es für die Jungs nicht so langweilig, sie können sich auf dem langen Weg miteinander beschäftigen. Diesmal nun fuhren Arnold und Frauchen allein und ohne mich.

Es war ein heißer Tag. Sie steckten mitten im Wochenendverkehr, während ich auf meiner Couch schlummerte. Da ich ein Seelenhund bin, waren meine Gedanken ständig bei meinen Zweibeinern.

Die Trainingswiese liegt genau hinter dem Hundeplatz. „Hundebegegnungen" stand auf dem Programm. Dabei müssen die Zweibeiner ihre Hunde aneinander vorbei führen. Sie dürfen sich dabei auf keinen Fall anschauen oder gar aufeinander zugehen. Totale Ignoranz ist angesagt. Im Nachhinein war es gut, dass ich nicht dabei war. Ich hätte meine Probleme gehabt. Anderen Hunden gegenüber muss ich immer ein wenig Imponiergehabe an den Tag legen, ob ich will oder nicht. Das habe ich einfach im Blut, obwohl ich gar nicht arrogant und sehr feinfühlig bin. Aber gegen diesen Charakterzug komme ich nicht an. Als wichtigste Erkenntnis brachten Arnold und Frauchen das „Erlauben" und „Verbieten" von Hundekontakten mit. Bei Frauchen folgte dann auch prompt die Umsetzung. Man lernt ja nie aus.

Mit einem Zwischenstopp beim weltweit bekannten amerikanischen Spezialitätenrestaurant endete am Abend der Hannover-Ausflug für Frauchen und Arnold. Beide waren wie erschlagen. Kein Wunder, die durchwachten Nächte an meinem Krankenbett forderten Tribut. Nur gut, dass mit Arnolds Blutzucker heute Abend alles stimmt. Die Nachtwache kann ich schon wieder übernehmen. Meine Genesung ist soweit fortgeschritten, dass selbst ein kurzer Spaziergang mit Herrchen ohne Hustenattacke blieb und ich schon wieder richtig Lust auf neue Herausforderungen spüre.

21. Juni 2009

„In allzu klarem Wasser ist kein Fisch zu finden.
Nie sollte man restlose Klarheit fordern. "
fernöstliche Weisheit

„Endlich Sommer!", bellt es aus mir heraus. Ich habe natürlich nichts gegen Winter und Schnee. Wenn aber die Sonne warm scheint, dann kann ich baden gehen. Schwerin ist bekanntlich die Sieben-Seen-Stadt. Bei uns unmittelbar um die Ecke liegt der Lankower See. Dort geht Herrchen immer mit mir Gassi. Pardon, ich muss mich korrigieren. Herrchen ist da sehr genau und sagt stattdessen: „Lulu, wir gehen ströpern! Nicht Gassi! Gassi gehen nur Faulpelze".

Damit will er mir sagen: Gassi gehen mit ihren Hunden die Menschen, die keine Zeit haben für ausgiebige Spaziergänge. Vermutlich, weil ihnen andere Dinge wichtiger sind. Das kommt bei uns nicht in Frage. Wir gehen halt nicht nur die Gassen entlang, damit ich mich lösen kann, sondern wir gehen richtig spazieren. Dazu gehört auch Toben, mitunter stundenlang. Eine Kollegin von Frauchen hat dies mal, wie ich finde sehr treffend, als „geschenkte Pausen" bezeichnet. Manchmal fragen sich meine Zweibeiner sogar selbst, woher plötzlich die Zeit kommt, die sie mit mir verbringen. Das lese ich aus ihren Gesichtern ab. Dann antworte ich mit einem ebenso vielsagenden Blick: Bestimmung und Seelenhund. Das muss reichen.

Mittlerweile bin ich zehn Monate alt. Herrchen ist es schon lange nicht mehr. Der sieht wesentlich älter aus. Wau, wau, kleiner Hundewitz am Rande!

Rund um den Lankower See führt ein schmaler Pfad. Meine Lieblingsbadestelle befindet sich am Nordufer unter einer riesigen Erle. Von dort aus schwimme ich eine, manchmal zwei Runden. Auch heute wieder. Und das gleich zweimal. Gegen acht Uhr und noch einmal um halb zwei waren wir an der Erle. Das ist unsere bevorzugte Ströperzeit. Arnold ist zu dieser Zeit schon beziehungsweise noch in der Schule, und Herrchen hat Zeit nur für mich. Wenn er die Leine vom Haken nimmt, heißt es für mich: Jetzt geht es los. Unterwegs sorgt er immer wieder für Abwechslung. Da fliegen Bälle durch die Gegend. Wenn ich Lust habe, bringe ich sie zurück. Heute habe ich keine Lust. Herrchen muss sie selbst finden und zurückholen. Einfach liegen lassen will er sie nicht. Man hat es nicht immer leicht mit seinem Hund. Wenig später sind wir am See.

Bevor es ins Wasser geht, laufe ich erst einmal eine Runde durch den Morast, schnappe hier und da nach Fliegen oder Mücken und scheuche auch die eine oder andere Ente auf. Die kenne ich inzwischen bestens. Ab und zu kommen uns Stockenten entgegen. Nach denen darf ich nicht schnappen. Herrchen sagt dann energisch: „Siiiiiiitz!" Ich hocke mich brav am Wegesrand auf meine Hinterpfoten und warte, bis die Stockenten vorbeigestochert sind. Stockenten, so nennt Herrchen jene Zweibeiner, die mit Stöcken unterwegs sind. `Nordic Walking´ heißt diese Art der Vorwärtsbewegung in der Fachsprache. Ich gehorche natürlich aufs Wort, denn am Ende gibt es immer eine Belohnung. Meist sind es Hundekroketten aus einem kleinen Stoffbeutel, den Herrchen immer bei sich hat. Die sind zwar kalorienarm, schmecken aber trotzdem. Zu viele Hundekroketten machen bekanntlich dick. Allerdings hat das Zwischendurchgenasche leider einen Haken. Mehr Bonbons bedeutet weniger Futter. Meine Tagesration Leckerlis wird mit meinem Essenplan abgestimmt. Manchmal bin ich enttäuscht und denke: Brav sein lohnt sich überhaupt nicht. Dann ist anschließend der Napf nur halb voll, was nicht im Sinne des Erfinders sein kann.

Allerdings haben Herrchen und Frauchen den Sinn des Ströpens langsam erkannt. Auch wenn es Nachhilfestunden in einer Rostocker Hundeschule bedurfte. Sobald ich mein Zuhause verlasse, kommt mein ureigenster Jagdinstinkt zu Tage.

Richtigerweise: Sichern und jagen, jagen und sichern. Nachdem meine Zweibeiner dies nun wissen, verstehen wir uns noch besser. Ich finde es toll, dass sie sogar Nachhilfe genommen haben, um meine Hundegedanken zu verstehen. So können wir jetzt noch gründlicher als zuvor auf meiner Ebene kommunizieren. Seitdem ist auch der Rückruf kein Problem mehr und ohne Leine zu gehen völlig stressfrei.

Zurück zum Baden. Baden liebe ich über alles. Egal ob Pfütze, Tümpel oder See, ich springe in alles Nasse, was mir in die Quere kommt. Neulich ist mir vielleicht etwas passiert. Herrchen war gerade Müll wegbringen. Er sammelt immer Glasscherben und Flaschenverschlüsse auf, die andere achtlos wegwerfen, damit ich mich nicht verletzte. Ich stand unterdessen am Ufer und sah etwas Langes auf der Wasseroberfläche auf mich zuschwimmen, gräulich schwarz und ungefähr einen halben Meter lang. Es kam immer näher. Jetzt sah es für mich ganz klar wie ein Stöckchen aus. Was sollte es auch sonst sein? Sofort war mein Jagdinstinkt geweckt. Ich also mit voller Wucht ins Wasser und schnappe nach dem vermeintlichen Stöckchen. Doch kurz bevor ich es zwischen den Zähnen glaubte, tauchte es plötzlich wie vom Blitz getroffen unter. Oh Schreck, das Stöckchen lebte. Das kann doch nicht sein? Nur Herrchen wusste sofort, was los war. „Lulu, der Fisch ist schneller als du!", rief er und hielt sich vor Lachen den Bauch. Ich schaute ihn ganz verdutzt an. Hatte ich doch von einem Fisch noch nie etwas gehört. Aber offenbar ist ein Fisch nicht verwandt mit einem Stöckchen. Das jedenfalls kann bei drohender Gefahr, oder wie immer man mein Anschwimmen bewerten mag, nicht abtauchen. Ein Fisch hingegen scheint es zu können. Diese Begegnung musste ich erst einmal verdauen.

Noch Tage später war mir nicht wirklich nach baden zumute, obwohl das ja bislang meine Lieblingsbeschäftigung war. Ich kann einfach noch nicht einschätzen, ob Fische nun meine Freunde oder meine Feinde sind. Ganz gleich, ob Enten, Krähen, Katzen, oder was auch immer, fast alle Tiere sind vor mir bislang einfach davon gelaufen. Dabei will ich doch nur spielen. Bis heute bin ich keinem Fisch mehr begegnet und hoffe, dass das auch so bleibt.

26. Juni 2009

"Auch wenn es dich empört:
Das unerlaubte Vergnügen macht Spaß."
Ovid, römischer Dichter

Ping Pong! Ping Pong! Ping Pong! Ein kleiner weißer Ball fliegt von einer Seite zur anderen. Auf dem grünen Rasen steht eine ebenso grüne Platte und rechts und links davor jeweils ein Zweibeiner mit einer Kelle in der Hand. Manchmal schlagen sie die kleine Kugel eine halbe Ewigkeit hin und her, dann wieder landet sie sehr schnell im Netz, das über die Mitte der Platte gespannt ist. Schauplatz des sportlichen Großereignisses ist die Kleingartenanlage von Friedrichsthal. Alle anderen Anwesenden haben es sich auf Einladung von Gastgeber Pfad auf der Terrasse gemütlich gemacht.

Pfad? Komischer Name, denke ich. Doch die Kommunikation zwischen meiner Zweibeinerfamilie und mir funktioniert wie gewohnt gut, und so lässt die Erklärung nicht lange auf sich warten. „Pfad, das ist ein Verein für Pflege- und Adoptivkinder", bekomme ich zu hören. Irgendwie kommt mir das bekannt vor. Ceylan und Vanessa sind Cousinen von Arnold und gleichzeitig die Pflegekinder von Frauchen und Herrchen. Frauchens Schwester ist krank und kann deshalb nicht selbst für ihre Kinder sorgen. So wohnen die beiden bei uns. Oder richtiger gesagt wohnten, denn Ceylan besitzt seit einigen Tagen ihr eigenes Nest. Sie hat ganz in der Nähe eine kleine Wohnung bezogen. Sie ist fast fertig mit ihrer Ausbildung, möchte und soll ihr eigenes Leben leben. „Mit Diskogängen so lange ich will", wie sie sagt, und das heißt bei ihr bis in die frühen Morgenstunden. Auf gut deutsch; Diskobesuch bis ultimo. Zuzüglich Freunde besuchen und empfangen, feiern, was man eben so macht mit fast 18 Jahren. Das alles kann sie jetzt.

Frauchen ist der Abschied ziemlich schwer gefallen. Ihr kamen am Umzugstag fast die Tränen. Aber immer nur dann, wenn Ceylan es nicht sehen konnte. Ich kann mich da gut in sie hineinversetzen. Ich bin ja auch so ein Pflegekind, wurde damals von meiner Tante aufgezogen, nachdem meine Mama ziemlich schnell nach meiner Geburt gestorben war, um dann in meine heutige Familie zu kommen, in der die beiden Menschenpflegekinder bereits lebten. Ich war somit Pflegekind Nr. 3. Das kommt auch nicht alle Tage vor. Wenn ich es mir heute recht überlege, kann das ein Zufall gewesen sein? Es gibt keine Zufälle im Leben. Das ist Schicksal. Ich glaube an die Theorie der Bestellung, und ich bin der Beweis, dass es tatsächlich so geschieht.

Ein netter Herr mit einer smaragdgrünen Schürze vor seinem ziemlich ausladenden Bauch übt sich als Grillmeister, ständig bemüht, die Würstchen auf dem Rost rechtzeitig zu wenden, bevor sie womöglich anbrennen. Beim Tischtennis wurde unterdessen das Spielsystem geändert. Jetzt rennt eine ganze Schar von Kindern Runde für Runde um die Platte herum. Einer muss dabei immer versuchen den Ball zu treffen, so, dass er nicht zu Boden fällt. „Wir spielen chinesisch", ruft Arnold mir im Vorbeilaufen zu. Ehrlich gesagt, ich verstehe nur chinesisch. Davon habe ich noch nie etwas gehört, aber offenbar heißt die Variante des Spiels so. Warum ausgerechnet chinesisch? Die Frage kann mir nur Herrchen beantworten. Auch ihm ist die wilde Rennerei nicht entgangen. Doch diesmal fällt die Erklärung für seine Verhältnisse außergewöhnlich kurz aus. „Tischtennis ist in

China Volkssport". Na toll, damit weiß ich noch lange nicht, warum diese Variante chinesisch heißt. Schließlich wird Tischtennis auch in Amerika, Australien, Afrika, Europa und damit nicht zuletzt auch bei uns in Deutschland gespielt. Da bleibt mir nichts anderes übrig, als mir selbst meinen Teil zu denken. Vielleicht heißt das Spiel deshalb so, weil es in China viel zu wenig Platten für die Millionen und aber Millionen Menschen gibt, die dort leben. Also haben die Asiaten sich gedacht, da postieren wir uns am besten gruppenweise um die Platte, damit jeder mal rankommt. Klingt zumindest einleuchtend. Aber ist das wirklich die Erklärung? Ich halte mich nicht länger auf mit diesem Gedanken. Irgendwann werde ich die richtige Antwort schon erhalten, nur eben nicht jetzt und auf der Stelle.

Viel spannender finde ich es, mich als chinesischer Neuzugang ins Spiel einzubringen. Arnold hat den Ball gerade aufgeschlagen, ihn dabei aber nicht perfekt getroffen. Von der Netzkante springt die Kugel in hohem Bogen Richtung Büsche. Und ich wie ein Pfeil hinterher. Im Tiefflug schnappe ich mir das weiße Ungeheuer und schaue siegesbewusst auf die entsetzte Kinderschar. Damit habt ihr wohl nicht gerechnet, gebe ich ihnen zu verstehen und auch, dass ich den Ball nicht so schnell wieder hergeben werde. Mit meiner Beute im Maul renne ich um die Büsche, schneide Kurven, schlage Haken, immer und immer wieder, die Kinder hinter mir her. „Lulu, gib uns den Ball wieder! Sei keine Spielverderberin!", bittet mich Arnold um Rückgabe meiner Beute. Wieso denn Spielverderberin? Ich mache doch nur mit. Ich habe lediglich die Spielregeln etwas erweitert. Warum wollt ihr nur um diese blöde Platte herumlaufen, der Rasen und das Gelände herum bieten doch wesentlich mehr Möglichkeiten. Das sollten wir nutzen, gebe ich ihnen zu verstehen. Doch die Kinder wollen mich einfach nicht erhören. Im Gegenteil, einige werden schon richtig wütend. Um keine Angst vor ihnen zu haben, beiße ich einfach die Zähne zusammen.

Ooops, was war das denn? In meinem Maul hat es Knack gemacht. Es fühlt sich an, als hätte ich soeben auf ein rohes Ei gebissen. Aber runterschlucken mag ich es nicht. Also das Ganze raus aus meinem Maul. Zum Vorschein kommt – ein total zerknautschter Tischtennisball. „Ach man, Lulu, jetzt ist er kaputt. Das hast du wirklich toll hinbekommen", zeigt sich Arnold total enttäuscht. Dabei habe ich das doch gar nicht mit Absicht getan. Ich finde ja selbst, dass der Ball jetzt etwas komisch aussieht. Ich schwänzele um Arnolds Beine, schmiege mich dann fest an ihn und bitte um Verzeihung. „Okay Lulu, was soll´s? Entschuldigung ist angekommen." Na ein Glück, ist noch mal gut gegangen.

Mir nichts, dir nichts, zückt Arnold aus seiner Hosentasche einen neuen Ball. Schneeweiß, kugelrund, ein Traum von Pingpongkugel. So kann das Spiel von vorn losgehen. Diesmal beobachte ich die Jungs lieber aus sicherer Entfernung. Doch allmählich bekomme ich einen Rappel von dem fortwährenden Hin und Her, immer nur ping pong, ping, pong. Ich bekomme vor allem eins: Nackenstarre. Ich glaube, ich sehe aus wie die Zuschauer, die so einen sportlichen Wettkampf verfolgen. Deren Köpfe gehen dann auch nur immer hin und her, bei großen Events gleich tausendfach, nahezu synchron im stets gleichen Rhythmus. Wenn ihr euch jetzt selbst sehen würdet, müsstet ihr sicherlich auch lachen, denke ich dann. Nun bin ich selbst eine von ihnen. Ich habe die Monotonie dieses Grillnachmittags richtig satt, und das bevor auch nur ein Happen zum Fresvor mir liegt. Ich sehne mich weit weg, bilde mir ein, ich sei eine Gazelle und springe galant durch die Wüsten Afrikas, immer diesem magischen weißen Ball hinterher. Niemand stört mich dabei. Sssscccchhhnaaaaaap. Wieder habe ich einen. Doch es war gar kein Traum. Ich habe mich erneut vergessen. Der Ball flog gar nicht durch die Wüste, sondern durch Schwerin, direkt vor meine Nase. Arnold findet das gar nicht lustig, wirft völlig genervt seine Kelle auf den Rasen. Nun habe ich ihn wirklich verärgert. Er schnieft wütend. Ich glaube sogar zu erkennen, dass Dampf aus seiner Nase gen Himmel steigt.

Aber, was soll`s, langsam finde ich Gefallen daran, die Jungs auszutricksen. Herrchen hilft mir sogar dabei. Er schleppt gleich eine ganze Packung neuer Bälle an. Nummer zwei ist natürlich auch hin. Was mir zwischen die Zähne kommt, wird umgehend gekillt. Dieser Ball ist mausetot, der bewegt sich keinen Zentimeter mehr. Da bin ich mir sicher. Am besten, ich buddele ihn gleich ein, dann sieht das Malheur keiner. Aber da fliegt schon Nr. 3 durch die Gegend. Ich lache mir ins Pfötchen und denke, den hole ich mir auch. Sieben Mal wiederholt sich dieser Spaß. Dann sind alle Bälle matsch, die Kinder und ich gleichermaßen k.o. Eine Gelegenheit, uns nun dem Grillen zuzuwenden. Was mir da ins Näschen steigt, lässt Leckeres erahnen. Saftige Steaks und knackige Würstchen. Davon wird doch bestimmt eins für mich übrig sein, oder?! Vorsorglich kratze ich dem Gastgeber am Bein. Als das nicht hilft, ziehe ich an seiner Schürze, erst ganz vorsichtig, zum Schluss so heftig, dass sie fast herunterrutscht. Endlich hat er mich erhört und zeigt umgehend Erbarmen. Heimlich steckt er mir ein mundgerechtes Rostbratwürstchen zu. Ich schlucke das kleine Ding in einem Zug runter, als wäre es nie da gewesen. Mein Magen, glaube ich, hat gar nichts wahrgenommen, so winzig war die Wurst. Bei einem Steak sieht es schon anders aus. Also ein neuer Bettelversuch, aber just in diesem Moment kommt mir Frauchen in die Quere. „Na, Lulu, das Stückchen hättest du wohl gern!" Oh ja, jaule ich ihr flehentlich zu. Schon bei dem Gedanken, gleich ins Fleisch beißen zu können, läuft mir der Speichel die Lefzen hinab. „Schade, Lulu, Pech gehabt! Noch haben wir die magische Drei vorne stehen. So lange die Waage keine Zwei anzeigt, bist du weiter auf Diät", gibt mir Frauchen unmissverständlich zu verstehen. Wieso? Ich habe doch eine Zwei. Die steht zwar hinter der drei, aber so kleinlich soll sie sich mal nicht haben, starte ich einen letzten Versuch, doch noch an mein Steak zu kommen. Frauchen findet mein Japsen gar nicht witzig. Sie bleibt stur. Das leckere

Stückchen Fleisch landet in ihrem Magen. Für mich bleibt lediglich ein Knochen, den Arnold von seinem Kotelett abgeschnitten und mir unterm Tisch zugesteckt hat. Die frischen Gurken, die hinterherkommen, werden wohl noch am nächsten Morgen bei mir Geruchsspuren hinterlassen.

27. Juni 2009

"Ein jeder lernt nur, was er lernen kann.
Doch der den Augenblick ergreift, das ist der rechte Mann."
Johann Wolfgang zu Goethe, deutscher Dichter

Arnold hat mir verziehen. Ich durfte heute Nacht in seinem Bett schlafen. Er hat mich nicht ausgesperrt. Wäre ja auch gar nicht gegangen, bin ich doch seine ständige Beschützerin und Wächterin. Allein deshalb muss ich stets und ständig bei ihm sein. Aber das mit den Tischtennisbällen hat er mir doch krumm genommen.

Frauchen ist gerade in der Küche und macht Frühstück. Wir liegen beide noch im Bett. Ich habe ihm schon hundertmal die Bettdecke weggezogen, aber genauso oft hat er sie zurückerobert. Tauziehen einmal anders, das macht richtig Spaß. Da vergisst er hoffentlich bald die blöden Tischtennisbälle.

„Arnold, Vanessa, kommt ihr? Frühstück ist fertig." Und warum ruft Frauchen nicht meinen Namen? Ich habe auch Hunger. Wehe, da ist wieder nur so ein kleiner Klecks Körnerquark in meinem Napf. Davon kann ich nicht groß und stark werden. Aber erst mal schauen. Oh, eine positive Überraschung! Meine treuen Hundeaugen erblicken ein fein säuberlich geschnippeltes gekochtes Ei mit Quarksoße drüber. Sieh mal einer an. Ist denn schon Weihnachten? Ich stupse Frauchen neckisch in die Kniekehle und sie schmunzelt zurück, während ich mich umgehend über das leckere Morgenmahl hermache.

„Heute geht's nach Lutheran", sagt Frauchen. Kenne ich nicht, das ist ein mir völlig unbekannter Ort. Den Namen Luther allerdings habe ich schon gehört. Martin Luther, ein großer Theologe und Urheber der Reformation. Für viele Menschen ist der 31. Oktober bis heute ein Feiertag. 1517 hat Luther an jenem Herbsttag seine 95 Thesen an die Schlosskirche zu Wittenberg genagelt. Der Mann ist mir sehr sympathisch. Ich habe ihn zwar nie kennengelernt, dafür aber einen seiner bekanntesten Sätze. Der hätte auch von mir sein können: Warum rülpset und furzet Ihr nicht, hat es Euch nicht geschmecket? Ich fresse ja leidenschaftlich gern und habe anschließend nicht selten Probleme mit der Verdauung. Frauchen findet diesen Spruch allerdings alles andere als passend. Ob Luther mal in Lutheran gelebt hat? Könnte ja sein. Herrchens Kommentar über den meiner Meinung nach sehr schlauen Kirchenmann geht in eine ganz andere Richtung: „Luther hat die Bauern verraten und über die Klinge springen lassen." Was dazu wohl die Geschichtsschreiber sagen?

Noch bevor Frauchen, Vanessa, Herrchen und Arnold mit ihrem Frühstück angefangen haben, ist meins schon Geschichte. Wenn auch keine biblische, dafür umso mehr eine natürliche. Ich hatte natürlich wieder richtig Hunger, doch dafür war die Portion viel zu klein. So nah liegen manchmal Vergangenheit und Gegenwart beieinander. Und weil mit Nachschlag erfahrungsgemäß nicht zu rechnen ist, mache ich es mir auf dem Flur auf meinem Sofa gemütlich. Ein kleines Verdauungsschläfchen kann nicht schaden. Viel zu verdauen gibt es nicht. Dafür kommt mein Gehirn auf Hochtouren oder ist das nur ein Traum?: Ich reise mit Luther um die Welt. Stets griffbereit unsere 95 Thesen. Ich werde plötzlich aus all meinen Gedanken gerissen. Frauchen hat die Haustür zuknallen lassen. Das war es denn vorerst mit Luther und mir. Bei so einem Krach kann kein Mensch denken, geschweige ein Hund. Fast das gesamte Reisegepäck ist inzwischen verstaut. Es sieht so aus, als könnte es gleich losgehen. Den Moment darf ich natürlich nicht verpassen. Wer mag schon gern allein zu Hause bleiben. Ich jedenfalls habe das überhaupt nicht gern.

Frauchen zeigt sich gnädig und weist mir einen Platz im Kofferraum zu. Es sieht allerdings ganz so aus, als sei mein Mitkommen von vornherein geplant gewesen. Denn gleich neben mir entdecke ich, wohl verstaut in einer Tüte, meine Leine und meine Decke. Na dann, auf geht's nach Lutheran. „Das ist gar nicht weit weg. In einer dreiviertel Stunde sollten wir da sein", lässt Frauchen alle wissen. Genug Zeit, um mehr über diesen Ort zu erfahren. So vernehme ich beispielsweise, dass Lutheran nicht immer so hieß, sondern die Gründer es ursprünglich Latran nannten. Da stellt sich gleich die nächste Frage, leitet sich Latran von „latus" ab? Das ist lateinisch und bedeutet Seite bzw. Flanke. Also ein Ort, an der Flanke von..., was weiß ich. Leider lebt niemand mehr von damals. Latran wurde immerhin schon 1324 erstmals urkundlich erwähnt. Ist inzwischen fast 700 Jahre her. So alt wird kein Mensch, Hunde erst recht nicht. Leider. Also kann Luther damit überhaupt nichts zu tun gehabt haben. Er wurde erst 1483 geboren, nahezu 160 Jahre später.

Lutheran hieß anfangs Lateran, erklärt ein Dorfchronist. Als Lateran wird nämlich ein Bereich im großen Rom bezeichnet, der seit der Zeit von Konstantin dem Ersten offizieller Sitz der Päpste war. Auf unserem Weg liegt das Örtchen Rom. Nur ist hier ein ganz anderes Rom als in Italien gemeint. Dieses hat kaum einer auf der Liste, geschweige denn auf der Weltkarte. Wenngleich, so klein ist unser Rom nun auch nicht. Immerhin stehen hier zwei Kirchen. Zwar kein Vergleich zum Petersdom, aber ein schönes Fachwerk aus dem 17. Jahrhundert hat auch etwas. Unser Rom liegt auch nicht am Tiber, sondern an der Müritz-Elde-

Wasserstraße. Bekanntlich führen viele Wege nach Rom. Was für ein schlauer Hund ich doch werde! Darauf sollten wir anstoßen. Und so kommt es tatsächlich.

Wir haben Haus und Hof erreicht. Anlass unserer Reise ist ein gleich doppelter Familiengeburtstag, wie ich endlich erfahre. 75 Jahre Onkel Fritz und 75 Jahre Tante Gisela. So allmählich lerne ich die ganze Sippe Quaß kennen. Die scheint riesengroß zu sein. Gleich sechs auf einen Streich hatte Mutter Quaß zu betreuen, eigentlich sogar sieben. Doch die Zwillingsschwester von Arnolds Opa ist auf der Flucht gestorben. Auch der Opa, der damals noch ein kleines Kind war, wurde aufgrund der Strapazen schwer krank, letztlich aber hat er es geschafft durchzukommen. Ansonsten wäre die Familiengeschichte längst zu Ende. Denn ohne Opa Rüdiger gäbe es keinen Papa von Arnold und ohne Arnold keine Lulu in Schwerin. Womit wir mal wieder beim Thema Schicksal wären. Aber dies lassen wir jetzt, wir wollen ja ordentlich feiern.

Herrchen, Arnold, Vanessa und ich betreten den Festsaal. Alle Anwesenden haben sich schick angezogen. Auch ich zeige mich von meiner allerbesten Seite. Alle werden von mir, wie es sich für eine wohlerzogene Hundedame gehört, zuvorkommend begrüßt. Da muss Herrchen gar nicht mit mir laufen. Der beschäftigt sich schon wieder mit etwas ganz anderem, erzählt einem Bekannten etwas von Sozialisation ins Ohr. Das entgeht mir natürlich nicht. Irgendwann habe ich dieses Wort schon mal gehört. Ich glaube in der Hundeschule…!? Ach ja, der Hof mit den eisernen Monstern! Das vergessen wir mal ganz schnell wieder. Hier ist es wesentlich angenehmer. Anscheinend kann Sozialisation auch Freude machen. Richtig spannend finde ich den Geruch, der aus der Küche kommt. Es riecht eindeutig nach Festtagsbraten. Jetzt muss ich mir nur noch etwas einfallen lassen, wie auch ich davon ein ordentliches Stück abbekomme. Ein Plan muss her. Und zwar einer den niemand durchschaut. Am geschicktesten wäre es, wenn ich mich ganz brav verhalte, gehorsam auf meine Hinterpfoten lege und so tue, als hätte ich gar nichts mitbekommen. Viele Menschen haben es an sich, liebe Hunde zu belohnen. Einer wird heute darunter sein und es tun. Diese Strategie geht bestimmt auf. Auch eine Lulu sollte diesbezüglich doch mal Glück haben, oder?

Geraume Zeit später geht es mit dem Essen endlich los. Es wird ordentlich aufgetischt. Und siehe da, mein Plan funktioniert. Aber es ist kein Fremder, es ist Arnold, der mir ein ordentliches Stück Fleisch zusteckt. Zum Nachtisch darf ich noch einen Klecks Vanillesoße von seinem Daumen lutschen. Davon bleibt nicht das Geringste übrig. Frauchen hat alles beobachtet. „Damit der ganze Spaß nicht gleich auf deinen Hüften landet, machen wir gleich einen ausgiebigen Spaziergang", gibt sie mir zu verstehen. Und was entdecke ich als erstes – einen Badesee, die wohl schönste Erfindung für einen Hund. Oder besser gesagt, die zweitschönste. Lecker fressen ist einfach nicht zu toppen. Voller Wonne springe ich in den See. Das Wasser ist optimal, spiegelglatt und herrlich warm. Was jetzt noch zum Glücklichsein fehlt, wäre ein Stöckchen, dem ich hinterher schwimmen oder nach dem ich tauchen kann. Als hätte Frauchen meine Gedanken wieder einmal erraten, kommt schon eins geflogen. Es gibt keine bessere Alternative, um Kalorien zu verbrennen, als im Wasser zu toben.

12. Juli 2009

"In die Ecke,
Besen! Besen!
Seids gewesen.
Denn als Geister
ruft euch nur, zu diesem Zwecke,
erst hervor der alte Meister."
aus dem Zauberlehrling
Johann Wolfgang von Goethe, deutscher Dichter

Ich bin verwirrt. Ich verstehe die Welt nicht mehr. Vor allem nicht, was Frauchen ständig von mir will. Unser Nachbar ist seit Tagen damit beschäftigt, jeden Morgen seine Terrasse von Blättern zu beräumen. Herrchen macht das auf unserem Hof auch hin und wieder. Und gegenüber entlang unserer Straße passiert das auch. Am Freitag war eine ganze Putzkolonne in unserem Viertel unterwegs. Und dann kam auch noch dieses riesige Auto und hat den Rest aufgefegt. Ich bin schwanzwedelnd den orangefarbenen Männern, die da nebenher liefen, hinterher gerannt. Ich muss sagen, das sind wahre Gentlemen. Ohne eine Gegenleistung einzufordern, haben sie mich mit Streicheleinheiten regelrecht überhäuft. Sie waren außerordentlich freundlich.

„Lulu, komm sofort zurück!", rief Frauchen mir nach. Ich ignorierte sie einfach und tat so, als würde ich sie gar nicht hören. Stattdessen schaute ich noch bei unserem anderen Nachbarn vorbei, der auch gerade dabei war, sein Reich zu wienern. Ich bin richtig ran an ihn, schlich ihm um die Beine, und siehe da, er war so beglückt davon, dass er glatt eine Kaustange für mich aus der Jackentasche zauberte. Während ich mich mit einer besonders langen Schlabberzunge bedankte, hat Frauchen zunehmend ungehaltener nach mir gerufen. Ich konnte ihre Aufregung absolut nicht nachvollziehen. Sie weiß doch, dass ich total interessiert bin, wenn Männer putzen, wobei die Betonung auf MÄNNER liegt! Als ich endlich wieder zu Hause ankam, war Frauchen richtig sauer. „Lulu, du bist beratungsresistent. Kaum siehst du Männer mit einem Besen in der Hand, verlierst du den Verstand. Ganz zu schweigen von deinem Gehör", nahm sie mich ins

Gebet. Ich war völlig perplex, habe meinen Kopf hin und her geworfen und sie dabei fragend angeschaut. Ich kann einfach nicht kapieren, was daran so schlimm sein soll, wenn ich auf putzende männliche Zweibeiner abfahre. Ich für meinen Teil finde erwachsene Männer mit Besen jedenfalls sehr nett. Ich fühle mich magisch von ihnen angezogen. Da kann Frauchen noch so schimpfen und versuchen, mich zur Vernunft zu bringen, dagegen komme ich einfach nicht an. Will ich auch nicht!

Der Freitag der interessanten Männer ist inzwischen Vergangenheit. Dafür ist heute mal wieder Hundeschule angesagt. Weil ich beim letzten Termin krank gemeldet war, will ich mein Können dieses Mal besonders gut unter Beweis stellen. In Schwerin herrscht BUGA-Wetter, was nichts anderes bedeutet als blauer Himmel und Sonnenschein. Arnold hat dennoch Null Bock mitzukommen. Er will mit Oma lieber zum Märchenspektakel auf die BUGA. Das kränkt mich schon etwas. Meinen Arnold möchte ich gern an der Seite wissen, wenn es zum Flughafen nach Hannover geht. Wer weiß, vielleicht verwechselt mich da jemand mit einer Luftpost, und ich fliege im Jumbo nach Nirgendwo. Doch alles Bitten hilft nichts, Arnold bleibt stur. Zum Glück kommt wenigstens Lotta mit. Auch ihr kleiner Zweibeiner hat heute keine Lust auf Hundeschule und will auch lieber zu Hause bleiben. Kann man verstehen, Hundeschule ist letztlich für alle ziemlich anstrengend.

Die Kommandos müssen immer und immer wieder geübt werden. Erst recht bei jeder Unterzuckerung soll Arnold die spezifischen Befehle mit mir permanent wiederholen, obwohl er gerade in dieser Situation ohnehin ziemlich genervt ist. Die schlechte Laune schlägt sich dann auch auf mich nieder. Heute haben wir quasi Urlaub voneinander.

Nach jedem Hundetraining gibt es neue Hausaufgaben. Mal sehen, was sie uns diesmal aufbrummen. Treffpunkt ist ein Ort voller Lärm und übler Gerüche. Als ob Arnold mit seinen knapp 7 Jahren allein in den Flieger nach Mallorca steigen würde. Aber alles Meckern hilft nichts, wir müssen hin. Darin sind sich beide Frauchen einig. Die uns inzwischen bestens bekannte Strecke an Hamburg vorbei sollte diesmal schneller als erwartet absolviert sein.

Angekommen am Flughafengelände sehen die Betonbauten diesmal besonders ermüdend aus. Im Parkhaus ist es nicht besser, alles nur schattig, weit und breit keine Wiese, nicht einmal ein grüner Halm in Sicht. Dabei sind unsere Blasen voll bis zum Stehkragen. Es wird noch geraume Zeit vergehen, bis wir endlich doch noch eine Grünanlage entdecken und uns erleichtern dürfen. Aber nicht drinnen. Die Betreiber haben im Außenbereich Betonkisten mit Erde gefüllt und darin wächst so etwas wie kleine Büsche. In die können wir uns verziehen. Aber nur an der Leine, was schon hinderlich ist. Den Rest des Übungstages verbringen wir mit Herumlaufen im Flughafengebäude, mit Schlange stehen am Checkpoint,

Platz machen an einer Bank und letztlich mit Fahrstuhl fahren. Lotta und ich sind heilfroh, als wir diesen nervigen Trainingsort endlich verlassen und die Heimreise antreten dürfen. Auch Frauchen will nichts wie weg, gibt richtig Gas. So sind wir früher als erwartet zurück in Schwerin. Dadurch haben Lotta und ich noch ausgiebig Gelegenheit, in ihrem Garten zu toben. Das ist wenigstens eine kleine Entschädigung für unsere Mühen.

14. Juli 2009

"Freundschaft, das ist wie Heimat."
Kurt Tucholsky, deutscher Journalist und Schriftsteller

Ich mache mich heute einfach mal allein auf die Socken. Frauchen ist bei der Arbeit, Arnold in der Schule und Herrchen gräbt den Garten um. Ich habe keine Lust mitzubuddeln. Bei den Nachbarn ist es sicherlich spannender. Deshalb schiebe ich mich vorsichtig unter dem Gartenzaun hindurch.

Ich muss mich allein beschäftigen. Während ich überlege, was ich machen könnte, fällt mein Blick auf eine Pforte. Sie steht weit offen, was ich als Einladung registriere. Nun weiß ich endlich, wie man sich in unserer Nachbarschaft eingerichtet hat. Gleich nebenan ist Nelly mit ihrer Familie zu Hause. Nelly kenne ich natürlich längst. Wir nennen sie alle nur „die kleine freche Nelly", eine Hauskatze der besonderen Art. Sie gibt sich stets als Hausherrin aus und bildet sich ein, das auch bei uns zu sein. Bevor ich in unser Haus „Am Neumühler See" einzog, war Nelly, sofern die Tür offen stand, immer klammheimlich hereingeschlichen, um es sich drinnen gemütlich zu machen. Dann aber kam der Tag X, der Tag, an dem ich einzog. Für Nelly muss es eine Katastrophe gewesen sein. Als sie mich das erste Mal sah, war es alles andere als Liebe auf den ersten Blick zwischen uns. Der Haustiger spuckte sich in die Hacken und raste wie Speedy Conzales, die schnellste Maus von Mexiko, hinaus und ab durchs Gestrüpp. Ohne lange zu überlegen bin ich hinterher. Was die kann, habe ich gedacht, kannst du schon lange und außerdem sind deine Beine viel länger als ihre, die hast du gleich eingeholt. Eingeholt habe ich sie zwar, aber erst in Nachbars Garten, das heißt, in ihrem Reich. Pech gehabt, oder sie müsste sagen: Glück gehabt. Jedenfalls gab ich ihr zu verstehen, dass ich eine faire Verliererin bin, wir den Kampf bei Gelegenheit auf neutralem Boden zu Ende bringen werden. Dabei ist es bis heute geblieben. Zu uns kommt Nelly seitdem jedenfalls nicht mehr. Wenn ich bei ihr vorbeischaue, blickt sie mich jedes Mal grimmig von oben herab an, in der Gewissheit, dass ich zu meinem Wort stehe und ihr auf eigenem Grund und Boden nicht die Katzenhaare langziehe.

Schräg gegenüber hat Samy ihr Reich. Samy stammt aus einer Mischehe. Ihr Vater ist Schäferhund, ihre Mutter Rottweilerin. So glaubt es jedenfalls ihre heutige Familie. Früher konnte sie sich nur selten frei bewegen. Nachts schlief sie in der Garage. Jetzt habe sie es richtig gut, bellte sie mir mal ins Ohr und sagte auch, wie dankbar sie für die neue Freiheit sei. Samy strengt sich deshalb mehr als andere Hunde an, stets brav zu sein und zu gehorchen. Allerdings: Bei meiner Ankunft in Schwerin hat sie das mal für einen Moment vergessen. Damals war ich noch ziemlich klein, und Samy dachte angesichts ihrer Statur wohl, der Kleinen zeige ich mal die Zähne, damit sie weiß, wer hier die Chefin im Revier ist. Und ordentlich angekläfft hat sie mich dabei auch noch. Aber das ist längst vergessen. Wenig später haben wir uns ausgesprochen und die Fronten ein für alle mal geklärt. Seitdem sind wir richtige Freundinnen und vergnügen uns miteinander.

Leo Leonberger wohnt bei uns um die Ecke. Tagsüber begrüßt Leo die Gäste in der Gaststätte von seinem Frauchen und seinem Herrchen. Mein Antrittsbesuch dort werde ich nicht vergessen. Ich bin hinein ins gastliche Haus und habe gleich hinter den Tresen gepinkelt. Ich vergaß mich da einfach kurzzeitig. Überall roch es so lecker, es war für mich wie im Hundehimmel. Ein Reich aus Tausend und einem Duft. Bei so etwas kann ich mich in Ekstase schnuppern. Und dann passiert mir halt auch so etwas. Ich tat einfach so, als wäre die Pfütze nicht von mir. Aber Leos Frauchen hat es natürlich gesehen und mir nett und freundlich zu verstehen gegeben, dass eine feine Hundedame so etwas nicht tut. Stattdessen gebe ich lieber Kratzzeichen oder stupse Frauchen beziehungsweise Herrchen ans Bein, wenn ich mal muss. Mit Leo verstehe ich mich auch ganz gut. Der soll als Welpe ein richtig süßes, kleines Wollknäuel gewesen sein. Heute ist er doppelt so hoch wie ich und macht auf Macho, will stets und immer der Chef sein. Mir ist das egal, ich kann damit umgehen. Mein Typ ist er eh nicht.

Und dann ist da noch Ipo. Das ist ein echter Freund. Auch er ist das Ergebnis einer glücklichen Mischehe. Sein Vater soll ein Weimaraner sein, seine Mutter eine Labradorin. Der Typ ist ein Hüne von Rüde. Lange Beine, festes Kreuz, gepflegtes, herrlich silbergraubraun glänzendes Fell. Der muss ein besonderes Hundeshampoo benutzen. Einzelheiten will er mir aber nicht verraten. Er riecht auch immer so lecker. Mit ihm kann man sich überall sehen lassen. Ipo wohnt genau an den Lankower Bergen, eine traumhafte Gegend. Wir treffen uns oft. Dann toben wir zumeist durch das meterhohe Gras in seinem Revier. Das macht richtig Spaß. Vor lauter Freude schlackere ich in solchen Momenten wie ein kleiner Elefant mit den Ohren, nur dass sie nicht grau, sondern schwarz sind. Und meine Lefzen hängen völlig entspannt herab, als hätte ich gerade fünf Minuten Hundeyoga hinter mir.

Am liebsten spielen Ipo und ich Ball. Noch schöner ist es, wenn Herrchen mitmacht. Der kann das runde Leder so schön weit wegwerfen. Ipo schießt jedes

Mal wie eine Rakete hinterher. Ich lege mich unterdessen im hohen Gras auf die Lauer. Wenn Ipo stolz mit dem Ball im Maul zurückkommt, springe ich, kurz bevor er am Ziel ist, auf und klaue ihm die Kugel. Gentleman, wie er ist, wehrt er sich nicht einmal. Ich kann Herrchen voller Stolz den Ball vor die Füße legen. Der zückt dann sein Stoffsäckchen und reicht mir eine Belohnung. Schließlich habe ich den Ball ins Ziel getragen und nicht Ipo. So geht unser Spiel. Nicht ganz fair? Egal, Ipo macht einfach mit, nimmt mir das überhaupt nicht krumm. Er beschützt mich sogar, wenn andere Rüden mir den Weg versperren. In solchen Situationen kann er auch schon mal seine Zähne zeigen. Meist hauen die Gegner von alleine ab, wenn nicht, dann hilft er mitunter ein bisschen nach. Ipo ist wirklich ein Vorzeigerüde. Ich bin froh, ihn zu kennen und glaube, umgekehrt ist es genauso.

Inzwischen bin ich schon eine Stunde unterwegs. Es wird höchste Zeit, zurück nach Hause zu finden. Auf leisen Sohlen schleiche ich mich aufs heimische Grundstück. Herrchen buddelt nach wie vor im Garten. Der scheint meine Abwesenheit überhaupt nicht bemerkt zu haben. Dieser Ausflug wird wohl für ewig mein Geheimnis bleiben. Aber denkste. Wie aus heiterem Himmel rufen die Nachbarn von gegenüber: „Da ist ja die kleine Ausreißerin!" Wurde ich zwischendurch womöglich schon gesucht ? Das bleibt ein Geheimnis. Herrchen ist wohl sauer auf mich. Ich bekomme kein Leckerli, obwohl er welche bei sich trägt.

Am nächsten Tag sollen die Leckerlis dafür nur so vom Himmel rieseln. Hundetraining in Hannover ist angesagt. Dieses Mal habe ich meine Hausaufgaben zur vollsten Zufriedenheit aller erledigt. Apportieren steht auf der Tagesordnung. Für Labradore ohnehin keine schwere Aufgabe. Für Arnold umso wichtiger, dass das perfekt sitzt. Im Notfall muss er sich stets und ständig auf mich verlassen können. Dann muss ich ihn mit seinem Messgerät versorgen und ihm auch den nötigen Traubenzucker bringen. Lotta und ich sollen vorführen, wie wir das machen. Dafür wurde diesmal ein riesiger Parkplatz auserkoren. Es ist drückend heiß. Zum Glück stehen ringsherum hohe Bäume, die uns Schatten spenden. Die Kinder selbst sind wieder nicht mit dabei. Wir müssen also improvisieren. Das gelingt uns allerdings hervorragend. Die Trainerinnen sind hellauf begeistert, ständig werden wir gelobt. Wir müssen kaum etwas wiederholen, unsere Vorstellung ist einfach perfekt. Schon nach einer halben Stunde ist alles vorbei. Und dafür die weite Fahrt! Unsere Frauchen schütteln ein wenig verärgert den Kopf. Dabei sollten sie doch froh sein, das wir uns so vorbildlich entwickeln. Das sind sie aber auch, denn zur Belohnung geht es gleich noch an den See, den sie unmittelbar hinter dem Parkplatz ausfindig gemacht haben. Da gibt es sogar eine extra Badestelle für Hunde. Super. Die Abkühlung nach der Hitze auf dem staubigen Parkplatz tut richtig gut. Lotta und ich können gar nicht genug bekommen.

"Bald klopft vor Schmerz und bald vor Lust,
das rote Ding in meiner Brust."
Wilhelm Busch
deutscher humoristischer Dichter und Zeichner

Ipo darf nicht raus. Er hat seit gestern Hüttenarrest. Warum auch immer. Er selbst ist zu stolz und verrät es nicht. So streunen Frauchen und ich erst mal allein durch die Lankower Berge. Um dann doch noch bei Ipo persönlich vorbeizuschauen. Ich folge meiner Nase und führe Frauchen direkt an seine Pforte. Mhhhhhmmm, riecht das lecker hier. Ich kann gar nicht vom Geruch lassen, setze mich kurz entschlossen auf meine Hinterpfoten und halte einfach nur die Nase hoch. Einfach unverwechselbar dieser Hauch von Ipoduft. Es dauert gar nicht lange, da hat auch Ipo Witterung aufgenommen. Er steht oben auf seinem Hundebalkon. Jetzt ist es auch um ihn geschehen. Umgehend beginnt er, für mich ein Liebeslied zu bellen. So schön, wie ich es nie zuvor hörte. Mit gespitzten Ohren genieße ich die sanften Töne, die aus Ipos Kehle dringen. Ein Konzert der Spitzenklasse. Und ich sitze in der ersten Reihe. Sogar Frauchen ist angetan. Beeindruckt streichelt sie mir das Fell: „Na Lulu, da schau mal einer an. Dein Verehrer macht dir ein Liebesgeständnis. Das ist schöner als jeder Schwanengesang."

Das verstehe ich nicht. Was meint sie damit? Fragend schaue ich sie mit meinen, in diesem Moment besonders großen Kulleraugen an. Wer weiß, wie es noch mal mit Ipo und mir endet?

Jetzt fängt Frauchen auch noch an zu tönen: „Wenn ein Schwan singt, lauschen die Tiere... Ostmucke, das sind Songs, die vor 1990 gespielt wurden", versucht sie mir zu erklären. Ich verstehe erneut nur Bahnhof. „Es gab mal zwei deutsche Staaten, Lulu. Die BRD und die DDR. Wir Menschen konnten uns nicht besuchen, weil wir verschiedene Wirtschaftssysteme und Regierungen hatten. Und so gab es auch in jedem der beiden deutschen Staaten eigene Bands. Beispielsweise die Gruppe Karat. Die hat diesen Song gemacht. Ich finde den immer noch toll. Und als Ipo für dich gebellt hat, da musste ich an dieses Lied denken."

"Das Leben besteht nicht darin, gute Karten zu erhalten,
sondern mit den Karten gut zu spielen."
Sprichwort

Frauchen und ich wandern heute erneut durch die Lankower Berge. Wie gewohnt, geht es auch zu Ipos Pforte. Ich habe große Sehnsucht. Diesmal kommt uns zuerst sein Herrchen entgegen. Herr Schulz und Frauchen quatschen sich fest. Sie werten unsere Liebeszeremonie aus. Ipos Herrchen war davon überhaupt nicht überrascht. Schließlich habe er längst erkannt, dass Ipo und ich uns mögen, wir mehr als nur Freunde sind, gibt er Frauchen zu verstehen. Der Mann hat anscheinend einen guten Riecher. Anderen Rüden zeige ich stets die rote Karte. Wenn trotzdem einer versuchen sollte, mir etwas näher zu kommen, dann ist Ipo sofort zur Stelle. Ich finde diese von Testosteron überladenen Machtspiele höchst amüsant. Es macht ein weibliches Wesen ja auch irgendwie stolz, wenn es sieht, wie engagiert es beschützt wird. Da bin ich nicht anders. Erst recht, wenn Ipo, mein Prachtheld, mein persönlicher Bodyguard auf vier Pfoten, aktiv wird.

Wenn einmal kein Hund in unsere Nähe kommt, Ipo also Zeit für andere Dinge hat, als Konkurrenten zu vergraulen, dann graben wir beide bevorzugt Mäusen hinterher. Ist das eine Wonne, eine unterirdische Mäusestadt auf den Kopf zu stellen. Es ist, als würden wir die versunkene Stadt Vineta frei buddeln. Da kommen mitunter höchst interessante Dinge ans Tageslicht. Nur dass in unserem Fall der Meeresboden, das Wasser fehlt. Mein Kopf ist schnell so tief im Mäuseuntergrund, dass ich kaum noch Luft bekomme. Aber egal. Buddeln und verbuddeln ist meine Welt. Mitunter habe ich sogar Glück und entdecke ein komplettes Familiennest. Alle Mäuse sind zu Hause. Macht richtig Spaß, ohne jegliche Voranmeldung, ohne zu klingeln, gleich mitten hinein in die gute Mäusestube. Die kleinen Biester liegen mir zwar noch Tage danach schwer im Magen, aber irgendwann ist es wieder vergessen und alles geht von vorne los: Mäuseeingang aufbuddeln, Baumwurzeln, die im Weg sind, aufbeißen, Beute erschnüffeln, Stroh zur Seite schieben und reingelangt in die Eiweißportionen. Ipo hält sich in solchen Momenten eher vornehm zurück.

Kürzlich hat mich Herrchen mitten bei der Nahrungsbeschaffung ertappt. Pech gehabt, just in dem Augenblick piepte es aus meinem Maul. Schließlich konnte ich der Maus nicht sagen: Sei mal kurz still! Also tat ich so, als wenn nichts wäre und überlegte gleichzeitig, wie ich die Maus wieder los werde, ohne sie runterschlucken zu müssen. Herrchen und Frauchen hatten mir das vorher bereits mehrmals strikt verboten. „Lulu, Mäuse fressen macht krank", mahnten sie. Zum Glück kam mir ziemlich schnell die erlösende Idee. Ich könnte ein Loch buddeln und so tun, als wäre es ein Mauseloch. Ich würde kurz mit der Schnauze dort bohren und die Gefangene unbemerkt hineinhopsen lassen, so als sei nix gewesen. Alle wären zufrieden. Doch vorerst ließ sich mein Plan nicht umsetzen. Herrchen war voll konzentriert, wich nicht von meiner Seite und hatte mich dabei ständig im Blick. Bis wir an einen Busch kamen. Da sollte es passen! Ich tat so, als müsste ich mal kurz um die Ecke. Maul auf und raus die Maus. Die hat auch sofort die Kurve gekratzt und jagte ins nächstgelegene Loch.

Als wir vor ein paar Tagen wieder an besagtem Busch vorbeikamen, war das Gelände verwaist. Alle Mäuschen waren ausgezogen. Die Adresse war ihnen wohl zu heiß geworden. Kann man irgendwie auch verstehen. Hätte ich wohl auch so gemacht, wenn ich Mäuschen wäre. Wer lässt sich schon gern zweimal an ein und derselben Stelle schnappen. Diesbezüglich haben auch Mäuse so etwas wie einen siebten Sinn.

Beute liebe ich bekanntlich über alles, und nicht nur solche aus Fleisch und Blut. Schokoladenpapier, Milchschnittenreste oder ein gefundener Knochen, ganz gleich was mir auf meinen Steifzügen vor die Schnauze kommt, finde ich erst einmal spannend und interessant. Immerhin bin ich ja noch ein Teenager und lerne täglich dazu.

Neulich habe ich eine platt gefahrene und bereits völlig verkrustete Kröte entdeckt. Trotzdem habe ich sie mir geschnappt und einige Runden durch mein Maul wandern lassen. Aufgewacht ist sie davon allerdings nicht wieder. Frauchen und Herrchen wollen diese Leidenschaft mit mir nicht teilen. Noch rechtzeitig schleiche ich mich in den Garten und vergrabe meine Beute in meinen Verstecken. Wenngleich, nichts ist für die Ewigkeit. Ich habe inzwischen so viele Verstecke, dass Frauchen oder Herrchen fast regelmäßig beim Umgraben etwas von meinen verbuddelten Schätzen entdecken. Ich rieche regelrecht die Gefahr und trabe schon mal vorsorglich ins Haus und tue so, als ob nichts gewesen wäre, ich damit überhaupt nichts zu tun hätte. Ein Beweis ist schließlich erst dann ein Beweis, wenn eine eindeutige Spur zum Täter führt. Kann ja auch jemand anderes gewesen sein, der bei uns im Garten etwas vergrub. Warum immer ich?! Trotzdem, sie bezichtigen mich des Raubs, unterstellen mir, dass ich es gewesen sei, die dort Beute versteckt habe.

Trotzdem sind sie mir jetzt etwas entgegengekommen. Mir wurde ein ganz persönliches Fleckchen im Garten zugewiesen, sozusagen: Lulus World. Dort darf niemand außer mir hin. Na, geht doch! Warum nicht gleich so? Ein Sandhaufen gehört mir, mir ganz allein. Das ist noch eine ganz besondere Geschichte.

Es gab Zeiten, da musste ich mir einen Sandkasten mit den Kindern unserer Familie teilen. Der stand mitten auf der Wiese im Garten. Mittlerweile sind die Kinder so groß, dass sie Sandkästen uncool finden. Stattdessen ist Trampolinspringen angesagt. Und jetzt kommt der Clou! Das Trampolin steht direkt über der ehemaligen Sandkiste. Nur der Kasten, der den Sand umgeben hat, ist weg. Der hat eh nur Platz weggenommen. Und jetzt – Vorteil Lulu. Da sage mir doch keiner, dass es etwas Schöneres gibt, als auf allen Vieren unter das Trampolin zu krabbeln, um dort gefundene Schätze im lockeren Sand zu vergraben. Auch deshalb nicht, weil kein Zweibeiner hinterherkommt, um nachzuschauen, was ich da nun wieder verscharrt habe. Ein wahrhaft schönes Plätzchen für die Ewigkeit.

Da fällt mir doch glatt noch eine Gartengeschichte ein. Neulich haben wir in Mesekenhagen bei Greifswald Freunde meiner Familie besucht. Sie sind stolze Besitzer eines eigenen Teichs. Wasser, gelbe Lilien, quakende Frösche, zum Hineinspringen schön, was ich auch umgehend tat. Doch kaum war ich drin, war ich auch schon wieder heraus. Besser gesagt, ich war gar nicht komplett drin. Während auf der einen Uferseite mein Kopf praktisch noch am Strand lag, hingen auf der gegenüberliegenden Uferseite meine Hinterpfoten über den Teichrand. Das vermeintlich tolle Gewässer hatte nicht mal die Größe einer Badewanne, sondern war wohl eher eine Schüssel, im besten Fall ein außer Dienst gestelltes Planschbecken. Aber was übersieht man nicht alles in Vorfreude auf ein erfrischendes Bad.

Ärger bekam ich zum Glück nicht. Das hätte aber durchaus passieren können. Denn, wie sich schnell herausstellte, war durch meinen kühnen Sprung ins Nass nahezu das gesamte Wasser übergeschwappt. Dafür hatten die Lilien endlich ausreichend zu trinken. Mit einem Seerosenblatt auf dem Kopf versuchte ich dann der Miniwanne möglichst unentdeckt zu entsteigen. Allerdings mit geringem Erfolg. Frauchen hatte das Schauspiel natürlich beobachtet und half mir, aus den Schlingpflanzen wieder halbwegs heil heraus zu kommen. Als Dank dafür trabte ich zum Abschütteln des Teichwassers auch ein Stück auf die Wiese hinaus. So wollte ich Frauchen vor einer ungewollten Dusche schützen. Erst später sah ich, dass unsere Gastgeber nagelneue, schneeweiße Kissen auf die Stühle gelegt hatten. Hätte ich darüber das Tümpelwasser verteilt, ich glaube, dann hätte es richtig Ärger gegeben. Anschließend habe ich noch etwas im Garten gebuddelt.

Nach diesem erlebnisreichen Tag bin ich abends völlig erschöpft auf die Seite gefallen, habe alle Viere weit von mir gestreckt, umgehend versinkend in einen Heldinnenschlaf. Irgendjemand hat mir noch genüsslich Ohren und Bauch gekrault, so etwas lässt mich herrlich träumen. Dabei erlebe ich, wie ich auf erfolgreiche Schatzsuche gehe und überlege, was ich mir von all den gefundenen Sachen kaufe, wenn ich sie zu Geld gemacht habe. Von Krötenkadavern, Schokoriegeln, Hundekuchen, Luftballonfetzen und all den anderen äußerst wertvollen Dingen. Doch eigentlich habe ich nur einen einzigen Wunsch. Blöd nur, dass er für kein Geld der Welt erfüllt werden kann. Jedenfalls noch nicht. Ich wünsche mir, dass Arnold wieder gesund wird. Im Traum reise ich von Land zu Land, auf der Suche nach dem Superman, der Arnold heilt. Plötzlich fangen meine Pfoten an zu zittern, und ich jaule kurz auf. Ich habe den Wunderheiler gefunden. Doch leider nur im Traum. Schade. So bleibt erst einmal alles, wie es ist. Ich liege an Arnolds Seite und passe auf ihn auf. Doch ihn frohgelaunt und völlig gesund durch die Welt gehen zu sehen, dass wäre etwas, würde mir gefallen und mich zur glücklichsten Hündin der Welt machen. Ich würde natürlich sein Seelenhund bleiben. Vielleicht erleben wir ja noch beide diesen Tag. Schließlich wäre es nicht der erste Traum, der in Erfüllung ging. Jetzt sind wir an der Reihe!

9. August 2009

„Wenn es schon ein angenehmer Anblick ist, zu sehen,
dass Eltern ihren Kindern eine ununterbrochene Sorgfalt widmen,
so hat es noch etwas Schöneres,
wenn Geschwister Geschwistern das Gleiche leisten."
Johann Wolfgang von Goethe, aus Dichtung und Wahrheit

Lotta ist meine Schwester, meine Lieblingsschwester, wenn auch mit kleinen Einschränkungen. Als wir beide noch klein waren, haben wir uns des Öfteren gesehen. Vor allem bevor es zur Hundeschule ging. Bevor wir ins Auto springen mussten, habe ich Lotta immer noch schnell meine geheimen Verstecke im Garten gezeigt. Wir haben getobt wie die Hummeln. Da war kaum noch ein Hund, oder richtiger gesagt zwei Hunde im Knäuel zu erkennen.

Als es endlich losging, waren wir völlig fertig und haben nach Luft geschnappt, an der Hundetheke noch schnell etwas getrunken. Am liebsten mag ich Wasser frisch gezapft aus der Regentonne. Das perlt und ist so was von erfrischend! Einfach eine Wohltat.

Zurück zu Lotta. Auch dieser 9. August soll ein Schultag werden. Die Fahrt mit dem Auto finden wir mal wieder ziemlich langweilig. Zwei Stunden, dicht aneinander gedrängt auf engstem Raum. Und dann holpert dieses Metallhaus unaufhörlich, erst recht, wenn es durch ein Schlagloch fährt. Es gibt auf allen Strecken Schlaglöcher.

Außerdem knurrt beim Autofahren ständig mein Magen. Das hört sich an wie ein Luftballon, aus dem gerade die Luft entweicht. Aus Angst, dass ich ins Auto spucke, gab es vorher nicht viel zu fressen und während der Fahrt überhaupt nichts. Aber die Befürchtung war umsonst, es ist nie etwas passiert. Ich habe einfach die Zähne zusammen gebissen und mir gesagt, hey, du bist doch kein Jammerlappen, du bist Lulu, die taffe Diabetikerwarnhündin. Inzwischen gehen auch meine großen Zweibeiner mit der Situation wesentlich gelassener um als zu Beginn unserer gemeinsamen Autofahrten.

Okay, ich muss zugeben, manchmal vergaß ich mich kurzzeitig und jaulte ein, zweimal kurz auf. Aber nur, weil es schaukelte im Wagen. Grundsätzlich nahmen Lotta und ich uns gegenseitig die Angst. Wenn wir eng aneinander gekuschelt lagen, war alles vergessen. Das hat uns letztlich auch ein wenig abgefedert. Eigentlich ist es sogar recht gemütlich, Fell an Fell zu liegen. Das ist wahre Geschwisterliebe, oder?

Mittlerweile sind Lotta und ich nicht mehr ganz so dicke miteinander wie früher. Es ging los, als wir mit 11 Monaten ins sogenannte Flegelalter kamen. Seitdem streiten wir uns auch gelegentlich. Wenn mir irgendwas nicht passt, Lotta zum Beispiel etwas an meinem Aussehen herumzunörgeln hat oder sie mich in der Schule auslacht, weil ich eine Übung nicht so schnell kapiere wie sie, dann knurre ich sie auch schon mal an. Lotta zieht dann völlig pikiert den Schwanz ein, dreht mir ihr Hinterteil zu und ignoriert mich. Doch länger als ein paar Minuten hält sie ihre Show nicht durch. Erst recht nicht, wenn ich bei ihr angekrochen komme. Dann ist alles sofort vergessen und wir fallen schnell wieder liebevoll übereinander her. Schließlich ist Lotta meine Lieblingsschwester und zudem eine meiner liebsten Spielkameradinnen. Da können wir es uns einfach nicht miteinander verscherzen.

Wir sind angekommen. Frauchen parkt das Auto. Wir springen aus dem Kofferraum. Über die Hundeschule gibt es heute nichts Außergewöhnliches zu berichten. Von Lotta und mir schon. Beispielsweise, dass wir ziemlich unterschiedlich sind. Sie ist wesentlich dominanter als ich, wenn wir auch beide vom Sternzeichen her Jungfrau sind. Denen sagt man bekanntlich viele gute Charaktereigenschaften nach. Fast alle treffen tatsächlich perfekt auf mich zu. So habe ich eine schnelle Auffassungsgabe und ich bin intelligent. Meine Schwester natürlich auch. Zudem ist sie zuverlässig, wissbegierig und bescheiden. Ich für meinen Teil bin eher unterwürfig. Das zeigt sich beispielsweise beim Toben. Dabei liege ich meist unten. Aber natürlich sind wir keine Streithähne. Das überlassen wir lieber den geflügelten Vertretern aus dem Tierreich. Wir toben halt für unser Leben gern. Und besonders gern spielen wir unser Raufspiel „Gewinner und Verlierer". Da geht's ordentlich zur Sache. Da werden die Zähne gefletscht und anschließend fliegen die Fellfetzen. Und nicht zu vergessen der Kralleneinsatz. Damit die Kratzwerkzeuge ordentlich scharf sind, werden sie vorher an der Bordsteinkante gewetzt. Schließlich hat der Tag 24 Stunden, und wir wollen doch nicht, dass Langeweile aufkommt. Etwas Schlimmes passiert natürlich nicht, wir lassen nur die Muskeln spielen, letztlich ist alles Show.

Apropos Show: Als ich mit Herrchen kürzlich durch die Stadt bummelte, kamen wir an einer durchsichtigen Wand vorbei. Dort waren Menschen zu sehen, die riesige Metallknochen über ihren Körpern hoch hoben und wieder senkten. Jedenfalls sahen die Dinger ähnlich wie Knochen aus. Ich habe so verdutzt geschaut, dass Herrchen stehen blieb und auch mich dazu aufforderte: „Platz, Lulu." Dann schauten wir uns diese eigenartigen Typen einen Moment lang an. Herrchen im Stehen, ich im Sitzen. Er erzählte mir, wer diese Muskelpakete sind, die da Knochen stemmen, statt sie zu kauen. Diese Leute werden Bodybuilder genannt. Ein komisches Wort, Menschen die ihren Körper bauen. Nichts anderes heißt es übersetzt. Dann kapierte ich aber, warum sie das machen. Sie wollen schön und stark aussehen und trainieren deshalb ihre Muskeln.

Sofort musste ich an den Rottweiler denken, den ich letztens beim Gassi gehen getroffen habe. Man, war der eingebildet! Er stolzierte so was von aufrecht an mir vorbei, dass ich ja nicht seinen durchtrainierten Body übersehe. Der könnte hier auch glatt hinter die durchsichtige Wand gehen. Aber nichts für ungut, es könnte nicht schaden, wenn auch ich etwas für meine Figur tun würde. Schließlich neige ich zum Dickwerden. Und wer verliebt sich schon in eine junge Hundedame, deren Maße außer Form geraten. Deshalb tollen Lotta und ich immer wie wild miteinander herum. Das verbrennt Kalorien und formt meinen schwarzen, leicht gerundeten, jungfräulichen Labradorkörper.

Schließlich ist die Konkurrenz stark. Auf unseren Spaziergängen treffen Frauchen, Herrchen und ich ziemlich oft Labradore. Damit sich unsere Menscheneltern in Ruhe unterhalten können, werfen sie zum Beispiel Holzstückchen ins Wasser – nur damit wir abgelenkt sind. Aber ich springe nicht jedes Mal hinein. Sollen sich doch andere nass machen und dem Stock hinterher jagen. Ich war schon immer für Arbeitsteilung. Der Knüppel kommt sowieso zurück, mit oder ohne Hund. Ich lauere am Ufer nur darauf. Und in Nanosekundenschnelle schnappe ich mir überfallartig die Holzbeute und stolziere als Triumphator von dannen. Der Trick funktioniert nicht nur bei Ipo.

Wirklich anlegen würde ich mich aber mit keinem Hund auf der Welt. Schon gar nicht wegen eines Stöckchens. Wenn es so etwas wie eine Mutter Theresa unter den Hunden gibt, dann bin ich es. Erst kürzlich habe ich eher zufällig von dieser Dame gehört. Leider weilt sie ja nicht mehr unter uns. Ich kam hinzu, als gerade eine Dokumentation in diesem großen schwarzen Kasten bei uns in der Wohnhütte lief. Es war die Rede davon, dass diese Frau die Menschen liebte, ihnen half und immer für sie da war, vor allem für die Schwächsten und Ärmsten auf dieser Welt. Deshalb wurde sie auch der Engel der Armen genannt. Und sie kümmerte sich um Waisenkinder. Mir geht es ähnlich. Vor allem angesichts kleiner, kuscheliger Welpen. Es ist eine wahre Wonne, sie abzuschlecken und mit ihnen herumzutollen. Wie könnte ich jemals Hunden wehtun? In unserer Nachbarschaft wohnen gerade viele Welpen. Wie ein großes Nest kommt es mir vor. Mit zweien, einem Leonberger und einem Golden Retriever, habe ich gerade Bekanntschaft gemacht. Frauchen unterhielt sich währenddessen mit deren Herrchen. Ich schnappte nur auf, dass die beiden gleich bei uns um die Ecke wohnen.

Bestimmt begegnen wir uns noch einmal. Dann können wir Spuren und Duft-
marken austauschen, damit wir uns finden, wenn wir Langeweile haben. Diesmal
fehlte uns dazu am Ende die Zeit, Frauchen wollte einfach weiter. Es kommt ja
nicht selten vor, dass ich allein zu Hause bin und nicht weiß, was ich machen
soll. Den Jungs geht es vielleicht ähnlich. Da könnte man sich doch glatt gegenseitig besuchen.

Wann ich das erste Mal mit Herrchen im Haus der „Starken Männer" war, weiß
ich nicht mehr. Jetzt stellt sich nämlich heraus, dass er auch ein Bodybuilder ist.
Das hatte ich damals gar nicht registriert. Ich erinnere mich nur noch, dass der
Raum riesig und mit diversen Metallgeräten bestückt war. Für mich fand sich allerdings kein geeignetes Teil, trotz der großen Auswahl. Nachdem ich mich
schnüffelnderweise mit dem Teppich und den Metallständern bekannt gemacht
hatte, zog ich es vor, in der Nähe der Tür Platz zu nehmen. Wegen der Frischluftzufuhr. Es roch nämlich ziemlich komisch. Im Winter waren wir auch mal dort,
doch gerade war die Heizung ausgefallen. Herrchen kam damit wesentlich besser
zurecht als ich. Während seine Muskeln durch das ständige Heben und Senken
der Gewichte warm wurden, er sogar ins Schwitzen kam, fror ich mir fast meinen
Hintern ab. Auf dem kalten Boden zu liegen war wahrlich kein Vergnügen. Fast
wäre ich zum ersten schwarzen Eisbär mutiert.

10. August 2009

"Es ist Arznei, nicht Gift, was ich dir reiche."
aus Nathan der Weise von Gotthold Ephraim Lessing

Von Mai bis heute hatte ich fast 100 Tage Ruhe vor Weißkittel. Das ist neuer
Rekord und gut so. Was nicht ausschließt, dass weitere Begegnungen folgen können und wahrscheinlich werden. Fakt ist aber, dass ich mich nie daran gewöhne.
Die Weißkittelspezies muss es irgendwie lieben, uns zu ärgern. Frauchen beruhigt
mich zwar immer, indem sie mir erzählt, dass sie auch regelmäßig Menschen
pieksen muss. Nach dem Motto: Geteiltes Leid ist halbes Leid. Aber wem hilft
das? Mir jedenfalls nicht. Es ändert nichts daran, dass ich diese Tortour über
mich ergehen lassen muss. Offenbar gilt aber der Leitsatz: Wer gesund bleiben
oder es wieder werden will, der muss zu einem Weißkittel. Irgendwann werde
ich das wohl einsehen, auch wenn es mir äußerst schwer fällt.

Wenn ich von weitem dieses Schlangenzeichen auf seinem Schild über der Tür
sehe, wird mir schon schlecht. Dann kriegen mich Frauchen und Herrchen nicht
mehr aus dem Auto. Freiwillig gehe ich nicht über die Schwelle. Drinnen wird
mir doch nur wieder ins Fell gestochen. Würde dort stattdessen eine Kraulma-

schine auf mich warten, dann gern. Aber so nicht! Frauchen und Herrchen versuchen mir zu erklären, dass sie ohne Weißkittel schon manches Mal hilflos gewesen wären. Aber wirklich tröstet mich das nicht. Schließlich ist Frauchen auch Ärztin. Zwar für Zweibeiner, aber macht das so einen großen Unterschied? Zu ihr kann doch auch niemand gern gehen.

Am ekligsten sind diese Würmer-Tabletten, die ich alle 3 Monate schlucken muss. Je älter ich werde, desto mehr Tabletten bekomme ich verschrieben. Dabei mag ich überhaupt keine Würmer. Für wen also soll ich diese Tabletten fressen? Und zu „Burger Dog" gehe ich auch nicht und bestelle mir Hundekuchen. Also braucht man mir kein Blut abzuzapfen. Da sind weder Würmer noch Kuchen drin. Das kann ich vorher schon sagen. Ich bin kerngesund und strotze nur so vor Energie und Vitaminen!

Egal, es bleibt mir nicht erspart, ich muss wieder zu Weißkittel. Er wohnt ja direkt an der Straße und gar nicht weit weg. Jedes Mal das gleiche Spiel. Ich sehe das Haus und wehre mich, auch nur eine Pfote vor die andere zu setzen. Da hilft kein Streicheln und Schmusen. Es soll auf keinen Fall unerwähnt bleiben, dass sie alle zu mir in dieser Situation sehr sanft und behutsam sind. Kommt leider nur nicht bei mir an. Ich protestiere unbeeindruckt weiter. Schon beim Gedanken an Weißkittel stehen mir die Nackenhaare zu Berge. Ich stelle mich auf die Hinterpfoten und bin so gleich um das Doppelte schwerer. Niemand kriegt mich da freiwillig hinein, gebe ich lauthals zu verstehen. Das ist wie ein Befreiungsschrei. Trotzdem ziehe ich den Kürzeren. Ich, Lulu, lande erneut in den Händen von Weißkittel.

Dennoch muss ich an dieser Stelle ein gutes Wort für meinen Doc einlegen. Er ist gar nicht so böse wie er immer tut, eigentlich ist er sehr sanft und freundlich. Manchmal krault er mich sogar und steckt mir heimlich Leckerlis zu. Das muss ich ihm zugute halten. „Ärgern gehört zu seinem Job", sagen meine Hundefreunde immer. Viele von ihnen sind selbst Patienten bei ihm. Wahrscheinlich leidet er sogar unter seinem Ruf und gibt sich deswegen so viel Mühe. Er will sicherlich einen positiven Eindruck hinterlassen. Nur bei mir kommt er damit nicht an. Ich sehe immer die Folgen.

Frauchen und Herrchen haben sich etwas Neues einfallen lassen, um mich zum Arzt zu kriegen. Es ist harte Arbeit für sie, mich über die Türschwelle zu tragen. Erst recht, wenn ich mich wehre. Ich überlasse mich doch nicht einfach so meinem Schicksal. Meine Kilos wiegen in solchen Momenten doppelt schwer, wenn nicht noch mehr. Dieses Gewicht zu heben ist schon eine Glanzleistung. Schließlich lande ich doch auf dem Tisch von Weißkittel. Und das dicke Ende folgt sicherlich gleich.

Im Winter habe ich einmal drei prallgefüllte Pralinen vernascht. Sie waren so groß wie Hühnereier, nur viel runder und hingen an einem Baum. Sie waren noch völlig unberührt in einem Netz eingepackt. Als ich gerade dabei war, den letzten Bissen zu verschlucken, ertappte mich Frauchen beim genüsslichen Kauen. Mir lief der Speichel nur so die Lefzen hinab. Für sie war das offenbar kein schöner Anblick. Wie ein Wirbelwind schoss sie auf mich zu, griff mir ins Maul und versuchte die Praline zu greifen. Jedenfalls das, was von ihr noch übrig war. Dabei schrie sie: „Lulu, gib den Meisenknödel wieder her!" Den was?, bellte ich zurück. „Den Meisenknödel habe ich gesagt", zeigte sie sich wutentbrannt. Das Wort hatte ich noch nie gehört. Und Frauchen zeterte weiter: „Eine Kugel hat tausend Kalorien. Bist du des Wahnsinns?" Kalorien, noch so ein Wort, das ich bis dato nicht kannte. Heute gehört es zu meinem Sprachschatz, wie der weiße Kittel zu meinem Doktor. Übrigens geht es los mit dem dicken Ende beim Doc. Aber er knöpft sich ausnahmsweise nicht mich, sondern Frauchen vor: „Lulu ist zu dick!", sagt er sehr streng. Dick sein ist eine Frage des Geschmacks, antworte ich. Ob guter oder schlechter, das lassen wir dahingestellt. Reine Verteidigungsstrategie für mich, einen Gourmet auf vier Pfoten.

Vor ein paar Tagen traf ich eine Windhündin. Was soll ich sagen, ein Klappergestell wie es im Buche steht. Sie war auf Diät, wollte zur Hundeschau und deshalb noch ein paar Gramm abnehmen. Hätte ich sie eine Woche später getroffen, hätte ich den Strich in der Landschaft vermutlich gar nicht mehr gesehen. „FDH heißt die Zauberformel. Solltest du dir merken", hat sie mir schnippisch zugebellt und mich dabei abwertend von der Seite angeschaut. Dies muss irgendjemand Weißkittel gesteckt haben. Wenn nicht sogar diese Windhündin selbst. Seitdem bekomme ich auch Diätkroketten alá FDH, friss die Hälfte. Schönen Dank auch! Mein Magen lässt grüßen. Am Anfang knurrte er so heftig vor Hunger, dass ich gar nicht mehr bemerkte, wenn Arnolds Blutzucker in der Grauzone oder auf Alarmstufe `Rot´ war. Ich war nur noch mit mir selbst beschäftigt, was natürlich für meinen kleinen Kumpel lebensbedrohlich ist. Doch ich war so ausgehungert, dass sich meine Gedanken nur um eins drehten: FREEEEEESSEN! Frauchen spürte das. Seitdem habe ich morgens geraspelte Möhren und Äpfel, gemischt mit Körnerquark und etwas Diestelöl, in meinem Napf. Sieht schön bunt aus und schmeckt auch einigermaßen. Hin und wieder kaue ich zum Nachtisch noch ein Stückchen Melone. Allerdings bekomme ich nur noch eine Mahlzeit am Tag. Zum Glück wurden die Leckerlis nicht gestrichen. Die gibt es immer noch nach jeder guten Tat. Und: Frauchen geht mit mir joggen. Das hält nicht nur fit sondern macht auch schlank. Und zwar uns beide. Bei mir zeigt die Hundewaage bereits 3 Kilo weniger an.

Doch kommen wir zum ursprünglichen Punkt zurück. Für Frauchen oder Herrchen bedeutet es große Mühe, mich zum Doktor zu schleppen. Stocksteif sitze ich im Kofferraum, weil ich Schlimmes befürchte. Inzwischen haben sich die beiden einen neuen Trick ausgedacht, wie sie mich möglichst unbeeindruckt zum

Doc bringen können. Und zwar fahren wir nicht mehr mit dem Auto zu Weißkittel, sondern gehen stattdessen gaaaanz lange Gassi oder ströpen, wie Herrchen es nennt, und stehen dann plötzlich vor Weißkittels Tür. Ganz zufällig. Jedenfalls wollen sie mir diesen Eindruck vermitteln. Weil ich das längst mitbekommen habe, ändern sie nun jedes Mal die Route.

Eben wollte mich Frauchen wieder austricksen. Sie muss die Wurmtabletten abholen. Das sind diese weißen Pillen, die man Hunden ins Maul stopft, so, dass es einem fast das Bellen verschlägt. Dieses Produkt gehört jedenfalls zu den Dingen, die auf der Prioritätenliste meines Speisezettels ganz weit unten stehen, um nicht zu sagen, dass ich sie eigentlich grundsätzlich gestrichen habe. Aber das hilft mir auch nicht weiter, ich muss sie trotzdem nehmen. Wenngleich ich in diesem Fall eher zu echten Würmern greifen würde. Frauchen ist grundsätzlich anderer Meinung. Sie behauptet: „Fuchsbandwurm, Rinderbandwurm, Hundebandwurm, die sind des Menschen größter Feind". Und wir Hunde können schnell dafür sorgen, dass genau diese Würmer, anfangs unbemerkt, bei den Zweibeinern einziehen. „Das kann am Ende sogar den Tod bedeuten", mahnt Frauchen an und zwar immer dann, wenn ich versuche, die mir verabreichten Pillen gleich wieder auszuspucken oder bemüht bin, sie zwischen meinen Lefzen zu verstecken. Sie bekommt alles mit. Seitdem packt sie die Tabletten immer in Klopse, die richtig lecker sind. Da schmeckt man die Tabletten überhaupt nicht. Geht doch, man muss sich nur etwas einfallen lassen. Aber Doc hat leider keinen Klops dabei. So muss ich die Pille uneingepackt herunterschlucken.

14. August 2009

„Das Reisen führt uns zu uns zurück."
Albert Camus, französischer Erzähler und Dramatiker

Arnold und ich liegen seit Wochen auf der faulen Haut. Er hat Sommerferien und ich mit ihm. Die meiste Zeit machen wir es uns zu Hause gemütlich. Groß verreisen können wir leider nicht. Frauchen muss arbeiten. Und Herrchen ist auf der Bundesgartenschau unterwegs. Ja, immer noch dieses BUGA-Fieber. Die Bundesgartenschau endet erst im Oktober. Bis dahin betreut Herrchen als Führer weiterhin täglich Gruppen auf dem Gelände. Er erklärt die Anordnung der Gärten, die verschiedenen Themen der einzelnen Anlagen, alles, was die moderne und vor allem die alte Gartenkunst zu bieten haben. Herrchen gibt auch viele eigene Stories zum besten. Alles frei erfunden. Er hat nämlich keine Ahnung von Ackerbau und Viehzucht. Weil schließlich eine Führung um die zwei Stunden dauert, denkt er sich immer wieder eigene Geschichten aus. Als er zum Gästeführer ausgebildet wurde, hat er eine Regel sofort kapiert: Sage zu einem Thema 70 Prozent die Wahrheit, 30 Prozent darfst Du ausschmücken. Das war der Lieblingsspruch seiner Ausbilderin. Den hat Herrchen verinnerlicht. Er l(i)ebt diesen Spruch geradezu.

Irgendetwas Witziges fällt ihm auf seinen BUGA-Touren immer ein. Zwischen Rosen und Lavendel verkündet er zum Beispiel seine Version, warum Jack Daniels Nr. 7 eben Jack Daniels Nr. 7 heißt. Viele seiner Zuhörer schauen ihn verdutzt an, wenn Herrchen fragt: „Das Motto der BUGA lautet bekanntlich: Sieben Gärten mittendrin. Und zwar deshalb, weil zwischen dem Schweriner See und der Altstadt sieben Gärten liegen. Hinzu kommt, dass die 7 bei den nordischen Völkern als Glückszahl gilt. Deshalb hat Jack Daniels seinen Whisky so genannt, um ihn besser vermarkten zu können. Nach dem Motto – Glück hat der, der ihn trinken darf. Dabei hat Herrchen sich diese Geschichte ausnahmsweise gar nicht selbst ausgedacht. Vielmehr hat er sie während einer Fährüberfahrt nach Helsinki gelesen.

Noch so eine Geschichte ist die Schweriner Version vom übergroßen Toastbrotständer. Herrchen meint damit die Kolonnaden, die den Weg vom Bertha-Klingberg-Platz zur schwimmenden Wiese säumen, dem Garten des 21. Jahrhunderts. Sie erinnern ihn an einen Toastbrotständer. So ein Gerät steht in England in fast jedem Restaurant. Der Clou dabei: Die Toastbrotscheiben bleiben nach dem Aufbacken knackig, wenn man sie in den Ständer stellt. Und sie verkleben so auch nicht. Ein kostbares Utensil für die Briten. Schließlich gelten sie als das toastbrotfanatischste Volk weltweit. Herrchen erzählt seinen Gästen auch, dass es Swarowskikristalle sind, die auf der schwimmenden Wiese zwischen den Mandarinenbeeten liegen. Dort ist der Boden mit smaragdgrünen geschliffenen Glasscherben bedeckt. Sie schimmern in der Sonne wie Swarovskikristalle. Dass sie nicht echt sind, verschweigt Herrchen geflissentlich. Man kann es sich aber denken.

Nicht zu vergessen, die Raubritterburg. Am BUGA- Haupteingang befindet sich eine sogenannte Personenvereinzelungsanlage. Ja, so heißt dieses Drehtor in der Fachsprache. Menschen können sich Begriffe ausdenken, das ist unglaublich. Von diesem Drehtor aus schaut man direkt auf ein rotes Backsteingebäude, das Schweriner Finanzamt. Herrchen nennt es Raubritterburg. Er erntet dafür jedes Mal zustimmende Blicke.

Dann wäre noch der Waschbär-Garten im südlichen Schlossgarten. Das ist ein kleines Labyrinth mit vielen verschiedenen Heckenarten. Die kleinen Stämme wurden eines Nachts angenagt. Wochenlang haben sich die Zweibeiner gefragt, wer so etwas wohl macht. Die Pflanzen können davon ja eingehen. Durch Zufall kam heraus; es war ein Waschbär, der auf seiner Wandertour von Berlin kommend einen Abstecher auf der Bundesgartenschau in Schwerin unternommen hatte. Offenbar war er sehr hungrig gewesen. In Lübeck wurde der Übeltäter schließlich gefasst, vollgefuttert mit Heckenwurzeln. Nicht unerwähnt bleiben darf der Jesussteg. In Schwerin kann man während der BUGA nämlich über das Wasser gehen. Aber heute macht Herrchen eine Verschnaufpause, lässt Wasser `Wasser´ und Jesussteg `Jesussteg´ sein und damit auch das Geschichtenerzählen.

Stattdessen fahren wir ins brandenburgische Frankendorf. Die Gemeinde liegt auf der Ruppiner Platte. Freunde von Herrchen und Frauchen wohnen dort. Silvester war ich schon bei ihnen zu Besuch. Auch Frankendorf ist ein wahres Gartenparadies, ideal um ein paar Urlaubstage zu verbringen. Diese Reise soll mir nur recht sein. Ein bisschen Abwechslung kann ich gut gebrauchen. Ich will es gar nicht abwarten, mir die Sonne aufs Fell brennen zu lassen.

Herrchen startet den Motor, und schon geht es los. Keine zwei Stunden sind vergangen, und wir haben unser Ziel erreicht. Nichts wie raus aus dem Auto und die Gegend erkunden, lautet meine Devise. Wohin ich auch schaue, nichts als Wälder, Wiesen und Felder. Ein wahrhaft paradiesisches Fleckchen Erde tut sich vor meinen Augen auf. Es duftet herrlich nach Sommer. Eine Biene sucht Nektar in einer Kornblume. Gleich nebenan hat sich ein Schmetterling auf einem Grashalm niedergelassen. Über mir spielen Schwalben in der Luft Fangen. Ich weiß gar nicht, wohin ich zuerst schauen soll. Herrchen unterbricht meine visuelle Entdeckungsreise: „Los Lulu, wir gehen Boot fahren!" Boot fahren? Das habe ich noch nie gemacht. Aber für Überraschungen bin ich immer zu haben. Also wackele ich brav Herrchen erst einmal Richtung Auto hinterher. Schon liege ich im Kofferraum. Klappe zu und Gas gegeben. Schon wenig später steigt Seeluft in meine Nase. Das weckt eine kaum zu übertreffende Vorfreude in mir, was ich mit einem vergnügten Jaulen versuche auszudrücken. Damit will ich Herrchen zu verstehen geben, dass er einen guten Plan hat. „Ja, ja Lulu, gleich kannst du baden." Die Antwort macht mir einmal mehr klar, dass Herrchen die Hundesprache bestens versteht. Nur mit dem Zurückjaulen hat er noch seine Schwierigkeiten. Dadurch ist unsere Konversation auf Basis der Hundesprache nach wie vor ziemlich einseitig. Egal, wichtig ist ja vor allem, dass ich ihn verstehe und so nun höre, dass wir zum Rheinsberger See fahren. „Der See liegt zwar in Brandenburg, gehört aber landschaftlich gesehen zur Mecklenburgischen Seenplatte", doziert Herrchen. Aber das ist mir in diesem Moment gleichgültig, Hauptsache ich kann baden.

Herrchen parkt das Auto. Keine zehn Meter weiter, und wir wären direkt im See gelandet. Mit einem Satz bin ich raus aus dem Kofferraum und schon nach wenigen Sprüngen mittendrin im erfrischenden Nass. Scheint eine mückenfreundliche Gegend zu sein! Mein Jagdeifer wird belohnt, und ich freue mich des Lebens. Lange hält die Freude nicht an. Mein Stimmungsbarometer schlägt total um, als ich sehe, wie Herrchen in einer überdimensionalen Nussschale sitzt, die an einem Steg festgemacht ist. Soll das etwa dieses, wie hat er doch noch gesagt, ...Boot sein? Offensichtlich liege ich mit meiner Vermutung völlig richtig. Denn Herrchen gibt mir zu verstehen, dass ich bitteschön zu ihm in dieses wacklige Gefährt springen möge. Bin ich denn lebensmüde? Da bekommen mich keine zehn Pferde hinein, maule ich und entferne mich erst mal wieder vom eigentlich rettenden Ufer. Doch nun versucht Frauchen mit ihrer sanftmütigen Art, mich zu überzeugen. „Komm Lulu, spring rein. Du wirst sehen, Boot fahren macht Spaß. Du musst keine Angst haben." Ich drehe noch immer etwas ungläubig den Kopf, spitze die Ohren und überlege, was zu tun ist. Kann ich Frauchen wirklich trauen? Eigentlich hat sie mich noch nie enttäuscht, geschweige angelogen. Zudem sitzt inzwischen die komplette Familie im Boot, außer mir, versteht sich. Die müssen sich ziemlich sicher sein, dass in dieser wackligen Nussschale nichts passiert. Und wenn doch, ich kann schwimmen. Plötzlich bekomme ich eine ganz andere Sicht der Dinge. Außerdem möchte ich als mutige Diabetikerwarnhündin in die Geschichte eingehen und nicht als Angsthase. Angsthund, den Begriff gibt es bislang überhaupt nicht. Wäre schon blöd, wenn ausgerechnet ich dafür sorgen sollte. Also schwimme ich mal hinüber zum Boot.

Ganz behutsam setze ich erst mein linkes Pfötchen, dann mein rechtes hinein und dann den Rest. Die Schnauze lasse ich zu. Niemand soll sehen, wie meine Zähne klappern. Jetzt klappern sie noch heftiger, da durch mein Einsteigen das Boot zu schaukeln anfängt, auch wenn Herrchen mit den Beinen versucht, das Ungleichgewicht auszubalancieren. Endlich bin ich im Boot und lege mich auf die Bank am Heck. Nach vorn mag ich gar nicht schauen. Sollte der Kahn kentern, dann lasse ich mich kurz vorher einfach rückwärts ins Wasser fallen und schwimme an Land. Ich bin eine Superschwimmerin, mir kann überhaupt nichts passieren, beruhige ich mich.

Arnold sitzt neben mir. Nun ist er an der Reihe, mich zu beschützen. Noch immer zitternd lege ich meine Pfote auf seinen Schoß, und er versucht, mir die Furcht zu nehmen. Frauchen sitzt vorne im Boot. Ein guter Ausgleich, damit halten wir Gleichgewicht und können eigentlich gar nicht untergehen. Zumal Herrchen in der Mitte sitzt, in jeder Hand einen Holzflügel, die er rhythmisch durchs Wasser zieht. Sieht komisch aus, funktioniert aber. Jedenfalls kommen wir vorwärts. Vanessa, Doreen und Horst, die Gartenparadies- Besitzer aus Frankendorf, sitzen im zweiten Boot. Es ist ihre Nussschale.

Herrchen legt sich mächtig ins Zeug, so rückt das Ufer zunehmend außer Sichtweite, das Land ist nur noch ein lang gezogener Strich. Friedlich plätschernd gleitet unsere Nussschale immer weiter auf den See hinaus. Ich wage, nachdem ich zwischenzeitlich völlig abgetaucht war, einen ersten Blick über die Bordkante. Dabei fängt mein Näschen frische Seeluft ein. Und ich beginne, unseren Ausflug zu genießen. Noch ein paar Ruderschläge später erkläre ich Boot fahren zu meinem neuen Hobby. Es sah anfangs viel schlimmer aus als es ist. Oder wie sagt man treffend: Manchmal muss man zu seinem Glück gezwungen werden.

Auch Arnold hat Spaß. Er spritzt Herrchen mit Wasser nass. Ein paar Tropfen bekomme auch ich ab. Das bringt mich auf eine Idee. Davon würde ich gern mehr haben. Ohne um Erlaubnis zu fragen, springe ich ins Wasser. Fast wäre das Boot dabei nun doch gekentert. Ein Glück, dass Frauchen ahnt, was ich vorhabe. Mit einem Ruck steht sie auf und beruhigt das schwankende Boot. Ich zeige ihr, wie herrlich das Wasser ist und lade sie ein. Das lässt sie sich nicht zweimal sagen und springt ebenfalls ins Wasser. Jetzt ist Herrchen an der Reihe, das Boot zu stabilisieren, während Frauchen und ich es umkreisen. Alle anderen Insassen wollen lieber im Trockenen bleiben.

„Da, schaut mal, Land in Sicht!" Herrchen deutet auf eine Insel inmitten des Sees. „Das muss die Remusinsel sein", macht er zugleich deutlich, dass er sich hier auskennt. Gemeinsam schwimmen wir auf die Insel zu.

Die Remusinsel, die wie ein Halbmond aussieht, hat eine spannende Geschichte. Herrchen machte sich vor unserer Abreise wieder einmal schlau. Er erzählt uns, dass auf der Insel Reste einer slawischen Brückenkonstruktion entdeckt wurden. „Das bedeutet, Lulu, dass hier vor Jahrhunderten Menschen gelebt haben. Heute ist die Insel unbewohnt. Aber nicht nur menschliche Überreste, auch Tierknochen, Scherben, Gefäßteile und Werkzeuge, zum Beispiel eine Sichel mit Holzgriff wurden gefunden. Leider konnte die Brückenkonstruktion nicht vollständig untersucht werden. Auf dem See sind zu viele Boote unterwegs. Das Forschungsprojekt hätte es erforderlich gemacht, den gesamten Schiffsverkehr lahm zu legen. Dafür fand sich letztlich keine Mehrheit." Ich höre Herrchen aufmerksam zu. „Sicher haben die Slawen auch Hunde gehalten. Man sagt dem Volk nach, dass es Windhunde bevorzugte." Windhunde kenne ich. Das sind diese dünnen Vierbeiner, denen ich hin und wieder am Lankower See begegne. Sie sind schnell, sehr schnell sogar. Gleich nach den Geparden gehören sie zu den schnellsten Landtieren der Welt. Dafür zolle ich ihnen Respekt, auch wenn sie reichlich verhungert aussehen. Forscher vermuten, dass sich der Begriff Windhund von `wendischer Hund´ ableitet. Das Wort wendisch stammt aus dem Slawischen. Als Wenden bezeichneten sich jene Slawen, die vom 7. Jahrhundert an große Teile Nord- und Ostdeutschlands bevölkerten. So schließt sich der Kreis.

Ich drehe auf der Insel meine Runden und suche nach Spuren längst vergangener Zeiten. Nur finde ich leider nichts außer Muscheln, knorrigen Baumwurzeln und leeren Bierdosen. Dann bläst Herrchen zur Rückfahrt, alle sollen zurück ins Boot. Nach etwa einer Stunde Seefahrt habe ich wieder Festland unter meinen Pfoten. Völlig erschöpft von diesem erlebnisreichen Ausflug falle ich in die Horizontale und sofort in einen Tiefschlaf. Heute bekommt mich keiner mehr wach. Bei Arnold ist alles in Ordnung. Das habe ich vorher noch schnell abgespeichert. Sollte sich die Situation ändern, dann weckt mich mein 7. Sinn. Morgen, gleich nach dem Aufstehen, steht unsere Heimreise an.

18. August 2009

„Tu, was Du nicht lassen kannst.“
in Emilia Galotti
Gotthold Ephraim Lessing, deutscher Dichter

Richtig großen Mist habe ich so gut wie noch gar nicht gebaut. Von Anfang an nicht. Andere Hunde, so habe ich gehört, zerfleischen Kuscheltiere, nagen Tischbeine an oder reißen die Vorhänge von der Stange. Ich bin ein ziemlich kluges Tierchen und kapierte schnell, dass Frauchen und Herrchen solche Spielchen nicht lustig finden. Nur ein einziges Mal versuchte ich zu testen, wie weit ich gehen kann. Im Wohnzimmer stand ein Schaukelstuhl, ein ziemlich witziges Teil. Immer wenn ich ihn antapste, bewegte er sich. Ich stellte mir also vor, der Stuhl ist mein Feind und ich muss ihn verjagen. Ich habe ihn dann auch an den Beinen erwischt und dabei kraftvoll zugelangt. Was Frauchen und Herrchen doch sehr störte. „Lulu aus!“, riefen sie erbost. Aber weil ich längst noch nicht fertig war, hörte ich überhaupt nicht hin, machte einfach weiter, bis mich eine kalte Dusche traf – in genau jenem Moment, da der Schaukelstuhl zum Gegenangriff geblasen und durch heftiges Schwingen versucht hatte, sich zur Wehr zu setzen. Da war ich kurz irritiert und habe ihn ganz verdutzt angeschaut. Gleichzeitig wischte ich mir die Wassertropfen von meiner Hundenase. Damit war alles vorbei. Um dieses Objekt meiner Begierde mache ich seitdem einen großen Bogen. Ich ignoriere den Schaukelstuhl, so wie ich Miss Nelly ignoriere, diese eingebildete Katzendiva von nebenan.

Seit wir eine Housekeeperin, also eine Haushälterin, haben, fröne ich meiner Kaulust ganz anders. Herrchens Holzscheite für den Kamin sind echt lecker. In den gefegten Sälen unseres Hauses krümelt es sich genüsslich. Ich schnappe mit dem Maul ein besonders schmackhaft aussehendes Stück, um bestens versorgt mit einem großen Satz auf der Wohnzimmercouch zu landen. Dann mache ich mich an die Arbeit. Ist das Holzstück genügend durchgekaut, betrachte ich das Ganze für erledigt und ich schaue mich mit Bedacht nach dem nächsten Stück und einem neuen Plätzchen um. Meistens entscheide ich mich für den Läufer vor dem Seitenausgang der Küche. Auch hier hinterlasse ich meine Spuren, verteile die während der Zahnpflege anfallenden kleinen Holzstücke gleichmäßig auf den blauen Fliesen. Da bekanntlich aller guten Dinge drei sind, zerre ich das nächste Stück in den Flur und setze auf dem schönen grauen Teppich meine Arbeit fort.

Dort allerdings erwischt mich Herrchen regelmäßig. Aber wie er so ist, fast verständnisvoll, holt er die Kehrschaufel und fegt meine Hinterlassenschaften zusammen. Neulich legte er sich eine Kehrschaufel mit langem Stiel zu. Nun muss er sich nicht mehr bücken, um die Holzschnipsel vom Boden zu entfernen. Trotzdem findet die Haushälterin immer noch Restbestände. Am Ende ist alles wieder blitzblank, keiner meckert, und ich kann mein Spiel von vorn beginnen.

Eine kleine Macke habe ich außerdem noch. Zu gerne knabbere ich Kissen und Bettdecken an. Das macht richtig Spaß, vor allem weil das, was in ihnen steckt, sich nicht wehren kann. Ich arbeite mich in mühevoller Beißarbeit stundenlang vor, knappere alle Ecken und Enden an und wedele solange mit den Kissen oder Betten herum, bis es beginnt zu schneien. Oder es regnet Kunststoff-Flocken, je nach Jahreszeit. Obgleich, Minusgrade haben wir gar nicht in unserer Wohnung!? Egal, jedenfalls sind es Kunststoffteile, die dann immer durch die Luft fliegen, weil, gegen echte Federn hat Herrchen etwas. Er leidet unter einer Hausstauballergie, sagt er, und da sind Enten- oder Gänsefedern für ihn tabu.

Hin und wieder, wenn gerade kein Kissen in der Nähe ist oder alle ohne Inhalt sind, nage ich auch an meinem Körbchen-Kissen herum. Das ist wirklich die äußerte Notlösung. Wer zerstört schon gern sein eigenes Reich? Ich kann nicht mal sicher sein, ob ich anschließend ein neues Bettchen bekommen würde. Selbst kaufen geht nicht. Wer tippt schon den Preis für ein Körbchen samt Bett in die Kasse, wenn der Kunde ein Hund ist. Dieser Gedanke geht mir ständig durch den Kopf. Aber vielleicht sollte ich das einfach mal ausprobieren. Ich muss nur noch klären, wie ich an Geld komme. Bislang ist mir jedenfalls kein einziges Beispiel bekannt, dass man uns als Geschäftspartner akzeptiert. Noch so ein Ding, mit dem ich Geschichte schreiben könnte...

Frauchen ist gerade dabei, das letzte von mir verursachte Loch in ihrem Bettbezug zu stopfen. Sie sieht nicht so aus, als würde es ihr Spaß machen. Ich glaube, bei uns zu Hause gibt es inzwischen keinen einzigen ungestopften Bezug mehr, von Kissen ganz zu schweigen. Eine ziemlich ausgefranste Geschichte, aber echt lustig, oder? Irgendwie muss man den Tag doch rumkriegen. Als Hund hat man nicht so viele Möglichkeiten. Offiziell anerkannte Spielsachen geben einem längst nicht den Kick wie die Dinge, die man sich selbst ausdenkt. Zweibeinigen Kindern geht es wohl ähnlich. Aber man wird ja auch älter und damit vernünftiger, auch einsichtiger. Ich habe das Kissenknabbern inzwischen weitestgehend eingestellt. Nur manchmal greife ich mir noch eine Ecke. Meist sind es Tage, an denen ich vorher viel Stress hatte, weil es Arnold mal nicht gut ging und ich mehr als üblich auf ihn aufpassen musste. Dann reagiere ich mich schon noch mal an dem einen oder anderen Kissen ab. Aber ich weiß längst, was sich gehört und was nicht. Hotelkissen beispielsweise sind absolut tabu, auch wenn sie noch so einladend sind.

Was ich hingegen noch nie gemocht habe ist, gekämmt zu werden. Darin erkenne ich keinen Sinn. Wenn der Winter zu Ende geht und das Frühjahr kommt, dann ahne ich schon, jetzt bist du wieder dran. Frauchen sagt dann immer: „Lulu, du bist in der Mauser. Halte bitte still." Was auch immer das heißen mag, Mauser. Mit Mäusen hat es jedenfalls nichts zu tun. Die kenne ich zur Genüge. Vielleicht eher mit Vögeln. Die zwitschern mir etwas Ähnliches vor, wenn wir zusammen im Garten faulenzen, sie auf dem Baum, ich im Schatten darunter. Dann reden sie davon, dass ihnen die Federn ausgehen, es ihnen zu warm geworden ist und sie deshalb freiwillig ein paar Federn lassen. Oder eben mausern, wie sie sagen. Weil ich keine Federn habe, meint Frauchen sicherlich mein Fell. Damit die überflüssigen Flusen nicht stets aufs Neue durch die Wohnung fliegen, werde ich bis auf die Haut durchgebürstet. Es gibt wahrlich schönere Momente im Leben eines Labradors. Ich versuche mich zwar zu wehren, bin aber meist erfolglos. Ob ich mich nun im Kreis drehe oder versuche, mir die Bürste zu schnappen, um damit einfach abzuhauen, Frauchen ahnt schon vorher meine Gedanken und lässt nicht locker. Selbst wenn ich versuche, sie in die Hand zu beißen, ganz vorsichtig natürlich. Wenn sie endlich fertig ist, schnappe ich mir die Bürste doch noch und beiße sie kurz und klein. Auch diesmal habe ich den Hals schon zerraspelt. Die Borsten aus Metall sind hingegen nicht mein Ding, aber ohne Hals, ohne Stiel ist die Bürste auch so dahin. Und weil Frauchen nicht ständig neue Bürsten kaufen will, greift sie inzwischen auch seltener zu diesem Quälgeist. Das bilde ich mir jedenfalls ein.

26. August 2009

„Mit einem kurzen Schweifwedeln
kann ein Hund mehr Gefühle ausdrücken,
als mancher Mensch mit stundenlangem Gerede."
Louis Armstrong, US- amerikanischer Jazztrompeter und Sänger

Ich habe mich gerade mit Lupus bekannt gemacht. Frauchen und ich drehen unsere Runde um den Lankower See. Ich flitze zum Ufer, um ein bisschen Wasser zu trinken. Da steht er in seiner ganzen Pracht vor mir. Lupus ist ein Richback. Ein tolles Tier. Perfekte Maße. Sehr schlank. Glänzendes hellbraunes Fell. „Hallo, du schwarze Grazie, Traum der Nacht", haucht er mir ins Ohr. Wau, denke ich, was für eine tiefe Stimme. Er flüstert mir weitere schöne Laute zu. „Ich bin Lupus, du schöne Unbekannte." Ich schaue ihm dabei ins Maul und bekomme einen Schreck. Bitte nicht zuschnappen! Der hat Hauer wie eine Baggerschaufel, zucke ich zusammen. Aber Lupus ist ein sehr friedlicher Geselle. Lupus ist mehr als charmant. Er hat mich zuerst schnuppern lassen. Dann habe ich ihm meinen Namen ins Ohr gehaucht. Wir wollen uns morgen wiedersehen und um die Wette schwimmen. Ich habe Lupus nämlich verraten, dass ich Wasser liebe. Hoffentlich hat Frauchen morgen nichts anderes vor. Vielleicht spiele ich irgendwann auch mit Lupus 'Gewinner und Verlierer'. Aber noch traue ich mich nicht so recht. Da würde ich wohl immer wieder verlieren und möglicherweise auch ein Ohr kürzer sein. Nach ein paar mehr Trainingsstunden könnte sich aber die Situation zu meinen Gunsten drehen. Oder überschätze ich Lupus nur? Frauchen unterhält sich gerade mit Lupus Herrchen. Ich erfahre, dass Lupus gefährlicher aussieht als er in Wahrheit ist. Er ist schon ein alter Herr, mit Menschenjahren verglichen ein Hundeopa. Beim Laufen bekommt er schwer Luft und röchelt manchmal.

Emi kommt eben den Uferweg entlang. Lupus und ich begrüßen sie freundlich. Emi treffe ich ab und zu auf meinen Ströpergängen. Sie ist eine Altdeutsche Schäferhunddame. Ihr Fressen verdient sie sich als Blindenführhund. Das ist auch ein toller Job und sicher genauso anspruchsvoll wie meiner. Emi habe ich das erste Mal rein zufällig bei einem Abendspaziergang kennen gelernt. Ich spürte sofort Freundschaft als wir uns sahen. Emi ist mittlerweile schon fünf Jahre alt. Das heißt: Sie hat auch schon viele Menschenjahre auf dem Buckel. Aber da streiten sich die Geister. Auf jeden Fall hat sie die Kraft der zwei Hundeherzen. Emi kann toben und tollen, dass einem nur so der Speichel aus dem Maul läuft. Emi und ihre Familie wohnen nicht weit weg von uns. Wir beide spielen sehr, sehr gern miteinander. Ich muss ganz ehrlich sagen, ich mag sie als Freundin mittlerweile mehr als meine Schwester Lotta.

Wen ich nicht so mag sind Boxer, Stafford Terrier oder Bullterrier. Tut mir leid, Jungs, aber ihr seid einfach nicht mein Geschmack. Vielleicht werden wir Kumpels im nächsten Hundeleben. Oder wir alle kommen als Erdmännchen auf die Welt und haben uns lieb. Oder als Kampfdrachen. Dann haben wir uns weniger lieb, noch weniger als jetzt, nämlich mehr als gar nicht. Mops Bessie darf ich nicht vergessen. Bessie klingt so wie sie heißt: ziemlich rauchig in der Stimme. Obwohl ihr Frauchen raucht – nicht sie. Passivrauchen ist aber auch für Hunde gefährlich. Ebenso wenig ertragen kann ich diese kleinen Wadenbeißer, die kläffen als wären sie Riesenschnauzer oder Wolfshunde. Sie bilden sich vielleicht was ein. Da kann ich nur sagen: Brust raus, Schwanz gerade, Rücken durchgedrückt und erhobenen Hauptes Abgang! Diese kleinen Kläffer sind so wütend auf mich, dass ich sie keines Blickes mehr würdige, damit sie ja nicht noch einmal eine Oktave höher jaulen.

Vergessen wir die Boxer, Stafford Terrier und Mopse dieser Welt. Ich konzentriere mich ganz auf Lupus und Emi. Wir tollen durch die Wiesen und jagen den Mücken hinter. Wer zuerst hundert hat ist Sieger. Ich liege vorn, habe schon zehn verspeist innerhalb weniger Sekunden.

„Glaube nicht, es muss so sein, weil es so ist und immer war.
Unmöglichkeiten sind Ausflüchte steriler Gehirne. Schaffe Möglichkeiten. "
Hedwig Dohm, deutsche Schriftstellerin und Frauenrechtlerin

Es regnet schon den ganzen Morgen. Kein einladender Tag. Ob sich noch die Sonne blicken lässt?! Wohl kaum. Herrchen ist zum Glück heute nicht auf der BUGA unterwegs. Er hat nämlich einen Draht zum Wetterdienst hinter den Wolken. Er meldet seine BUGA- Führungen 24 Stunden vorher oben an, und dann wird ihm der Wettergott hold.

Für uns soll dieser Tag so verregnet bleiben. Allerdings sitzen wir im Trockenen. Meine Familie und ich fahren nach Hannover. Lotta und ihre Sippe sind mit dabei. Wir beide sinnieren über den berühmten Professor auf der Bult, Herrn Danne. Das ist jener, der Frauchen damals so gut zuhörte und ihr den Tipp mit der Pumpe gab. Denn auf die Bult geht's heute. Dort werden wir unser Training absolvieren. Menschenmengen und viele fremde Hunde werden wir treffen. Unsere kleinen Zweibeiner haben wir auch dabei. Nach etwa zwei Stunden bremst das Auto ab. Ziel erreicht. In der Nähe eines Fußballstadions liegt unser Hundeparadies – eine weitläufige Wiese mit zahlreichen Büschen, Maulwurfshügeln und Stöckchen. Ständig kreuzen neue Vier- und Zweibeiner unseren Weg. Lotta und ich kommen aus dem Schnüffeln gar nicht heraus. Unsere Zweibeiner stehen dagegen wie die begossenen Pudel im Regen. Wir springen voller Wonne durch die Pfützen und sehen danach aus wie braun gesprenkelte Kleckerburghunde. Nach einigen Stunden hopsen wir wieder in den Kofferraum. Diesmal gibt Lottas Herrchen Gas und fährt Richtung Heimat. Arnold hat aber noch einen Wunsch offen. Er möchte gern zu seinem heißgeliebten amerikanischen Spezialitätenrestaurant. Das mit dem großen gelben M, ein magisches Zeichen. Kaum sieht Arnold das große M am Horizont aufleuchten, ist der verregnete Tag vergessen und seine Kinderaugen strahlen. Ein Happy End wie es im Buche steht. Hat der Tag also doch noch etwas Gutes. Kaum zu glauben, wie schnell Kinder manchmal glücklich zu machen sind. Auch ich bin einfach positiv gestimmt, weils auch für mich etwas abfallen wird.

Frauchen rechnet in Gedanken schon die Kohlenhydrateinheiten aus. Das kann ich spüren. „Happy meal – 4 Nuggets, Pommes, 1 Tüte Ketchup und ein Milchshake, macht 6 KE", sagt sie. Flugs hat sie die Insulindosis errechnet. Dabei war sie im Kopfrechnen in der Schule gar nicht so gut. „Beim Spiel Kopfrechnen – Bankrutschen war ich immer die Letzte", hat sie mir mal erzählt.

Arnold holt rasch seine Pumpe hervor und tippt die Dosis ein. Ich stelle mir vor, wie umständlich es sein muss, den Insulin-Pen jetzt 'rauszuholen, die Dosis per

Drehknopf einzustellen, dann den Bauch freizumachen, die Bauchfalte zu greifen, einzustechen und abzudrücken. Das ist das Los all derer, die keine Insulinpumpe haben. Allerdings gibt es diese Pumpen noch gar nicht lange. Im Jahr 2000 feierte dies nützliche Gerät seinen 25. Geburtstag. Mitte der 70er Jahre beschäftigten sich Forscher mit der Entwicklung der ersten Schmerzpumpen. Ende der 70er befassten sie sich mit der kontinuierlichen Insulingabe in das Unterhautfettgewebe. 1983 waren die ersten Insulinpumpen groß, schwer und sperrig, weder wasserdicht noch bruchsicher. Der Durchbruch gelang Mitte der 80er. Damals gab es circa 1.000 bis 2.000 Pumpenträger in Deutschland. Mit den Pumpengenerationen der 90er Jahre hatte es die Insulinpumpe endlich geschafft. Eine Pumpe, patientenfreundlich, klein und handlich, als Ausdruck modernster Technik, war geboren. Heute gibt es über 20.000 Insulinpumpenträger in Deutschland. Gut, dass auch Arnold eine Pumpe hat. Ich bin begeistert, wie schnell er den Umgang mit der Technik erlernt hat. Dank der Pumpe ist es auch möglich, die üppigen Mahlzeiten wie bei Mc Donald´s üblich, ohne große Blutzuckerschwankungen abzudecken. Die Insulindosis kann mit der Pumpe geteilt werden. So kann Arnold die natürliche Insulinausschüttung der Bauchspeicheldrüse nachahmen. „Das hat etwas mit den schnellen und den langsamen Kohlenhydrateinheiten zu tun", erzählt Arnold. „Schnelle Kohlenhydrateinheiten brauchen auch schnell Insulin, langsame Kohlenhydrateinheiten brauchen erst später Insulin." Mein Hundehirn fängt an zu rauchen. Was so ein kleiner Zweibeiner alles schon weiß!

Unbeschadet kommen wir in unserer Heimatstadt an. Es ist früher Abend. Klar haben wir ausnahmsweise einen Abstecher zum magischen M gemacht. Arnold war so voller Vorfreude. Und es hat aufgehört zu regnen. Die Sonne kitzelt in der Nase.

Unerwartet erhält Arnold noch Besuch von seinem Kumpel Alexander. Er ist sein bester Freund aus der ersten Schule. Alexander hat etwas Angst vor Hunden, also auch vor mir. Mittlerweile besuchte er Arnold schon häufiger, und wir haben uns angefreundet. Wenn Arnold Besuch hat, dann geht es heiß her. Ich darf leider nicht mitspielen. Arnold und seine Freunde wollen lieber unter sich sein. Na ja, ein bisschen verstehe ich Arnold. Ich bin sehr aufgeregt, wenn Besucher da sind. Immerhin treten sie in mein Territorium ein. Hunde lassen sich das nicht so einfach gefallen. Wir sind von Natur aus auf das Sichern programmiert. Also sichern wir, sobald ein Fremder in unser Reich eindringt. Etwas Gutes hat so ein Kinderbesuch auch für mich. Arnold ist glücklich und ich erhalte einen großen Ströpergang in die Lankower Berge gratis. Denn meinem traurigen Hundeblick kann weder Frauchen noch Herrchen widerstehen. Also machen wir uns auf den Weg.

„Die beste Bildung findet ein gescheiter Mensch auf Reisen."
Johann Wolfgang von Goethe, deutscher Dichter

Lange schon liegt unsere letztere Urlaubsreise hinter uns. Die BUGA hat ihre Pforten geschlossen. Zeit für die Familie, Luft zu holen. Wir wollen in die Geburtsstadt von Frauchen reisen. Ab geht's. Im Auto erfahre ich, dass Frauchen in Görlitz das Licht der Welt erblickt hat. Das ist eine kleine Stadt in Sachsen – noch konkreter – in der Ostoberlausitz. In einer kleinen Gasse der Altstadt hat Frauchen ein hundefreundliches Haus ausfindig gemacht. Wir kommen gerade an. Ein wenig mittelalterlich sieht es von draußen aus. Auch von drinnen wirkt es so. Alte Küchengeräte, Truhen, Stühle und Tische zieren die Zimmer. Von unserem Schlafgemach aus führt eine Tür in den Garten des Hauses. Der Garten ist klein und ein wenig überwuchert. Ideal für meine kleinen dringenden Geschäfte.

Unsere Reise dauerte viel länger als geplant. Frauchen redete von vier Stunden, aber wir waren fünf unterwegs. Dabei hatten sich meine Zweibeiner extra einen elektrischen Routenführer gekauft. Der spricht mit der Stimme von Rudi Carrell und klebt während der Fahrt an der Scheibe. Wir fuhren trotzdem falsch. Irgendwie hatte Rudi Carrell wohl nicht das neueste Update der Straßenverbindungen studiert. Frauchen merkte die Fehlplanung nicht rechtzeitig, und wir fuhren von der falschen Autobahn in Richtung Görlitz weiter. Omi haben wir zwischenzeitlich aufgesammelt. Sie hatte Konfirmanden- Treffen in Kosel. Aber nun sind wir ja da. Görlitz ist ein beschauliches Städtchen, das östlichste Deutschlands. Es gibt sogar ein Restaurant „Zum dreibeinigen Hund". So heißt auch die Hauptfigur einer Gruselgeschichte. Der Sage nach handelt es sich um einen Hund, der, wie der Name schon sagt, nur drei Beine hatte. Vor hunderten Jahren soll er sein Unwesen getrieben haben, groß wie ein Kalb und schwarz wie die Nacht. Es wird erzählt, dass jener Hund einmal im Jahr aus einem Wasserloch kroch, immer in der Weihnachtsnacht, wenn die Kirchenglocken Zwölf schlugen. Wer ihm begegnete und ihn passieren ließ, wurde auch von dem Hundeungetüm in Ruhe gelassen. Der Hund lief stets zum Frauentor am Dicken Turm. Die Wächter kannten seine Route und ließen jedes Jahr zur Weihnachtsnacht das Tor geöffnet. Bis zu jener Nacht, als sich jemand einen Jungenstreich erlaubte und das Tor ins Schloss warf. Es war der Torwächter selbst, der wenige Lenze zählte. Der Kalbshund wurde zornig. Außer sich vor Wut sprang er über das verschlossene Tor. Auf der anderen Seite schnappte er den Torwächter. Kurz darauf soll der Monsterhund gestorben sein. Niemand sah ihn mehr. Als das Restaurant restauriert wurde, fanden Bauarbeiter Ziegelsteine, auf denen Hundepfoten verewigt waren. Herrchen ist davon überzeugt, dass es diesen Hund wirklich gab. Ich muss es mir noch überlegen, ob es diesen Artgenossen wirklich gegeben haben könnte.

Wir schlendern bei goldenem Herbstwetter durch die engen Gassen. Ich verhalte mich wohlerzogen, auch wenn ich wieder diese juckende Weste tragen muss. Wir kommen an einem Fluss vorbei, Neiße heißt er – und an Spielplätzen, die zum Klettern einladen. Eine breite Brücke führt in das Land der Polen. Hier entlang führte einst die Oder-Neiße-Friedensgrenze. Sie legte nach dem Zweiten Weltkrieg fest, welches Territorium Polen und welches der DDR gehörte. Bis auf die Mitte der Brücke trauen wir uns, weiter nicht. Nun, im vereinten Europa gibt es keine Grenzkontrollen mehr, wir hätten ungehindert weiter laufen können. Aber Frauchen weiß nicht, ob es spezielle Anforderungen an Hundebesitzer gibt. Womöglich müsste ich dann in Polen bleiben. Das will meine Familie nicht riskieren. Ich auch nicht.

Wir bleiben einige Tage in Görlitz. Am Ende unserer Reise wird sich zeigen, ob ich ohne Unterbrechung meinen Urlaub genießen konnte. Noch liegt Arnolds Blutzucker im grünen Bereich. Wir bummeln zurück in unsere Pension. Wir haben Hunger. Abendbrot ist angesagt. Selbst auf meinem Speiseplan steht 'Urlaubsangebot'. Herrchen ist so gütig zu mir und lockert meine Diät. Er reicht mir leckere Knochen vom Lamm. Allerdings wirken diese Happen bei mir abführend. Ich reiße mich zusammen. Nach unserem leckeren Abendmahl genießen Frauchen und ich die Natur am Stadtrand und spazieren über den sehr großen Friedhof. Die Stadt wirkt so, als würde sie im Dornröschenschlaf liegen. So still ist es. Nach unserer Tour betten auch Frauchen und ich uns zur Nacht. Ich träume vom Weihnachtsmuseum, das ich vorhin gesehen habe, als wir durch die Gassen schlenderten. In Görlitz gibt es wirklich ein Weihnachtsmuseum. Übergroße Weihnachtssterne hängen am Eingang. In den Schaufenstern spiegeln sich die glänzenden Augen von Arnold und Vanessa wider. Engel, Sterne und bemalte Glaskugeln schimmern in den herrlichsten Farben. Langsam können wir uns auf den bevorstehenden Winter und die Weihnachtszeit einstimmen. Allerdings passt das Wetter kaum dazu. Wir haben strahlenden Sonnenschein und klettern mit sommerlichem Gefühl stundenlang auf der Landeskrone herum. Die Landeskrone ist der Hausberg von Görlitz, 420 Meter hoch. Er ist umgeben von paradiesischer Landschaft aus weiten Wiesen und Feldern. Es wird erzählt, dass der Berg seit Gründung von Görlitz über ihr Schicksal der Stadt und ihre Bewohner wacht. Über Stock und über Stein, ohne Hals- und Beinbruch klettern wir den Berg hoch. Die Landeskrone soll früher ein Vulkan gewesen sein. Aber er spuckt schon lange keine Lava mehr aus. Oben angekommen, ist er wieder in meiner Nase, dieser Unterzuckerungsgeruch. Ich springe Arnold an. Er schaltet sofort und legt eine Pause ein. Messen und essen heißt das Motto. Ich darf mich an Vanilleleckerlis ergötzen und genieße den Ausblick: kunterbunte Wälder, blauer Himmel, eine Meise spielt mit der Luft. „Komm Lulu, Arnold möchte ein Eis!" Auf der Bergspitze empfängt – idyllisch gelegen – ein Restaurant seine Gäste. Arnold verdrückt einen gigantischen Eisbecher. Ich lege mich unter den Tisch und ruhe auf dem weichen Boden aus.

Ich zeige mich von meiner besten Seite, folge meiner Familie auf Schritt und Tritt und gehorche ihr. Schade, dass meine hannoverschen Trainerinnen nicht hier sind. Sie wären stolz auf mich. Die Prüfung würde ich mit links bestehen. Aber es soll anders kommen als ich es mir ausmale.

1. November 2009

„Einzugestehen, was man nicht weiß, ist Wissen."
Konfuzius, chinesischer Philosoph

Winterliche Stimmung herrscht in Schwerin. Unsere Tage in Görlitz waren noch einmal sonnenreich. Wir konnten den goldenen Herbst genießen. Nun schickt die kalte Jahreszeit mit eisigen Winden ihre Vorboten. Herrchen hat unser Holzfach aufgefüllt. Die Blätter der Bäume liegen gelb und braun am Boden. Nebelschwaden steigen aus den Wiesen der Lankower Berge auf. Viele Zweibeiner schniefen vor sich hin. Auch wir Vierbeiner lecken uns die Nasen. Niesen und Schnupfen kriegen sind uns nicht fremd. Allerdings weisen wir Hunde keine solchen extremen Stimmungsschwankungen in dieser Zeit auf wie die Menschen. Mit hochgezogenen Schultern und verbissenem Gesichtsausdruck sehe ich die Zweibeiner auf den Gehwegen laufen. Sie ähneln den grauen Männern aus dem Buch „Momo". Die haben auch niemals Zeit und schon gar kein Lächeln im Gesicht. Arnold hat mir mal aus dieser Geschichte vorgelesen. Fast würde ich die Zweibeiner in dieser Zeit als depressiv bezeichnen. Übrigens streiten sich die Gelehrten, ob Diabetiker häufiger als Nichtdiabetiker unter Depressionen leiden. Studien kommen zu unterschiedlichen Ergebnissen. Es ist jedoch bewiesen, dass chronisch kranke Menschen – und dazu gehören auch Diabetiker – tatsächlich anfälliger für depressive Stimmungslagen sind. Kein Wunder, es kann nerven, bei jeder Gelegenheit an seine Krankheit erinnert zu werden.

Die Tage sind mit Trainingseinheiten gefüllt: Im Notfall die Tür öffnen zu können, ist eine knifflige Aufgabe. Ein geflochtenes orangefarbiges Seil hat Frauchen an die Tür geknübbert. Meine ersten Versuche beschränken sich auf das Ziehen am Seil. Das klappt nach ein paar Tagen schon sehr gut. Ziel soll sein, dass ich die Tür allein öffne, falls Arnold in einem geschlossenen Raum bewusstlos liegt. Ich muss dann ganz schnell Hilfe für ihn holen. Frauchen übt immer und immer wieder mit mir. Ich kann die Male schon nicht mehr zählen. Ich lerne schnell. Mit jedem weiteren Tag reagiere ich besser. Arnold lässt sich fallen und sofort

eile ich zur Tür, zerre so lange an dem orangefarbigen Strick, bis sich der Tür-
drücker bewegt und der Ausgang frei ist. Der nächste Erwachsene ist meiner. Ich
greife nach dem Arm von Herrchen, den ich im Garten entdecke und renne zurück
zur Tür. Ich gebe erst Ruhe, als Herrchen sich zu Arnold niederbeugt. Geschafft!
Alle jubeln und loben mich. Ich bin der Star. Frauchen stehen die Tränen in den
Augen. Für Arnold bedeutet das den nächsten Schritt in die Selbstständigkeit. Ich
werde über ihn wachen, ich kann Hilfe holen. Mission erfüllt. In Hannover sollen
wir bald wieder zum Hundetraining zusammenkommen. Überzuckerungstraining
steht dann auf dem Unterrichtsplan. Ich bin hoch motiviert. Nachdem wir diesen
klasse Sozialisierungsurlaub in Görlitz verlebt haben und ich gerade die Übung
„Hilfe holen" mit Bravour gemeistert habe, schreite ich mit geschwollener Brust
durch den Tag. Da schreckt mich Hannover in keiner Weise. Aber noch ist es
nicht so weit.

Zu Hause laufen die Vorbereitungen für den 70. Geburtstag von Omi auf vollen
Touren. Ein Besuch im Weinhaus Uhle, einem sehr alten traditionsreichen Haus
in Schwerin, steht bevor. Wir alle machen uns gemütlich auf den Weg und genießen einen Probeschmaus bei Kerzenschein. Mir fällt der Rest von Arnolds riesi-
gem Schnitzels direkt ins Maul.

18. Dezember 2009

„Eine mächtige Flamme entsteht aus einem winzigen Funken."
Dante Alighieri, italienischer Dichter

Mir ist ganz düselig im Kopf. Karussell fahre ich aber nicht. Ich bin mit Arnold,
Herrchen und Frauchen bei der Jugendfeuerwehr Schwerin Mitte. Vanessa ist
dort seit Jahren Jugendfeuerwehrfrau. Das Training ist hart. Jede Woche freitags
wird das Retten und Löschen geübt. Heute gibt es Punsch zum Löschen. Also
Löschpunsch für alle: für die Feuerwehrfrauen, -männer, -kinder und ihre Ange-
hörigen. Diese Feuerwehrfete ist für mich eine Übung. Feuer muss ich nicht löschen, dafür aber Menschen retten, zumindest einen, nämlich Arnold. Und ich
muss allen beweisen, dass mich nichts aus der Ruhe bringen kann. Die Übungs-
stunde steht heute wieder unter der Überschrift: Sozialisationstraining – genau
wie in Görlitz.

Wir sitzen gerade alle zusammen in einem Raum. Er ist klein aber fein. Die Stühle
und Tische stehen eng nebeneinander. Kein Platz ist mehr frei. Ich habe mir ein
Plätzchen unterm Tisch gesucht und eben ein bisschen meditiert. Ich war auf der
Suche nach meiner inneren Mitte. Ich glaube, ich habe sie gefunden. Diese vielen
Beine, die vom Stuhl herunterzappeln, bringen mich gar nicht mehr durcheinander.

Gewisse Dinge muss man sich einfach einbilden, dann werden sie wahr. Ich bin so was von entspannt! Aua! Ein Kinderhacken erwischt mich im Genick. Autsch! Ein anderer Fuß trifft gerade meine Schwanzspitze. Schmerz lass nach. Er wandert bis ins Mark. Schlechte Laune habe ich trotzdem noch nicht. Irgendwie ist es auch spannend unterm Tisch. Mal schauen, woher dieser Geruch kommt, der gerade in meine Nase zieht. Die Spur ist heiß. Ich bin nahe dran. Moment, er kommt aus der anderen Richtung. Vorsichtig drehe ich mich nach links. Kaum Platz zum Wenden. Ich komme dem magischen Geruch immer näher. Hier ist es. Der magische Geruch steigt aus einem Stiefel empor. Es riecht nach Käsebrot aus der Biotonne. Nur steht hier keine Biotonne. Auch keine Brötchen sind weit und breit zu sehen. Nicht alles, was nach Käse riecht muss wohl essbar sein, geht mir durch mein Hundeköpfchen. Ich habe ihn enttarnt. Es ist der nette Herr, besser gesagt seine Füße, die so lecker riechen. Lulu, tief durchatmen! Sie riechen zum Anbeißen gut, aber sie sind nicht zum Verzehr geeignet. Am besten drehe ich mich wieder um und gehe ihnen aus dem Weg.

Oh, hier riecht es wieder nach Punsch. Eine kleine Pfütze breitet sich vor mir aus. Ein zerrissener Plastikbecher liegt auf dem Boden. Wie ein Akkordeon ist er gefaltet. Ich rühre aber keinen Schluck an. Da bin ich resolut. Eine Assistenzhündin im Training muss null Promille im Blut haben. Sonst ist sie durchgefallen. Und ich möchte Arnold nicht im Stich lassen.

Ich wundere mich gerade, dass Arnold das rote Wunderzeug trinkt. Es duftet nach Zimt. „Hier Lulu, probier mal!" Arnold hält mir einen Plastikbecher unter die Nase. Ich zucke zusammen, niese einmal. Hoffentlich versteht er meine Botschaft. „Lulu, du darfst ruhig mal probieren. Das ist Kinderpunsch. Da ist kein Alkohol drin!" Ach, wenn es so ist. Aber irgendwie halte ich mich doch lieber zurück. Verzicht ist eine Stärke, rede ich mir ein. Ich weiß mittlerweile um meinen empfindlichen Magen. Ich atme lieber diesen wundervollen Duft ein. Weihnachten liegt sprichwörtlich in der Luft.

Langsam leert sich der Raum. Nur noch wenige Gäste bleiben zurück: Feuerwehrfrau Vanessa, Arnold, einige andere Kinder der Jugendfeuerwehr und ich natürlich. Alle sind so quietschlebendig und aufgedreht, wirken wie kleine automatische Drehfiguren. Sie springen, kreischen und huschen durch die Gegend. Vorfreude ist bekanntlich die schönste Freude. Die Mädchen und Jungen wissen offenbar mehr als ich. Ich ahne nur, dass sie etwas aushecken wollen.

Und da ist sie auch schon, die Bescherung. In der Mitte des Tisches macht sich ein übergroßer lilafarbiger Schokoladenweihnachtsmann breit. Der will verspeist werden. Ob er das wirklich will, weiß ich nicht genau. Auf alle Fälle soll er verspeist werden. Allerdings: ohne Fleiß keinen Preis – oder passender formuliert – ohne Schweiß keinen Preis. Ich bringe mich lieber in Sicherheit. Nicht, dass ich auch noch mitspielen muss. Sollte ein Stückchen Weihnachtsmann zu Boden fallen, ist das vollkommen in Ordnung. Aber mich dafür abmühen, kommt gar nicht in Frage.

Turbulent geht es auf dem Tisch zu. Die Spielregeln habe ich noch nicht ganz durchschaut. Was ich sehen kann ist, dass auf dem Tisch ein Schal, ein Paar Handschuhe, eine Mütze, ein Messer, eine Gabel und ein Würfel liegen. Eine eigenartige Mischung. Ich werde sicher erfahren, was es damit auf sich hat.

Das Spiel beginnt. Die erste Sechs fällt. Vanessa stülpt sich in Sekundenschnelle die Mütze über. Sie zieht die Handschuhe an. Nun wickelt sie sich den Schal um den Hals. Nein. Stopp. Der Junge daneben reißt ihr den Schal aus der Hand. Er hat auch eine Sechs gewürfelt, schnappt sich also Schal, Mütze und Handschuhe. Mit seinen dick eingemummelten Händen versucht er, Messer und Gabel zu greifen. Er sticht auf den lila Schokomann ein – mit Erfolg. Der Junge spießt das erste Stück Schokolade mit der Gabel auf. Er öffnet den Mund. Doch die Schokolade biegt vorher ab. Und zwar zu Arnold, der ihm gegenüber sitzt. Arnold hat die nächste Sechs gewürfelt. Alles wiederholt sich in Windeseile. Die gleiche Klauerei geht von vorne los. Schal, Mütze, Handschuhe wechseln den Besitzer. Arnold greift nach Messer und Gabel, sticht auf den Weihnachtsmann ein, der wehrt sich nicht, Schokostückchen zerbröseln, Arnold pickt sie wie ein Spatz im Stakkatostil auf, öffnet seine Lippen und die nächste Schokobeute des Abends verschwindet in einen Kindermund – in Arnolds Mund. Ich bin so stolz auf ihn. Schwanzwedelnd stupse ich ihm unter die Hand. Er bemerkt meine Liebkosungen und streicht mir sanft über den Rücken.

Unsere Harmonie wird durch eine nächste Sechs gestört. Dieses Mal hat Vanessa eine gewürfelt. Arnold kommt kaum zum kauen. Die Mütze wird ihm vom Kopf gerissen. Die Handschuhe hat Vanessa schon an. Schnell noch Gabel und Messer griffbereit halten und schon ist sie es, die auf das Schokoopfer einsticht. Genüsslich lässt sie sich den Kopf des Weihnachtsmannes auf der Zunge zergehen.

Ist es Zauberei oder Zufall? Ich muss meine Schokobeute alles andere als hart erkämpfen. Eine Sechs brauche ich dafür nicht. Ich schleckere einfach die Schokostückchen auf, die mir wie von Zauberhand vor die Pfötchen fallen. Welch ein Hochgenuss.

Erschöpft und müde machen wir uns auf den Heimweg. Der Schokomann war mal einer. Bis auf den letzten Krümel haben wir seine Identität aufgelutscht. Wir fahren vorsichtig mit dem Auto nach Hause. Schneematsch liegt auf der Straße. Neue Flocken fallen vom Himmel. Die Bäume tragen ein seidenes Winterkleid. In den Fenstern leuchten goldene Sterne, bunte Lichterketten blinken auf. Die Tannenbäume in den Vorgärten strahlen im Weihnachtsglanz. Hell erscheint die Welt. Überall spiegeln sich Lichter im Schnee. Häuser, Zäune und Autos sind eingepudert. Herrchen parkt unser Auto ein. Arnold, Vanessa und er huschen ins Haus. Ähm, ich würde gern noch mal ein paar Schritte um den Block gehen!

Würde sich das einrichten lassen? Frauchen liest meine Gedanken. Sie greift nach der Leine, und wir gehen unsere letzte Runde an diesem wunderschönen Dezembertag.

Meine ´Zu Bett geh Runde´ führt uns zur Versöhnungskirche. Sie liegt um die Ecke. Ein kleines Orchester übt gerade für den Heiligen Abend. Männer und Frauen halten ihre Blasinstrumente in der Hand. Wir beobachten sie einen Moment, während sie ´Stille Nacht´ spielen. Welch schöne musikalische Einstimmung auf mein zweites Weihnachtsfest zu Hause bei Arnold und seiner Familie.

Frauchen wirkt allerdings nicht sehr besinnlich. Sie scheint sehr angespannt zu sein, fast schon elektrisiert. Mich beschleicht ein ungutes Gefühl. Offenbar soll das neue Jahr ein sehr ereignisreiches werden. Viele Termine stehen schon jetzt im Kalender. Das habe ich an den vielen Kugelschreiberfarben erkannt. Am 13. Januar ist eine rote Zahl eingetragen. Frauchen wird an diesem Tag 40 Jahre alt. Omi will ihren Geburtstag am 1. Februar feiern. Außerdem findet die Gerichtsverhandlung wegen Arnolds Pflegestufe statt. Meine Prüfung steht noch aus. Frauchen scheint Angst zu haben, dass wir all das nicht packen könnten. Ich schmuse mich unter ihre Hand, schenke ihr Wärme und Kraft. Sie krault meinen Kopf. So nah wie jetzt waren wir uns schon lange nicht mehr. Ich werde mein Bestes geben und Frauchen nicht enttäuschen. Damit steht mein erster Vorsatz für das neue Jahr fest. Hoffentlich geht mein Plan auf.

Nachdenklich stapfen Frauchen und ich durch den Schnee nach Hause in unser Bett. In vielen Häusern sind die Lichter bereits erloschen. Nur unser roter Stern im Fenster leuchtet der Nacht entgegen. Auch er wird gleich untergehen.

19. Dezember 2009

„Wenn der Hund dabei ist,
werden die Menschen gleich menschlicher."
Hubert Ries, deutscher Korrektor, Sprücheschreiber und Rätselerfinder

Es ist kurz vor Mitternacht. Arnold schläft neben mir. Ich möchte die Zeit nutzen, um kurz den Tag Revue passieren zu lassen. Heute vor einem Jahr, ich kann mich sehr genau daran erinnern, war ich das erste Mal allein zu Hause. Meine Familie hatte eine Einladung zur Weihnachtsaufführung in Arnolds Schule. Ich durfte nicht mit und war sehr enttäuscht. Arnolds Großeltern und meine Familie vergnügen sich und ich werde ausgeschlossen. Völlig beleidigt legte ich mich auf meine Couch, versteckte meine braunen Augen unter der Pfote. Draußen wurde es schon leicht dunkel. Gegrault habe ich mich. Ich bin vom Sofa ins Bett, vom Bett auf den Sessel, vom Sessel auf den Teppich gewandert. Nirgends fand ich eine ruhige Minute. Vor lauter Langeweile wusste ich nichts mit mir anzufangen. Deshalb habe ich eine Liste erstellt. Sie steht unter dem Motto: Dinge, die ich gar nicht mag. Hier kommt meine Top 10:

1. allein sein

Lulu allein zu Hause – das mag ich gar nicht. Meine Familie trainierte es mit mir. Zuerst stellte Frauchen mein Sofa in den Flur. Da steht es noch heute. Dann rief sie: „Lulu, geh ins Körbchen". Ich tat dies brav. „Fein, Lulu, fein!" Frauchen steckte mir ein Leckerli zwischen die Lefzen. So macht Lernen Spaß. Sie selbst setzte sich vor mich auf den Fußboden. Da blieb sie eine Weile, unterhielt sich mit mir, kraulte und besänftigte mich. Dass sie zur Arbeit müsse aber wieder komme, flüsterte sie mir ins Ohr dass alles nur halb so schlimm sei und dass Arnold mich brauchen würde, wenn er aus der Schule käme. Bis dahin legte sie mir seine Jacke unter den Kopf, und ich konnte seinen Geruch einatmen. Das hat mich beruhigt.

Erstaunlich fand ich eine andere Begebenheit. Wieder einmal übte Frauchen mit mir das Alleinsein. Und während sie mich beruhigte, entspannte sie selbst dabei, bis sie neben mir einschlief. So erschöpft war sie von den durchwachten Nächten. Ich ließ sie eine Zeit lang schlummern. Dann stupste ich sie mit der Nase an. Und wir übten weiter. Frauchen erhöhte den Schwierigkeitsgrad. Sie ging ins Wohnzimmer, war also für mich außer Sichtweite. Dort wartete sie einen Moment. Ich wurde immer nervöser. Dann kam sie wieder um die Ecke, und ich begrüßte sie schwanzwedelnd.

Nach ein paar Tagen hatte ich mich an das Schicksal gewöhnt, auch mal allein zu Hause zu sein. Heute macht es mir nichts mehr aus. Frauchen hat ihr Versprechen bislang gehalten. Sie kommt immer wieder nach Hause. Alle anderen übrigens auch. Egal wie lange sie weg sind. Trotzdem mag ich es nicht, allein zu sein.

Ich kann mich noch sehr gut an einen Tag im August dieses Jahres erinnern. Meine Familie war ausgegangen, amüsierte sich. Sie war Gast auf einem Piratenfest in Grevesmühlen. Dort gibt es immer ein Gaudi, bei dem selbst die Zweibeiner Ohrenschützer benötigen. Bei mir bestünde die akute Gefahr, völlig zu ertauben. Hunde sind dort also fehl am Platz. „Lulu, Du würdest ein Knalltrauma erleben. Die Piraten schießen bei der Vorstellung mit echtem Schießpulver." So hat mir Frauchen jedenfalls schön geredet, allein bleiben zu müssen, wenn ich keine Probleme wollte. Meine Familie aber vergaß, die Kindersicherung zum Keller zu schließen. Irgendwann bemerkte ich das. Mit der Nase stieß ich das Tor auf und rannte die Treppe hinunter. Dort schaute ich mich lange um. Stunden vergingen. Fünfmal musste der Zeiger die Uhr umkreisen, bis ich oben den Schlüssel im Schloss klappern hörte. Ich rannte die Stufen wieder hoch. Auf dem Weg nach oben erwischte mich Frauchen. Sie kam gar nicht zum Meckern, denn sie schniefte mit der Nase und fragte sich: „Nach was riecht dass denn hier so aufdringlich?" Mir war ein Missgeschick passiert. Dabei dachte ich, dass mein Malheur unentdeckt bleibt. Denken ist nicht wissen. Einmal mehr wurde ich in die Philosophie des Seins eingeweiht.

Aber für Frauchen und Co. war dies eine Lehre. Seitdem lassen sie mich nicht länger als vier Stunden allein. Wenn es mal gar nicht anders geht, dann schauen vertraute Menschen wie Lottas Familie nach mir.

2. Staubsauger

Staubsaugen ist Herrchens Lieblingsbeschäftigung. In den ersten Tagen nach meinem Einzug hatte ich das Gefühl, er legt das Biest gar nicht aus der Hand. Kaum fuchtelt Herrchen mit diesem unausstehlichen Ding umher, verziehe ich mich in eine ruhige Ecke, wenn ich eine im Haus finde. Denn der Staubsauger ist so laut, dass sein Gebläse mich überall hin verfolgt und noch Minuten danach im Ohr schwingt.

So ein Staubsauger ist, genau betrachtet, auch für Hunde sehr sinnvoll. Die spitzen und pickenden Schalen von Walnüssen, Haselnüssen und Pistazien, die ich gern als Snack zwischendurch verspeise, verschwinden in Sekundenschnelle in den Hals des Saugers. Auch die weicheren Erdnussschalen sind in Null Komma nix weggeschlürft. Die Teppiche laden nach der Reinigung geradezu aufdringlich ein, erneut die Holzspäne nach der Zahnpflege malerisch zu verteilen.

3. Duschen

Bekanntlich fange ich gern Stöckchen. Im Herbst wird das zum Problem. Nach dem Spielen und Toben sehe ich meist aus wie die Moddergrube persönlich. Frauchen geht dann mit mir duschen. Stocksteif stehe ich unter dem Wasserstrahl. Vor Angst vergesse ich fast zu atmen. Am schönsten ist da noch der Moment, wenn mich Frauchen mit einem warmen, weichen Frotteehandtuch abrubbelt, das zuvor auf der Heizung lag. Wenn Frauchen damit zu lange wartet, trockne ich mich selbst ab. Das geht schnell. Einmal ordentlich schütteln und die Wassertropfen fliegen aus dem Fell. „Nein, Lulu! Halt still!", ruft Frauchen dann genervt. Zu spät, das Bad braucht eine Generalüberholung. Frauchen hat das Putzen satt. Sie hat ja eine Housekeeperin. Diese Frau beseitigt alle Spuren von mir: Fellknäuel in den Ecken, Spritzer an den Türen, Tapsen auf den Fliesen. Sie hat übrigens auch einen Hund. Das roch ich sofort. Allein deshalb finde ich sie sympathisch.

4. Streit

Wenn jemand in der Familie weint oder lauter wird, mag ich das gar nicht hören. Letztens ist Arnold hingefallen. Ein anderes Kind hat ihn draußen beim Spielen geschubst. Offenbar hat sich Arnold dabei sehr wehgetan. Er hatte große Schmerzen. Ich habe versucht ihn zu trösten, indem ich mit meiner Schnute seine Hand angestupst habe. Doch er ließ sich nicht beruhigen. Völlig eingeknickt vor Kummer schlich ich ins Haus, legte mich auf mein Hundesofa und schluchzte leise mit.

5. Menschen, die ich nicht riechen kann

In meine Nase wehen täglich die verschiedensten Gerüche. Düfte, die so intensiv sind, dass sogar Menschen sie riechen können. Düfte von Lieblichkeit und Herrlichkeit, kaum zu beschreiben. Gestank ist aber auch dabei, der mir fast den Atem raubt. Spätestens seit dem Roman `Das Parfüm´ wissen wir, dass auch Menschen himmlisch riechen können oder zum Himmel stinken. Um Letztere mache ich einen großen Bogen. Schon vor Sichtkontakt kann ich sie wittern – Jagdinstinkt und Überlebenstechnik. Der Geruch spricht oft für sich. Stinkende Wesen sind mir unsympathisch. Dafür gibt es auch einen passenden Spruch. Menschen sagen dann: „Ich kann Dich nicht riechen?!" Der gilt auch für unsere Hundesprache, nur wir reden nicht darüber, sondern zeigen es.

6. Metallbürsten

Irgendein Mensch hat sich Kämme für Hunde einfallen lassen. Ich finde, das war alles andere als eine geniale Idee. Die Erfindung schmerzt. Jedenfalls meine Bürste. Sie sieht aus wie Nägel auf Stoff gehämmert. Mal ehrlich, so lang ist mein schwarzes Haupt nun auch nicht, dass es ständig gestriegelt werden muss. Ich bleibe dabei: Bürsten sind überflüssig, Drahtbürsten sowieso.

7. Hundegeschirr und „Erziehungszubehör"

Über die Last meiner besonderen Weste als Zeichen meiner Ausbildung habe ich schon geklagt. Es juckt und pickt und schubbert an meinem Fell. Die Weste kann ich jedoch nicht ablegen.

Abschaffen sollten jedoch die Zweibeiner die sogenannten „Erziehungshilfen" wie Würgeleinen, Geschirre, sogenannte Haltis und ähnliches. Dieses Zeug benötigen Menschen nur dann, wenn sie nicht gewillt sind, mit uns Hunden zu kommunizieren und zwar `hundisch´. Also so, dass wir die Menschen verstehen. Das ist gar nicht so schwer. Immerhin haben sie das bewusste Denken, nicht wir Hunde. Sie sind damit von der Natur in die Lage versetzt worden, sich in andere Lebewesen hinein zu versetzen. Eigentlich können sie mit uns Hunden so kommunizieren, dass wir es auch richtig verstehen. Eine Hundeleine ist eigentlich keine Leine. Die Hundetrainerin aus Rostock hat es sehr schön beschrieben: „Betrachte die Hundeleine als ein Sicherungsseil eines Akrobaten. Wenn die Sicherungsleine immer straff gespannt ist, wird der Akrobat niemals sicher in seiner Kunst. Die Leine soll nur dann straff gespannt werden, wenn der Akrobat fällt."

Genau so verhält es sich bei uns Hunden. Herrchen und Frauchen haben gelernt, mich zu verstehen. Deshalb brauchen wir dieses Zubehör so gut wie gar nicht.

8. hochnäsige Katzen

Katzen sind imposante Tiere. Das gebe ich gern zu. Sie sind schlau, immer auf das eigene Wohl bedacht und schnurren um die Beine der Zweibeiner. Sie bekunden immer ihren eigenen Willen und können Hunde ziemlich ärgern. Unsere freche Nelly von nebenan hat sehr schnell spitz bekommen, dass unser Garten welpensicher gemacht wurde. Also, innerhalb von Stunden war alles eingezäunt und meine Jagdwege waren versperrt. Unsere Abfalltonnen stehen direkt am Zaun meines Reviers. Die freche Nelly legt sich bei Sonnenschein genüsslich auf die Tonnen. Ich kann knurren und bellen so viel ich will, sie rührt sich nicht von der Stelle. Blöderweise komme ich nicht an sie heran. Wenn ich fast vor Wut platze, dann gleitet sie hochnäsig von der Tonne und schwebt erhobenen Hauptes direkt an meiner Schnauze vorbei. Nur ein Hauch trennt uns, abgesehen vom Zaun.

9. Zwiebeln, Radieschen und Kohlrabi

Zwiebeln kann ich in kilometerweiter Entfernung riechen, die Nase fängt an zu laufen. Die Augen füllen sich mit Tränen durch die beißenden Dämpfe. Radieschen habe ich einmal probiert. Das reicht mir auch. Beim Abendbrot war ein Stück unter den Tisch gefallen. Das Gefühl im Rachen lässt sich mit einem 40-prozentigen Obstler vergleichen, scharf und brennend.

Kohlrabis schmecken undefinierbar komisch. Die nachfolgende Gasansammlung in meinem Hundebauch entspricht dem Gefühl, einen Heißluftballon in mir zu tragen. Mit Getöse entweichen die lästigen Gase. Ich kann keine Empfehlung zur Nachahmung aussprechen. Eventuell folgt auf den Kohlrabigenuss eine Nacht im Freien.

10. schreiende Kinder

Es gibt kleine Zweibeiner, die auf Hunde eine abschreckende Wirkung haben können. Immer dann, wenn die Dezibelgrenze für Hundeohren maßlos überschritten wird. Ich habe dann das Gefühl, die menschliche Schwelle der erträglichen Lautstärke ist ebenfalls erreicht. Die maximalen Werte liegen zwischen 100 bis 120 DB. Dicht am Hundeohr entspricht das fast einem Knalltrauma. Ich verstecke mich dann gern hinter meinen Zweibeinern oder animiere sie zum schnellen Vorbeigehen. Ich ziehe mit Kraft und Vorwarnung an der Leine. Und schon sind wir weg.

„ Glück macht Freunde, Unglück prüft sie. "

Sprichwort

Dies sind meine letzten Gedanken eines zu Ende gehenden Jahres. Es war ein aufregendes Jahr. Gleich beginnt eine neue Zeitrechnung. Ich liege gerade mit Emi unter dem Wohnzimmertisch ihrer Familie. Viele Füße baumeln von den Stühlen, auch Herrchens und Frauchens. Sie sind mit Emi´s Sippe befreundet und feiern heute Silvester. Die Blindenführhündin habe ich bereits erwähnt. Wir beide sind Freundinnen und tauschen uns auch gern über unseren Berufsalltag aus.

Frauchen, Herrchen und die anderen Gäste amüsieren sich oberhalb des Tisches. Sie trinken Wein, versprühen Luftschlangen und lassen riesige Papierbonbons knallen. Komisch, dass man sich über ein paar bunte Pappkugeln und Glitzerkonfetti so freuen kann. Emi und ich haben auch unseren Spaß. Besser gesagt: wir hatten ihn. Denn sie wohnt in einem Reihenhaus, in dem es ganz viele Treppen gibt. Wir sind auf den Stufen hoch und runter gerast als würden wir Mozart im Doppelpack auf einem Klavier nachäffen. Emi vorne weg, ich hinter her. Nun haben wir ein Päuschen eingelegt und liegen beide unterhalb der Tischplatte.

Mein Herz pocht. Ich bin aufgeregt. Und das gleich aus doppeltem Grund. Ich habe mir eine Schokokugel vom Weihnachtsteller geklaut. Und niemand hat es bemerkt, noch nicht. Die Festtage liegen gerade hinter uns. Es gab so viel zu essen. Wahrscheinlich vermisst die Kugel gar keiner. Aber Hundemägen verknusen einiges. Frauchen wird mal wieder ihre Freude haben, wenn sie mit mir Gassi geht. Denn zum Auspacken war keine Zeit mehr. Das Alupapier quietscht ein wenig an den Zähnen. Welche Gaumenfreude. Manchmal muss man sich Ergattertes einfach schönreden. Langsam schmilzt der braune Schokotraum in meinem Mund. Oh, der Traum ist gefüllt mit einem Hauch Vanillecreme. Ich bin entzückt. Emi schaut mich neugierig an. Sie ist zwar nicht so eine Süße, aber ich gebe ihr gern ein Stück ab. Schließlich ist sie meine Freundin. Ein kleines Stückchen, aber wirklich nur ein kleines, bekommt sie ab von meinem Schokoabenteuer. Und dann ist da noch folgender Fakt. Ich freue mich auf das neue Jahr, weil ich es kaum abwarten kann zu erfahren, welche Eindrücke ich dieses Mal sammeln werde.

„10, 9, 8,…." Die Zweibeiner über mir zählen rückwärts. Dabei blicken wir in die Zukunft. Nun, wenn sie meinen. Einen Sinn wird es schon haben. „2, 1, 0. Frohes Neues Jahr!", schallt es aus allen Mündern. Frauchen knuddelt mich. Sie wünscht auch mir ein glückliches 2010. Dies kann ich nur erwidern. Ich schlabbere ihre Hand ab und zeige, wie glücksgetränkt meine Hundeseele ist. Ein ganzes Jahr und ein paar Wochen wohne ich nun schon bei Arnold. Ich bin die stolzeste Hundedame der Welt.

Mein Jahr 2010

„Wir sind, was wir denken."
Buddha

Ein Neues Jahr mit meiner Zweibeinerfamilie ist angebrochen. Meine Schokobeute der vergangenen Nacht liegt mir überraschenderweise gut im Magen. Ich
verstehe dies als positives Zeichen.

Der Neujahrsmorgen ist noch jung. Frauchen und ich brechen zu unserem gewohnten Gang in Richtung Lankower Berge auf. Ich habe gar nicht erwartet, so
früh schon Vierbeiner zu treffen. Umso erfreuter bin ich, als ich Sammy´s Fährte
rieche. Wie vom Blitz getroffen schieße ich in Richtung Wiese an der großen
Straße ab. Frauchen schreit auf. Sie hat sich unheimlich erschrocken. Im gleichen
Tempo wie ich läuft sie mir hinterher. Es könnte gefährlich werden. Denn die
Wiese endet an der großen Verkehrsstraße. Sammy bekundet aber kaum Interesse
an meiner Anwesenheit. Ich lasse von ihr ab, drehe ihr den Allerwertesten zu und
besinne mich auf das Rufen von Frauchen. Wir gehen nun in die geplante Richtung der Lankower Berge, ich brav neben ihr. Dort toben wir den Neujahrskater
aus uns.

Gegen Mittag bemerkt Frauchen, dass ihr mobiles Telefon weder in ihrer Hand-
tasche, noch in der Jackentasche noch den Hosentaschen aufzufinden ist. Auch
an anderen üblichen Orten liegt es nicht. Ein Licht geht bei Frauchen auf. Sie hat
das Telefon bei ihrem Sprint verloren. Wir suchen, finden es aber nicht. Ich lege
mich schuldbewusst auf meine Couch und vergrabe den Kopf in meinen Pfoten.
Frauchen lässt die Karte sperren. Sie sieht mein überaus trauriges Gesicht und
knuddelt mir trotz allem die Lefzen. „Lulu, ein Telefon ist ersetzbar, du nicht."
Balsam für meine Seele.

Die Unglücksserie soll für Frauchen jedoch noch nicht enden. Sie geht vor
die Tür, um zu schauen, ob das Handy vielleicht im Auto liegt. Kaum steht sie
auf der Schwelle, fallen Schneemassen vom Dach direkt auf ihren Kopf. Frauchen schüttelt sich wie ein begossener Pudel. Da alle guten Dinge drei sind,
steht ein Ereignis noch aus. Eine Füllung vom Zahn fällt Frauchen beim Mit-
tagsmahl heraus. Ich spüre instinktiv, dass diese Zeichen für Frauchens Ge-
mütszustand wenig zuträglich sind. Und das auch noch zu Beginn eines neuen
Jahres. Sollen wir es als schlechtes Omen sehen? Nein! Ich gebe mein Bestes
für Arnolds Überwachung, so dass Frauchen wenigstens die Nächte in Ruhe
schlafen kann, bis ich sie vom Geruch der Gefahr wecke.

Die letzten Wochen vor dem Weihnachtsfest hinterließen ihre Spuren. Bei der Arbeit hatte Frauchen viel zu tun. Viele Mitarbeiter waren krank und ausgefallen, und sie hatte die Verantwortung für alle. Arnolds Blutzuckerwerte sind in der Winterzeit Stürme zwischen hoch und tief, sodass ich jeden Tag mit meiner Schnüffelnase im Einsatz bin. Deshalb werde ich wahrscheinlich auch Meisterin meines Faches. Ich gebe alles für eine Schnüffelquote von 100 Prozent.

8. Januar 2010

„Es gibt keine Treue,
die nicht schon gebrochen wurde,
ausgenommen die eines wahrhaft treuen Hundes."
Konrad Lorenz, österreichischer Zoologe

Meterhohe Schneeberge türmen sich links und rechts an den Straßen auf. Riesige Schneeflocken fallen vom Himmel. Eiskristalle zieren die Fenster. Dieser Winter ist lang und hart. Ich genieße ihn. Schneebälle zerbeißen, Schneeflocken oder Schlitten hinterher jagen, mich in der weißen Watte suhlen, nichts Schöneres kann ich mir momentan vorstellen.

Ich war heute mit der ganzen Familie rodeln. Nicht in Tschechien oder Österreich, nein, direkt hinter unserem Haus. Denn Mecklenburg-Vorpommern besteht nicht nur aus Flachland. Es hat auch gebirgige Regionen. Alles nur eine Frage der Ansicht. Die Helpter Berge bei Neubrandenburg sollen am höchsten sein. 179 Meter messen sie. Kösterbeck hatte sogar mal einen Skilift. Der Ort liegt in der Rostocker Schweiz und war einst der nördlichste Skilift der DDR. Ich finde, die Lankower Berge sind auch ein Spitzenprodukt hügeliger Natur. Vor allem sind sie gleich um die Ecke. Früher wurden sie als Schafweide genutzt. Schafe grasen hier schon lange nicht mehr. Im Winter eignen sich die Lankower Berge am besten für eine Rodelpartie. Sie sind ein wahres Paradies für Wintersportler. Genau das haben Arnold und ich heute ausgenutzt. Wir teilten uns einen Schlitten. Zusammen sind wir die Piste runtergepest. Immer nach demselben Muster: Arnold rutscht mir mit dem Schlitten hinterher. Denn meistens bin ich als erste unten. Dann ziehe ich für ihn den Schlitten auf die Bergspitze, und das Spiel beginnt von vorn.

Nach etwa einer Viertelstunde bekommt Arnold ein paar Gummibärchen als reine Vorsichtsmaßnahme, damit sein Blutzucker nicht abstürzt. Bislang war alles im grünen Bereich, bis auf eine Ausnahme.

Arnold und ich waren auch gestern rodeln. Es war gefühlt unsere hundertste Runde. Plötzlich fühlte ich es. Arnolds Werte gerieten außer Kontrolle. Er hatte sich zu stark verausgabt. Diesmal standen wir beide allein auf dem Rodelberg. Ich stupste Arnold mit der Schnauze an. Zum Glück begriff er sofort, was ich ihm mitteilen wollte, und zum Glück hatte er Traubenzucker in seiner Jackentasche. Er holte ein Plättchen hervor und legte es sich auf die Zunge. Nach ein paar Minuten wedelte ich mit dem Schwanz. Wir konnten uns weiter mit dem Schlitten in die Tiefen der Lankower Berge stürzen, immer und immer wieder, bis es dunkel wurde und wir nach Hause mussten.

Der Abendbrottisch war schon gedeckt, auch meiner. Es gab klein geraspelte Möhren, Körnerquark und etwas Gemüsebrühe. Sehr köstlich. Bevor Arnold zu essen anfangen durfte, pikste ihn Frauchen noch in den Finger. Sein Blutzuckerwert war in Ordnung. Dann stürzten sich alle hungrig auf die Suppe. Allerdings niemand so laut wie ich.

10. Januar 2010

„Verbringe die Zeit nicht mit der Suche nach einem Hindernis, vielleicht ist
keines da."
Franz Kafka, deutscher Schriftsteller

Nur noch wenige Tage sind es bis zum Geburtstag von Frauchen und Arnold. Beide sind nämlich Steinböcke. Heute sollen wir in Hannover die Generalprobe zur großen Abschlussprüfung erleben, die meine Trainerinnen für März planen. Wir Prüflinge treffen uns auf dem großen Parkplatz, wo wir im Sommer so herrlich toben konnten. Der nahe gelegene See ist zugefroren. An Baden ist also nicht zu denken. Gut gelaunt hüpfe ich aus dem Auto, bestens vorbereitet und hoch motiviert. Was soll da schief gehen?

Es dauert lange, bis ich endlich an die Reihe komme. Endlich bin ich dran. Ich fühle mich schon eingerostet vom stundenlangen Warten. Ich gehe ein Stück mit Arnold bei Fuß. Auf das Kommando „Sitz" mache ich genau das, was alle erwarten. Arnold läuft weiter und lässt sich fallen. Ich zögere einen Moment. Dann eile ich zu ihm. Nach dieser Vorführung fällt der Vorhang. Die Generalprobe ist vorbei. Das war's? So würde also die Prüfung ablaufen?

Ich erhalte die Zulassung zur Prüfung. Frauchen hat aber für den März schon viel zu viel vor. An dem geplanten Prüfungswochenende steht schon lange ein anderer wichtiger Termin im Kalender. Ein weiterer Prüfungstermin ist für den Juni eingeplant. Das findet Frauchen annehmbar und notiert sich das Datum.

Zurück in heimischen Gefilden macht sich Frauchen schlau über Begleithundprüfungen. Assistenzhund oder Begleithund werden wir auch genannt. Sie sitzt am Computer, liest seitenweise Texte. Auf einmal kriecht ein mulmiges Gefühl in ihre Glieder. „Lulu, diese Prüfungen verlangen uns einiges mehr ab als wir bisher geliefert haben". Frauchen ist irritiert. Ach, das schaffen wir mit links. Mach dir keinen Kopf, gebe ich ihr zu verstehen. Sie macht sich trotzdem Gedanken. Das ist nicht zu übersehen. „Sollten wir nach diesen Regeln geprüft werden", sagt sie weiter, „dann habe ich schon jetzt Bedenken, ob es bis zum Juni zu schaffen ist." Ich lege meine Pfote verständnisvoll auf ihren Schoß und versuche sie zu beruhigen.

Ihr und Arnolds Geburtstag bringt Frauchen schnell auf andere Gedanken. Schließlich ist viel vorzubereiten. Arnold hat Freunde eingeladen, und wir alle fahren in das `Alpincenter´ nach Wittenburg. Ich darf auch mit. Zu Hause würde es mir auch äußerst langweilig werden. Es ist später Vormittag. Um elf sind wir im Snow-Park angemeldet. Wir erscheinen pünktlich. Darauf hat Arnold geachtet. Er hat sich sehr auf diesen Tag gefreut. In der Halle duftet es nach warmen Speisen. Brunchzeit ist angesagt. Frauchen findet es äußerst praktisch. Die Kinder haben viele verschiedene Speisen zur Auswahl und können zugreifen. Mit Wonne essen bis fast zum Platzen – von süß bis herzhaft!

Die Kids toben auf der Eisbahn und rodeln bis zum Umfallen die Piste in riesigen Reifen hinunter. Mit auf die Piste darf ich allerdings nicht. Wegen der Verletzungsgefahr oder so, heißt es vom Wachmann. Fragt sich nur, wer sich verletzen könnte. Wohl am ehesten die Snowboardfahrer. Sie üben und landen häufig auf dem Hintern. Ich habe Zeit und kann sie aus sicherer Entfernung beobachten. Es ist amüsant, ihnen zuzuschauen. Auf der Schneepiste herrschen zudem sehr winterliche Temperaturen. Ziemlich schnell sind alle durchgefroren und hungrig. Wir stürzen uns auf das Büfett. Da ist er wieder. Zwischen all den Pommes -, Tomatennudel- und Bratendüften zieht der Geruch von Gefahr in mein feines Näschen. Frauchen bemerkt meine Bemühungen, im Gedrängel vor den Tischen an Arnold heranzukommen. Ohne zu messen steckt sie ihm schnell Traubenzucker in den Mund. Brav kaut und schluckt Arnold ihn herunter.

Er ist am Tisch mit einem voll beladenen und hochgestapelten Teller angekommen. Ich habe nach wie vor den Geruch in der Nase: Arnolds Wert stimmt noch immer nicht. Ich setze an zum Sprung. Gut, dass Arnold den Teller schon abgestellt hat. Frauchen zückt das Messgerät. Wir alle sind entsetzt, dass trotz des Traubenzuckers die Zahl 2,0 erscheint. Viel zu tief! Mit hastigen Zügen leert Arnold ein Glas Coca Cola, mit echtem Zucker, versteht sich. Seine Geburtstagsgäste beobachten die Szene sehr genau. Meine Nase gibt Entwarnung. Ich gebe Ruhe. Auch die Freunde sind wieder entspannt. Ein warmer, dankbarer Blick streift mein Gesicht. Und natürlich erhasche ich die eine oder andere Leckerei vom Büfett. Die Jungs gehen noch einmal auf die Piste. Irgendwann, es ist schon dunkel draußen, treten wir die Heimreise aus dem Schneeparadies an.

„Alter ist ein Aussichtsturm."
Hans Kasper, deutscher Schriftsteller und Hörspielautor

Arnolds Oma und damit auch meine feiert heute ihren Geburtstag. Sie ist 70 geworden und will dieses Jubiläum nun festlich imposant im Weinhaus Uhle, einem Schweriner Traditionslokal, begießen. Sie mietete extra den Rittersaal dafür. Arnold und ich haben uns in Schale geworfen. Mein Fell glänzt in der Wintersonne. Arnold suchte sich Hemd und Pullover aus. Ein schicker junger Mann steht vor mir. „Los, Lulu, komm, wir packen schnell noch das Geschenk für Omi ein." Arnold und ich schauen vergnügt aus einem Fotobuch. Das Buch haben wir extra für Omas Geburtstag mit vielen Bilden ihrer Enkelkinder angefertigt. Ich bin sicher, es wird ihr gefallen. Ansonsten stelle ich es vor mein Hundekörbchen. Arnold schneidet ein Stück Papier zurecht. Ich ziehe das Band durch meine Zähne, in der Hoffnung, dass es sich kräuselt. Ja, Mission erfüllt, es kringelt sich. Arnold bindet noch eine Schleife, und fertig ist unsere Überraschung.

Arnold und ich rennen die Treppe runter. Ich kann es kaum erwarten, zur Party zu starten. Herrchen sitzt schon im Auto, Frauchen zieht sich noch die Jacke an. „So, Lulu, mach fein Sitz im Körbchen!" Wie, jetzt? Mach fein Sitz im Körbchen?! Da haben wir wohl beide etwas missverstanden, schaue ich Frauchen fragend an. Offenbar erahnt sie meine Gedanken. „Nein, Lulu, du kannst nicht mit. Da sind so viele Gäste. Du hättest keinen Spaß. Hier hast du deine Ruhe." Völlig geknickt und enttäuscht lege ich mich auf das Hundesofa und schmolle. Soll Frauchen ruhig merken, dass mir dieses Theater nicht passt. Sie krault mir sanft den Rücken. Eine Kaustange lässt mir Arnold noch zukommen – als kleinen Trost. Dann fällt die Tür ins Schloss. Na, Mahlzeit! Alle Gäste erfreuen sich und feiern mit Omi. Nur ich lerne nicht den Familienanhang von Frauchen kennen. So viele Geschwister wie Opa Rüdiger und Oma Leni hatte Omi nicht. Dafür viele Freunde, die den Abend auch mit ihr verbringen möchten. Und ich bin nicht dabei. Vielleicht sollte ich einfach hinterher rennen? Aber morgen würden alle Besucher zum Brunch in unser Haus kommen, dann lerne ich sie kennen. Schlafen ist eine gute Medizin gegen Langeweile. Diese Idee kommt wie gerufen. Kaum habe ich sie gedacht, fallen mir auch schon die Augen zu.

Ein Geräusch an der Tür weckt mich unsanft. Ein Schlüssel bewegt sich. Kommt meine Familie etwa schon wieder nach Hause? Der Zeiger der Uhr steht erst auf kurz nach Halbmond. Schreck, lass nach, bitte, flehe ich. Der fremde Geist entpuppt sich als Lottas Herrchen. Puh, da habe ich noch einmal Glück gehabt – keine Einbrecher, die mich und anderes Inventar klauen wollen. Er wurde offenbar gebeten, mit mir Gassi zu gehen. „Hallo Lulu", begrüßt er mich mit freundlichem Knuddeln. „Na los, komm, die kleine Labradordame muss doch sicher mal um die Ecke". Wie charmant von Lottas Herrchen.

„Ist das kalt draußen! Bei diesem Wetter schickt man keinen Hund vor die Tür!" Dieser Spruch ist zwar ziemlich abgedroschen, schniefe ich Lottas Herrchen an, aber er hat Recht. Es ist wirklich saukalt. Wie wohl dieses Wort entstanden sein mag, geht mir durch den Kopf. Ich habe einmal Schweine, auch weibliche, im Stall besucht. Die sind alles andere als kalt. – Wir drehen ein, zwei Runden, dann gehört meine Gassi-Zeit schon der Vergangenheit an. Mich erneut aufs Ohr legen kann und will ich nicht. Frauchen ist nicht da. Also gehört mir die Couch. Und was erblickt mein Hundegesicht dort auf Augenhöhe? Welch eine Bescherung! Einen Adventsteller voller Gaben. Die Schokokugeln haben es mir angetan. Ich stibitze mir eine, denn davon gibt es genug auf dem Teller. Damit keiner etwas bemerkt, lege ich mich wieder auf mein Hundesofa, verwische alle Spuren und bilde mir wieder einmal ein, dass Alupapier gesund ist.

Endlich kommt meine Familie zurück. Ich liege, als wäre nichts gewesen, in meinem Bett, recke und strecke mich und zeige mich erwacht von einem vorge-täuschten Siebenschläfertag. Übrigens: An dieser Stelle muss unbedingt erwähnt werden, dass der Siebenschläfer Tier des Jahres 2004 war. Ob ich auch einmal Tier des Jahres werde? Schließlich gelte auch ich als bedrohte Spezies. `Diabe-tikerwarnhund – Tier des Jahres 2010´, das klingt doch! Ich sehe mich schon die Nachricht in die Welt tragen. Sollte dieser Titel auf meiner Weste stehen, trage ich sie sehr gern zur Schau, auch wenn sie juckt. Vielleicht könnte Arnold mich einfach vorschlagen.

02. März 2010

„Ohne Begeisterung, welche die Seele mit einer gesunden Wärme erfüllt,
wird nie etwas Großes zu Stande gebracht."
Adolph Freiherr Knigge, deutscher Schriftsteller und Aufklärer

Im Februar und März hatte ich viele Auftritte hinter und vor der Kamera. Ich musste ins Mikrofon bellen. Bei uns zu Hause war erneut ein Fernsehteam. Dieses Mal sollte ein Bericht für das MDR-Magazin `brisant´ vorbereitet werden. Die Dreharbeiten im Februar liefen ohne große Schwierigkeiten im Wohnzimmer. Ich hatte ja schon Show-Erfahrung. Für die Queen of Labrador kein Problem. Ich warf mich ins Zeug, zeigte mich von der besten Seite. Die Übung `Hilfe holen´ war superstarverdächtig. Gespannt verfolgten wir die Ausstrahlung am 8. März – am Internationalen Frauentag. Welch ein Geschenk für mich als Hundedame. Viele Menschen konnten meine Fähigkeiten sehen. Viele wissen gar nicht, was alles möglich ist. Deshalb ist es auch nicht erstaunlich, dass heute über die Nachrichtenagentur dpa ein Bericht mit uns und unserer Hundeschule zum Thema Diabetikerwarnhund erschien. Und morgen bin ich im Radio zu hören, bei unserem Landessender NDR 1 Radio MV.

04. März 2010

„Fahr langsam,
damit wir schneller nach Hause kommen."
englisches Sprichwort

Wie schon im letzten Jahr soll es wieder in das Kaiserbad Heringsdorf an die Ostsee gehen. Frauchen hat sich für uns etwas Besonderes ausgedacht. Um die Zeit für alle so entspannt wie möglich zu machen, buchte sie in den Aurelia Villen zwei Appartements im Haus Hubertus. Wir machen uns gerade nach einer ausgiebigen Taschenpackaktion auf den Weg. Ob uns der voll beladene Dachgepäckkoffer zum Verhängnis wird?

Die letzten 80 Kilometer liegen vor uns. Eisige Kälte zieht über das Land. Der Wind weht kräftig, teilweise ziemlich stark. Entgegenkommende Autos schlängeln auf der Fahrbahn hin und her. Unsere Gespräche verstummen. Alle sitzen still auf ihren Plätzen. Auch ich liege steif im Kofferraum. Eine Böe erfasst uns. Wir können gerade noch den Kurs auf der Straße halten. Die nächste Böe. Die Tour endet, es ist zwecklos.

Frauchen und Herrchen beschließen, an der nächsten Abfahrt anzuhalten. Es würde uns sonst von der Straße fegen. Der Dachgepäckkoffer ist ein guter Windfang und verstärkt die Wirkung des Windes um ein Vielfaches. Zum Glück liegt eine Hofeinfahrt direkt vor uns. Eine Stunde dauert es, bis der Abschleppdienst uns findet. Nur gemeinsam können wir die Reise fortsetzen.

Einige Kilometer weiter haben wir die Gefahrenzone überwunden. Glücklich und erleichtert kommen wir in Heringsdorf an. Ein neues Problem wartet auf uns. Frauchen hat die Wegbeschreibung zum Hotel zu Hause liegen gelassen. Nun kann sich jeder die Stimmung im Auto vorstellen. Alle sind nach unserem windigen Erlebnis noch wie benommen und freuen sich auf ein warmes Hotelzimmer.

Dann endlich finden wir unsere Unterkunft. Es ist ein Paradies auf Erden und entschädigt uns für die gefährliche Fahrt. Ein gemütliches, hell erleuchtetes Haus, nette Empfangsdamen und -herren, die uns übrigens als Telefonlotsen den Weg gewiesen haben.

Endlich bin ich eine Schlosshündin. Schon lange habe ich davon geträumt. Nun bin ich Schlossdame von Aurelia. Majestätisch residieren wir im Kaiserbad Heringsdorf. Meine Familie und ich haben gerade eine piekfeine Villa bezogen. Wir wollen uns eine Auszeit vom Alltag gönnen. Für mich ist es eine Reise in eine andere Welt. Efeu rankt an unserer Fassade. Ich liebe diese Pflanze. Sie sieht anmutend aus. Außerdem steht sie für ewiges Leben. Diese Symbolik gefällt mir sehr. Kronleuchter zieren die Decke. Ihr Licht blinkt diamantenzart auf. Die feinen Rillen auf dem Parkettboden erzählen Geschichten aus tausend und einer Nacht. Ein roter Teppich geleitet uns zu unserem Appartement. Sogar ich darf hier wohnen. Es ist mir eine Ehre. Willkommen Lulu, Hundedame von Welt! Ist da jemand oder träume ich das nur? Oh, es muss wohl ein Traum sein. Aber ein Herr in einer feinen Robe lächelt mich von der Wand aus an, so, als würde er zu mir sprechen.

„Heringsdorf, einst eine Fischerkolonie auf der Insel Usedom, wurde vor etwa zweihundert Jahren gegründet. Wie der Name verrät, wurden hier vor allem Heringe gefangen. Heute ist es eines der ältesten deutschen Seebäder". Herrchen hat wie immer vorher Hausaufgaben gemacht. Aus ihm hätte auch ein erfolgreicher Historiker oder Archivar werden können. Ich erfahre von ihm, dass sich ein Georg Bernhard von Bülow in diesen Landstrich verliebte. Der Herr war von Adel und Oberforstmeister. Ihm gehörte das Rittergut Gothen. Dessen Ländereien reichten bis zum Ostseestrand. Mit Georg Bernhard von Bülow, so höre ich, begann der Badebetrieb in und um Heringsdorf. Er war es, der das erste Gästequartier eröffnete. „Er taufte es auf den Namen `Weißes Schloss´". Wie passend der Name doch ist. Der feine Ostseesand in Heringsdorf glitzert wirklich wie Schnee in der Sonne. Georg Bernhard von Bülow verkaufte Teile seiner Ländereien, auf denen in folgender Zeit prachtvolle Villen entstanden. Das Meeresrauschen gelangte direkt über die Fenster in die Schlafzimmer der Reichen. Sie waren es auch, die Heringsdorf bald den ehrenvollen Namen `Nizza der Ostsee´ gaben. Damit sich der Adel amüsieren konnte, schmückten bald eine Seebrücke, ein Casino und eine Galopprennbahn die Fischerkolonie. „Auch die kaiserliche Familie von Wilhelm II.", erzählt Herrchen weiter, „entdeckte Heringsdorf für sich und verbrachte hier den einen oder anderen Urlaub. Der Kaiser musste nicht mehr mit der Kutsche anreisen, diese Zeit war vorbei. Zwischen der Reichshauptstadt Berlin und Heringsdorf fuhren täglich Eisenbahnzüge, die neben dem Kaiser all die preußischen Majestäten und namhaften Künstler in das Seebad chauffierten, unter ihnen die Gebrüder Mann, Johann Strauss und Theodor Fontane. Letzter wollte sogar eine eigene Sommerresidenz errichten lassen, weil er sich so wohl fühlte. Herrchen blättert in einem Reiseführer. Darin wird von einem Brief berichtet, den Theodor Fontane an seine Frau Emilie schrieb. Es steht zu lesen: „... man hat Ruhe und frische Luft, und diese beiden Dinge wirken wie Wunder und erfüllen Nerven, Blut, Lungen mit einer stillen Wonne." Mir geht es ähnlich. Heringsdorf hat eine magische Ausstrahlung. Im Aurelia fühle ich mich eben wie im Paradies. Majestätisch schreite ich durch unser Zimmer. Die Hotelmöbel sehen zum Anknabbern schön aus. Aber ich nehme mich zusammen. Schließlich bin ich für die nächsten Tage eine Schlosshündin, die sich zu benehmen weiß. Frauchen stellt unseren Koffer in die Ecke. Dann greift sie nach meiner Leine. „Komm Lulu, wir machen einen Strandspaziergang!" Ich springe förmlich die Treppen hinunter und sause durch die Hoteltür in die himmlische Landschaft. Die Eisbahn ist noch geöffnet, Schnee liegt auf den Wegen. Der Ostseewind riecht nach Winter. Die Saison hat noch nicht begonnen. Die Gaststätten liegen verwaist an der Promenade. Einige halten Winterruhe. Nur ein Schild baumelt an der Einganstür. `Geschlossen´ ist darauf als Botschaft vermerkt.

Wir sammeln Muscheln, machen mit Arnold eine Schneeballschlacht, und ich tapse zwischen den Eisschollen an Land umher. Kleine Eisschollen treiben auf dem Meer. Sie laden zum Verreisen ein. Aber ich beibe lieber bei meiner Familie. Schließlich muss ich auch diese Nacht über Arnold wachen. Wie ein herrschaftlicher Hund bekomme ich im Hotelzimmer meinen Napf vor die Schnute gestellt. Mir fehlt nur noch der goldene Löffel. Ich könnte mich sogar ausnahmsweise überreden lassen, ihn zu benutzen. Aber er ist nur imaginär in meinem Hundehirn präsent. Ich verspeise meine Abendkost und lege mich auf ein Nickerchen neben Arnold. Auch er ist völlig erschöpft von unserem ersten Urlaubstag. Kaum liegen wir im Bett, schlummern wir auch schon ein. Nanu, was ist das für ein Geruch? Den kenne ich doch! Ich bin hellwach. Mit Arnold stimmt etwas nicht. Sofort fällt es mir wieder ein. Diesen Geruch sondert sein Körper ab. Arnolds Blutzucker ist Schuld. Ich ziehe an Frauchens Decke. Es dauert nicht lange und auch sie ist wach. Sie greift nach Arnolds Messtasche. Arnolds Blutzucker ist erschreckend niedrig. Frauchen legt ihm Traubenzucker auf die Zunge. Der Strandspaziergang und die Schneeballschlacht waren anscheinend zu viel des Guten. Die Pizza am Abend verschweigen wir lieber. Aber Arnold hat mich. Zusammen mit Frauchen und Herrchen haben wir alles im Griff. Keine Situation kann uns umhauen.

„Das Reisen führt uns zu uns zurück."
Albert Camus, französischer Erzähler und Dramatiker

Ähnlich schön wie in Heringsdorf verleben wir unsere Osterferien in der `Marina Wolfsbruch´ in der Nähe von Rheinsberg. Diese Gegend hat es meinen Zweibeinern angetan. Wahrscheinlich weil unsere Freunde dort zu Hause sind. Arnold und Vanessa sind begeistert von dem Urlaubsziel. Der Dachgepäckkoffer ist prall gefüllt, von Badehose bis Pudelmütze ist alles dabei. Heute ist es auch nicht so stürmisch wie im März.

Puh, geschafft! Drei Stunden Autofahrt liegen hinter uns. Ich durfte auf den billigen Plätzen im Kofferraum ausharren. Die wacklige Angelegenheit hat sich aber gelohnt. Bekanntlich liebe ich Wasser. Das habe ich schon von Weitem mit der Nachmittagssonne flirten sehen. Kleine Wellen schmusen mit den Sonnenstrahlen. Wir checken in der Marina Wolfsbruch ein, direkt am Rheinsberger See. Frauchen hat für uns ein gemütliches Ferienhaus gebucht. Es ist so groß, dass jeder eine Koje hat. Arnold und ich liegen direkt nebeneinander. Ich werde die Nacht genießen. Am besten ziehen wir die Gardinen zu, ich reiche Arnold einen Zipfel Stoff. Sonst sieht uns noch der Hafenmeister und wirft mich aus der Koje. Also sorge ich vor. Arnold leuchtet meine Idee aber nicht wirklich ein. Er denkt, ich will mit ihm spielen. „Lulu, du hast nur Flausen im Kopf! Lass uns lieber die Umgebung erkunden!"

Arnold schlägt eine Wanderung vor. Auch ein guter Plan. Herrchen begleitet uns. „Rheinsberg ist ein anerkannter Erholungsort. Berühmt wurde er durch Kurt Tucholsky". Ich spitze meine Ohren. Diesen Namen habe ich schon gehört. Nur kann ich ihn gerade nicht einordnen. „Der Schriftsteller, fährt Herrchen fort – stimmt, so etwas war er – der Schriftsteller verliebte sich in Rheinsberg. Er widmete dem kleinen idyllischen Ort einige Zeilen in seinem Buch `Rheinsberg – ein Bilderbuch für Verliebte´. Auch Theodor Fontane war von Rheinsberg fasziniert und verewigte es in seinen `Wanderungen durch die Mark Brandenburg´. Während einer Bootsfahrt auf dem Rheinsberger See schwärmt er von der anmutenden Natur. Herrchen hat sich im Internet schlau gemacht und zitiert aus Fontanes Klassiker. „Guck mal hier Lulu, wie der Theodor vor mehr als hundert Jahren Rheinsberg sah. Er schreibt von einem Bild nicht gewöhnlicher Schönheit, das von seinen Augen eingefangen wird. Erst der glatte Wasserspiegel, an seinem Ufer ein Kranz von Schilf und Nymphäen, dahinter ansteigend ein frischer Gartenrasen und endlich das Schloss selbst, die Fernsicht schließend". Da hat sich Herr Fontane wirklich Mühe gegeben bei der Wortwahl, schießt es mir durch den Kopf. Spannend finde ich aber auch, dass Kurt Tucholsky mit seiner Liebesgeschichte 1912 einen kleinen Skandal auslöste. „In dem Büchlein", erfahre ich von Herrchen, „geht es um ein verliebtes Studentenpaar. Das Rheinsberger Schloss übte wohl eine kaum in Worte zu fassende Anziehungskraft aus, die über das Pärchen hinweg strömte. Inspiriert von der adligen Kulisse ließen sie ihren Gefühlen freien Lauf."

Übrigens hat Tucholsky neben Liebesgeschichten auch satirische Texte über uns Vierbeiner geschrieben. Nicht wirklich liebe Worte hinterließ Tucholsky in seinem Traktat über den Hund. Darin heißt es: „Der Hund lebt ständig im Dreißigjährigen Krieg. In jedem Briefträger wittert er den fahrenden Landsknecht, im Milchmann die schwedische Vorhut, im Freund, der uns besucht, den Gottseibeiuns. Er bewacht nicht nur den Hof seines Herrn, sondern auch den Weg, der daran vorbeiführt, und versteht niemals, dass die Leute, die dort gehen, neutral sind – diesen Begriff kennt er nicht." Herrchen schaut mich verschmitzt an. „Ja, Lulu, das ist die Wahrheit, nichts als die Wahrheit". Meine Leftzen verziehen sich zu einem schmalen Grinsen.

Arnold ist verstummt. Ich glaube, er versteht Herrchens Witze nicht. Viel interessanter finden wir beide das Wasser. Arnold und ich laufen zu der kleinen Schleusenbrücke in Rheinsberg. Wir beobachten, wie die Schiffe auf- und abgleiten. Es scheint so, als würde das Wasser sie wie eine magische Hand nach oben drücken. Ein schönes Bild. „Wolfsbruch heißt die Schleuse", verrät uns Herrchen. Er zeigt auf ein Schild, das er entdeckt hat. Ob hier mal Wölfe gelebt haben, frage ich mich. Niemand hat darauf eine Antwort.

Der Schleusenwärter betreibt seine Anlage von Hand. Er winkt uns zu. Er hat offenbar bemerkt, wie verzaubert wir von seinem Arbeitsplatz sind. Wir dürfen zu ihm kommen. Arnold und ich lassen uns nicht zweimal bitten. Stolz berichtet der Herr, dass seine Schleuse die meist befahrene Schleuse in Brandenburg ist. Jedes Jahr ermöglicht er rund 40.000 Booten eine freie Fahrt. Hut ab! Noch eine Zahl nennt uns der freundliche Mann. „1861 wurde die Schleuse errichtet. Fünf Jahre dauerten die Bauarbeiten". Arnold ist begeistert. Schleusen hat er in seinem Leben noch nicht gesehen. Schleusenwärter ist ein faszinierender Beruf! Beeindruckt schauen wir auf das Wasser, das sinkt und steigt. Herrchen gibt uns charmant zu verstehen, dass wir langsam aufbrechen müssen. Einmal Schwanz wedeln, einmal Hand gedrückt, Arnold und ich verabschieden uns vom Schleusenwärter. Beide wünschen wir ihm auf unsere eigene Art alles Gute. „Schiff ahoi!", ruft Arnold ihm hinterher. Ob man so an einer Schleuse die Schiffe begrüßt? Ich bezweifle es. Trotzdem ein schöner Willkommensgruß. Schiff ahoi, belle ich zurück, auch wenn es bei mir anders klingt als bei Arnold.

Frauchen, Oma und Vanessa haben schon den Abendbrottisch gedeckt. Mein bescheidenes Mahl ist vor dem Herd angerichtet. Am liebsten würde ich rufen `Tischlein deck Dich´, denn mein Teller ist ziemlich mager gefüllt. Dabei ist heute

Karfreitag. Festtage laden doch zu Festmählern ein. Ich verstehe Frauchen nicht. Nach zwei Happen ist meine Speise verschlungen. Vanessa bemerkt es und der nächste Gang folgt. Na, da hätte ich fast vor Schreck vergessen, dass Gänge nacheinander und nicht nebeneinander serviert werden. Drei werden es am Ende sein, genauso viele wie Herrchen und Co. kredenzt bekommen. Glücklich und zufrieden, und vor allem satt, falle ich auf mein Bett. Es ist dreimal so groß wie ich. Hier passen Arnold und ich in doppelter Ausführung hinein. Ich mache es mir richtig gemütlich, schiebe die Decke unter mich und träume von einem Leben als Schleusenwärterhündin. Berufe gibt's, die gibt's gar nicht, so schön sind sie. Ein Glück, mein Beruf macht eine Ausnahme. Er ist nämlich beides: real UND schön.

4. April 2010, Ostersonntag

„Im Licht der Ostersonne
bekommen die Geheimnisse der Erde
ein anderes Licht. "
Friedrich von Bodelschwingh, deutscher evangelischer Theologe

Die Sonne wacht gerade auf. Es ist kurz nach Sechs. Ich recke und strecke mich und gebe Frauchen und Herrchen zu verstehen, dass Morgenstund Gold im Mund hat. Eine alte, weise Aussage. Trotzdem muss ich Frauchen und Herrchen davon überzeugen, ein Bein vor das Bett zu stellen und sich aus der Koje zu bewegen. Auch Arnold und Vanessa lassen sich nur schwer überzeugen. Selbst Omi bleibt in ihrer Koje. Ich ködere sie mit einem Leckerbissen – mit einem Lichtermeer und einem Blick auf den Hafen durch die Gardinenritze. Es scheint mir gelungen, sie zu überreden. Langsam bewegt sich etwas in unserem Feriendomizil. Herrchen tapst ins Bad, Frauchen stellt den Wasserkocher an und bereitet die allmorgendliche Teezeremonie vor. Arnold möchte wissen, was wir unternehmen am heutigen Ostersonntag. „Eine Bootstour!", ruft Herrchen um die Ecke. Arnold ist Feuer und Flamme, ich sowieso. Nun hopst auch Vanessa aus ihrer Koje.
Nach einem ausgedehnten Frühstück machen wir uns ans Werk. Wir mieten ein Motorboot. Arnold und Vanessa ziehen sich eine orangefarbige Weste an. Ich lasse es lieber. Sie würde sowieso an meinem Körper aus allen Nähten platzen. Das muss nicht sein. Sonst vergeht mir gleich wieder das Schokoeierklauen. Wir schippern hinaus auf den Rheinsberger See. Der Herr Fontane hat ja so Recht. Es ist eine atemberaubende Landschaft! Wie von Monet geschaffen. Herrchen hat mir einmal Bilder von diesem Malgenie gezeigt. Bewundernswert, auch für mich Diabetikerwarnhündin. Ich halte meine Schnauze in die Seeluft. Arnold kneift die Augen zu. Die Sonne blendet uns. Frauchen und Vanessa spritzen sich

gegenseitig feuchtkalte Wassertropfen ins Gesicht. Herrchen ist unser Kapitän. Omi betrachtet lächelnd ihre Lieben: Es ist schön, die Familie so glücklich beieinander zu sehen.

Ich genieße diese Momente der Ausgelassenheit und Harmonie. Es gibt genug Tage, an denen wir traurig sind. Bald werden wieder solche schicksalhaften Tage in unser Leben kommen.

Die See wird unruhig. Mir wird mulmig im Magen. Ich werde doch wohl nicht seekrank? Die Sonne verschwindet hinter dunklen Wolken, die plötzlich aufziehen. Jetzt heißt es schnell ans Ufer kommen. Aber Herrchen steuert genau auf die Mitte des Sees zu. Mein Magen dreht sich und meine Pupillen weiten sich vor Angst. Frauchen erkennt den Ernst der Situation und ergreift das Steuer. Wir kämpfen uns langsam in Richtung Anleger. Wohlbehalten aber durchgefroren kommen wir im Ferienhaus an.

5. April 2010, Ostermontag

„Es ist das Osterfest alljährlich
für den Hasen recht beschwerlich. "
Wilhelm Busch, humoristischer Dichter und Zeichner

Tor! Tor! Tor! Arnold hüpft wie ein Frosch, der seine Vorder- und Hinterschenkel in die Luft reißt, durch die Gegend. Wir spielen Fußball. Herrchen und ich sind eine Mannschaft, Vanessa und Arnold unsere Gegner. Nun liegen wir 1:0 zurück. Das lassen wir nicht lange über uns ergehen. Wie Maradona auf vier Pfoten jongliere ich den Ball mit der Nase in Richtung gegnerisches Tor. Herrchen brüllt mir zwar hinterher: „Lulu, gib den Ball ab", aber dafür ist gerade keine Zeit. Ich komme Vanessa immer näher. Sie streckt und bückt sich mir entgegen, schwankt von einer Seite zur anderen, als wolle sie mir Angst machen. Mich haut nichts um. Ich gebe dem Ball einen letzten Stups, täusche Vanessa und ja, geschafft: Tor! Herrchen ist ein wenig enttäuscht. Er hatte bislang noch keinen einzigen Ballkontakt. Soll sich mal nicht so haben. Es sind ja erst wenige Minuten vergangen. Frauchen ist unsere Schiedsrichterin. 1:1 schreibt sie mit einem Stock in den Sand. Noch ist nichts verloren. Ich jedenfalls habe ein gutes Gefühl. Es geht hin und her. Links über den Platz, dann wieder rechts. Einwurf, elf Meter für Arnold, Pfosten, Freistoß für uns. Am Ende steht's 5:3. Für uns. Welch Freude überkommt meinen Hundekörper. Herrchen hat auch drei Tore geschossen und ist zufrieden mit sich und der Welt.

Sollte es jemals eine Fußballweltmeisterschaft für Hunde geben – ich bin dabei. Ich agiere dann als Rechtsaußen, Linksaußen oder Mittelfeld-Spielerin. Allerdings halte ich mich ungern an die Regeln. Wenn wir Fußball spielen, bin ich immer völlig aus dem Häuschen. So mancher Ball lässt nach meinem Schnapper Luft. Ich kriege dann die rote Karte vor meine Schnute gehalten. Keiner will mit mir weiterspielen. Meine Karriere als Fußballstar gehört der Vergangenheit an. Nicht mal ein Trikot mit `Lulu´ darf ich tragen, dafür aber meine Weste, die so juckt. Es ist mittlerweile später Nachmittag. Wir machen noch einen Waldspaziergang und nehmen langsam Abschied von den bunten Häusern der Marina. Die Bäume haben zaghaftes Grün, und die Sonne schickt heute einige spärliche Strahlen auf die Erde. Der Wald ist mit Hirsch- und Rehmurmeln übersät – für mich eine Köstlichkeit. Für die Kinder kullern bunte Eier wie aus dem Nichts ins Dickicht. Wir gehen zurück zum Ferienhaus. Auch dort entdecken Vanessa und Arnold süße Überraschungen. Wir packen unsere Taschen und laden sie und uns ins Auto. Die gebauten Räuberhütten aus Ästen am Waldrand werden immer kleiner und verschwinden in der Abenddämmerung.

20. April 2010

„Das Schwache wird das Starke überwinden".
Buddha

„Dies ist kein Aprilscherz, sondern purer Ernst!" Frauchen ist empört. Aufgebracht läuft sie durchs Wohnzimmer. Es geht um das sogenannte kurzwirksame Analog-Insulin für diabetische Kinder. Diese Art von Insulin gibt es seit Mitte der 90er Jahre. „Gerade für Kinder", erklärt Frauchen mir, „ist das Analog-Insulin sehr wichtig. Es bedeutet mehr Lebensqualität für jeden einzelnen Betroffenen." Ich erfahre, dass die sogenannten Analoga viel schneller wirken als andere Präparate, weil sie schneller ins Blut gehen. Sie gleichen also zügiger die Zuckerwerte aus, wenn diese in die Höhe schnellen. Analog bedeutet dabei, dass dieses Insulin dem des Menschen sehr ähnelt. Die Diabetiker können diesen Stoff einfacher an ihre Essgewohnheiten anpassen und müssen nicht lange im Voraus rechnen. Es gibt viele unterschiedliche Insulin-Präparate auf dem Markt. Sie alle werden bei Diabetes eingesetzt. Das Humaninsulin ist eine Möglichkeit. Von seiner Struktur her ähnelt es dem menschlichen Insulin sehr. Es wird entweder aus Schweineinsulin hergestellt oder aus gentechnisch veränderten Hefezellen.

„Hat ein kleiner Diabetiker Appetit auf ein Eis", fährt Frauchen fort, „dann isst er eben das Eis und lässt sich einfach von seinen Eltern ein bisschen Analog-Insulin spritzen. Das ist viel praktischer als Stunden vorher zu planen, wann will das Kind dies oder jenes essen? Wann will es Sport treiben? Wann will es eine Limonade trinken?"

Ulla Schmidt, die ehemalige Bundesgesundheitsministerin, hatte noch während ihrer Amtszeit versprochen, dass dieses Insulin auch weiterhin erstattungspflichtig bleibt. Das heißt: die Krankenkassen müssen für die Kosten der Analoga aufkommen. Ulla Schmidt und ihre Berater fanden, dass diabetische Kinder bei der Streichung der Analog-Insuline zu viele Nachteile hätten. Dass die Betroffenen zu große Einschnitte in ihrem Leben befürchten müssten, wenn es das Analog-Insulin nicht mehr auf Rezept geben würde. Auch Frauchen denkt so. „Falls es so weit kommt, wäre dies für alle Betroffenen eine unzumutbare Härte", sagt sie. „Diabetes", fährt sie fort, „ist die häufigste Stoffwechselerkrankung bei Kindern und Jugendlichen und eben unheilbar. Die Betroffenen brauchen, so wie Arnold auch, ihr Leben lang Insulin. Allein in Deutschland sollen fünfundzwanzigtausend Kinder und Jugendliche den Typ1 Diabetes haben. Das schätzen Experten der Deutschen Diabetes-Gesellschaft. Und sie sagen auch, dass jedes Jahr bei weiteren zweitausend Kindern die Krankheit diagnostiziert wird." Frauchen kennt sich aus als Ärztin. „Viele von diesen Kindern werden mit dem Analog-Insulin behandelt". Sie beruft sich dabei wieder auf Zahlen der Deutschen Diabetes-Gesellschaft. Mehr als die Hälfte der betroffenen Kinder und Teenager bekommt das Analog-Insulin. Entweder strömt es aus ihrer Pumpe in den Körper oder sie spritzen es. Doch nun dies. Ein neuer Gesundheitsminister sitzt auf dem Stuhl von Ulla Schmidt. Philipp Rösler heißt er. Kaum ist der FDP-Politiker im Amt, werden die Karten offenbar neu gemischt. Plötzlich soll das Analog-Insulin nun doch aus dem Leistungskatalog gestrichen werden. So habe es der Gemeinsame Bundesausschuss empfohlen. In diesem Gremium sitzen unter anderem Fachärzte, Psychotherapeuten, Vertreter von Krankenhäusern und Krankenkassen. Es triff wichtige Entscheidungen, bei denen es um den Inhalt des Leistungskataloges der Gesetzlichen Krankenversicherung geht. In diesem Katalog wird festgeschrieben, was die gesetzlichen Krankenkassen an Kosten übernehmen. Dabei geht es um ambulante, ärztliche, zahnärztliche und stationäre Fragen. Steht zum Beispiel ein bestimmtes Präparat nicht in diesem Katalog, kommt die Kasse für die Kosten nicht auf. „Von den sogenannten Profis leidet wahrscheinlich keiner an Diabetes. Geschweige denn ein eigenes Kind der Profis hat diese Erkrankung und die daraus resultierenden Einschränkungen im täglichen Leben", schimpft Frauchen. Wie unsensibel müssen Menschen sein, wenn sie auf Kosten von Kindern sparen wollen, denke ich.

„Wer die Geduld verliert, verliert die Kraft."
Aurelius Augustinus, christlicher Kirchenlehrer und Philosoph

Die Debatte hört nicht auf. Wir blicken zurück. Ein neuer Teilnehmer der Diskussion kommt ins Spiel. Das Institut für Qualität und Wirtschaftlichkeit im Gesundheitswesen, es wird mit IQWIG abgekürzt. Dieses wissenschaftliche unabhängige Institut untersucht, welchen Nutzen oder eventuell auch Schaden Patienten durch bestimmte medizinische Therapien haben oder erleiden könnten. Das Institut erhält einen Auftrag vom Gemeinsamen Bundesausschuss. Es soll kurzwirksamen Insulinanaloga zur Behandlung des Diabetes mellitus Typ 1 untersuchen. Ich schaue Frauchen ratlos an. Sie übersetzt mir das Thema in eine hundegerechte Sprache. „Auf Arnold gemünzt, Lulu, heißt das: Das IQWIG sollte den Nutzen des kurzwirksamen Analog-Insulins im Vergleich zum kurzwirksamen Humaninsulin bewerten. Welchen zusätzlichen Vorteil hat Arnold, wenn er dieses Präparat langfristig im Vergleich zum preiswerteren Humaninsulin erhält? Ob es einen Vorteil beziehungsweise zusätzlichen Nutzen gibt, darüber wird seit Jahren gestritten. Für ihre Bewertung haben die Wissenschaftler bereits vorliegende Studien herangezogen. Es gibt aber kaum wissenschaftliche Untersuchungen, die diese Insulinsorten miteinander verglichen haben." Ich erfahre von Frauchen, dass die Wissenschaftler des Kölner Instituts in ihrem Bericht darauf hinweisen, dass die meisten der relevanten Studien grobe Mängel aufweisen. Und: Untersuchungen mit erkrankten Kindern und Jugendlichen hätten die Experten gar nicht gefunden.

Die Wissenschaftler des IQWIG kommen zu folgendem Ergebnis. Frauchen öffnet im Internet den über 200 Seiten langen Bericht. Sie klickt bis zur Seite sieben vor, wo zu lesen ist, dass die einzelnen Studien keinen statistisch signifikanten Unterschied zwischen den einzelnen Insulinarten festgestellt hätten. Frauchen fragt laut: „Wie können diese Studien wirklich für eine Entscheidung herangezogen werden? Das Institut betont ja, dass es kaum Untersuchungen dazu gibt und sie zudem noch mangelhaft sind – hieß es nicht gerade so?"

Auf einer anderen Seite thematisiert das Institut Fragen zur Lebensqualität. Diesen Aspekt betonen Eltern betroffener Kinder und auch Frauchen immer wieder. Die Forscher hätten dazu kaum Aussagen treffen können, weil die vorliegenden Studien auf diesen Aspekt so gut wie gar nicht eingegangen seien, heißt es, und wenn, dann unzureichend. Teilnehmer einer Studie betonten jedoch, wie flexibel einsetzbar das kurzwirksame Analog-Insulin sei. Das ist genau der Vorteil, den auch Frauchen immer wieder anspricht. Allerdings werde aus jener Untersuchung nicht klar, so die Mitarbeiter des Kölner Instituts, ob dieses Ergebnis ein eindeutiger Nachteil für Humaninsulin sei. Ich werde aus der ganzen Sache überhaupt nicht schlau und verstehe gar nichts mehr.

Im Juli 2008 erhielt das IQWIG einen Folgeauftrag. Auftraggeber war wieder der Gemeinsame Bundesausschuss. Wieder sollten die Wissenschaftler den Nutzen der kurzwirksamen Insulin-Analoga speziell für diabetische Kinder und Jugendliche prüfen. „Das war gar nicht so einfach." Ich merke, Frauchen kennt sich mit der Materie aus. „Den Experten fehlten Langzeitstudien. Die Wissenschaftler konnten deshalb keinen Nutzen von Insulin-Analoga erkennen. Was machte der Gemeinsame Bundesausschuss aus dieser Information?! Er schlussfolgerte, dass sich die Krankheit auch mit Humaninsulin ähnlich gut behandeln lässt, aber kostengünstiger."

Mitte Februar dieses Jahres veröffentlichte das IQWIG nun seinen vorläufigen Abschlussbericht. Darin ist wiederzufinden, dass alle schnell wirksamen Insulin-Analoga keinen zusätzlichen Nutzen brächten. Die Wissenschaftler betonen, dass die Behandlung diabetischer Kinder mit Humaninsulin ähnlich verliefe. Nach Meinung des Instituts gibt es also keinen wissenschaftlichen Nachweis, dass Analoga besser sind als Humaninsulin. In den Augen des IQWIG sind also beide Insulinsorten gleichwertig.

„Woher sie das Wissen nehmen? Es gibt doch gar keine Studien! Das haben sie selbst zugegeben. Ein sprichwörtlicher Schlag ins Gesicht der betroffenen Kinder". Frauchen ist fassungslos. „Eltern, deren Kinder Diabetes Typ 1 haben, wollen nun auf die Barrikaden gehen. Sie wollen eine Petition starten. Im Herbst will der Gemeinsame Bundesausschuss entscheiden, ob die teuren Analoga nicht mehr von den gesetzlichen Krankenkassen bezahlt werden brauchen. Die Kinder wären dann auf das preiswertere Humaninsulin angewiesen." Das Bundesgesundheitsministerium hat aber auch noch ein Wörtchen mitzureden. Es bleibt also spannend.

„Ach Lulu, du bist meine Verbündete im Leben mit dem Diabetes." Frauchen nimmt meinen Kopf zwischen ihre Hände und schmust mit meiner Nase. „Jeden Tag führe ich einen Kampf. Kein Tag ist wie der andere." Frauchen atmet tief durch. Heute ist sie wohl nicht gut drauf. Sie wirkt traurig. Ich springe sie an, lege meine Pfoten auf ihre Beine und gebe ihr Energie. Reiki sagt man wohl auch dazu. Egal wie die Zweibeiner es nennen, es funktioniert. Meine Energie fließt zu Frauchen. Das spüre ich. Frauchen schließt die Augen. Sie genießt die kleine Pause. „Lulu, ich kann dir gar nicht oft genug sagen, wie schön es ist, dass es dich gibt." Ha, da habe ich die Bestätigung. Reiki ist kein Quatsch. Ich bin stolz auf meine neu entdeckten Fähigkeiten.

„In einem wohleingerichteten Staate soll das Rechte
selbst nicht auf unrechte Weise geschehen"
in Dichtung und Wahrheit, Johann Wolfgang von Goethe

`Keine Kürzung bei den Kurzen´. Wir schauen gerade Nachrichten. Auf dem Bildschirm sind viele Menschen zu sehen. Sie alle haben sich heute vor dem Bundesgesundheitsministerium in Berlin versammelt. Unter ihnen sind Mütter, Väter, Ärzte und Kinder. Einhundert sollen es etwa sein, sagt der Reporter. Ein lautes Pfeifkonzert ist zu hören. Grüne Luftballons steigen in den Himmel. Die Menschen protestieren gegen die Pläne des Gemeinsamen Bundesausschusses. Die Eltern der betroffenen diabetischen Kinder wollen sich das nicht gefallen lassen. 5000 Unterschriften sollen zusammen gekommen sein. Frauchen ist begeistert. Auch sie hat sich beteiligt und ihre Stimme abgegeben. In Berlin waren wir heute leider nicht. Aber ich kann sehen, es war wirklich viel los in unserer Hauptstadt. Fast jeder Demonstrant hält ein Transparent oder Schild in die Kamera. Immer wieder liest Frauchen ähnliche Sprüche vor: `Lasst den Kindern ihr Analog-Insulin´. Dieses Plakat zeigt ein Mann. `Hände weg von unserem Insulin´. Dieses Schild halten zwei zuckerkranke Kinder in der Hand. Sie haben es wohl selbst gebastelt. Beide haben ein T-Shirt an. Darauf ist in einem Verbotsschild eine schwarze Spritze zu sehen. Sie ist durchgestrichen. Das soll bedeuten, dass die Kinder viel lieber ihre Pumpe mit kurzwirksamen Insulin füllen möchten als sich spritzen zu müssen.

Frauchen kann die beiden Mädchen im Film gut verstehen. „Sie haben das gleiche Schicksal wie Arnold, Lulu. Wollen sie spontan einen Schokoriegel essen, brauchen sie das kurzwirksame Insulin. Das ist sehr flexibel zu handhaben. Anders sieht es beim Humaninsulin aus. Da muss ich vier Stunden vorher wissen, ob Arnold also vier Stunden später einen Schokoriegel essen möchte. Wer weiß das aber schon so lange im Voraus? Was ist, wenn er es sich anders überlegt? Das ist viel zu kompliziert und so gut wie gar nicht planbar. Außerdem, Lulu: Fachmediziner, Selbsthilfegruppen und Verbände gehen noch einen Schritt weiter. Sollten die Analoga wirklich von der erstattungspflichtigen Medikamentenliste gestrichen werden, bedeutet das, die betroffenen Kinder würden isoliert. Das sehe ich genauso. Stelle dir Arnold vor, der zu einem Kindergeburtstag eingeladen wird. Wie soll ich denn vorher wissen, wie viele Stückchen Kuchen er essen mag? Und ob er sich auch wirklich an Abmachungen hält? Er könnte nicht unbeschwert mit den anderen Gästen feiern. Er müsste immer zurück stecken. Er würde sich ausgegrenzt fühlen. Die anderen Mädchen und Jungen würden vielleicht ständig fragen: „Arnold was ist los mit dir? Magst du gar kein Eis?" „Doch, aber mein

Insulin wirkt noch 3 Stunden und ich weiß nicht, was wir dann noch so naschen wollen." So könnte Arnolds Antwort lauten. Versteht das ein Kind? Fördert das die gesunde Entwicklung eines Kindes? Regeln sind wichtig. Allerdings haben diabetische Kinder schon genügend Regeln mit dem Stechen und Messen und... und, und, und."

Ich weiß, wie sensibel Arnold ist. Auch ich möchte nicht, dass er ständig an seine Krankheit erinnert wird. Er wird es sowieso schon oft genug. Frauchen hat die Politiker ins Boot geholt. Der SPD- Bundestagsabgeordnete Hans-Joachim Hacker hat sich für sie Zeit genommen. Er hat ihr zugehört und die Informationen an seinen Kollegen im Gesundheitsausschuss weitergeleitet.

1. Juni 2010

„Vielleicht stünde es besser um die Welt, wenn die Menschen Maulkörbe und die Hunde Gesetze bekämen."
George Bernard Shaw, irischer Dramatiker, Politiker, Satiriker

Heute ist Internationaler Kindertag. Frauchen ist allerdings alles andere als glücklich. Frauchen ist vor allem eins: sauer. Sie sitzt unten im Arbeitszimmer und haut wutentbrannt auf die Computertasten. Es soll ein Brief werden. Adressat ist unsere Landes-Justizministerin. „Dienstaufsichtsbeschwerde" steht in fettgedruckten Buchstaben als Überschrift. Frauchen hatte nämlich heute – am Kindertag – einen Termin beim Landessozialgericht Neubrandenburg. Das ist ja erst einmal nichts Schlimmes. Aber sie ist wütend darüber, wie über Arnold geurteilt wurde. Frauchen will ihre Erlebnisse der Ministerin nicht vorenthalten, die bekanntlich Oberchefin aller Richter und Justizangestellten unseres Landes ist. Und die sollen vor allem eins: für Gerechtigkeit sorgen. In diesem Fall war es aber wohl nicht gerecht. Frauchen empfindet es jedenfalls so. Völlig aufgelöst kam sie vor wenigen Minuten nach Hause. Auto- und Haustür knallten. „Ich fasse es nicht. Ich fasse es einfach nicht. Diese Gerichtsverhandlung war so menschenunwürdig, so erniedrigend!"

Frauchen ist von ihren Eindrücken noch immer sichtlich geschockt. Was sie sich anhören musste, widerspricht komplett ihrer Rechtsauffassung. Schon vor über 5 Jahren hatten Frauchen und Herrchen für Arnold als Diabetiker eine Pflegestufe beantragt. Das erste Jahr genehmigte die private Pflegekasse auch die Pflegestufe I. Das bedeutete eine finanzielle Unterstützung, da Herrchen zur Betreuung und Pflege von Arnold seinen Job aufgegeben hatte. Nach einem Jahr legten Gutachter fest, dass keine Pflegebedürftigkeit mehr bestehe. „Als ob Arnold gesund geworden wäre – haha." Frauchen ist unüberhörbar anderer Meinung. Sie erinnert sich, wie sie beim Sozialgericht in Schwerin Klage einreichte. Der zuständige Richter ließ ein erneutes Gutachten erstellen. Er kam in einer sehr ausführlichen Verhandlung unter ordentlicher Anhörung zu dem Schluss, dass sehr wohl eine Pflegebedürftigkeit bestehe. Er verurteilte die Pflegekasse zur Zahlung des Pflegegeldes. Doch die Pflegekasse legte Widerspruch bei dem nächst höheren Gericht – dem Landessozialgericht – ein.

Deswegen war Frauchen heute nach Neubrandenburg gereist. Die Urteilsverkündung stand an. Der Herr Richter betrat den Gerichtssaal und eröffnete die Sitzung mit Worten, die Frauchen jetzt noch so sauer machen. Er sagte ungefähr Folgendes: An seinem Hause habe er noch keine Verhandlung gegen eine private Pflegekasse geführt. Aber er habe schon Verhandlungen geleitet, bei denen es um die Einstufung der Pflege bei diabetischen Kindern gegangen sei. Ich, Lulu, finde bis hierher noch alles okay. Der nächste Satz hat es in sich. Der Richter meinte nämlich weiter, dass es an seinem Gericht dazu quasi noch nie eine positive Entscheidung gegeben habe und es wohl auch nie geben werde. „Unglaublich!" Frauchen ist noch immer völlig durch den Wind. Mir geht es ähnlich. Auch ich kann diese Einstellung überhaupt nicht nachvollziehen. Ist dem Richter Arnolds Schicksal und das anderer diabetischer Kinder wirklich gleichgültig? So scheint es jedenfalls. Die Misere geht aber noch weiter. Der Richter hatte es, wie gesagt, mit einer Berufungsklage zu tun. Das Sozialgericht in Schwerin hatte ja zuvor positiv entschieden. Der besagte Richter ignorierte dies jedoch. Das nennt man richterliche Entscheidungsfreiheit. Er könne und werde anders entscheiden. Dann verwies er auf die Uhrzeit und auf die Mittagspause, die ihm zustünde. „Eine Farce, die sich im Gerichtssaal abspielte!" In Gedanken erlebt Frauchen die Verhandlung gerade noch einmal. Der Richter fragte die Parteien und somit auch Frauchen, ob sie die Urteilsverkündung abwarten wollten? Dann ging er essen. Frauchen wurde übrigens nicht einmal fünf Minuten lang angehört. Oder drücken wir es anders aus. Als sie begann, als Medizinerin und nicht mehr ausschließlich als Mutter zu dem Juristen zu sprechen, verbot er ihr sehr bestimmt das Wort.

Frauchen tippt gerade die letzten Sätze in ihren Computer. So eine Verhandlung habe sie noch nie erlebt. Vom Richter eingeschüchtert, vorverurteilt und das Wort verboten bekommen – sei solche Vorgehensweise rechtmäßig? Mit den Worten: „Ich bitte um rasche Antwort." beendet sie ihren Brief. Auch ich bin sehr gespannt auf Post der Ministerin im Briefkasten.

Es war schon eine Tortur, für Arnold den Grad seiner Behinderung zu regeln. Auch den legte ein Gericht fest. Und nun dies. Für Frauchen war es heute wie ein Albtraum. „Wann hat der Ärger endlich mal ein Ende? Warum müssen wir ständig kämpfen, Lulu?" Fragend schaut mich Frauchen an. Ich weiß es nicht, schniefe ich ihr entgegen und kuschele mich an sie. Ich möchte ihr sagen, dass wir auch diesen Kampf bis zuletzt aushalten werden. Alles hat einen Sinn. Es gibt kein tiefes Tal ohne Schmerz und Leid. Ich glaube aber ganz fest daran, dass wir stellvertretend für alle Diabetikerkinder kämpfen. Für eine bessere Zukunft, in der sie und ihre Eltern es leichter haben werden als bislang. Allerdings weiß ich auch, dass die Welt schon große Fortschritte gemacht hat. Früher lebten die betroffenen Familien unter viel schwierigeren Bedingungen als heute. Allein die Medizin hat Quantensprünge gemacht. Trotzdem, noch heute dauert es lange, bis für einen selbst über den Grad der Behinderung entschieden wird. Es vergehen Monate, bis die Betroffenen ihre ganz persönliche Einstufung schwarz auf weiß haben. Erst muss ein Antrag beim Versorgungsamt gestellt werden. Es hat die Aufgabe, den Grad der Behinderung festzulegen. Meist sind die betroffenen Familien, so auch bei Arnold, nicht zufrieden mit dem Ergebnis. Sie legen Widerspruch ein. Wieder dauert es Wochen, gar Monate, bis Post ankommt. Ein neues Angebot flattert ins Haus. In unserem Fall war Frauchen wieder nicht glücklich. Sie entschied sich für den juristischen Weg und klagte. Das Schweriner Sozialgericht entschied dann, dass Arnold zu 50 Prozent behindert ist. Drei Jahre hat diese Prozedur gedauert.

Nun will der Richter in Neubrandenburg davon nichts wissen und tut sich so schwer, Arnold auch noch eine Pflegestufe zuzuordnen? Das will nicht in Frauchens Kopf. Sie ist wütend. Das kann ich auch als Hündin nur zu gut verstehen. Am liebsten würde ich mich selbst beschweren. Doch leider gibt es noch keinen Petitionsausschuss für Tiere, auch nicht für Diabetikerwarnhunde.

Der Richter kennt mein Frauchen nicht. Sie hat sich für den langen Weg entschieden. Zu viele Steine werden den Kranken in den Weg gelegt. Möge ein neuer Richter Recht sprechen.

10. Juni 2010

„Ein Hund springt zu Dir aufs Bett, weil er gern in Deiner Nähe ist.
Eine Katze tut es nur, weil sie Dein Bett liebt."
unbekannt

Seit ein paar Tagen teile ich mir die Nacht auf. Während der ersten Hälfte schlafe ich bei Arnold im Zimmer und zwar in meinem Bett. In der zweiten Hälfte wandere ich Richtung Schlafzimmer und mache es mir am Fußende von Frauchen gemütlich. Anfangs war sie verwirrt. Das habe ich deutlich gemerkt. Denn immer, wenn etwas mit Arnold nicht stimmt, wecke ich Frauchen. Nun wecke ich sie aber nicht, sondern schleiche mich ganz leise in ihr Bett. Klar, wenn mit Arnold alles in Ordnung ist. Da versichere ich mich natürlich vorher. Leider kann Frauchen meine Gedanken nicht lesen. Wäre irgendetwas mit Arnold, dann würde ich an Frauchens oder Herrchens Bettdecke ziehen, bis einer von beiden die Augen aufmacht und Arnolds Werte überprüft.

Die ersten Nächte mit mir an der Seite schlief Frauchen sehr unruhig. Ziemlich schnell aber vertraute sie mir. Denn ich bin eine Diabetikerwarnhündin. Fast immer spüre ich, wenn Arnolds Werte verrückt spielen. Da ist es egal, ob Tag oder Nacht ist. Ich wache 24 Stunden an Arnolds Seite. Dafür muss ich nicht direkt neben ihm liegen. Sogar eine Wand kann zwischen uns sein. Ich spüre auch auf Schlafzimmer-Kinderzimmer-Reichweite Unstimmigkeiten. Das hat Frauchen nun auch kapiert. Seitdem schläft sie wieder ein und tief und fest weiter, nachdem ich zu ihr getapst gekommen bin und mich an ihre Beine kuschele. Das liebe ich nämlich. Frauchen sagt dann immer, ich sei „liebesgewürzig". Wie auch immer man es nennt, ich stehe auf Körpernähe. Damit vertreibe ich mir nachts die Zeit. Nachts dämmere ich nämlich nur vor mich hin. Erst tagsüber schlafe ich mich richtig aus. Bevor ich das erledige, hole ich mir mein Frühstück ab. Mein Napf ist übrigens immer vor allen anderen Tellern gefüllt. Frauchen findet das praktischer. Ich habe nichts dagegen. Ich profitiere ja davon. Danach mache ich es mir auf der Wohnzimmercouch noch einmal so richtig gemütlich. Den ganzen Vormittag über halte ich ein Nickerchen. Arnold ist in der Schule. Ich werde also nicht gebraucht. Eher schlecht mit Ausschlafen sieht es an den Wochenenden aus. Dann kann ich mich so gut wie gar nicht von der Nacht erholen und ausruhen. Denn bei uns im Haus ist Bambule. Kreischende Kinder toben und schreien im Garten. Irgendwer rast immer an meiner Couch vorbei, neckt oder streichelt mich. An Schlafen ist in solchen Momenten nicht zu denken. `Schlaflos in Schwerin´, könnte man meinen.

Jeden Sonntagabend aufs Neue falle ich deshalb völlig groggy auf mein Sofa und in einen komatösen Tiefschlaf. Meine Pfoten vibrieren. Ich schnarche so laut, dass Frauchen Herrchen von der Seite anschubst und „pssssst" ruft. Herrchen liegt neben ihr und nickt oft ein, allerdings gibt er dann meist keinen Laut von sich. Ich bin es, die da so laut grunzt. Auf Dauer kann ich dies leider nicht mehr geheim halten. Herrchen ist mir auf die Schliche gekommen, letzten Sonntag, als wir beide allein zu Hause waren. Wieder lag ich wie scheintot in meinem Bett und machte eigenartige Geräusche. Diesmal war es Herrchen, der „psssssst" rief – und gemeint war ich. Noch hat er mich aber nicht verraten.

„Nutze die Talente, die du hast. Die Wälder wären sehr still,
wenn nur die begabtesten Vögel sängen. "
Henry Jackson van Dyke, US- amerikanischer Autor

Das Wochenende der großen Prüfung ist gekommen. Die Nervosität bei Frauchen kann ich förmlich seit Wochen spüren. Je nervöser Frauchen, desto desinteressierter wurde Arnold. Irgendwie befinden wir uns in der Zwickmühle. Doch nicht nur die Prüfung liegt meinen Zweibeinern auf der Seele. Sie machen sich große Sorgen um Vanessa. Sie ist mittlerweile fast 13 Jahre alt. Also im typischen Pubertätsalter. Das ist jedoch nur das geringere Übel. Vanessa hat seit Anfang des Jahres eine so große Sehnsucht nach ihrer kranken Mutter, dass wir alle das Gefühl nicht loswerden, sie zerplatzt gleich vor Schmerzen. Sie hat kein Vertrauen mehr in meine Zweibeiner, die sie aufgenommen haben. Zwei Mal ist sie schon davon gelaufen. Das erste Mal an Arnolds Geburtstag. Spät abends, als Frauchen schon den Telefonhörer in der Hand hielt, um die Polizei zu rufen, klingelte sie an der Tür. Wie froh waren wir alle!

Doch Vanessa kann uns weiterhin nicht vertrauen. Es geht ihr zunehmend schlechter. Alle Hilfen, die wir suchen, bleiben ohne Erfolg. Oft holt Frauchen sie von der Schule ab, weil sie sich dort immer häufiger selbst verletzt. Die Nerven liegen blank. Hinzu kommt, Frauchen und Herrchen wissen gar nicht, wo Vanessas richtige Mutter sich aufhält. Es gibt weder Adresse noch eine Telefonnummer.

In diese Zeit hinein fällt nun mein Prüfungswochenende. Bei all dem Stress haben wir auch unsere Sozialisierungsübungen wie Gänge in der mit Menschen gefüllten Stadt, Schlendern gehen in überfüllten Einkaufspassagen und routiniertes Fahrstuhlfahren komplett vernachlässigt. Das mulmige Gefühl, das Frauchen schon mal im Winter hatte, steigt wieder auf. Sollen wir die Prüfung absagen? Frauchen entscheidet: „Nein, wir fahren." Es ist wohl die falsche Entscheidung – oder doch nicht?

Ich habe es vermasselt. „Lulu, du bist leider durchgefallen", entlassen mich die Prüferinnen. Na, das ist vielleicht ein Schlamassel. Alle Zweibeiner und ich sind total enttäuscht. Frauchen und Arnold sehen sehr verzweifelt aus. Unsere Tränen können wir kaum verkneifen. Es war meine erste Prüfung nach 18 Lehrmonaten. Was ist schief gelaufen? Alles, einfach alles. Das Laufen an der Leine neben Arnold war mehr Gezerre als Laufen. Wir beide sind quasi orientierungslos in einem mit Menschen verstopften Einkaufszentrum in Papenburg herumgestolpert. Das Sitzen und Platzmachen klappte ganz gut, aber aussteigen nach dem Fahrstuhlfahren glich eher einer Flucht ins Freie. Kinder liefen schreiend an uns vorbei.

Ich drehte mich weg, meine Ohren taten mir weh. Raus hier, dachte ich nur. Was soll das Ganze? Ich bin ein Diabetikerwarnhund, kein Begleithund fürs Shopping. Arnold dachte wohl dasselbe. Jeweils bildete ich mir ein, dies in seinen Gedanken gelesen zu haben. Frauchens Nervosität machte mich noch aufgeregter als ich ohnehin schon war. Nach unendlich langen 15 Minuten durften wir diesen Ort der Qualen verlassen. An der Straße mit Arnold entlang laufen, klappte für mein Empfinden gut. Die Prüferinnen sahen es anders. Überhaupt hatten mir die Prüferinnen für meine Übung fast ausnahmslos die Note 4 erteilt. Für sie stand bereits fest, dass ich durchgefallen bin. Nur wir wussten es zu diesem Zeitpunkt noch nicht.

Den zweiten Teil der Prüfung sollten wir am späten Nachmittag auf einem Waldweg ablegen. Der Duft der Nadeln und Waldbeeren lag mir in der Nase. Deshalb fanden wir den Weg sehr schnell. Leider trafen wir die Vorprüflinge dort noch an. Frauchen legte ärgerlich die Stirn in Falten. So war es nicht geplant. Kein Prüfling sollte noch am Prüfungsort anwesend sein, wenn der Nächste an der Reihe wäre; einfach, um Ablenkung zu vermeiden. Ich freute mich natürlich auf einen Spielkameraden, sah Ben, einen weiteren Prüfling. Ich wunderte mich zwar, dass er da war, denn ich wusste nicht, dass jetzt noch einmal geprüft wird. Wir begrüßten uns herzlich. Dann forderte ich Ben auf, mit mir zu toben. Also war schon die Ankunft mit einer schlechten Note belegt. Als dann noch ein Kläffer höchsten Kalibers sich ins Gedränge einmischte, wurde es mir zu bunt. Ich streikte. Spätestens jetzt waren wir durchgefallen. Mitten ins Gewühl gesellte sich allerdings der bedrohliche Geruch. Diesmal war er anders. Arnold? Nein, meine Nase sagte mir ganz deutlich, Arnold war nicht in Gefahr. Eine Prüferin verströmte den Geruch. Ich überlegte nicht lange, sondern sprang sie an, wie ich es von Arnold gelernt hatte. Frauchen meinte trocken, die Frau solle mal den Blutzucker testen. Und richtig, er war zu tief. Sie hat dieselbe Krankheit wie Arnold. Lieb bedankte sie sich bei mir. Das war Balsam für meine gekränkte Seele nach dieser vermasselten Prüfung. Wir durften am nächsten Tag schon nicht mehr zum dritten Teil antreten. Das fand ich mehr als ungerecht. Immerhin waren wir viele hundert Kilometer gereist. Egal. Wir sind erst einmal durch mit dem Thema Prüfung. Zu unserem Trost meinten die Trainerinnen, wir könnten es bald erneut probieren. Frauchen winkte müde ab. Wir wollten einfach nur noch weg.

Wir sitzen im Auto nach Hause. Von der ersten Sekunde an macht sich Frauchen große Vorwürfe. Arnold weint. Auch Frauchen weint. Ich schleckere alle Tränen ab. Noch zweimal an diesem Tag darf ich mein wahres Talent unter Beweis stellen. Arnold schießt gerade von der Anstrengung in die Tiefe. Das ist mein Einsatz: Hopp niedrig, Lulu. Frauchen lächelt. Sie hat mich verstanden. Der Bund ist besiegelt.

Später in der Nacht wird Arnold in die Höhe schießen: Kratz hoch Lulu.

„Man reist nicht, um anzukommen, sondern um zu reisen."
Johann Wolfgang von Goethe,
deutscher Dichter

Das Thema Prüfung haben wir erst einmal beiseite geschoben. Meine Zweibeiner finden es viel wichtiger, dass wir nun gemeinsam unseren Sommerurlaub genießen.

Deutschland stöhnt gerade unter den heißesten Tagen dieses Sommers. Wir wollen uns eine Auszeit in Mesekenhagen bei Greifswald gönnen. Ich erzählte bereits von der kleinen Teichbadewanne. Auch dieses Mal soll sie mir gehören. Sie war beim letzten Mal schon eine echte Abkühlung. Gerschi, Frauchens beste Freundin aus Studienzeiten in Rostock, wohnt mit ihrer Familie in Mesekenhagen. Die kleine Gemeinde liegt am Greifswalder Bodden, einem Randgewässer der Ostsee. Weit weg nach Polen ist es nicht mehr. Wir fühlen uns dort immer sehr wohl.

Arnold hat in Lukas einen echten Star Wars Kenner gefunden. Ich meine nicht George Lucas, der sich die Heldensage ausgedacht hat. Nein, ich meine den Sohn von Gerschi. Der steht genauso wie Arnold auf die Sternenkriege. Während die beiden auf der Terrasse fachsimpeln, mache ich es mir am Teich gemütlich. Ich halte meine Pfoten ins kühle Nass. Meinen Kopf beuge ich Richtung Schatten. Ich sehe wahrscheinlich aus wie eine Sphinx. Lulu Sphinx Labrador – auch ein schöner Titel. So lässt es sich aushalten.

Frauchen packt gerade Badehose und Bikini ein. Auch meinen Spielball vergisst sie nicht. „Na Lulu, den kennst du, nicht wahr! Gleich geht's baden, aber nicht in so einem Planschbecken. Ans Meer fahren wir!" Das klingt nach einer genialen Idee. Herrchen steigt ins Auto. Ich springe hinterher. Wir fahren zum Hundestrand nach Lubmin, damit auch ich Spaß habe. Feiner Sand rieselt durch meine Pfoten. Hohe Bäume säumen den Strand. Sie spenden in der Glut der Sonne ausreichend Schatten. Das finden nicht nur die Hundebesitzer sehr angenehm. Auch die Familien mit kleinen Zweibeinern haben es sich am Hundestrand gemütlich gemacht. Wir Hunde lassen sie gewähren. Man soll ja nicht Gleiches mit Gleichem vergelten. Ich tobe durch das Wasser, springe jedem Ball hinterher. Frauchen und Herrchen eilen mir nach. Sie haben Angst um meine Ohren. Denn in meinem Ohrlabyrinth sammelt sich schnell Wasser. Das kann starke Schmerzen verursachen. Und nicht nur Schmerzen. Mein Hörvermögen könnte eingeschränkt werden. Herrchen dreht meinen Kopf etwas zur Seite, schüttelt mein Ohr. Wassertropfen perlen heraus. Nun kann der Spaß von vorn beginnen. Frauchen wirft den Ball. Wie ein Pfeil schieße ich los.

Das Badevergnügen hat ein Ende. Arnold hat Hunger. Herrchen ist Grillmeister.

Kaum auf der Terrasse, kokelt auch schon die Grillkohle vor sich hin. Ich liege in Sichtweite. Falls ein Stück Fleisch herunterfällt, soll es auf keinen Fall verloren gehen. Dafür sorge ich, den Ameisen gönne ich es auch nicht.

Herrchen ist gnädig mit mir. Sein Kammkotelett teilt er mit mir. Ich übernehme den anstrengenden Part und knabbere den Knochen blitzblank bevor er zwischen meinen Zähnen knackt. Gut gefüllt falle ich ins Verdauungskoma. Mein letzter wacher Gedanke gilt dem folgenden Tag. Ich stelle mir vor, wie ich mein morgendliches Bad in der Teichwanne genieße. Und schon tauche ich ins Schlummerland ab.

Was ist das? Ich werde von meinem Unterbewusstsein aus dem Schlaf gerissen. Es will mir etwas sagen. Sofort erkenne ich die Botschaft. Sie ist in meiner Nase verborgen und heißt Arnold. Mit seinem Wert ist mal wieder etwas nicht in Ordnung. Ich wecke Frauchen aus ihren tiefen Träumen. Tut mir leid, Frauchen, aber es geht um Arnolds Wohl. Ich ziehe an ihrem Kopfkissen, patsche mit meiner Pfote auf die Bettkante. Das sind klare Zeichen. Frauchen versteht mich und misst Arnolds Blutzucker. Der Wert sinkt gerade in den Keller. Frauchen gibt Arnold zwei Stück Traubenzucker und die Welt ist wieder in Ordnung.

Arnold und Frauchen legen sich ins Bett und schlummern wieder ein. Sie wissen, dass ich sie wecke. Ich mache es mir bequem und starte meinen Traumfilm von vorn.

Meine Sozialisation macht weiterhin Fortschritte. Die Sonne geht auf. Ich liege brav auf der Seite und warte bis alle aufwachen. Geduld ist zwar nicht meine Stärke, aber ich gebe mir Mühe. Heute wollen wir nach Wieck zu den Schiffen fahren. Nach dem Frühstück geht es gleich los mit unserem Tagesausflug. Am Hafen von Wieck angekommen, zieht mir Frauchen meine blaue Weste an. Die zeigt ja, dass ich eine Diabetikerwarnhündin bin. Entspannt und gut gelaunt spazieren wir los. Alle bewundern meine blaue Jacke. Sie juckt mittlerweile auch nicht mehr so stark. Beim besten Italiener von Greifswald kehren wir ein und speisen mindestens drei Stunden zu Mittag. Pizza liegt bekanntlich schwer im Magen. Frauchen hat vorgesorgt, den Dreh für die Insulindosierung für Arnolds Pizza raus. Einen schnellen Bolus mit 60 Prozent der errechneten Gesamtdosis und die restlichen 40 Prozent verteilen sich mit Hilfe der Pumpe über 6 Stunden. Eine Pizza hat insgesamt 12 Kohlenhydrateinheiten. Das ist eine riesige Menge, nicht nur für ein Kind. So viel isst Arnold normalerweise im Verlauf eines Tages. Mit Genuss beißt Arnold in seine Salami Pizza und verschlingt im Nu 900 Kalorien.

*„Die Farbe ist eine Zugabe zu allen Erscheinungen,
und obgleich immer eine wesentliche, doch oft scheinbar eine zufällige."*
Johann Wolfgang von Goethe, deutscher Dichter

Seit gestern sieht es in unserem roten Haus in Schwerin sehr komisch aus. Das Wohnzimmer und die Küche sind in lauter Plastikfolien gehüllt. Die Möbel sind von den Wänden gerückt, die Stühle stehen auf dem Tisch statt darunter. Selbst die Lampen sind unter Folien verschwunden. Keiner gibt mir eine Erklärung. Solche Bilder kenne ich nur von Schaufenstern der Stadt oder aus dem Fernsehen. In solchen Fällen sind die Ladenbesitzer ausgezogen oder die Hausbewohner irgendwohin ausgewandert und haben die Möbel vor dem Einstauben geschützt. Wollen meine Zweibeiner etwa Schwerin verlassen?

Ein Transporter parkt gerade in der Einfahrt. Ist er vielleicht die Erklärung? Aus dem Wagen steigen Männer mit weißen Jacken und weißen Hosen. Stimmt nicht ganz. Ausschließlich weiß sind Jacken und Hosen nicht mehr. Sie sind besprenkelt mit vielen bunten Farbklecksen. Das sieht interessant aus. Die rätselhaften weißen Geister öffnen den Kofferraum. Sie holen Pinsel heraus, verschieden große und dicke. Sie greifen nach Eimern. Jetzt klingeln sie auch noch an unserer Tür. Herrchen öffnet. Nun dämmert es mir. Den einen weißen Geist kenne ich. Ist das nicht Malermeister Günther aus der Gadebuscher Straße? Ja, genau, er ist es. Herrchen begrüßt ihn. Offenbar hat meine Familie einen Kosmetiktermin für unsere Wände vereinbart. Eine Schönheits-OP haben sie auch bitter nötig. Endlich werden die verräterischen Spuren meines bisherigen Lebens beseitigt. Denn als Hundedame von Welt schüttele ich mich auch gern direkt nach dem Spaziergang im Hause aus. Ein reines Fell ist mir besonders wichtig. Ich weiß, sich den Dreck auszuschütteln, zeugt nicht gerade von gutem Benehmen. Aber was soll ich machen? Ich liebe nun mal Wasser. Gewässer ziehen mich magisch an, vor allem die modrigen. Wenn ich zu Hause ankomme, habe ich längst meinen Badeausflug verdrängt. Kleinste Spritzer an den Wänden lassen meine Erinnerung aufflammen. Dann ist es aber viel zu spät. Sie bleiben an den Wänden haften.

Ich erfahre, dass die Weißgeister zwei Tage bei uns bleiben werden. Ihre Pinsel und Töpfe parken sie überall im Haus. Die Neugier steht mir ins Gesicht geschrieben. Ich bin so gespannt, welchen neuen Farbton Frauchen und Herrchen ausgewählt haben. Wie kriege ich es bloß fertig, in den Eimer zu luschern? Mir fällt nichts ein. Ich muss mir eine Strategie überlegen. Ich hab´s. Ich tue einfach so, als würde ich rein zufällig den frisch getauchten Pinsel unseres Malermeisters streifen. Und siehe da, es funktioniert. Eine helle Strähne schmückt nun meine Hinterpfote. Frauchen trägt ja auch manchmal Farbe auf ihren Nägeln, warum nicht auch Hundedamen? Auch mein rechtes Ohr hat einen Klecks abgekriegt. Ich jedenfalls finde mich schick und kann mich gar nicht genug im großen Flurspiegel betrachten.

Frauchen denkt darüber ganz anders. Sie hat offenbar eine andere Definition von schick. Sie kramt die von mir verachtete Bürste hervor und kämmt mit energischen Zügen meine ergatterten Strähnchen aus dem Fell. Nun sehe ich wieder eintönig schwarz aus, wie vor dem Anstrich. Unser Wohnzimmer jedoch strahlt in heller Savannenfarbe. Der Clou dabei, die Wände sind nun abwaschbar, wie praktisch.

24. Juli 2010

„Wer einen Fehler macht und ihn nicht korrigiert, begeht einen zweiten."
Konfuzius, chinesischer Philosoph

Frauchen wärmt das Thema Prüfung wieder auf. Sie will sich nicht auf den neuen Prüfungstermin ohne weiteres professionelles Training verlassen. Hätten wir Nachhilfeunterricht bei den Trainerinnen genommen, wären wir einmal im Monat bis an die niederländische Grenze gefahren. Das war überhaupt nicht zu realisieren. Also hieß es, eine passende Hundeschule in unserer Nähe zu finden. Die, von der ich schon erzählt habe, fiel in die engere Wahl. Frauchen hatte im Internet gegoogelt und danach mit der Inhaberin telefoniert. Ich nenne sie Frau der Hunde. Die hörte sich alles in Ruhe an und lud uns zu einem Probetraining nach Rostock ein.

Heute ist es soweit. Auf der Ostsee- Autobahn geht es Richtung Hansestadt. Wir treffen uns auf der Wiese hinter dem `TRI- Hotel´ in Rostock. Neugierig drehe ich meine Runden und verewige mich hier und da. Auf dieser Wiese treffen sich regelmäßig die verschiedensten Hunde mit ihren Zweibeinern. Es gibt also viel zu schnuppern. Hier steht oft Kommunikationstraining auf dem Programm, sprich, die Zweibeiner lernen ihren Hund verstehen. Tolle Schule, denke ich. Super, dann werden Herrchen und Frauchen mir bald jeden Wunsch vom Maul ablesen. Doch es kommt anders. Die Frau der Hunde versteht mich nicht nur ohne Worte. Sie durchschaut mich. Sie weiß immer, warum ich etwas tue. Warum ich bei der Übung `Leine laufen´ am liebsten 3 bis 4 Meter vor Arnold stehe. Warum ich jeden Besucher auf meine Art begrüße. Die Tage meines unbeschwerten Daseins sind also seit heute gezählt. Das spüre ich ganz deutlich. Die Frau der Hunde erklärt meinen Zweibeinern, wie sie mich ebenfalls durchschauen können. „Ich Boss und du Nichts", so einfache Worte findet sie. Aber das Training lohnt sich. Sie ist eine gute Lehrerin, muss ich zu meiner Schande gestehen. Auch wenn sie mich und meine Taktik verrät. Aber genau das macht mich so verständlich. Meine Zweibeiner kennen nun meine Sprache und meine Bedürfnisse. Noch viel besser, sie können darauf reagieren. Sie lernen, die Leine als Sicherheitsseil zu sehen. Das Sichern übernimmt der Boss. Der Rudelführer gibt den Weg vor. Bei Gefahr wird sich verdrückt. Das alles entspricht auch meinen Hundeinstinkten. Von diesem ersten Trainingssonntag an hat Frauchen kein mulmiges Gefühl mehr. Wir schauen der Prüfung zuversichtlich entgegen und fahren nach Hause.

Zurück in Schwerin trainieren wir nur noch. Arnold und ich gehen zum Beispiel ins Schlossparkcenter von Schwerin, auch `Schlosser´ oder `SchloPaCe´ von den Teenies der Stadt genannt. Im Ärztehaus fahren wir mit dem Lift wieder und wieder hoch und runter. Die Spaziergänge können wir in entspannter Atmosphäre genießen. Ich höre auf den Rückruf und akzeptiere meinen Platz in der Familie. Das tut uns allen gut.

30. Juli 2010

„Die Natur versteht gar keinen Spaß.
Sie ist immer wahr, immer ernst, immer strenge.
Sie hat immer Recht
und die Fehler und Irrtümer sind immer die des Menschen."
Johann Wolfgang von Goethe, deutscher Dichter

Nach mir die Sintflut. Zehn Tage Sommerurlaub hatten wir gebucht. Unsere Reise ging in die Lausitz. Wir haben Verwandte von Herrchen besucht. Heute sind wir nach Schwerin zurückgekehrt. Kaum waren wir wieder zu Hause angekommen, liefen im Fernsehen die ersten Hochwasserwarnungen. Die Neiße würde bald überschwappen, hieß es. Heftigen Regen sagten die Meteorologen voraus. Ihre Prognose traf ein. Seit gestern fällt literweise Wasser vom Himmel. Wir waren in der Nähe von Görlitz. Tage zuvor bin ich noch durch den `Fürst Pückler´ Park spaziert. Er zählt zum UNESCO-Weltkulturerbe. Dort habe ich mit anderen Hunden getobt. Wir sind über die feuchten und sumpfigen Wiesen gepatscht und mit Anlauf in die Pfützen gesprungen. War eine lustige Angelegenheit. Der Boden dort ist sehr eisenhaltig. Raseneisenstein oder Raseneisenerz sagen die Leute dazu. Egal, auf jeden Fall färbten sich meine Pfoten rostig braun, mit jedem Schritt mehr, den ich durch den Matsch zog.

Nun stapeln sich im Park die Sandsäcke. Sie sollen Schlimmeres vermeiden, das Weltkulturerbe vor dem Ertrinken bewahren. Woanders drohen Deiche zu brechen. Ständig werden neue Pegelstände durchgegeben. Ich bin wirklich froh, dass die Wassermassen uns nicht geflutet haben. Wir saßen trocken in unserem

Auto. Das ist ein schönes Gefühl. Mir soll keiner vorwerfen, ich habe Schuld am Hochwasser. Ich hätte möglicherweise an Staudämmen geknabbert. Frauchen zum Beispiel könnte auf diese Idee kommen und Parallelen zu Schwerin ziehen. Bei uns in der Nähe gibt es nämlich eine Plastikbrücke. Richtigerweise muss ich hinzufügen, besteht diese Brücke aus Glasfasern. Aber alle Lebewesen in der Umgebung sagen zu ihr Plastikbrücke, auch Plastebrücke. Das ist noch ein Begriff aus dem Zeitalter der Deutschen Demokratischen Republik. Da wurde zu Plastik Plaste gesagt. „Elaste und Plaste aus Schkopau!", ruft Herrchen locker in die Runde, wenn Frauchen ihm erzählt, dass wir zur Plastikbrücke laufen. Das war damals wohl ein Werbeslogan. Egal, ich komme vom Thema ab. Bekanntlich stehe ich ja auf Mäuse. Jedes Mal, wenn Frauchen mit mir die besagte Fußgängerbrücke besucht, grabe ich alle Mäuselöcher um. Zwischen meinen Hinterläufen fliegt die Erde in hohem Bogen in den Graben. Frauchen findet das überhaupt nicht lustig. Sie schaut ständig nach links und rechts und vergewissert sich, ob mich einer bei meinen Ausgrabungsversuchen beobachtet. In der Regel finde ich Bierdeckel, Ameisenstraßen, aber keine Mäuse, egal, wie viele Stockwerke tief ich in ihr Reich eindringe. Das einzig, was passiert: Die Brückenpfeiler werden länger, schauen immer weiter aus der Erde hervor. „Hör doch endlich auf zu buddeln!", ermahnt mich Frauchen, „die Mäuse sind eh schneller als du". Ich glaube, sie hat einfach Angst, dass die Statik der Brücke versagt, meinen Grabeattacken nicht stand hält. Dies könnte nun bei Frauchen den Gedanken auslösen, dass ich verantwortlich bin für das Hochwasser in der Lausitz. Unter dem Motto: Na, Lulu, an welchem Staudamm hast Du diesmal geknabbert? Wie soll ich ihr bloß klar machen, dass daran überhaupt nichts wahr ist? Aber vielleicht mache ich mir nur unnötig Sorgen. Noch jedenfalls hat sie mich nicht darauf angesprochen. Ganz entspannt sitzt sie neben Herrchen und hört Radio. Ah, die Nachrichten laufen gerade. Das Thema Hochwasser ist der Aufmacher. Was erzählt der Sprecher da? Er entlastet mich. Schuld am Hochwasser in Sachsen ist der Starkregen in Polen. Nix da mit am Staudamm knabbern. Da fällt mir aber ein Stein vom Herzen. Denn in Polen war ich in diesem Urlaub nicht.

9. August 2010

„Wenn die Ausnahme die Regel bestätigt
muss die Regel Ausnahmen haben."
unbekannt

„Arnold, dein Urlaubsteller ist fertig", ruft Frauchen ins Kinderzimmer. Arnold rast die Stufen hinab Richtung Küche und ich hinter ihm her. Diese Laute verstehe auch ich. Frauchen sagt manchmal: „Auch Kinder brauchen mal Urlaub von ihrem Diabetes." Sie hat Arnolds Abendbrotteller schön angerichtet. Wie eine Sonne sieht er aus. Möhrenstückchen bilden die Strahlen, Gurken die Augen und Minisalami den Mund. Letztere fällt für mich auch ab, allerdings extra. Arnold darf seine Salami allein essen.

Während Arnold an seiner geräucherten Wurst knabbert, lässt er seinen Tag an sich vorbei ziehen. Meine Wurst habe ich übrigens in einem Stück verspeist, einfach runtergeschluckt und fertig. So funktioniert das bei mir. Andere denken jetzt, ich bin alles andere als eine Genießerin. Vielleicht haben die Leute Recht. Aber was weg ist, ist weg und keiner kann mir es mehr nehmen. Möglich, Arnold steckt mir noch einen Happen zu. Manchmal teilt er mit mir sein Lieblingsessen. Arnold war heute im Ferienlager. Zur Zeit sind nämlich bei uns Sommerferien. Allerdings: Er war das erste Mal ganz allein fort, ohne Herrchen und Frauchen; für Arnold eine Premiere. Auch ich durfte nicht mit. Soeben kehrte er zurück. Herrchen holt ihn nachmittags ab. Ich begrüße Arnold stürmisch, springe ihn an und gebe ihm mit meiner Nase ein Küsschen. Wie war es im Ferienlager? Ich will alles wissen. Hast du den Kindern erzählt, dass du Diabetes hast? Offenbar versteht Arnold, was ich von ihm wissen will. „Nein!" antwortet er.

Arnold hat mir schon öfter anvertraut, dass er über seine Krankheit so gut wie gar nicht redet. Im Kindergarten und in der ersten Klasse kam das Thema mitunter auf den Tisch. Aber Frauchen war dabei und erzählte von Arnolds Krankheit. Erzieher und Lehrer mussten ja Bescheid wissen. Es ärgert Arnold auch, dass er nicht ohne Weiteres zu einem Freund fahren kann. Jede Reise muss wohlüberlegt, jeder noch so kleine Besuch geplant werden. Das nervt ihn manchmal sehr. Frauchen hat dafür eine Lösung gefunden. Meist kommen Arnolds Freunde zu uns. Dann habe ich auch etwas davon, darf mit den Jungs durch Garten oder Haus toben. Ich habe also gar nichts dagegen, wenn die Hütte voll ist. Und Arnold freut sich auch, wenn er Besuch bekommt. Uncool findet er aber: Wenn er zu einem Kindergeburtstag eingeladen wird, fährt Frauchen meist mit. Sie sitzt dann zwischen den Jungen und passt auf Arnold auf, der das als gar nicht witzig betrachtet, sondern sich eher unwohl fühlt.

In das Ferienlager nach Warnitz hat Frauchen ihn nicht begleitet. Sie gab Arnold ein Telefon mit. Es klingelt, wenn Arnold seine Werte überprüfen soll. Und trotzdem hat er es vergessen. „Lulu, ich war ganz schön enttäuscht über mich selbst", beichtet mir Arnold. Ich lege mich auf seine Füße und schaue ihn friedlich an. Musst du nicht, gebe ich ihm zu verstehen. Arnold hat aber Recht. Gäbe es Frauchen, Herrchen und auch mich nicht, würde Arnold seine Krankheit komplett vergessen. Allein denkt er nämlich nicht an messen, Insulin und Katheterschlauch. Er wird es aber lernen müssen, Schritt für Schritt, auch wenn er nur zu gern seine Krankheit aus dem Bewusstsein drängen möchte. Das geht nicht. Denn bei allen kleinen Dingen des Lebens wie waschen, auf die Toilette gehen oder anziehen, erinnert ihn die Pumpe an seinen Diabetes. Sie hängt ständig an seiner Hose. Beim Waschen oder Baden muss er sie abnehmen. Wenn er dann aus Versehen an seinen Katheterschlauch zieht, dann tut das sehr weh. So erinnert ihn auch der Schmerz an den Diabetes.

„Manchmal fragen mich Kinder, mit denen ich spiele, ob ich auch ein Stückchen Schokolade möchte", nuschelt Arnold. „Am Anfang fiel es mir nicht leicht, nein zu sagen. Ich habe mich aber auch nicht zu naschen getraut. Ich wusste einfach nicht, was gut und was schlecht ist für mich. Zwar darf ich naschen, aber nur überschaubare Mengen. Das empfinde ich als ungerecht." Ich schlabbere Arnold verständnisvoll ab. „Weißt du Lulu, wenn ich zum Beispiel auf einem Kindergeburtstag bin, dann stopfen sich die anderen Mädchen und Jungen die Leckereien einfach so in sich hinein. Ich stehe daneben und muss mich zusammenreißen. Das fällt mir schon sehr schwer."

Die Kinder heute im Ferielager waren ganz neugierig. Arnold kommt ins Plaudern. Na, rück schon raus mit der Sprache, stupse ich ihn an. Erzähl weiter! Wie war es? Sie fanden es total cool, wie ich mir, ohne mit der Wimper zu zucken, in den Finger gestochen habe. Respekt, Respekt, hat ein Junge gerufen. Dem habe ich dann beschrieben, was ich gerade mache. Dass ich einen Tropfen Blut brauche, um meinen Blutzucker messen zu können. Zusammen haben wir uns ein Boot gebaut und Piraten gespielt. Ich durfte der Anführer sein. Lulu, ich war stolz wie Bolle." Arnold kuschelt sich an mich. „Ach Lulu, schön, dass du so gut wie immer an meiner Seite bist. Durch dich fühle ich mich sicherer. Ich kann auch mal meinen Zucker vergessen und brauche keine Angst haben, bewusstlos in der Ecke zu liegen. Du hast ja meine Werte im Blick, besser gesagt in der Nase. Arnold knuddelt meine Nase. Er erzählt mir, dass er durch mich viel lockerer geworden ist. „Allein der Gedanke, ich könnte ohne Mama und Papa zu Hause bleiben oder in die Stadt zum Eisessen gehen, das ist ein schönes Gefühl. Du hast für mich Verantwortung übernommen. Das tut mir gut. Ich habe kaum noch Angst vor einem Krampfanfall oder dass mir etwas anderes Schlimmes passieren könnte". Ich schmuse mich ganz eng an Arnold. Kinder haben wirklich sehr feine Antennen für ihre Sorgen und Ängste, geht mir durch mein Hundehirn. Sie spüren auch, wie unsicher und traurig ihre Eltern sind. Auch Arnold merkt, wie sehr sich Frauchen und Herrchen den Kopf zerbrechen.

„Vertrauen ist eine Oase im Herzen,
die von der Karawane des Denkens nie erreicht wird."
Khalil Gibran, libanesisch-amerikanischer Maler, Dichter und Philosoph

Arnold war diese Nacht das zweite Mal in seinem Diabetikerleben nicht zu Hause. Übernachten bei Freunden ist das Größte für kleine Zweibeiner. Leider kommt Arnold wegen seiner Krankheit so gut wie gar nicht in diesen Genuss. Einmal konnte er schon ohne Aufsicht außerhalb übernachten. Die Klasse hatte einen Grillabend mit den Eltern zum Schuljahresabschluss geplant. Nach dem Toben auf dem Spielplatz und den Grillwürstchen mit Ketchup durften alle Kinder in der Schule übernachten. Die Schlafsäcke wurden ausgerollt, Taschenlampen gezückt und die Geisterlesestunde konnte beginnen. Die Krankenschwester der Schule hatte sich bereit erklärt, über den Blutzucker von Arnold und Josia zu wachen. Josia ist der kleine Zweibeiner, auf den meine Schwester Lotta aufpasst. Die Krankenschwester hat sich so wie Frauchen den Wecker in der Nacht gestellt und bei beiden die Werte gemessen. Ich war damals noch Quark im Schaufenster, will heißen, ich war noch nicht geboren. Sonst hätte ich ja Wache schieben können. Ich freue mich aber für Arnold, dass er diese Nacht miterleben durfte.

Gestern war ich ebenfalls außer Dienst gestellt. Arnold durfte bei Josia Geburtstag feiern. Eigentlich war geplant, dass er mit seinen Gästen im Zelt draußen übernachtet. Aber den Kindern ging offenbar der Mut aus. Sie schlugen ihr Nachtlager doch lieber im Haus auf. Arnold ist gerade eben nach Hause gekommen und erzählte mir von seinen großen und kleinen Abenteuern. Beim Toben zum Beispiel war er ein echter Tiefflieger. Sein Blutzucker rauschte öfter in den Keller. Zum Abendbrot gab es selbstgemachte Pizza. Arnold steht auf diesen Leckerbissen der italienischen Küche. Gerade mit dem vorausgegangen Toben ist es für Arnold und Frauchen schwer einzuschätzen, wie sich die Werte entwickeln werden. Und kein Tag ist wie der andere. Es gilt immer wieder neu zu entscheiden, wie viel Aktivität den Blutzucker sinken lässt und wann denn nun die gegessenen Kohlenhydrate ins Blut übergehen könnten. Eigentlich hilft da nur ausprobieren und sich an früheren Erfahrungen orientieren.

Am gestrigen Abend waren die Werte von Josia und Arnold beim Zubettgehen im Normbereich. 4.0 mmol/l – so zeigt es das Messgerät im Display an. In der zweiten Nachthälfte machte meine Schwester Lotta Rabatz. Lottas Frauchen hat dann gleich bei beiden Jungs den Zucker gemessen. 18,2 zeigte das Gerät. Die Pizza war angekommen. Guter Job, Lotta! Das werde ich ihr beim nächsten Treffen auch ins Ohr flüstern. Josias Frauchen gab dann sofort Insulin als Korrektur nach. Das schnelle Reagieren hat sich bewährt. Josia und Arnold erwachten am

Morgen mit einem guten Blutzuckerwert. Gut, dass Arnold eine Insulinpumpe hat. Da brauchte Lottas Frauchen, genau wie bei ihrem Sohn, nur die Dosis vom Insulin per Tastendruck eingeben. Leise, ohne Piecks, fließt das Insulin dann an seinen Wirkungsort. Hätte Arnold jetzt noch einen Insulin- Pen, dann hätte er geweckt werden müssen. Mitten in der Nacht sich in die eigene Haut stechen zu müssen, das ist erst recht kein Vergnügen. Da vergeht einem das Pizza essen. Aber da Arnold eine Pumpe hat, kann er tief im Traumland schlummern. Das Messen und Korrigieren übernimmt für ihn heimlich ein Erwachsener.

21. August 2010

„Wollen wir in die Ferne reisen,
so müssen wir zunächst das Nahe durchqueren.
Wollen wir in die Höhe hinaufsteigen,
so müssen wir ganz unten damit beginnen."
Konfuzius, chinesischer Philosoph

Wir fahren gerade nach Plate. So heißt Herrchens Heimatdorf. Es liegt im Speckgürtel von Schwerin. Hamburger nennen so etwas auch Metropolregion. Früher war das Dorf viel kleiner als jetzt. Heutzutage ist Plate eine der größten Dorfgemeinden von Mecklenburg-Vorpommern. Viele Familien ziehen von Schwerin aufs Land, weil sie sich dort zum Beispiel mehr Ruhe erhoffen.

In Plate ist Herrchen also aufgewachsen, als kleiner Junge dort mit seinem besten Freund Thomas in Kindergarten und Schule gegangen. Am liebsten haben beide Indianer gespielt. Nun ist Herrchen selbst Häuptling, der Häuptling unserer Familie. Vielleicht war Herrchen in seinem ersten Leben wirklich mal eine echte Rothaut. Denn als Kind kannte er sich gut mit allen Regeln der Indianerkultur aus. Mit Thomas hatte er mal einen Jungen aus ihrem Dorf richtig an den Marterpfahl gebunden. Eine geschlagene Stunde musste er dort ausharren. Herrchen und Thomas fanden nämlich die Flimmerstunde im Fernsehen viel spannender. Dabei vergaßen sie den armen Kerl am Holzpfahl.

Herrchens Eltern sind Oma Leni und Opa Rüdiger. Sie hatten damals eine Gaststätte und zwar direkt an der Stör. Da war im Sommer der Badespass groß. Die Bootsfahrer fanden das weniger lustig. Ständig mussten sie aufpassen, denn der Störkanal ist eine viel befahrene Wasserstraße. Baden kann dort – damals wie heute – gefährlich werden. Ursprünglich schlängelte sich die Stör sehr kurvenreich durch das Flusstal. Im 16. Jahrhundert erkannten die Menschen ihren Nutzen als Transportweg und begradigten den Fluss. Als dann die ersten Eisenbahnschienen verlegt wurden, fuhren immer weniger Schiffe auf der Stör. Holz und andere

Waren wurden nun mit Zügen transportiert. Heute schippern nur noch Motor- und Hausboote die Stör entlang.

Herrchen sitzt wie so oft am Steuer unseres Autos. Er erzählt, wie er damals als Kind mit seinem Hund an der Stör spazieren ging. Herrchen hatte einen schwarzen Schäferhund, erfahre ich. Da lag es nahe, ihn Blacky zu taufen. Und so hieß er dann auch. Blacky und Herrchen sind für ihr Leben gern durch die Wiesen gestreift. Im Sommer lagen sie im Gras und hörten den Fröschen beim Quaken zu. Im Winter bauten sie Schneemänner, und Blacky wollte sie mit seinem Bellen verjagen, wunderte sich aber, dass die Schneemänner die einzigen Wesen waren, die vor ihm nicht wegrannten. Nachts bewachte Blacky den Gaststättenhof. Es gibt eine Geschichte, die davon berichtet, wie Blacky eines Nachts Eindringlinge in die Flucht schlug. Am Morgen stand noch eine grau-grüne Tasche verlassen auf dem Hof und neben ihr ein stolzer Hund.

Im Störkanal sammelt sich das Wasser aus den Entwässerungsgräben der Störwiesen. Das Wasser in den Gräben ist sehr kalt, aber für mich eine Wonne, darin zu baden. Wir sind in Plate angekommen und Herrchen und Frauchen haben sich für einen Spaziergang entschieden. Ständig rufen sie mich aber zurück. Dabei will ich doch nur ausgiebig plantschen. Die Wiesen wirken wie ein durchflutetes Trampolin. Das Springen macht vielleicht Spaß! Ein Mordsgaudi ist das! Die Wassertropfen tänzeln im Spagat durch die Luft. Herrchen und Frauchen finden meine Idee wenig amüsant. Zum Glück können sie meine Gedanken nicht lesen. Ich denke, da tobe ich mich noch einmal richtig aus, bevor ich einen langen Abend unter dem Tisch verbringen muss. Doch Herrchen und Frauchen denken anders darüber. Es passt ihnen nicht, dass ich den Graben als meine Badewanne auserkoren habe und ohne Vorwarnung Anlauf nehme und in das kalte Nass tauche. Ich schwimme in einer Mischung aus Eisenocker und Entenflott, auch genannt Wasserlinsen. Dieser Eisenocker wird von Bakterien zersetzt und darauf wiederum wachsen Algen. Eine reinigende Wirkung kann ich dieser Mischung jedoch nicht nachsagen. Als wahre Stinkbombe tauche ich auf. Nun weiß ich, warum Herrchen und Frauchen mich ständig ermahnen. Na, wenigstens setzen sich keine Mücken auf mich nieder, sehe ich. Stinken hat demnach auch sein Gutes. Allerdings ist nun das Liegen unterm Tisch für mich passé. Frauchen verbietet es mir. Ich werde ausgesperrt, darf mich auf der Wiese von Thomas und Sabine austoben und ausstinken. Dabei wird es aber nicht bleiben. Ich soll sogar den ganzen Abend draußen bleiben. Ob ich das gut finde, weiß ich noch nicht so genau.

Jetzt erfahre ich auch den Grund, warum wir Thomas und Sabine besuchen. Sie feiern heute Geburtstag. Ein Schweinchen dreht sich über dem Feuer. Mein Zahn tropft. Der Duft ärgert mich. Er schwebt nicht an meiner Nase vorbei, sondern direkt hinein. Die Zweibeiner schlagen sich die Mägen voll. Nur mein Napf bleibt leer. Ich versuche nun, in die Rolle eines Dackels zu schlüpfen. Dieser Blick funktioniert immer. Ich suche mir Arnold als Opfer aus. Wie ausgehungert flehen meine Augen um Mitleid. Er beachtet mich gar nicht. Ich rücke näher. Ich laufe an ihm vorbei und erhasche einen Geruchsfetzen. Sofort springe ich auf, sehe doch eine Chance, spurte ihm hinterher. Blind vor Gier pralle ich gegen die Fliegengittertür der Gastgeber. „Lulu, ich gehe messen. Du wartest hier." Frauchen hat mich wohl bei meiner Aktion beobachtet. Sie versucht, mich zu beruhigen. Glaubt sie doch, dass etwas mit Arnold nicht stimmt. Richtig, Arnold riecht merkwürdig. Das Schwein ist aber auch unwiderstehlich. Fast hätte ich vor lauter Schweinsgeruch rot gesehen. Au Backe!

Arnold hat sich heute viel bewegt, erst beim Fußballspielen und dann beim Boxtraining mit der Wii. Frauchen läuft also mit dem Messegerät zu Arnold. Wenige Minuten später kommt sie zurück. Was sehe ich da? Vanille-Leckerli liegen in ihrer Hand. „Feine Lulu!", lobt sie mich vor allen Anwesenden, deren Augen nun auf mich blicken. Ich kann Bewunderung und Erstaunen darin lesen.

Wie es der Zufall will, verläuft der weitere Abend doch noch zu meinem Vorteil. Zufrieden laufe ich von Gast zu Gast. Jeder am Tisch steckt mir einen Leckerbissen ins Maul. Von borstiger Schwarte bis zum zarten Fleisch ist alles dabei.

Es ist dunkel. Die Sonne hat sich verabschiedet. Der Mond beginnt seine Nachtschicht. Wir brechen auf. Satt und rundum glücklich kehre ich mit meiner Familie in unser rotes Haus zurück.

Wir fallen völlig müde und satt ins Bett, auch ich. Nur ein paar Stunden schlafe ich. Dann weckt mich jener wohl bekannte Geruch, der nichts Gutes bedeutet. Ich laufe zu Frauchen und gebe ihr ein Zeichen. Sie misst bei Arnold den Blutzucker. Arnold hat heute sehr getobt. Viel Bewegung fordert ihren Tribut. Frauchen gibt ihm Traubenzucker und Fruchtzwerge. Dann legen wir uns wieder hin. Doch meine Nachtruhe soll nicht lange dauern. Wieder tapse ich zu Frauchen. Wieder ist Arnolds Wert nicht in Ordnung. Frauchen stellt an der Pumpe eine geringere Insulinzufuhr ein, damit wir alle bis in die Morgenstunden durchschlafen können. Das können wir nun auch.

5. September 2010

„Das beste Training liegt immer noch im selbständigen Machen."
Cyril Northcote Parkinson, britischer Historiker u. Publizist

Nachhilfetraining á la Hundeknigge steht heute auf der Tagesordnung. Meine Nacht war kurz. Zu aufgeregt war ich. Ich möchte doch nun alles perfekt machen.

Wir müssen nach Rostock. Unsere Reise führt uns wieder zur Hundewiese direkt hinter das TRI-Hotel. Der Rasen wird heute zu meinem Dreh- und Angelpunkt. Herrchen wirft den Motor an. Neben ihm nimmt Frauchen Platz. Schon fangen die Räder an zu rollen. Ich sitze wie immer hinten im Auto, im Kofferraum. Wir fahren auf die Autobahn. Ziemlich viele Raser sind heute unterwegs. Dafür ist die A 20 bekannt. Aber in der Ruhe liegt bekanntlich die Kraft. Und am liebsten stärke ich mich, ganz entspannt, in dem ich alle Viere von mir strecke. 120 Sachen zeigt das Tacho an. Ich finde, das ist eine gute Geschwindigkeit. „Ich will ja auch sicher sein, dass wir ankommen und nicht im Graben landen!" Frauchen setzt heute große Stücke auf mich. Sie weiß, dass eine wahre Diabetikerwarnhündin in mir steckt. Und dass die letzte Prüfung nur infolge doofer Umstände in die Hose ging.

Die Fahrt vergeht wie im Fluge. Ich kann schon die Silhouette von Rostock erkennen. „Schau mal Lulu, da sind der Wasserturm, die Marienkirche und der Funkturm." Rostock, erfahre ich von Frauchen weiter, ist die Stadt der Siebenzahl. Sie hatte einst sieben Tore, sieben Brücken und sieben Hauptstraßen, die sich wie ein Stern vom Markt ausbreiteten. Sogar das Rathaus hatte sieben Türme und Türen. Die Türme können noch heute bewundert werden. Die Marienkirche besaß sieben Portale. Die Kirche wollte ich sowieso einmal besuchen, denn eine astronomische Uhr schmückt ihren Ziegelbau. Sie ist sehr alt, wurde vor langer Zeit gebaut, als Kolumbus noch gar nicht daran dachte, die Welt per Schiff zu entdecken.

„Wir sind da!" Herrchen reißt mich aus den Gedanken. Die Frau der Hunde empfängt uns. Irgendwie bilde ich mir ein, dass sie mich sehr erwartungsvoll anschaut. Dir werde ich es aber heute zeigen. Ich bin eine geniale Assistenzhündin. In mir steigt purer Ehrgeiz auf. Ich kann mich kaum mehr zurückhalten. Meine Mitstreiter liegen gelassen neben ihren Herrchen und Frauchen. Ich fühle mich heute besonders gut. Habe ein orangefarbiges Stück Gartenschlauch als Spielzeug dabei. Lässig trage ich es bei unserer Ankunft im Maul. Mein Anblick muss dem Mafiaboss El Capone ähneln, denn meine Artgenossen reagieren prompt. Sie fühlen sich von mir blöd von der Seite angemacht. Genau das hatte ich vor: Lulu von El Capone, die Chefin auf dem Trainingsplatz. Ich lehre euch Respekt!.

Was macht denn die Frau der Hunde da? Ich fasse es nicht! Erklärt sie doch genau meinen Zweibeinern meine Strategie! Ich bin platt. Diese Frau denkt wie ein Hund. Das ist ihr Markenzeichen. Ob sie im ersten Leben mal eine von uns war? „Das habe ich mich auch schon gefragt!", schnauft mir ein Schäferhund von der Seite zu. Er will Blindenbegleithund werden. „Ich glaube, die war mal eine von uns!", sagt der Golden Retriever neben mir. Sein Herrchen ist Epileptiker. Ihm soll er bald das Leben retten. Nun konzentrieren wir uns aber auf die Frau der Hunde. Frauchen hat sie bekanntlich so getauft, weil sie uns so gut versteht. Die Frau der Hunde bildet Assistenzhunde für Blinde, für Menschen im Rollstuhl, für Menschen mit Angststörungen oder Krampfanfällen aus. Genau das macht meine Schule in Hannover auch.

Heute läuft alles wie am Schnürchen. Wir üben die Kommandos der Reihe nach: Sitz! Platz! Bleib! Bei Fuß! Alles klappt. Ich bin auf dem besten Wege, ein Profi zu werden. Aber was heißt hier `werden´. Ich finde, ich bin schon einer.

6. September 2010

„Das Lächeln, das Du aussendest kehrt zu Dir zurück.“

indisches Sprichwort

Fast hätte ich meinen 2. Geburtstag vergessen. Der Donnerstag verlief wie die meisten Donnerstage. Wir marschierten den Fußweg zur Schule, ich an Arnolds Seite, Frauchen im Abstand hinter uns. Bei Fuß gehen, an der Ampel Sitz machen, ohne Schreck an der Straßenbahn vorbei laufen bis zum Eingang der Schule, so oder ähnlich sieht unser Übungsweg aus. Bei der Schule platziert mich Arnold neben der Tür. Frauchen gibt ihm seine Schultasche. Die hat übrigens Rollen. Das finde ich praktisch. Mit einem Winken verlässt uns Arnold und verschwindet hinter der Eingangstür.

Wir wenden uns ab. Frauchen schenkt mir heute noch einen ausgedehnten Spaziergang in den Lankower Bergen. Wir lassen es uns richtig gut gehen und atmen die frische Spätsommerluft ein. Viel Zeit haben wir. Frauchen hat Spätdienst.

An solchen Tagen genießen wir die Ruhe zwischen den Bergen mitten in Schwerin. Seit der verpatzten Prüfung geht es Frauchen zunehmend besser. Das Nachhilfetraining für mich und viele Lehrstunden für Frauchen verfehlen ihre Wirkung nicht. „Lulu, wir wachsen an unseren Aufgaben. Hätte mir jemand vor 20 Jahren vorausgesagt, dass ich mich mit 40 um drei Kinder und einen Hund kümmere, ich hätte ihn glatt für verrückt erklärt. Warum? Ich schaue Frauchen verdutzt an. Gefällt es dir nicht mit uns? Frauchen streichelt mir über den Rücken. „Es tut gut, mit dir spazieren zu gehen. Es tut gut, deine Nähe zu spüren. Es tut gut, sich auf dich verlassen zu können. Überhaupt, du tust sooooooo gut, Lulu." Ich schmelze dahin. Ein schöneres Geburtstagsgeschenk hätte ich mir nicht erträumen können. Und dann genieße ich auch noch die Kopfmassage am Ende unseres Spaziergangs. Es gibt Forscher, die meinen, Kopfmassagen und Küsse im Gesicht machen aus Babies kluge Menschen. Na, wenn das mal nicht auch für uns Hunde gilt. Den Welpenstatus habe ich ja noch. Und intelligent scheine ich auch zu sein. Also bitte mehr davon, schnurre ich Frauchen an, als wäre ich zu einem schwarzen Kätzchen mutiert.

Herrchen und Arnold drehen mit mir am Nachmittag noch eine Runde. Springen, Fangen spielen und Verstecken – meine Geburtstagsgeschenke werden mir auf den Wiesen der Lankower Berge präsentiert. Arnold knuddelt mich. Er wünscht mir ein langes Leben und viel Gesundheit. Ich schlabbere ihn ab und wünsche ihm dasselbe.

22. September 2010

„Wenn wir jedem Individuum das richtige Maß an Nahrung und Bewegung
zukommen lassen könnten,
hätten wir den sichersten Weg zur Gesundheit gefunden."
Hippokrates von Kos, griechischer Philosoph

Heute ist Mittwoch. Frauchen hat wieder Spätdienst. Ich liege auf meiner Couch. Der letzte Spaziergang mit Herrchen vor seiner Abfahrt ist schon Stunden her. Ich habe mir ein schönes Stück Holz aus dem Korb vor dem Kamin geholt und knabbere genüsslich daran. Ich werde unterbrochen. Der Schlüssel dreht sich im Schloss. Arnold kommt mit seiner Schultasche und dem Schwimmzeug angeschlurft.

„Lulu, ich bin vielleicht kaputt. Heute konnte ich mich so richtig im Schwimmbad austoben." Blass sieht der Junge aus. Er setzt sich auf die kleine Holztruhe in der Garderobe. Es durchzuckt mich wie ein Blitz. Hopp niedrig? Ja, Hopp niedrig! Ich springe leicht an Arnold hoch und stupse ihn mit meiner Schnauze ins Gesicht. Aber Arnold reagiert nicht. Er flüstert mit schwacher Stimme: „Lulu, bring Süßes!" Ich flitze ins Wohnzimmer. Auf dem Tisch liegt ein roter kleiner Beutel. Mit meinen Vorderpfoten recke ich mich an der Tischkante hoch und erreiche mit dem Maul den Beutel. Ich kann ihn fassen und springe vom Tisch ab, rase zu Arnold. Mit zittrigen Fingern macht er den Reißverschluss auf und steckt sich die Gummibärchen in den Mund. Es fühlt sich unendlich lange an. Dann endlich färbt sich Arnolds Gesicht rosig. Sein Körper verströmt wieder den gewohnten Geruch. Die Bedrohung ist gebannt. Arnold lässt sich noch Schokobons auf der Zunge zergehen und wendet sich mit einem dankbaren Blick an mich. Er kuschelt sich ganz dicht an mich, und ich spüre seinen pochenden Herzschlag.

Arnold macht das Schwimmen sehr viel Spaß. Schon als er kaum 6 Monate alt war, planschte er im Wasser herum, zum Beispiel im Ferienpark Tossens. Der liegt in Niedersachsen. Dort trug Arnold einfach eine riesige Schwimmwindel um den Po. In Banzkow, ebenfalls ein Dorf im Speckgürtel von Schwerin, steht die alte Lewitz-Mühle, die heute als Hotel genutzt wird. Sie beherbergt auch ein

Solebad. Meine Zweibeinerfamilie besucht seit vielen Jahren dieses Bad. Sie kann dort preisgünstig ein Hotelzimmer über die Mittagsstunden mieten. Arnold darf in Ruhe seine Pumpe abkoppeln und zieht ohne neugierige Blicke die Badehose an. Im warmen Wasser des Solebades taucht er dann mit Vanessa um die Wette.

Sogar Arnolds Schule hat eine eigene Schwimmhalle. Der Boden des Schwimmbeckens kann sogar angehoben werden. Für alle Kinder werden dort Freizeitbeschäftigungen angeboten – völlig unabhängig davon, welches Handicap sie haben. Arnold meldete sich als alte Wasserratte für das Leistungsschwimmen an. 45 Minuten lang geht es da zur Sache. Kraulen vorwärts, Kraulen rückwärts, Startsprung, Kopfsprung, immer wieder eine neue Übung. Sport tut Arnolds Körper gut. Seine Muskulatur wird für das Insulin sensibilisiert. Das bedeutet, das Insulin kann besser wirken. Für Sportler sehr wichtig, denn Bewegung benötigt Energie. Diese Energie kommt aus dem Zucker des Körpers. Damit die Muskeln besser bei Belastung arbeiten können, hat die Natur diesen Sensibilisierungsmechanismus eingebaut. Das ist sehr praktisch, besonders für Diabetiker. Wenn die Muskeln besser auf Insulin ansprechen, braucht ein Diabetiker weniger Insulin zuführen. Es stellt sich dann nur die Frage, um welches Quantum weniger. Und hier liegt das Problem. Woher sollen Arnold oder Frauchen wissen, wie gut Arnolds Muskeln beim Sport auf das Insulin der Pumpe reagieren? Erfahrungswerte, sagen die Einen. Es gibt Formeln zur Berechnung, meinen die Anderen. Eine weitere Gruppe empfiehlt ausreichend Essen vor dem Sport. Große Fragezeichen stehen in meinen Augen.

Doch der Fakt bleibt: Sport ist gesund für Diabetiker. Allerdings hat Sport für mich seit heute auch etwas Bedrohliches für Diabetiker. Denn ich sehe Arnold ungern so bleich wie eben. Um genau diese Momente abzuwenden, bin ich an Arnolds Seite. Und Arnold braucht nicht auf seinen Schwimmsport zu verzichten. Das ist mir sehr wichtig, weil ich weiß, wie frei sich Arnold im Wasser fühlt.

27. September 2010

„Die kalte Schnauze eines Hundes ist erfreulich warm
gegen die Kaltschnäuzigkeit mancher Mitmenschen."
Ernst R. Hauschka, deutscher Lyriker

Ein weißer Umschlag liegt im Briefkasten. Der Postbote hat uns endlich das Urteil des Landessozialgerichtes von Mecklenburg-Vorpommern gebracht. Es kam per Einschreiben. Monate haben wir auf diesen Augenblick gewartet. Ein Glück, heute ist nicht Sonnabend. Ist dies vielleicht ein positives Zeichen? Denn

 227

an Samstagen bekommen wir immer negative Post: Rechnungen, Bußgeldbescheide, Absagen oder ähnliche Ärgernisse.

Frauchen macht es spannend. Sie hält den Briefumschlag in der Hand und schimpft noch einmal: „Der Richter hat ja lange gebraucht, um sein Urteil vom Juni zu begründen". Recht hat sie. Frauchen öffnet den Briefumschlag. Sie liest die Zeilen und schüttelt den Kopf. Offenbar macht der Richter keine gute Figur. „Lulu, er weicht von seinem Urteil nicht ab. Arnold ist in seinen Augen nicht pflegebedürftig". Frauchen ist fassungslos. Der Richter begründet es damit, dass Arnold nicht mehr als 45 Minuten in der Woche Hilfe braucht, zum Beispiel beim Anziehen, beim Essen, beim Schwimmen und beim Abkoppeln seiner Insulinpumpe. 45 Minuten Zeit für Grundpflege brauchen gesunde Kinder. Das schreibt das Gesetz vor. Arnold braucht aber mehr. Er ist nicht gesund. Allein für Arnolds Körperpflege hat einmal eine Diplom-Pflegewirtin einen Mehrbedarf von 17 Minuten errechnet – PRO TAG. Das ignoriert der Richter komplett.

Frauchen liest weiter. Der Richter ist noch immer der Auffassung, dass Arnold nicht krank ist. Er brauche nicht mehr Pflege und Hilfe als andere Kinder, ist zu lesen. Wie gemein ist das denn? Wie oft springe ich Arnold an, weil sein Blutzucker nicht stimmt. Wie oft muss Frauchen ihn nachts wecken und ihm Kohlenhydrate geben, damit seine Werte sich wieder normalisieren. Wie oft hilft ihm die Krankenschwester in der Schule, wenn Arnold schwimmen gehen will. Er allein schafft es manchmal nicht, seine Pumpe abzukoppeln und dann wieder umzubinden. Darüber müssen gesunde Kinder nicht nachdenken. Sie ziehen sich einfach die Badehose an und springen ins Wasser. Sie gehen ins Bett und schlafen. Sie essen, wenn sie Hunger oder Lust haben. Sie müssen keine Werte im Kopf haben, keine Kohlenhydrateinheiten, keine Tabellen, keine Vorgaben, was sie essen dürfen und was nicht.

Frauchen wirft den Brief auf den Tisch. „Das kann doch alles nicht wahr sein." Ich erinnere mich noch, wie wütend und enttäuscht Frauchen an jenem 1. Juni nach Hause kam. Es war für uns alle ein trauriger Internationaler Kindertag. Genauso wütend ist Frauchen jetzt.

Sie lässt sich aber nicht unterkriegen. So hatte sie sich noch am Abend nach der Gerichtsverhandlung erkundigt, wie im Falle eines abschlägigen Urteils zu verfahren sei. Eigentlich bräuchte jeder chronisch Kranke einen juristischen Beistand, der von der Regierung gestellt wird, recherchierte sie. Leider ist das ein Wunschdenken. Frauchen hat viel telefoniert und sich heute mit einem Fachanwalt für Sozialrecht in Schwerin verabredet. Dieser Herr hörte Frauchen aufmerksam zu und empfahl ihr eine große bekannte Anwaltskanzlei in Potsdam. Die Leute dort sind Spezialisten auf diesem Gebiet. Bei ihnen hat sich Frauchen auch schon vorgestellt. Gemeinsam wollen sie gegen den Richterspruch Revision einlegen, und zwar beim Bundessozialgericht. Wenn die Richter dies zulassen, ist es für uns alle ein großer Teilerfolg. Denn das Bundessozialgericht lässt nur wenige Nichtzulassungsbeschwerden zu. Die meisten werden als unzulässig zurückgewiesen. Ich hoffe, wir haben einen Glücksengel. Ich wünsche mir, dass die Gerechtigkeit siegt. Mein Leben und das von Arnold müssen doch einen Sinn haben!

Das Bundessozialgericht in Kassel ist unsere letzte Hoffnung. Es ist das höchste Gremium für solche Streitfälle. Frauchen ist der Meinung, wer, wenn nicht wir, sollten für die Rechte unserer Kinder kämpfen. Sie hat ein gutes Gefühl bei der Kanzlei in Potsdam. „Dort arbeiten Profis, Lulu. Die wissen genau, was sie tun."

Nun heißt es wieder warten; diesmal auf die Entscheidung des obersten Gremiums in Kassel. Mal sehen, wie lange es dauert. Sollte dort unsere Beschwerde als berechtigt eingestuft werden, dann fängt der ganze Rechtsspaß von vorne an. Unglaublich, die Menschen machen es sich aber auch gegenseitig schwer.

11. Oktober 2010

„Es bleibt jedem immer noch so viel Kraft, das auszuüben,
wovon er überzeugt ist."
Johann Wolfgang von Goethe, deutscher Dichter

Ich bin verdutzt, wie viele Zweibeiner an Diabetes leiden. Unter ihnen sind auch viele Prominente. Herrchen beweist es mir gerade. Er klappt seinen Laptop auf, reist in die unendlich weite Onlinewelt und siehe da, viele Berühmtheiten erscheinen dort. Andrew Lloyd Webber zum Beispiel. Er hat einmal ein Musical über Katzen geschrieben, leider nicht über uns Hunde. Was ich natürlich überhaupt nicht verstehe. Unsere Spezies hätte sich sicherlich auch bestens als publikumswirksamer Bühnenstoff geeignet. Selbst schweigt Mister Webber aber über seine Krankheit. Deshalb findet Herrchen keine Informationen, ob Andrew Lloyd Webber an Typ1 oder 2 leidet.

Auch die deutsche Sportlerin Anja Renfordt hat Diabetes. Sie lässt sich davon aber nicht beirren. Sie ist sogar eine sehr erfolgreiche Sportlerin, nämlich fünffache Weltmeisterin im Kickboxen. „Schau Lulu, was hier steht, sie hat wie Arnold Diabetes Typ1 und das seit etwa ihrem zweiten Lebensjahr. Herrchen klickt sich durch die Homepage von Anja Renfordt. Ähnlich alt war Arnold damals, als bei ihm Diabetes diagnostiziert wurde. Anja Renfordt ist einer der besten Beweise, dass man trotz der Krankheit auch leistungsfähig sein kann. Manchmal trainiert sie auch mit diabetischen Kindern und zeigt ihnen, dass Sport trotz Krankheit erlaubt ist und Spaß machen kann. Das finde ich sehr schön. Kinder wie Arnold sind keine Außenseiter, auch wenn die Krankheit sie manchmal ausbremst. Vielleicht wird aus Arnold auch ein Profisportler. Er liebt ja bekanntlich das kühle Nass. Ich begleite ihn gern zu den Schwimmbecken der Welt und hopse ihm ins Wasser nach.

Auf einer weiteren Internetseite entdeckt Herrchen den stärksten Mann der Welt. Nein, nicht sich selbst, sondern Matthias Steiner. Bereits als Kind träumt er davon, in seiner Sportart der Beste überhaupt zu sein. Mit 18 stellen die Ärzte dann Diabetes Typ1 fest. Er braucht sofort körperfremdes Insulin. Doch der sportliche Traum von Matthias Steiner zerplatzt nicht wie eine Seifenblase. 2008 wird sein Traum wahr. Er wird Europameister und Olympiasieger im Gewichtheben, trotz seines Diabetes. Die Botschaft, dass man mit Diabetes sehr gut leben kann, trägt auch Matthias Steiner in die Welt. Er engagiert sich zum Beispiel für die Stiftung Dianiño, eine Stiftung, die sich um diabetische Kinder kümmert. Sie hat zum Beispiel das Projekt Diabetes-Nanny ins Leben gerufen. Für Eltern, die von einem Tag auf den anderen erfahren, dass ihr Kind an dieser Krankheit leidet, ist die Diagnose oftmals ein Schock. Erfahrene Mütter oder Väter, deren Kinder Diabetes haben, unterstützen diese Familien ehrenamtlich, geben ihnen Rat, stehen ihnen an schweren Tagen bei. Die Nannys sind also eine große Hilfe für kleine Menschen und auch in Mecklenburg-Vorpommern präsent.

Auch der ehemalige deutsche Hockeyspieler Carsten Fischer ist ein `Goldjunge´ mit Zucker. Für ihn ist die Krankheit zwar eine schwere Lebenseinschränkung, aber er lässt sich von ihr nicht unterkriegen. Das hat er einmal in einem Interview gesagt, das mir Herrchen grade in Ausschnitten vorliest. Darin steht, dass Carsten Fischer noch immer viel Sport treibt. Anderen Diabetikern rät er, sich viel zu bewegen. Dann braucht man nämlich weniger Insulin. Das klingt nach einer guten und vor allem gesunden Alternative.

Sogar der beste Fußballer seiner Zeit hat Diabetes – Diego Maradona. Doch hat er sich leider die Krankheit selbst angefuttert. Zwischendurch wog der argentinische Rasenkönig fast 130 Kilo – bei einer Größe von 1,67 m. Nicht zu vergessen den King. Auch Elvis Presley war zum Schluss so vollleibig, dass er Diabetes bekam.

Herrchen sucht weiter. Er findet B.B. King. Der berühmte Blues-Gitarrist erfuhr vor Jahren von seiner Stoffwechselkrankheit. Heraus kam es wohl durch einen Schwächeanfall in Louisiana. Die Ärzte testeten daraufhin seinen Blutzucker, und schnell hatten sie den Beweis: der Blues Boy King leidet an Diabetes.

Auch die First Lady of Jazz – Ella Fitzgerald – musste mit der Stoffwechselkrankheit leben. Die Musiklegende bekam erst im Alter Diabetes. Auch vor Hollywood- Stars macht die Krankheit nicht Halt. Leinwand-Schönheit Halle Berry muss sich in den Drehpausen Insulin spritzen. 1989 wurde sie während der Dreharbeiten zu einer TV-Serie ohnmächtig. Schuld war ihr Diabetes Typ1, der bis dato noch unentdeckt war. Halle Berry macht aus ihrer Krankheit kein Geheimnis.

Sie nutzt sogar ihren Bekanntheitsgrad und engagiert sich in einer US-amerikanischen Diabetiker-Organisation.

„Lulu, die Liste lässt sich noch um viele Namen erweitern." Einen Namen nennt Herrchen noch: Thomas Fuchsberger. Er ist der Sohn von Joachim „Blacky" Fuchsberger. Mit 20 stellten Ärzte bei ihm Diabetes Typ1 fest. Seine Botschaft: „Trotz Krankheit ist ein aktives Leben möglich." Dieses Motto verkündet Thomas Fuchsberger immer wieder. Er ist als Botschafter in Sachen Diabetes unterwegs, gibt viele Interviews, berichtet in Fachzeitschriften und Tageszeitungen über sein Leben mit der Krankheit, macht anderen Mut. Thomas Fuchsberger hat zum Beispiel zwei Kochbücher für Diabetiker geschrieben. Das eine heißt „Zucker – na und?", das andere „Feine Küche für Diabetiker". Beide sind ein kulinarischer Beweis dafür, dass auch Betroffene Genießer sein dürfen. Thomas Fuchsberger lebt mit der Schauspielerin Cornelia Corba zusammen. Gemeinsam reisen sie viel und gern, am liebsten nach Australien und Spanien. Auch Cornelia Corba gibt Interviews, erzählt offen, wie oft sie Angst hat, dass ihrem Tommy etwas zustößt. Ständig hat sie Traubenzucker und Spritze bei sich, um ihrem Lebenspartner in der Not schnell helfen zu können.

20. Oktober 2010

„Ich bin nicht krank, sondern bedingt gesund."
Thomas Fuchsberger,
unter anderem deutscher Schlagersänger und Filmkomponist

Frauchen hat sich ins Arbeitszimmer zurückgezogen. Sie sitzt an ihrem Computer. Draußen leuchten die Sterne. Der Mond erwacht gerade. Arnold sitzt nebenan in seinem Zimmer. Er ist in seiner Star Wars Welt abgetaucht und hört eine Hörspiel-CD. Herrchen deckt den Abendbrottisch. Von alldem bekommt Frauchen nichts mit. Auch nicht, dass ich mich an sie heranschleiche.

Frauchen schreibt eine Mail. „Sehr geehrte Frau Corba" flüstert sie. Ich stupse sie vorsichtig an. Frauchen spürt meinen wohlig warmen Atem. Sie schaut zu mir herunter. Ich blicke sie neugierig an. „Lulu, wie fange ich bloß diesen Brief an?" Ich winsele kurz auf, weiß schließlich nicht, worum es geht. Frauchen erzählt mir von Thomas Fuchsberger. „Es ist so traurig, Lulu." Ich erfahre von Frauchen, dass der Sohn von Blacky Fuchsberger vor ein paar Tagen tot aufgefunden wurde. Er ist offenbar ertrunken. Seine Leiche wurde im oberfränkischen Kulmbach gefunden. Frauchen weiß, dass auch Thomas Fuchsberger unter Diabetes Typ1 litt. Offenbar hatte er einen Zuckerschock, wurde bewusstlos, und niemand war bei ihm, um helfen zu können. Thomas Fuchsberger wurde nur 53 Jahre alt.

Ich kenne dieses verhängnisvolle Zuckertief von Arnold gut. Zum Glück war ich bislang immer in seiner Nähe, sodass ich zeitig genug Alarm schlagen konnte. Thomas Fuchsberger hatte leider keinen Diabetikerwarnhund wie mich an seiner Seite.

Frauchen tippt Zeile für Zeile in ihren Laptop. Sie schreibt an Cornelia Corba. Frauchen teilt ihr Mitgefühl mit. „Alle Familien mit diabetischen Kindern sind in diesen Tagen bei Ihnen", schreibt sie. „Herr Fuchsberger hat uns immer wieder Mut und Zuversicht geschenkt."

Buchstabe für Buchstabe erscheint auf dem Bildschirm. Frauchen ist völlig in ihren Gedanken versunken. Sie erzählt Frau Corba von Arnold und seinem Schicksal. Sie berichtet auch von mir. Mit stolz geschwellter Brust stehe ich vor Frauchen. Sie verrät meine Mission und erklärt, wie ich Arnold helfe. „Ich glaube, alles im Leben hat einen Sinn, auch wenn es manchmal schwer ist, diesen zu erkennen". Frauchen klingt philosophisch. Was meint sie damit: Alles hat einen Sinn? Ich spitze die Ohren. Frauchen schreibt weiter: „Am Tag, als ich vom tragischen Ereignis erfahren habe, erhielt ich einen Brief von unserer Hundeschule." Das ist ja meine Schule, horche ich auf. Was ist denn mit meiner Schule? Ich verdrehe neugierig meinen Kopf und blicke Frauchen fragend an. „Lulu, deine Schule steckt in finanzieller Not. Sie steht vor dem Aus!" Auch das schreibt Frauchen in die Mail: „Diese Schule hat unsere Hündin ausgesucht. Seit Lulu bei uns ist, lebe ich in Ruhe und ohne Angst. Sie wacht über das Leben meines Sohnes. Ich wünsche jedem solch einen Schutzengel." Frauchen tippt die alles entscheidende Frage in den Computer: „Haben Sie vielleicht die Möglichkeit, dem Verein zu helfen?"

Frauchen drückt auf Senden. Die Mail verschwindet von ihrem Bildschirm hinein in den virtuellen Briefverkehr. Ein Onlinebote wird sie nun durch das weltweite Netz tragen und hoffentlich den Briefkasten von Frau Corba finden.

Gute Reise, rufe ich der Nachricht hinterher. Ich schlabbere an Frauchens Hand. Du hast alles richtig gemacht, möchte ich ihr am liebsten sagen.

„Was wir brauchen sind ein paar verrückte Leute.
Seht Euch an, wohin uns die normalen gebracht haben."
George Bernhard Shaw,
irischer Dramatiker, Schriftsteller und Nobelpreisträger

Es geschah ein Wunder. Meine Hundeschule ist vorerst gerettet. Cornelia Corba übernahm die Schirmherrschaft. Frauchen hat gerade einen Anruf von einer meiner Hundetrainerinnen bekommen, die sich herzlich für Frauchens Engagement bedankte. Auch ich bin überglücklich. Cornelia Corba möchte nun unsere Gabe in die große weite Welt tragen. Einige Fernsehauftritte stehen schon fest, unter anderem mit meinem Kollegen Ben. Er passt auf den kleinen Tim auf, der seit seinem 4. Lebensjahr Diabetes hat. Mehrmals am Tag muss er seinen Blutzuckerspiegel messen. Denn oft merkt er nicht, wie stark die Schwankungen sind. Nun hat er Colli-Mischling Ben an seiner Seite.

Auch den deutschen Zeitschriften gibt Cornelia Corba momentan viele Interviews. Wir Assistenzhunde werden immer berühmter. Das freut mich sehr. Denn noch sind wir in Deutschland ziemlich unbekannt. Dabei könnten wir viel mehr Kindern und Erwachsenen helfen. In fünf Tagen ist Weltdiabetikertag. Auch da hat Cornelia Corba schon einige Pressetermine. Sie engagiert sich wirklich sehr, kümmert sich um uns und unsere Schule. Werbung ist wichtig, damit es wieder ordentlich in unserer Schulkasse klingelt. Der Verein finanziert sich seit Anfang 2010 ausschließlich über Spenden und Mitgliedsbeiträge.

Auf der Internetseite ist ein Foto von Cornelia Corba zu sehen. Die Schauspielerin hält Lila, unseren Vereinshund, auf dem Arm. Auch einige Worte sind dort zu lesen. Cornelia Corba schreibt: „Der Gedanke, dass uns ein tiefes Leid erspart geblieben wäre, wenn wir über die Existenz von treuen Vierbeinern als Schutzengel für Diabetiker informiert gewesen wären, bedrängt mich." Nun möchte sie ihr Bestes geben und unseren Verein unterstützen, damit wir weiter helfen können. Wir Seelenhunde, die es nur einmal gibt im Leben. Wir, die einen auf andere Wege führen. Die wie Schatten sind und wie die Luft zum atmen. Thomas Fuchsberger hatte leider einen solchen Seelenhund nicht.

*"Ist das Schwein erst tot,
so hat es viele Freunde!"*
Sprichwort

Ein besonderer Besuch steht an. Wir gehen ein Schwein essen. Es soll ein kleiner Vorgeschmack auf die tollen Festtage werden. Zum Glück ist meine böse Dreißig Vergangenheit. Eine fast gertenschlanke Diabetikerwarnhündin bin ich nun. Gut, dass meine Zweibeiner so konsequent waren. Jetzt kann ich mich ohne Reue auf die schönen Schweineknochen freuen. Der Förderverein aus Arnolds Schule lädt zum Jahresende alle Sponsoren zu einer geselligen Runde ein. Dieses Jahr treffen sich alle in der Forstscheune der Revierförsterei Bahlenhüschen. Übrigens stammt das Wort Bahlenhüschen von Bohlenhäuschen ab. In grauer Vorzeit muss wohl solch ein Bohlenhäuschen mitten im Walde gestanden haben. Einige der Häuser in diesem 50-Seelen-Ort sehen auch heute noch aus wie Bohlenhäuschen.

Stiefel, Daunenjacke, Mantel – meine Familie zieht Wintersachen an. Das kann dauern. Ich lege mich noch einmal bequem auf mein Sofa. Eine Pelle nach der anderen werfen sich die Zweibeiner über. Zum Schluss auch noch die Mütze, von der ich weiß, dass sie auf dem Kopf zu verbleiben hat. Dann kommen Handschuhe, die ebenfalls bei den Zweibeinern an den Händen bleiben sollten, wenn es draußen bitter kalt ist. Haben wir Hunde es gut. Wir schützen uns mit unserem Winterfell. Dieses Zubehör hat der Mensch in seiner Entwicklung verloren. Dafür muss er sich bei kaltem Wetter in eine Schutzhülle kuscheln, um nicht zu erfrieren. Gelegentlich hat diese Schutzhülle auch Ähnlichkeit mit unserem Winterfell. So etwas nennen die Zweibeiner dann Mode. Sie klauen anderen Tieren das Fell. Dann legen sie sich Füchse um den Hals oder Kaninchen dienen als Handwärmer. Bessi trägt auch ein zweites Fell, allerdings ist ihr roter Overall aus Kunstfell. Gott sei Dank, finde ich. Bessi, die Hündin von nebenan, steht auf solchen Modefirlefanz. Ich kann sehr gut darauf verzichten. So ganz auch nicht, wenn ich ehrlich bin. Ich denke an meine ersten Tage mit Herrchen beim Holzhacken. Da hätte ich gut und gern Stiefel brauchen können. Meine Pfoten waren nahe daran, Eisblöcke zu werden.

In der Scheune steht ein riesiger Bullerjahn. Das ist ein gigantischer Holzofen. Drinnen brauchen die Zweibeiner ihre Modepellen nicht mehr. Ich komme so richtig auf meine Kosten. Da ich mich würdevoll und sehr erzogen benehme, ereilen mich Belobigungen von allen Seiten. Nicht nur Worte, sondern leckere große Knochen werden mir vors Maul gehalten, einfach genial, so ein Schweineessen. Rund und satt liege ich zu Arnolds Füßen. Sein Körper signalisiert ausgeglichene Werte. Frauchen lehnt sich nach prüfendem Blick auf mich zurück und gönnt sich die Ruhe. Auch ich genieße die Auszeit und knabbere genüsslich an meiner borstigen Schwarte.

28. November 2010

„Es gibt Augenblicke, in denen man nicht nur hinsehen sondern
ein Auge zudrücken muss.“
Benjamin Franklin,
unter anderem nordamerikanischer Drucker, Schriftsteller,
Erfinder, Staatsmann

Es ist die Ruhe vor dem Sturm, dem Sturm der hohen Werte. Auch in diesem Winter geht er nicht an Arnold vorbei. Ein dicker hartnäckiger Schnupfen steckt in seiner Nase. Die Erkältung lässt den Zucker in seinem Blut tanzen. Ich rieche förmlich die Gegenwehr in Arnolds Körper. Die Stresshormone werden dann besonders nachts ausgeschüttet, um die Erkältungsviren zu besiegen. Dann steigt auch der Blutzucker. Logisch, denn zum Kampf benötigt der Körper Energie. Jeder gesunde Organismus schüttet gleichzeitig Insulin aus, um den freiwerdenden Zucker in Energie umzuwandeln. Arnolds Körper kann das ja nicht. Also sind Frauchen und ich in Habachtstellung. Immer dann, wenn der Blutzucker steigt, muss Frauchen das Insulin mit Hilfe der Pumpe nachdosieren. Und ich rieche, wenn es soweit ist. Wir beide sind ein perfekt eingespieltes Team. Arnold bekommt von all dem nichts mit, er schläft tief.

Der heutige Sturm hat aber eine andere Ursache. Meine Familie und ich waren auf dem Weihnachtsmarkt. Das bedeutet für Arnold, dass er Mutzen schlemmen darf. Sie schmecken sehr lecker, sind allerdings sehr fett und haben unendlich viel Zucker. Ähnlich wie Pizza sind Mutzen für Arnolds Körper eine sehr schwer verdauliche Kost. Der Blutzucker beginnt langsam aber stetig zu steigen. Meist dauert es Stunden. Nach den Mutzen hat Arnold auf dem Weihnachtsmarkt noch eine Bratwurst verspeist. Ich konnte ein paar Brötchenstücke von ihm ergattern. Die Insulindosis hatte Frauchen schon sehr hoch bemessen, aber trotzdem, diesen Geruch nach Methylnitraten werde ich nicht mehr los. Seit ein paar Stunden liegt er in meiner Nase. Forscher aus Irvine, das ist eine Universitätsstadt im kalifornischen Orange County, haben diesen Geruch schon 2007 erklären können. Diese chemische Substanz steigt enorm beim Typ I Diabetiker, wenn seine Werte zu hoch sind. Wir Hunde können sie erschnuppern. Es ist bereits nach Mitternacht. Frauchen und ich liegen neben Arnold in seinem Zimmer. Langsam ebbt der Geruch ab. Frauchen schläft erschöpft ein. Auch ich kann endlich die Augen schließen.

Lauter Beine laufen um mich herum. Überall muss ich aufpassen, dass mir niemand auf die Pfoten tritt. Kaum ergattere ich einen Platz zum Sitzen, muss ich meinen Schwanz retten. In letzter Sekunde springe ich auf und ziehe meinen Schwanz weg. Fast hätte ihn ein schwarzer Stiefel platt gedrückt. Ein duftendes Stück Bratwurst fällt mir direkt vor das Maul. Mein Traum vom Weihnachtsmarkt hat ein Happy End. Ich genieße den Happen mit Wonne und merke gar nicht, wie mir in Wirklichkeit der Speichel die Lefzen herunter tropft.

8. Dezember 2010

Nicht der Wind,
sondern das Segel bestimmt die Richtung.
Sprichwort

Heute hat Arnold seinen Schnuppertag. Nicht dass er mir Konkurrenz macht. Nein, er besucht seine neue Schule. Komisch, von einer Schnupperschule für Menschen habe ich noch nichts gehört. Seit ein paar Stunden warte ich nun schon gespannt zu Hause. Ich kann es vor Neugierde kaum erwarten. Was Arnold wohl zu berichten hat? Wie ihm wohl seine Schnupperschule gefällt?

Der Schlüssel dreht sich im Schloss. Frauchen und Arnold kommen endlich zurück. Mir kriecht der Geruch der Methylnitrate in die Nase. Allerdings kommt er nicht von Arnold. Nur seine Hosen und sein Pullover riechen stark danach. Aus Arnold sprudelt es nur so heraus: „Lulu, war das ein guter Tag! Aber anstrengend war er auch. Und ich habe den Bolus für das Mittagessen vergessen. Und dann war der Zucker viel zu hoch". Gespannt lausche ich Arnolds Worten. „Den ganzen Nachmittag ging der Zucker nicht runter. Junge, hatte ich Durst. Gut, dass es in der neuen Schule überall Trinkwasserspender gibt. Und eine Aufnahmeprüfung habe ich ablegen müssen." Ich spitze die Ohren. So viele Neuigkeiten wirken auf mich ein. Erst jetzt holt Arnold Luft und macht eine Pause. Eine Aufnahmeprüfung im Schnuppern? Die Fragezeichen in meinen Augen sind nicht zu übersehen. „Lulu, ein Schnuppertag ist so etwas wie ein Tag zum Kennenlernen. Da kann ich mir meine neue Schule anschauen. Und ich kann mich meinen Lehrern vorstellen." Ach so, jetzt wird mir einiges klar. Eine Schnupperschule für die Nase der Menschen gibt es also nicht. Das sollte auch lieber uns Labradors überlassen bleiben. Darin sind wir unschlagbar.

Frauchen ist weniger begeistert. Auf ihrer Stirn entdecke ich Sorgenfalten. Ich kann ihre Gedanken lesen: Bolus vergessen, keinen Blutzucker vor dem Mittag gemessen, das fängt ja gut an. Wenn es jeden Tag so an der neuen Schule abläuft, das wäre wenig wünschenswert. Mit dem Wechsel in die neue Schule soll Arnold selbstständiger werden. Er soll seine Blutzuckerwerte eigenständiger messen.

Das sind viele neue Herausforderungen für Arnold. Ob er sie meistern wird? Frauchen richtet ihren Blick auf mich. Ich schaue beruhigend zurück und versuche ihr zu vermitteln: Es bedarf zwar noch einiger Übungsstunden, aber ich bin mir sicher, Arnold schafft das.

Und noch eine Nachricht hat Arnold für mich. Er hat nämlich seinen neuen Lehrern von mir erzählt. Und die haben signalisiert, dass ich Arnold bald zur Schule begleiten, sogar mit ihm im Unterricht sitzen darf. In Nordrhein-Westfalen hat das Kultusministerium jedenfalls offiziell grünes Licht für solche Schulbegleiter wie mich gegeben. Schriftlich bestätigt das auch der Beauftragte der Bundesregierung für behinderte Menschen. Das klingt nach einem guten Plan.

17. Dezember 2010

„Gehe nicht, wohin der Weg führen mag, sondern dorthin, wo kein Weg ist,
und hinterlasse Spuren."
Jean Paul, deutscher Schriftsteller

Eisige Schneewinde haben uns im Griff. Seit Tagen schon rieselt die weiße Pracht unaufhörlich vom tiefgrauen Himmel. Die ganze Welt ist mit einem Glitzerteppich überzogen. Die Lichterketten in den Fenstern und an den Bäumen der Vorgärten sind angebracht und läuten feierlich die Weihnachtszeit ein. Herrchen schiebt morgens, mittags und abends den Schnee vom Gehweg und von der Einfahrt. Ich helfe ihm ein wenig dabei und stecke meine Nase mitten ins weiße Gestöber.

Frauchen ist gut gelaunt. Sie hat einen dicken Umschlag mit Post von der Anwaltskanzlei aus Potsdam erhalten. Die Begründung für die Nichtzulassungsbeschwerde ist fertig. Sie ist bereits in Kassel beim großen Gerichtshof eingegangen. Denn heute ist die Frist zur Abgabe der Begründung der Nichtzulassungsbeschwerde abgelaufen. Frauchen liest mit Triumph in den Augen die Begründung der Anwaltskanzlei. Im November hatte sie viele Stunden im weltweiten Netz verbracht, Urteile des Bundessozialgerichtes gelesen und auf Arnolds Klage hin überprüft. Sie wollte gern selbst gut informiert sein, auch um die Worte der Anwälte zu verstehen. In vielen Punkten hat die Anwaltskanzlei genau den Kern getroffen. Sogar die Dienstaufsichtsbeschwerde über die abgelaufene Verhandlung in Neubrandenburg ist darin enthalten. Nun soll die Gerechtigkeit siegen. Ich hoffe es jedenfalls.

Der weitere Ablauf ist allerdings sehr langwierig. Die Entscheidung des Bundessozialgerichtes kann schon mal ein oder zwei Jahre dauern. Sollte das Urteil durch das Bundessozialgericht aufgehoben werden, gäbe es eine neue Verhandlung vor dem Landessozialgericht. Dann würde das ganze Verfahren wieder von vorne losgehen: Arnold würde in eine Pflegestufe eingestuft, wir müssten seine Pflegebedürftigkeit erneut nachweisen. Gutachter kämen zu uns nach Hause und schauten sich Arnold an, löchern Frauchen und Herrchen mit Fragen. Irgendwann flattert dann der Termin zu einer neuen Verhandlung in unser Haus. Ob dann ein anderer Richter entscheidet, ist offen. Vielleicht ist es ja derselbe?! Das wäre kein gutes Zeichen. Und dann ist da noch die Frage völlig unklar, wie ein anderer Richter entscheiden wird. Es klingt wie Roulette – neues Spiel neues Glück.

Wenn ich diesen Prozess betrachte, dann ahne ich, wie lange es dauern kann, bis wir Diabetikerwarnhunde den Blindenführhunden gleichgestellt und unsere Ausbildungs- und Unterhaltskosten von der Krankenkasse übernommen werden. Dieses Verfahren läuft momentan erst vor dem Sozialgericht in Schwerin, also auf der untersten Stufe. Ein Hundeleben dauert bei guter Gesundheit 12 bis 15 Jahre. Ob ich das Ende der Verhandlung noch erleben darf?

24. Dezember 2010

„Du verlierst nichts, wenn du mit deiner Kerze die eines andern anzündest."
dänisches Sprichwort

Ich fasse es nicht! Wie kommt der denn in unsere gute Stube? Wieder einmal steht wie aus heiterem Himmel ein Tannenbaum mitten im Wohnzimmer. Sein grünes Nadelkleid glänzt im Kerzenlicht. Frauchen und Arnold haben den Baum mit roten und silbernen Kugeln geschmückt. Kleine Engel, Nussknacker und Sterne baumeln an seinen Ästen. Die Lichter, die auf den Spitzen stecken, leuchten und erhellen den Raum. Verlockend sieht so eine rote Kugel aus. Ob ich sie einfach mal mit meiner Vorderpfote zum Schwingen bringe? Ach, ich lasse es lieber bleiben, glaube, Frauchen wäre darüber nicht sehr erfreut. Aber dann würden die Lichter hin und her schaukeln und dabei funkeln. Was ich dieses Jahr leider nicht entdecken kann: Im Baum hängen keine duftenden Schokoladenkugeln. Wie kommt das denn? Ist es eine reine Präventivmaßnahme gegen gierige Hundemäuler? Zu gern würde ich eine dieser Kugeln verspeisen.

Mein zweiter Heiliger Tag bei Arnold verläuft ganz nach meinem Geschmack. Nach einem ausgiebigen Spaziergang in den schneebedeckten Lankower Bergen ruhe ich mich auf meiner Couch aus. Omi und Arnold sind in ein Spiel vertieft. Kein außergewöhnlicher Duft geht von Arnold aus. Vielmehr steigt der Duft von Omis Hühnerbrühe in meine Nase. Ein paar weiche Knochen fallen bestimmt für mich ab, geht mir durch den Kopf. Ich muss mich aber gedulden. Frauchen ist noch bei der Arbeit.

Die Tür fällt ins Schloss. Ah, da kommt sie schon mit den Worten herein:. „Los, Leute, lasst uns Schlitten fahren." Das ist eine gute Idee, Frauchen! Alle meine Zweibeiner ziehen sich dicke Handschuhe an. Arnold setzt seine Pudelmütze auf, und wir wandern los durch die Winterlandschaft. Die Sonne ist uns zwar nicht hold, aber es hat wenigstens aufgehört zu schneien. So werden wir nicht doppelt nass. Es reicht völlig aus, wenn der Schnee uns von unten packt. Die flockige Pracht bedeckt meine Pfoten. Ich schniefe mit meiner Schnauze in die weiße Decke. „Lulu im Schneekleid – ein schwarzer Hund mit lauter kleinen weißen Kristallen." Arnold lacht und stapft mit großen Schritten an meiner Seite. Endlich sind wir auf dem höchsten Gipfel der Lankower Berge angekommen. Arnold setzt sich auf den Schlitten und gibt Gas. Unten angekommen, dreht er sich um und erklimmt den Berg erneut. Nun setzt Arnold sich auf den Po und rutscht kreischend hinunter. Selbst Frauchen nimmt Anlauf und saust einen mittelgroßen Berg hinab. Den langen mit Schanze traut sich nur Herrchen hinunter. Wie ein kleiner Weihnachtsmann rauscht er durch die Luft. Fehlen nur noch die Rentiere vor seinem Schlitten. Vier, fünf Runden fahren wir noch, dann machen wir uns auf den Heimweg.

Völlig entspannt und mit roten Wangen sitzen meine Zweibeiner am Esstisch. Ich habe es mir darunter gemütlich gemacht. Voller Erwartung blicke ich auf die leckeren Stückchen der gebratenen Pute, die möglicherweise herunterfallen könnten. Wie aus dem Nichts schlängelt sich sanft eine Hand zu mir herunter. Sie riecht nach Arnold und genauso gut nach Pute. Ich lasse mir das zarte Fleisch schmecken.

Plötzlich poltert es am Fenster. Ein großes altes Gesicht mit weißem Bart und einer roten Mütze schaut herein. Wir alle erschrecken. Wie ein Pfeil rase ich in den Flur und belle aus voller Kehle. Das mache ich äußerst selten. Meine Nackenhaare stehen zu Berge. Meine Rute ist steil aufgestellt. Ich postiere mich direkt an der Tür, um den Mann mit weißem Bart zu empfangen und meine Familie zu beschützen. Frauchen eilt mir nach. Sie möchte mir zeigen, dass von dem Unbekannten keine Gefahr ausgeht.

Arnold ist mutig. Er öffnet die Tür. Offenbar hat er den Weißbärtigen in der roten Robe erkannt. Ich jedoch kenne diesen dicken roten Riesen nicht. Mir wird mulmig. Eigenartig sieht dieser Mann aus. Ich ergreife die Flucht und suche das Weite, jedoch nicht, ohne erneut ein lautes Bellen von mir zu geben.

Omi lacht und lacht. „Lulu, du kannst ja wie ein richtiger Hund bellen." Ihr fällt wieder die Geschichte ein, als Arnold zum ersten Mal in seinem Leben mit dem Weihnachtsmann Bekanntschaft machte. Arnold hatte gerade gelernt zu laufen. An jenem Weihnachtsabend klopfte es an der Tür und Arnold öffnete mutig. Da stand er vor ihm, der Mann mit dem weißen Bart und der roten Robe. „Hohoho, Frohe Weihnacht", schallte seine Stimme laut. Arnolds Augen wurden riesengroß und in Sekundenschnelle verschwand er hinter dem Hosenbein seiner Omi. Ich kann mich gerade nicht hinter dem Hosenbein von Omi verstecken. Ich bin zu groß. Es dauert noch eine Weile bis ich mich beruhigt habe.

Arnold streichelt mein schwarzes Fell und zwinkert mir zu. Er beginnt seine Geschenke auszupacken. Das ist meine Chance. Die Jagd auf das Geschenkpapier kann beginnen. Zwischen den Tüten, die unter dem Glitzerbaum stehen, entdecke ich eine kleine mit einer weißen länglichen Stange, so groß wie eine Mohrrübe. Allerdings duftet diese weiße Stange anders. Ich kann den Geruch nicht einordnen. Interessiert schnuppere ich an dem wundersamen Etwas. Unbemerkt schnappe ich zu und verziehe mich auf meine Couch im Flur. Die weiße Stange hat ein dunkelgrünes Kreuz in der Mitte. An einem Ende baumelt ein kleiner Faden. Die Stange fühlt sich glatt an. Irgendetwas in mir sagt: beiß hinein! Das lasse ich mir nicht zweimal sagen. Die Stange zerfällt in viele kleine Teile. Ich höre Herrchens Schritte. Schnell Spuren verwischen, denke ich, und verspeise die vielen kleinen Stücke. „Arnold, Lulu hat gerade dein Weihnachtsgeschenk für mich weggeputzt." Arnold kommt mit Tränen in den Augen auf den Flur und hält die letzten weißen Krümel der Stange in der Hand. Dann muss er doch lachen. „Lulu, das war eine Kerze. Die hatte ich extra für Papa im Unterricht gebastelt." Anscheinend war es eine Bio-Kerze, denn sonst hätte sie mir wohl nicht so gut geschmeckt. „Hoffentlich kommt die bei dir hinten wieder raus. Aber Wachs ist glatt und rutscht gut." Arnold kichert. Schadenfreude kommt auf. Mir wird bei der Erkenntnis, eine Kerze gefressen zu haben, flau im Magen. Hoffentlich erstarre ich nicht zur Wachsfigur. Frauchen ist bei dem Gedanken auch nicht wohl. Sie ruft zur Sicherheit den Tierarzt an. Oh nein, bitte nicht Weißkittel nach Hause holen, versuche ich Frauchen zu vermitteln. Der gibt aber Entwarnung. Denn ich habe die Kerze nicht im Ganzen sondern in kleinen Stücken verspeist. Das ist ungefährlich.

Noch wache ich nicht als Wachsfigur über Arnold. Aber vielleicht werde ich einmal die erste Diabetikerwarnhündin sein, die man im Wachsfigurenkabinett von Madame Tussauds bewundern kann, wer weiß. Arnold würde stolz auf mich sein. Ich schaue zu ihm auf. Er sitzt zufrieden auf der Wohnzimmercouch und spielt mit seinen Weihnachtsgeschenken. Der Junge strahlt vor Glück. Diese Momente liebe ich. Arnold ist durch seine Krankheit ein kleiner Erwachsener geworden. Seit ich an seiner Seite bin, kann er ein Stück mehr Kind sein. Das bereichert sein und mein Leben. Ich bin sein Seelenhund, wache über ihn, begleite ihn, beschütze ihn. Ich führe ihn auf andere Wege, die es ihm leichter machen, das Leben zu genießen. Ich bin sein Schatten, seine Luft zum atmen.

„Nicht die Jahre in unserem Leben zählen
sondern das Leben in unseren Jahren zählt."
Adlai Ewing Stevenson, US-amerikanischer Politiker

☙

Danke

Dieses Buch hätte ich ohne Hilfe und Unterstützung nicht schreiben können. Mein Dank gilt besonders Familie Quaß. Sie hat mir die Tür zu ihrer wahren Geschichte geöffnet, mich geduldig und einfühlsam an ihrem Schicksal teilhaben lassen.

Dass ich überhaupt in eine für mich fremde Welt eintauchen konnte, verdanke ich Arnold und seinen Eltern. Ich lernte eine Familie kennen, die nicht mit ihrem Schicksal hadert, sondern es als Herausforderung annimmt, traf Eltern, die für das Beste ihres kranken Kindes mit besonderer Herzensliebe kämpfen.

Ich danke Robert Quaß für die Idee zu diesem Buch und Arnold, der mir erlaubte, die ersten acht Jahre seines Lebens aufzuschreiben. Mit Dr. med. Berit Quaß verbrachte ich viele gemeinsame Stunden auf dem Sofa, am Telefon und vor dem Computer. Immer wieder lasen wir gemeinsam das Manuskript, Seite für Seite. Geduldig beantwortete mir Arnolds Mutter jede Frage zur Krankheit ihres Sohnes, berichtete von Reisen und Wochenendausflügen. All diese sehr persönlichen Einblicke haben dazu beigetragen, dass ein sehr authentisches Buch entstehen konnte. Es gab viele Momente, während wir innig lachten, beispielsweise wenn Lulu wieder einmal etwas ausgeheckt hatte.

Mit einfachen Worten hat mir Dr. med. Berit Quaß den Diabetes in seiner Komplexität näher gebracht. Ein Dankeschön gilt auch Lulu. Die Labradorhündin hat mir auf gemeinsamen Spaziergängen ihre Lieblingsorte und einige ihrer Freunde vorgestellt.

Meinem Vater bin ich für Hinweise und Ratschläge dankbar, auch für seine Zeit und Aufmerksamkeit, die er mir und meinem Skript widmete.

Herzlich bedanken möchte ich mich auch bei Matthias Steiner. Ohne uns persönlich zu kennen und begegnet zu sein, schrieb er das Vorwort für unser Buch – ein Sportler, der beweist: Diabetes ist kein Handicap, keine Krankheit, die den Menschen hindert, vollwertig am Leben teilzunehmen.

Ich danke Dr. med. Renate Mitschke als Lektorin und Rainer Stankiewitz, der sich sofort bereit erklärte, unsere Geschichte zu verlegen.

Franziska Drewes, im Frühjahr 2011

Die Autorin

„Lulu Hopp Niedrig" ist Franziska Drewes erstes veröffentlichtes Buch. Das Schreiben liebt sie allerdings seit ihrer Kindheit. Für ihre beiden Neffen hat sie bereits Hörbücher und Kurzgeschichten verfasst.

Franziska Drewes wurde 1977 in Rostock geboren. Dort studierte sie auch an der Universität Erziehungs- und Politikwissenschaften und Soziologie. Ihre Leidenschaft gehört dem Radio. Schon als Schülerin war sie als Reporterin unterwegs, vor allem für N-Joy, dem Jugendprogramm des Norddeutschen Rundfunks. Nach einem Volontariat beim NDR arbeitete sie weiter als freie Journalistin für diverse Hörfunkwellen, unter anderem für NDR Info, NDR 90, 3, Deutschlandradio Kultur und Deutsche Welle. Momentan ist ihr berufliches Zuhause NDR 1 Radio MV, das Landesprogramm für Mecklenburg-Vorpommern. Dort befasst sie sich vor allem mit sozial- und gesundheitspolitischen Themen.

Franziska Drewes lebt zusammen mit ihrer Katze Tiger Lilly in Schwerin.

von links:Franziska Drewes, Dr. Berit und Robert Quaß; vorn: Arnold Quaß mit Hündin Lulu.

Foto: Herausgeber

Die Herausgeber

Dr. med. Berit Quaß, 1970 in Görlitz, Robert Quaß, 1969 in Lübz geboren, studierten nach dem gemeinsam abgelegten Abitur in Crivitz Humanmedizin bzw. Betriebswirtschaft an der Universität Rostock. Ihr Sohn Arnold erblickte 2002 das Licht der Welt. Mir knapp zwei Jahren wird Arnold Typ I-Diabetiker und lebt fortan mit seiner Erkrankung.